영어 독해

1등급을 위한 명품 영어

블랙라벨

호랑이를 잡으려면, 호랑이 굴로 들어가라!

'호랑이' 대신 '상위권'으로 글자를 바꿔보세요.

상위권을 잡으려면,
상위권 그룹으로 들어가라!

1. 최상위권 대학 진학률의 불편한 진실!

분석 자사고와 특목고, 강남 지역 고교들의 압도적인 최상위권 대학 진학률! (서울대 배출 상위 30개 고교 기사참조)
왜일까요? 이들은 평소 내신 정기고사에서부터 수능 형태의 어려운 문제로 훈련받아 왔기 때문입니다.

해결 최상위권 대학 진학률이 높은 학교들의 기출 문제들을 엄선하였고, 그 문제들을 다시 변형하여 복합적 응용력
을 묻는 형태의 고품격 문제로 재탄생시켰습니다. 이제 새로 태어난 명품 문제가 당신을 1등급으로 인도할 것 입니다.

2. 영어 독해, 유형이 등급을 결정한다!

분석 5년간의 수능과 평가원 모의고사에서 가장 많이 틀린 문제들을 분석한 결과 총 3개의 고난도 유형으로 분류할
수 있었습니다! 싱거운 문제들만 줄곧 풀어봐야 투자 시간 대비 효율만 떨어질 뿐, 상위권을 결정짓는 한 문제에 대한
솔루션이 되어 주지는 않습니다.

해결 선배들의 경험치와 시행착오를 반영하여 '빈칸 – 어법 · 어휘 – 논리적 독해' 순서로 책을 구성하였습니다. 또한
자신의 실패로부터 스스로 배우도록 명품 해설 풀이를 담았습니다.

3. 내신 서술형이 준비되지 않은 자, 수시 전형을 놓친다!

분석 수능 영어가 절대평가로 바뀌면서 90점만 넘으면 1등급을 받을 수 있게 되었습니다. 하지만 내신은 어떤가요?
여전히 내신 1등급은 어렵습니다. 그 이유는 공부를 잘하는 학생도 틀린다는, 그 유명하고도 까다로운 서술형 유형 때
문이죠.

해결 악마 같은 서술형 문제를 위해 문장을 그냥 달달 외웠다면, 실제 학교 선생님들인 저자 선생님들이 출제하는
'진짜 서술형' 문제들로 서술형 대비를 할 수 있습니다. 스스로 공부하는 당신의 노력이, 당신을 배신하지 않도록 만드
는 단 하나의 솔루션. 블랙라벨 !

상위권 이라면, 단 1문제를 풀어도 어려운 걸 풀어라!

jinhak blacklabel

영어 독해

1 등 급 을 위 한 명 품 영 어

Tomorrow
better than today

환경을 사랑하는 'JINHAK'
진학사 'blacklabel' 시리즈는 친환경용지로 만듭니다.

초판8쇄 2023년 9월 15일 **펴낸이** 신원근 **펴낸곳** ㈜진학사 블랙라벨부 **기획편집** 윤문영 **디자인** 이지영 **마케팅** 조양원 박세라

블랙라벨 영어 독해

저자	**황진호**(용문고 교사)	**조금희**(세종과학고 교사)	**양승찬**(경신고 교사)

| 이 책을 검토한
서울대 선배들 | 김진혁(사회학부) | 정우채(자유전공학부) | 김두빈(소비자학과) |

이 책의 기획·검토에 도움을 주신 분들	강윤구(최강영어 백년대계)	김징일(미라클잉글리쉬외국어학원)	박미영(박선생영어)	엘튼황(엘튼잉글리시)	정윤석(예스영어)
	김수경(두드림학원)	김현우(로엘입시전문학원)	박종호(고대학원)	오희정(엠베스트SE논현캐슬)	정재삼(오늘과내일학원)
	김수정(리더스어학원)	남유림(율하이루다영어학원)	박준형(참좋은국어영어학원)	이동주(엘디제이영어학원)	정진희(정쌤영어수학)
	김영철(빅뱅잉글리시캠퍼스)	류성준(타임영어학원)	사세진(타임영어학원)	이상용(교담영수학원)	조원웅(클라비스영어전문학원)
	김윤희(스터디멘토)	문상헌(에이원영어)	서상천(대찬학원)	이상윤(대치모노스학원)	채주현(EST어학원)
	김윤희(yuni잉글리쉬)	민승규(민승규영어학원)	서수정(유니크입시학원)	이석준(이석준입시연구실)	추진혁(TSC입시학원)
	김은정(best&best)	박귀남(스티나영어학원)	신동주(공감입시학원)	이영롱(유니크입시학원)	황성택(파이데이아학원)
	김주영(위너스교육연구소)	박대권(Pdk교습소)	안재우(제우스학원)	이진영(충북과학고)	
	김주영(태풍영어학원)	박동현(포커스어학원)	양은송(토라모리아학원)	임백규(동화고)	
	김준석(유플러스어학원)	박미애(명문지혜학원)	양희진(지니어스영어학원)	장여주(AMY English)	

초판8쇄 2023년 9월 15일 **펴낸이** 신원근 **펴낸곳** ㈜진학사 블랙라벨부 **기획편집** 윤문영 **디자인** 이지영 **마케팅** 조양원 박세라

주소 서울시 종로구 경희궁길 34 **학습 문의** booksupport@jinhak.com **영업 문의** 02 734 7999 **팩스** 02 722 2537 **출판 등록** 제300-2001-202호

www.jinhak.com

이 책의 차례

CONTENTS

BLACKLABEL

이 책의 본문 구성

진짜 1등급에 다가가는
최 . 고 . 의 . 문 . 제 .

---

03 긴 구 & 절(2)　　　　　　STEP ‹ **A** › 1등급 도전문제

01　　　　　　　　　　　[현대고 변형]

다음 빈칸에 들어갈 말로 가장 적절한 것은?

The spread of Western clothing to areas in which little or no clothing was worn in the past has sometimes _____. In many such cases, people took over only one part of the clothing complex, that is, the wearing of garments. They knew nothing of the care of clothing and in many cases lacked the necessary equipment for such care. When they had worn no clothing, their bodies got a cleansing shower in the rain, and the bare skin dried quickly in the sun and air. When they obtained clothing, however, a shower meant wet garments that did not dry so quickly as bare bodies, and pneumonia or other respiratory diseases sometimes resulted. Often they had little or no water for washing clothes, even if they had known how to do it. There were no fresh clothes to change into so people usually simply wore what they had until the garments

02　　　　　　　　　　　[이화여고 변형]

다음 빈칸에 들어갈 말로 가장

Mountains have often
small areas of cold clim
Since they are often so
the upper parts of mou
same sorts of ecologica
diversity of remote oce
theory of biologists Rol
O. Wilson, isolated
accumulating species p
partly because those t
frequently. It has been s
diversity decreases t
is that they tend to s
means that there is p
climate zone for spe
thus _____

---

03 긴 구 & 절(2)　　　　　　STEP ‹ **B** › 1등급 완성문제

01

다음 빈칸에 들어갈 말로 가장 적절한 것은?

In promoting *Brain Age*, Nintendo's website makes the broad claim about how its product enhances brain function, saying that cognitive exercise is necessary to keep your brain functioning well. In reality, _____. Cognitive neuroscientist Arthur Kramer led one of the best-known studies of how improving physical health can affect cognitive abilities. Their experiment, published in *Nature*, randomly assigned 124 sedentary but otherwise healthy seniors to one of two training conditions for six months; in one training condition, the subjects spent about three hours each week walking, and in the other, subjects spent the same amount of time doing stretching and toning exercise. Although both forms of exercise are good for your body and lead to better overall fitness, aerobic exercise more effectively improves the health

02　　　　　　　　　　　[중앙고 변형]

다음 빈칸에 들어갈 말로 가장 적절한 것은?

Psychologist Daniel Gilbert says that _____. If only for a split second. Imagine I tell you to think of pink elephants. You obviously know that pink elephants don't actually exist. But when you read the phrase, you just for a moment had to picture a pink elephant in your head. In order to realize that it couldn't exist, you had to believe for a second that it did exist. We understand and believe in the same instant. Benedict de Spinoza was the first to conceive of this necessity of acceptance for comprehension, and, writing a hundred years before Gilbert, William James explained the principle as "All propositions, whether attributive or existential, are believed through the very fact of being conceived." Only after the conception do we effortlessly engage in disbelieving something—and, as Gilbert points out, that part of the process can be far

---

STEP ‹ A › 1등급 도전문제로 상위권에 다가가고,

STEP ‹ B › 1등급 완성문제로 1등급 실전 대비!

자사고 변형 문제

자사고 및 강남 상위권 고등학교에서 실제 출제된 내신 시험 중, 질 좋은 문제를 선별하여 변형하였습니다.

최고 오답률 기출 문제

또한 수능과 평가원 모의고사에서 가장 오답률이 높았던 문항만을 선별하여 고난도 문항에 대한 실전 감각을 익힐 수 있게 하였습니다.

최상의 예상 문제

환상의 팀워크를 자랑하는 EBS 집필진을 모아 고난도 예상 문제를 엄선하여 출제하였습니다.

서술형 문제

내신 1등급을 위해서는 서술형 정복이 필수! 실제 내신 서술형 문제와 가장 유사한 형태의 문제를 풀어보면서 내신 서술형에 대비할 수 있습니다.

진짜 1등급을 완성해 주는
풍 . 부 . 한 . 해 . 설 .

두 가지 타입의 해설

간편한 해설이 더 좋은 학생들은 '한줄 해설'로, 자세한 해설이
필요한 학생들은 '상세 해설'로, 원하는 대로 골라서 볼 수 있는
해설을 제공하였습니다.

해석

어려운 지문일수록 해석의 힘이 큽니다. 지문에 대한 이해를
도울 수 있도록 자세한 해석을 실었습니다.

지문 구성

지문이 어떻게 구성되어 있는지 표로 간단히 보여주어 지문에 대
한 이해를 도와줍니다.

구문 분석

한 문장 안에 어떤 문법적 요소가 들어가 있는지를 보여주어
정확히 독해하는 힘을 길러줍니다.

어휘 및 어구

지문에 등장하는 어려운 단어나 중요 어구의 의미를 설명하는
코너로, 영단어의 다양한 의미 중에서도 문맥상의 의미 위주로
뜻을 넣었습니다.

Healing

용기 (Be brave)

Resolve to edge in a little reading every day,
if it is but a single sentence.
If you gain fifteen minutes a day,
it will make itself felt at the end of the year.

한 문장이라도 매일 조금씩 읽기로 결심하라. 하루 15분씩 시간을 내면 연말에는 변화가 느껴질 것이다.

Horace Mann (호러스 맨)

"매일, 꾸준히"의 힘을 무시하는 사람들이 있습니다.

"그렇게 해서 언제 성공해? 사람이 배포가 커야지!" 이렇게 비아냥대죠.

하지만 매일 꾸준히 몰두한다는 것은 인내와 끈기를 요구하는 일입니다.

능력이, 환경이 부족하다고 불평하는 순간에도 시간은 흘러갑니다.

가장 완벽한 순간을 만들어 성공하겠다고 결심해서는 평생 성공하지 못할지도 모릅니다.

호러스 맨의 독서처럼 매일 꾸준하게 자기 자신의 꿈을 위해 투자하세요.

1년 뒤 당신은 전혀 다른 사람이 되어있을 겁니다.

I

유형 분석

글의 주제와 요지를 파악하여 읽는 대의파악 능력과 빈칸의 앞뒤 문맥을 이해하는 논리적 능력을 종합적으로 평가하는 유형이다. 기본적인 어휘력과 함께 글의 전체적인 흐름을 파악할 수 있는 능력이 있어야 빈칸에 들어갈 낱말이나 어구, 절 등을 추론해 낼 수 있다. 대부분의 고난도 3점 문항이 빈칸 추론 유형에서 나오고 있으므로 상위권은 빈칸 추론 문제에 성패가 달렸다고 할 수 있다. 어렵더라도 꼭 해결해 나가야 하는 중요 유형이다.

유형 풀이 전략

▶ 전반부의 빈칸은 주로 글의 주제나 요지로 제시되는 경우가 많으므로, 빈칸 다음에 이어지는 내용을 근거로 구체적인 사실 또는 예시들을 종합하여 빈칸 내용을 추론한다.

▶ 후반부의 빈칸은 글의 결론 또는 요약에 해당하는 부분이므로 빈칸 앞의 세부 서술 내용을 근거로 빈칸 내용을 추론한다.

▶ 요지가 명확하지 않은 지문의 빈칸 추론은 글 속에 주어진 정보들의 공통점을 종합해서 필자가 말하고자 하는 바가 무엇인지 유추하여 빈칸에 들어갈 말과 연결해 본다.

▶ 글의 중심사항이 아닌 세부 사항을 빈칸으로 제시한 경우에는 글의 요지와 직접적으로 관련을 맺고 있는 구체적인 진술을 빈칸에 들어갈 내용으로 선택한다.

▶ 글에 제시된 단어와 유사한 어휘가 들어 있는 선택지만 보고 고르면 오답일 수 있으므로 글을 꼭 전체적으로 읽도록 한다.

01

다음 빈칸에 들어갈 말로 가장 적절한 것은?

The cultural centralization that occurs through the media is also contributing to _____. Traditionally, village life included lots of dancing, singing, and theater. People of all ages joined in. Groups that sat around the fire and even toddlers would dance with the help of older siblings or friends. Everyone knew how to sing, act, and play music. Now that the radio has come to Ladakh, people do not need to sing their own songs or tell their own stories. Instead, they can sit and listen to the best singer or the best storyteller. But the result is that people have become inhibited and self-conscious. They are no longer comparing themselves to neighbors and friends, who are real people — some better at singing but perhaps not so good at dancing — and no one is ever as good as the stars on the radio. Community ties are also broken when people sit quietly, listening to the very best rather than making music or dancing together.

① collapse

② diversity

③ passivity

④ unification

⑤ assimilation

02

다음 빈칸에 들어갈 말로 가장 적절한 것은?

We should view stress not as an environmental stimulus or as a response but as the interaction of a thinking person and an event. Suppose you are stuck in a traffic jam. Depending on whether you are late for an appointment or have plenty of time on your hands, you will probably feel very different about your situation. How we interpret an event such as being stuck in traffic is what matters, not the event itself or what we do in response to it. Thus, stress can be defined as a particular relationship between the person and the environment that is regarded by the person as exceeding his or her resources and endangering his or her well-being. This definition states that stress is a _____ process between a person and the environment, that the person's appraisal of the situation is key, and that unless the situation is considered to be threatening or challenging, stress does not result.

① competitive

② reversible

③ transactional

④ collaborative

⑤ decision-making

03

경희고 변형

다음 빈칸에 들어갈 말로 가장 적절한 것은?

Indeed, _____ is difficult for people in every discipline. Many famous novelists — Mark Twain and Ernest Hemingway come to mind — have written to their editors that they regretted the extreme length of their manuscripts; if they had had more time, the work would have been half as long. Winston Churchill is supposed to have said that he could talk for a day with five minutes' notice but needed a day to prepare if he had only five minutes in which to speak. The poet Edwin Arlington Robinson shifted from writing short verse to lengthy works as he got older, remarking, "I am over sixty now, and short poems require too much effort." The essence of writing, these individuals say, is not putting words on the page but learning to recognize and erase the unnecessary ones.

① imaging
② abstracting
③ categorizing
④ empathizing
⑤ individualizing

[04~05] 다음 글을 읽고, 물음에 답하시오.

Charles Robert Darwin set himself two major tasks. One was to work out a mechanism by which evolution might occur. The mechanism he thought of was natural selection, which is still accepted today as the main force behind evolution. His other task was to collect enough evidence to convince people that evolution had occurred. Some evidence came from fossils or from plant and animal distribution. Most important was the evidence from living things. This was clear enough to have been noticed by other naturalists, including Rafinesque, who wrote in 1836, "All species might have been varieties once, and many varieties are gradually becoming species." Such casual remarks by naturalists carried little weight, but Darwin was more difficult to ignore because he produced so much data. One important piece of evidence was that the same basic pattern of bones appears in the limbs of all mammals. Such _____ show that they must all be descended from a common ancestor.

04

현대고 변형

윗글의 빈칸에 들어갈 말로 가장 적절한 것은?

① networks
② memories
③ similarities
④ innovations
⑤ interferences

05

서술형

윗글의 내용에 맞게 다음 질문에 대한 답을 영어로 쓰시오.

Q: Unlike other naturalists, why did the remarks from Darwin gain significance?
A: Because Darwin _____.

(총 4단어)

06

다음 빈칸에 들어갈 말로 가장 적절한 것은?

Given the ease and speed at which information travels, every institution in the knowledge society has to _____. This is because the Internet will keep customers everywhere informed on what is available anywhere and at what price. Here is an example. An entrepreneur developed a highly successful engineering design firm in Mexico. He complains that one of his toughest jobs is to convince associates and colleagues that the competition is no merely Mexican. Even without physical presence of competitors, the Internet allows customers to stay abreast of global offering and demand the same quality of designs in Mexico. This entrepreneur must convince his associates that performance of the firm must be compared against the companies in other nations not just those in Mexico.

* abreast 같은 수준으로, 나란히

① be globally competitive
② hire more bilinguals
③ be compactly organized
④ cooperate with its rivals
⑤ relate with its customers

07

다음 빈칸에 들어갈 말로 가장 적절한 것은?

A study by two researchers at the Graduate School of Social Work at Boston College found that a child's sense of well-being is affected less by the long hours their parents put in at work and more by the mood their parents are in when they come home. Children are better off having a parent who works into the night in a job they love than a parent who works shorter hours but comes home unhappy. This is the influence our jobs have on our families. Working late does not negatively affect our children, but rather, how we feel at work does. Parents may feel guilty, and their children may miss them, but late nights at the office or frequent business trips are not likely the problem. Net-net, if you _____, for your kids' sake, don't go home.

① still have work to do
② don't like your work
③ just follow your heart
④ lose at the competition
⑤ have the desire to be promoted

08

다음 빈칸에 들어갈 말로 가장 적절한 것은?

Whether you're raising fish in an offshore cage or in a filtered tank on land, you can enjoy one big advantage over raising land animals: You may _____. This is because they're cold-blooded and because, living in a buoyant environment, they don't fight gravity as much and need fewer calories. It takes roughly a pound of feed to produce a pound of farmed fish; it takes almost two pounds of feed to produce a pound of chicken, about three for a pound of pork, and about seven for a pound of beef. Although some of the farmed fish that affluent consumers love to eat feed on flesh and need a lot of animal feed, many other fish happily live on insects and plants. As a source of animal protein that can meet the needs of nine billion people with the least demand on Earth's resources, aquaculture — particularly for fish like tilapia, carp, and catfish — looks like a good bet.

① harvest them easily
② feed them a lot less
③ raise them more quickly
④ breed them in a larger amount
⑤ keep them in a controlled place

[09~10] 다음 글을 읽고, 물음에 답하시오.

The concept of *implied agent* provides us with a convenient way of describing the American _____. The idea of a "natural happening" or "occurrence" is not familiar or acceptable for Americans as it is for the Chinese and many other non-Westerners. Events do not just occur or happen naturally; they require a cause or an agent that can be held responsible. Americans are not satisfied with statements of occurrence until they have determined who is responsible — who did it or who caused it to be done. "Where there's ____(A)____, there's ____(B)____" means that each effect or event has a causative agent. The English language reflects this quality of American (and English) thinking. For example, in English one cannot refer to a natural occurrence of rain without an agent. Unlike other Romance languages that allow the statement, "Is raining," the English speaker must invent a dummy subject to say, "It is raining." The *it* in this English statement is the agent.

09

경문고 변형

윗글의 빈칸에 들어갈 말로 가장 적절한 것은?

① preoccupation with causation
② middle class and its language
③ variant of a national language
④ pain and response to historical events
⑤ society considered as a responsible society

10

서술형

윗글의 (A), (B)에 들어갈 말을 쓰시오. (각각 한 단어일 것)

(A) _____

(B) _____

11

양정고 변형

다음 빈칸에 들어갈 말로 가장 적절한 것은?

In most Western cultures, messages usually concern ideas presented in a logical, linear sequence. The speaker tries to say what is meant through precise wording, and the content of the language is more objective than personal along the continuum of personal and objective messages. This communication style is termed low-context because the actual words are more important than who is receiving the message, how the words are said, or the nonverbal actions that accompany them. On the other hand, in cultures with a high-context communication style, most of the meaning of a message is found in the context, not in the words. In fact, the wording used may be _____. The content of the language is more personal than objective, dependent on the relationship between speaker and listener. Attitudes and feelings are more important in the conversation than thoughts.

① romantic and correct
② logic and orderly
③ scientific and objective
④ vague or incomplete
⑤ meaningless or ridiculous

12

경희고 변형

다음 빈칸에 들어갈 말로 가장 적절한 것은?

The ability to think about why things work and what may be causing problems when events do not go as expected seems like an obvious aspect of the way we think. It is interesting that this ability to think about why things happen is one of the key abilities that separate human abilities from those of just about every other animal on the planet. Asking why allows people to create _____. Issac Newton didn't just see an apple fall from a tree. He used that observation to help him figure out why it fell. Your car mechanic doesn't just observe that your car is not working. He figures out why it is not working using knowledge about why it usually does work properly. And anyone who has spent time with a five-year-old knows that children this age can test the limits of your patience by trying to get your answers to why everything works as it does.

① profits
② conflicts
③ curiosity
④ explanations
⑤ observations

13

다음 빈칸에 들어갈 말로 가장 적절한 것은?

As globalization marches forward, the world gets smaller and smaller and collaboration technology gets better and better. Yet only a handful of these advancements like international conference calls, IP phones, and video chats allow people to speak rather than to write. Now more information is exchanged _____ than ever before, which makes it extremely important that you can communicate effectively in writing. If you plan on participating in this knowledge economy, which grows more and more important with each passing day, you will need to learn how to write fairly well. You don't have to be Shakespeare, but you do need to know how to express yourself properly in written form. This is because not only is writing an important academic skill, but it is also an important skill that translates into any career field.

① in person
② on the SNS
③ through text
④ among people
⑤ with verbal images

14

다음 빈칸에 들어갈 말로 가장 적절한 것은?

Bright colored foods frequently seem to taste better than bland-looking foods, even when the flavor compounds are identical. Foods that somehow look off-color often seem to have off tastes. For thousands of years, human beings have relied on visual cues to help determine _____. The color of fruit suggests whether it is ripe; the color of meat whether it is fresh. Flavor researchers sometimes use colored lights to modify the influence of visual cues during taste tests. During one experiment in the early 1970s, people were served an oddly colored meal of steak and French fries that appeared normal beneath colored lights. Everyone thought that the meal tasted fine until the lighting was changed. Once it became apparent that the steak was actually blue and the fries were green, some people became ill.

① how they taste
② when to serve
③ what is edible
④ how they feel
⑤ when they are available

15

대광고 변형

다음 빈칸에 들어갈 말로 가장 적절한 것은?

When researchers find that two variables are related, they often automatically leap to the conclusion that those two variables have a cause-and-effect relationship. For example, suppose a researcher found that people who took vitamin C every day reported having fewer colds than people who didn't. Upon finding these results, she wrote a paper saying vitamin C prevents colds, using this data as evidence. Now, while it may be true that vitamin C does prevent colds, this researcher's study can't claim that. That's because she didn't control for any other factors that could be related to both vitamin C and colds. For example, people who take vitamin C every day may be more health-conscious overall, washing their hands more often and exercising more. Until you _____, you can't make a cause-and-effect conclusion based on relationships you find.

*variable 변인, 변수

① understand the difference
② take the vitamin in person
③ do a controlled experiment
④ simplify the complex results
⑤ cure the patients of the virus

16

세화여고 변형

다음 빈칸에 들어갈 말로 가장 적절한 것은?

A study with NASA showed that cockpit napping can dramatically _____. Short twenty-minute naps can improve alertness by 50 percent and performance by 34 percent. Nevertheless, in its bureaucratic wisdom, the FAA forbids one of two United States pilots from sleeping in the cockpit, fearing that the public would respond negatively to having pilots sleeping on duty. The science clearly shows, however, that an intentional nap by one pilot at a time is much safer than two extremely tired pilots landing a plane—or both pilots falling asleep spontaneously. In one terrifying case, a flight from the East Coast to Los Angeles continued hundreds of miles past Los Angeles and out to sea before one of the two sleeping pilots awakened. For pilots for whom safety is critical, naps can mean the difference between life and death.

*cockpit (비행기의) 조종실

① be controlled by machines
② be continued as a practice
③ threaten passengers' safety
④ increase pilots' performance
⑤ improve pilots' job satisfaction

[17~18] 다음 글을 읽고, 물음에 답하시오.

When you try to learn something new, making the best of the _____ ⓐ _____ is recommended. You should look at the big picture first, and then choose the smaller part to focus on. Once you have learned the smaller part, you will have a better understanding of the whole idea when you go back to the overall view. Then you can choose another detail to work on. Repeat this process, and you will realize that something difficult can be broken down into smaller, simpler tasks. Even overwhelmingly ⓑ c_____ things can be processed by following this process. Remember to get the big picture first and then focus on the details selectively.

17

이대부고 변형

윗글의 빈칸 ⓐ에 들어갈 말로 가장 적절한 것은?

① characteristics of the subject
② graphic organizer of the text
③ related background knowledge
④ effect of repetitive memorization
⑤ brain's natural processing sequence

18

서술형

빈칸 ⓑ에 들어갈 알맞은 단어를 주어진 영영 뜻풀이를 참고하여 쓰시오.

c_____: hard to understand, explain, or deal with

[19~20] 다음 글을 읽고, 물음에 답하시오.

Young children rarely think of their art as personal property. Often they throw it away or give it away. This suggests that much of the value of art for a child consists in making it. Interestingly, art in tribal societies is frequently abandoned after it has served its purpose. The focus is on the magical, expressive, and social value of the act of making. Some contemporary artists share this feeling, but they are also caught up in the system of art exhibition, the selling of their art, and the requirements of an art market. This results in a tension in the art world that is largely unresolved —the tension between art as a satisfying mode of expression and art as a(n) _____, between the experience of making and the experience of owning.

19

신일고 변형

윗글의 빈칸에 들어갈 말로 가장 적절한 것은?

① byproduct of their learning
② precious collectible object
③ expression of inner selves
④ public good for everybody
⑤ object with visible property

20

서술형

윗글의 밑줄 친 this feeling이 가리키는 것을 본문에서 찾아 그대로 쓰시오. (총 15단어)

01

다음 빈칸에 들어갈 말로 가장 적절한 것은?

Euphemism is the substitution of a desirable term for a less desirable or offensive one. Although there is nothing inherently wrong with polite conversation, the result is often a loss of communication. Euphemism is common in hospital and medical facilities, where bodily functions need to be discussed. Hospital personnel may ask a patient if he has "voided his bladder." Many patients do not realize that this refers to urination. In fact, it has been shown that a majority of patients do not understand the language that is commonly used in their interactions with medical staff. Many patients do not understand words like "malignant," "benign," "terminal," and "generic." You can imagine a solemn physician telling a patient that she is "terminal," with the patient then brightly inquiring when she will get better. It is easy to see how the use of euphemisms can lead to _____.

＊bladder 방광

① politeness
② wordiness
③ practicality
④ reinterpretations
⑤ misunderstandings

02

다음 빈칸에 들어갈 말로 가장 적절한 것은?

"Blood diamonds" and "conflict minerals" are mined in war zones and used to finance brutal armed groups around the world. Now a technology may help prevent the illicit trade. The Texas-based firm Materialytics reports with more than 95 percent accuracy in identifying the _____ of everything from rubies to rough emeralds to minerals used in cell phones. The novel process begins when a laser beam converts a tiny amount of the rock into a bright micro-plasma, generating a spark recorded by a spectrometer. The light's wavelengths create a unique spectral sequence, which is then detailed to two million data points per sample. Within minutes a tester knows if there's a match in the firm's database, which now contains 50,000-plus collected samples from more than 60 countries — some down to the exact mine where a gem originated. Precise geology may be the key to pulling diamonds from the global rough.

＊spectrometer 분광계

① trade
② origin
③ hardness
④ market value
⑤ current demand

03

다음 빈칸에 들어갈 말로 가장 적절한 것은?

In attempting to describe what being a part of an alien culture is, anthropologists have often found themselves in a position to use objects as _____ for the particular essence they wanted to portray. Thus Ruth Benedict, an American anthropologist and folklorist, chose *The Chrysanthemum and the Sword* as the title for her book on Japan because she felt that these two things, which are deeply involved in Japanese culture, were powerful symbols for the polar oppositions between which life in that nation is played out. Victor Turner, a British cultural anthropologist, named his book on the ritual life of the Ndembu of south central Africa, *The Forest of Symbols*, to convey a wide range of meanings, including the fact that certain trees, such as the *mudyi*, act as dominant symbols in this culture. Even the indigenous term for symbol is derived from the word that means "to blaze a trail" through the forest.

*chrysanthemum 국화   **blaze a trail 새로운 길을 열다

① tools
② assets
③ metaphors
④ activators
⑤ references

[04~05] 다음 글을 읽고, 물음에 답하시오.

The creativity that children possess needs to be cultivated throughout their development. Research suggests that overstructuring the child's environment may actually limit creative and academic development. This is a central problem with much of science instruction. The exercises or activities are devised to eliminate different options and to focus on predetermined results. The answers are structured to fit the course assessments, and the wonder of science is lost along with cognitive intrigue. We define cognitive intrigue as the wonder that stimulates and intrinsically motivates an individual to voluntarily engage in an activity. The loss of cognitive intrigue may be initiated by the sole use of play items with predetermined conclusions and reinforced by rote instruction in school. This is exemplified by toys, games, and lessons that are a(n) _____ in and of themselves and require little of the individual other than to master the planned objective.

*rote 기계적인 암기

04

수능 오답률 55%

윗글의 빈칸에 들어갈 말로 가장 적절한 것은?

① end
② input
③ puzzle
④ interest
⑤ alternative

05

서술형

윗글의 밑줄 친 This가 가리키는 내용을 다음과 같이 정리하고자 한다. 본문에 나온 단어를 변형하여 알맞게 쓰시오. (각각 한 단어일 것)

the _____ and _____ of the loss of cognitive intrigue

06

다음 빈칸에 들어갈 말로 가장 적절한 것은?

When interpreting an argument, we should make every effort to be fair to the arguer. We should not worsen the argument by adding material that would make it less credible, or deleting material that would make it more credible. We should attempt to keep our standardized version reasonably close to the exact words used. Otherwise we will begin to construct a new argument of our own, as opposed to understanding the argument put to us by another person. Sometimes it is suggested that we go further in the direction of charitable interpretation, interpreting a speech or a written passage so as to render it as plausible and reasonable as possible. Such generous interpretive charity has been claimed to be the fairest thing to the speaker or author. But there are some risks here. If we do too much to improve someone else's speaking or writing, we may apply too many ideas of our own and move too far away from the original words and thoughts. Charity can lead us away from _____ if it is taken too far.

① analysis
② accuracy
③ compassion
④ commonality
⑤ standardization

07

다음 빈칸에 들어갈 말로 가장 적절한 것은?

It's no mystery what might cause the press to get into trouble with expertise. The media don't, by and large, exist solely to tell us what's right and true; they exist to get us to read about, watch, and listen to them. That often means selecting and presenting expert findings in a way that is entertaining, provocative, useful sounding, and otherwise satisfyingly resonant. Claiming that journalists are devoted to bringing the truth to light is a bit like saying accountants are dedicated to upholding tax laws — it's often more about knowing how far you can go in the other direction without getting into real trouble. What newspapers, magazines, television programs, radio shows, and trade books look for from an expert and his or her findings — simplicity, controversy, a definitive answer, and striking measurements — is virtually a recipe for bad advice. And the fact that the media often insist the experts they showcase wield academic certificates or other standard trappings of expertise, or that their opinions are backed by others in their expert communities, is hardly protection from _____.

① wrongness
② censorship
③ individualism
④ inhumanity
⑤ overworking

08

다음 빈칸에 들어갈 말로 가장 적절한 것은?

Our genes determine whether we are morning people or night owls, and our daily routine needs to conform to our internal circadian clock. If we fight it, we pay dearly. Our society is better coordinated to the rhythm of morning people, which is why the classic late riser suffers the most from what chronobiologist Till Roenneberg calls "social jetlag." High school students have to go to school at what their bodies consider the middle of the night; late risers, whose efficiency would normally peak in the evening, struggle to work at dawn. They all accomplish less than they could because many activities take substantially longer to complete at an unsuitable time. People with social jetlag make needless mistakes, suffer from chronic illnesses, and often resort to nicotine and alcohol to offset their bad mood. That alone would be reason enough to gain control over our time and live according to the unique dictates of our biological clocks. Our society needs to accommodate these _____.

*circadian 생물학적 주기의, 체내의

① efficiency measures
② individual variations
③ psychological disorders
④ real-time domain features
⑤ exchanges of genetic information

[09~10] 다음 글을 읽고, 물음에 답하시오.

If you watch airline attendants when flight safety instructions are being given, you'll notice that they hold the life jacket, oxygen mask, and other demonstration materials like pieces of art being auctioned at Christie's. Why? Because it draws attention to those items and conveys their importance. According to a large restaurant owner, his servers are taught to present trays of food to customers with both hands and with respect. [**with a more favorable impression / leaves / others / doing so / of the server and the restaurant**]. The same principle applies to anything you hold while speaking in public. Whether it is a piece of paper, a workbook, or a product, if you want to let your audience know what you are holding is important, handle the item with _____.

*Christie's 크리스티 (미술품 · 골동품) 경매

09

선덕고 변형

윗글의 빈칸에 들어갈 말로 가장 적절한 것은?

① no help
② full control of it
③ your bare hands
④ respect and care
⑤ specially designed gloves

10

서술형

윗글의 [   ]에 주어진 단어를 다음 우리말에 맞게 배열하시오.

(대소문자 구별할 것)

> 그렇게 하는 것이 다른 사람들에게 그 종업원과 그 음식점에 대해 더 우호적인 인상을 남긴다

11

세화고 변형

다음 빈칸에 들어갈 말로 가장 적절한 것은?

In my many years of experience in the business world of working with businessmen, the best businessmen understood that problems will occur periodically and they had processes in place to handle them extremely well. The best businessmen were using this model: *Early and Clear Communication + Action Plan + Timeline.* Communicate that there is a problem early and clearly; don't wait until the customer has complained. An important notice: have the next two steps in the model clear in the communication before making the call or walking into their office. Just saying that there is a problem with no course of action is like bringing them a big mess with no plan to clean it up. Of course, ideally you will have a clear timeline that shows the complete resolution of the issue in your initial communication, but if this is not possible then be prepared to give _____ until the issue is resolved.

① helpful inputs

② regular updates

③ concrete targets

④ thorough investigations

⑤ unconditional recommendations

12

다음 빈칸에 들어갈 말로 가장 적절한 것은?

Kids are born with a certain temperament. That temperament is not a track that will guide them through life. It is a(n) _____. A girl was born with a certain disposition, whether to be high strung or preternaturally calm, whether to be naturally sunny or naturally morose. Her disposition would evolve over the course of her life, depending on how experience wired her brain, but the range of this evolution would have limits. She might grow from high-strung to moderately tempered, but her personality would probably not flip from one extreme to another. And once that basic home state was established, her moods would oscillate around that mean. She might win the lottery and be delighted for a few weeks, but after a time she would return to that home state and her life would be no happier than if she'd never won it. On the other hand, she might lose a husband or a friend, but she would, after some period of grief and agony, return to her home state.

* oscillate (감정 등이) 계속 오가다

① maze

② habit

③ leash

④ dream

⑤ anger

13

다음 빈칸에 들어갈 말로 가장 적절한 것은?

As scientific understanding has grown, so our world has become dehumanized. Man feels himself isolated in the cosmos, because he is no longer involved in nature and has lost his spiritual "unconscious identity" with natural phenomena. These have slowly lost their symbolic implications. Thunder is no longer the voice of an angry god, nor is lightning his avenging missile. No river contains a spirit, no tree is the life principle of a man, no snake the embodiment of wisdom, no mountain cave the home of a great devil. No voices now speak to man from stones, plants, and animals, nor does he speak to them believing they can hear. His contact with nature has gone, and with it has gone the profound _____ that this symbolic connection supplied.

① domestic crisis
② emotional energy
③ religious awakening
④ cultural transformation
⑤ natural beauty and wildlife

[14~15] 다음 글을 읽고, 물음에 답하시오.

No Stone Age ten-year-old would have been living on tender foods like modern potato chips, hamburgers, and pasta. Their meals would have required far more chewing than is ever demanded of a modern child. (A)(**Sufficient**) use of jaw muscles in the early years of modern life may result in their underdevelopment and in weaker and smaller bone structure. The growth of human teeth requires a jaw structure of a certain size and shape, one that might not be produced if usage during development is (B)(**adequate**). Crowded and misplaced incisors and imperfect wisdom teeth may be diseases of _____. Perhaps many dental problems would be prevented if more biting (C)(**encourage**) for children.

*incisor 앞니 **wisdom tooth 사랑니

14

윗글의 빈칸에 들어갈 말로 가장 적절한 것은?

① growth
② genetics
③ adoption
④ education
⑤ civilization

15

(A), (B), (C)의 각 낱말을 문맥과 어법에 맞게 고치시오.

(A) _____

(B) _____

(C) _____

16

수능 오답률 73%

다음 빈칸에 들어갈 말로 가장 적절한 것은?

Long before Walt Whitman wrote *Leaves of Grass*, poets had addressed themselves to fame. Horace, Petrarch, Shakespeare, Milton, and Keats all hoped that poetic greatness would grant them a kind of earthly immortality. Whitman held a similar faith that for centuries the world would value his poems. But to this ancient desire to live forever on the page, he added a new sense of fame. Readers would not simply attend to the poet's work; they would be attracted to the greatness of his personality. They would see in his poems a vibrant cultural performance, an individual springing from the book with tremendous charisma and appeal. Out of the political rallies and electoral parades that marked Jacksonian America, Whitman defined poetic fame in relation to the crowd. Other poets might look for their inspiration from the goddess of poetry. Whitman's poet sought _____. In the instability of American democracy, fame would be dependent on celebrity, on the degree to which the people rejoiced in the poet and his work.

* rally 집회

① a refuge from public attention
② poetic purity out of political chaos
③ immortality in literature itself
④ the approval of his contemporaries
⑤ fame with political celebrities

17

세화여고 변형

다음 빈칸에 들어갈 말로 가장 적절한 것은?

A human system of regulating flow is almost always more responsive than a mechanical one. Have you ever had to wait in a car at a red light when there was a lot of traffic on your street and none on the cross street? A policeman would immediately see the situation and adjust the directional flow to meet the momentary need. The same applies to rigid rules in a meeting. It is hard to get a constructive dialogue going when the participants are only allowed to speak in a fixed order. A human system—a sensitive moderator—could adjust to the moment-by-moment needs of the individuals in the group without letting anyone _____. Clearly, every meeting of more than four or five people needs a leader who will keep a balanced conversational flow.

① lose interests in the topic
② distract other participants
③ dominate the meeting for long
④ feel hurt by impolite words
⑤ voice their opinion confidently

18

다음 빈칸에 들어갈 말로 가장 적절한 것은?

When there has been lots of research in a field, it's always possible that someone—like me, for example—could cherry-pick the results, and give a partial view. I could, in essence, be only telling you about the studies that support my case, while hiding the reassuring ones from you. To guard against this risk, researchers invented the systematic review. It's at the core of modern medicine, but in essence a systematic review is simple: instead of just browsing through the research literature, consciously or unconsciously picking out papers here and there that _____ _____, you take a scientific, systematic approach to the very process of looking for scientific evidence, ensuring that your evidence is as complete and representative as possible of all the research that has ever been done. The steps and procedures are clearly defined so you only have to choose which type of systematic approach to follow.

*cherry-pick 선별하다

① limit the scope of the research
② support your pre-existing beliefs
③ suggest new problems and challenges
④ don't match with the previous reports
⑤ are available at the time of experiment

[19~20] 다음 글을 읽고, 물음에 답하시오.

When human beings take in excess energy in the form of food at a given meal or snack, the extra calories tend to reduce hunger at the next meal or snack. But this mechanism doesn't seem to be fully functional when excess calories are consumed in the form of liquids. If, for example, you begin taking in an extra 200 calories a day by eating a sandwich, you'll tend to reduce your caloric intake by the same amount at the next meal or over the course of the day. On the other hand, if you take in an extra 200 calories by drinking a soft drink, your body won't activate the same mechanism, and you probably won't end up reducing your daily caloric intake at all. In the long run, you'll _____.

19

동성고 변형

윗글의 빈칸에 들어갈 말로 가장 적절한 것은?

① end up gaining weight
② lose your health completely
③ make your daily diet eco-friendly
④ prefer soft drinks to healthier ones
⑤ stay healthy in your diet and habits

20

서술형

윗글의 주제문을 찾아 밑줄을 그은 후, 우리말로 쓰시오.

01

한대부고 변형

다음 빈칸에 들어갈 말로 가장 적절한 것은?

Other people can affect our performance not only by observing and evaluating us but also by creating distraction. Their mere presence causes us to think about them, to react to them, or to monitor what they are doing, and thereby deflects attention from the task at hand. Researchers in one study, for example, had a person sit behind the participant in a location in which he or she could not possibly monitor the participant's performance. The presence of this person, nevertheless, interfered with the participant's performance on the tasks. Such effects have also been found in nonhuman species. For example, centipedes run faster down a glass tube when other centipedes are placed in neighboring tubes than when the additional tubes are empty. The effect seems to stem from _____ _____.

*centipede 지네

① careful observation
② electronic communications
③ hours spent on the competition
④ disturbance by the presence of others
⑤ their aggression to the invisible enemy

02

다음 빈칸에 들어갈 말로 가장 적절한 것은?

All forms of communication are extensions of us. Going back to the visionary philosopher of communication theory, Marshall McLuhan: everything is _____ _____. We couldn't see far enough, we invented the telescope. We wanted to communicate across distances, we invented the telephone. Then, we wanted to connect with everyone and share all these ideas, and we invented the Internet. We've created this global brain that is very much an extension of our own brains. And because it's an extension of us, it's good and it's bad — because we're both good and bad. We're both focused and distracted. So I think the real problem isn't the technology. I think we need to evolve to know when to turn it off.

① a bit of an exaggeration
② the result of constant competitions
③ the opportunity given to you from others
④ an extension of our desire for connection
⑤ a linguistic construction, not physical one

03

다음 빈칸에 들어갈 말로 가장 적절한 것은?

A few years ago, I decided to start observing extraordinary classrooms. Whenever I was traveling and found myself with some extra time, I tracked down teachers in that area who were rumored to be doing interesting things and asked if I could visit them at work. I was particularly keen to see how they dealt with discipline problems. My assumption was that I could learn more from seeing how talented practitioners responded to obnoxious behavior than I could from reading books on the subject. As it turned out, I rarely got the chance to see these teachers work their magic with misbehaving children because it seemed as though the children in their classes almost never misbehaved. Evidently, I just happened to show up on unusually harmonious days — or else I wasn't staying long enough. After a while, however, it dawned on me that this pattern couldn't be explained just by my timing. These classrooms were characterized by _____ _____ .

*obnoxious 아주 불쾌한

① a chronic absence of problems
② external constraints and authority
③ children talking almost all the time
④ several consistent themes and practices
⑤ teacher-led, whole-class, literacy-related activities

[04~05] 다음 글을 읽고, 물음에 답하시오.

Selling electronic material can, in theory, lead to unlimited profit. There is no cost to duplicate electronic data. Even distribution can be automated, thanks to the Internet. This is changing the game for suppliers. Yet, at the consumer end, people are realizing that this material does not really have any value because it is easily copied and shared. The old rules of supply and demand are obsolete. This has been the big problem plaguing the entertainment industry in recent years. Copyrighted material is being shared at no cost to the consumer (you don't even have to buy blank tapes any more) and the industries are desperately trying to keep their power with continued lawsuits. Yet they will never win. Their ideas are outdated, the money system has lost its place in the world of entertainment, and it's only going to get worse. Technology has evolved and _____ .

04

윗글의 빈칸에 들어갈 말로 가장 적절한 것은?

① left the money system behind
② changed the way we do business
③ restored the soul of free communities
④ helped develop more advanced economics
⑤ given the music industry its greatest growth

05

서술형

윗글의 밑줄 친 This가 가리키는 내용을 찾아 우리말로 간단히 쓰시오.

06

양정고 변형

다음 빈칸에 들어갈 말로 가장 적절한 것은?

The urge to _____ is as old as music itself. Every century on every continent has seen those in authority — whether as church or as state — use their powers to silence certain sounds or performers. Plato's concern about the potential moral damage to be discerned in some types of music marks one of the earliest recorded examples. "The overseers," Plato is recorded as saying, "must throughout be watchful against innovation in music counter to the established order, and to the best of their power guard against it." In seventeenth century England, the performance of unlicensed ballads could lead to fines or imprisonment. A recent similar story is of the Chinese authorities imprisoning fourteen Tibetan nuns for singing songs in support of their country's independence.

① follow the tradition of music
② teach music to young children
③ enjoy the healing effect of music
④ censor music for fear of its effects
⑤ distinguish between a master and a novice

07

현대고 변형

다음 빈칸에 들어갈 말로 가장 적절한 것은?

There is a long and honorable history of procrastination to suggest that many ideas and decisions may well improve if postponed. It is something of a truism that to put off making a decision is itself a decision. The parliamentary process is essentially a system of delay and deliberation. So, for that matter, is the creation of a great painting, or an entrée, or a book, or a building like Blenheim Palace, which took the Duke of Marlborough's architects and laborers 15 years to construct. In the process, the design can mellow and marinate. Indeed, hurry can _____. As T.H. White, author of *Sword in the Stone*, once wrote, time "is not meant to be devoured in an hour or a day, but to be consumed delicately and gradually and without haste." In other words, what you don't necessarily have to do today, by all means put off until tomorrow.

*truism 자명한 이치

① trigger your creativity
② require efforts and patience
③ be the assassin of elegance
④ make the impossible possible
⑤ enable your dream to come true

[08~09] 다음 글을 읽고, 물음에 답하시오.

Jacqueline Novogratz, the founder of the Acumen Fund, tells [**are / that / we all / demonstrates / a story / how connected**]. Her story centers on a blue sweater. It was given to her by her uncle Ed when she was twelve. "I loved that soft wool sweater with its striped sleeves and two zebras in the front," she says. She even wrote her name on the tag. But the sweater got too tight for her as she grew older. So in her freshman year of high school she donated it to a charity. Eleven years later, she was jogging in Kigali, Rwanda, where she was working to set up an aid program for poor women. Suddenly, she spotted a little boy wearing a similar sweater. Could it be? She ran over to him and checked out the tag. Yes, there was her name. It was enough to remind Jacqueline — and the rest of us — of _____.

08
선덕고 변형

윗글의 빈칸에 들어갈 말로 가장 적절한 것은?

① the power of words
② the benefits of going abroad alone
③ the job which she had always wanted
④ the whole greater than the sum of its parts
⑤ the threads of our connection to one another

09
서술형

윗글의 [   ]에 주어진 단어를 다음 우리말에 맞게 배열하시오.

> 우리 모두가 어떻게 연결되어 있는지를 보여 주는 이야기

[10~11] 다음 글을 읽고, 물음에 답하시오.

The old saying that _____ no longer holds true. As a modern, well-trained teacher, you must first have learned what and how to teach each child. You must know the material that you are to teach, the nature of the child, and the best methods of instruction. True, much of [**what / which**] makes you able to learn to teach and to enjoy teaching has come from your original nature and from the environmental forces that you encountered before you entered the teacher-training program. But without training, regardless of your interests, ability, and personality, you could not possibly perform at the level expected of the professional teacher in today's schools.

10
중동고 변형

윗글의 빈칸에 들어갈 말로 가장 적절한 것은?

① actions speak louder than words
② teachers are born and not made
③ it takes a village to raise a child
④ you can't teach an old dog new tricks
⑤ all work and no play makes Jack a dull boy

11
서술형

윗글의 [   ]에서 어법상 적절한 단어를 고르고, 밑줄 친 부분을 우리 말로 쓰시오.

_____

_____

12

중동고 변형

다음 빈칸에 들어갈 말로 가장 적절한 것은?

The differences between introverts and extroverts are astounding. Most of all, extroverts _____. Most extroverts like talking to people, engaging in activities outside of themselves, and working around people. Contrary to most of our perceptions about extroverts, they are not necessarily more outgoing or lively than introverts. In fact, their focus is outside themselves. Extroverts can refresh themselves by doing something in the outside world, especially since there is so much to choose from today. Extroverts may suffer loneliness and a feeling of being exhausted when they are not in contact with people or the outside world. Often, the hardest activity for them is relaxing and giving their body a rest. They won't feel enthusiastic and are in low spirits.

① feel happy when they are needed
② gain energy from the outer world
③ have difficulty in recharging themselves
④ are indifferent of everything around them
⑤ are proud of being friendly and sociable

13

한가람고 변형

다음 빈칸에 들어갈 말로 가장 적절한 것은?

To see if there is a reason why your child might be avoiding a task, _____. For example, if you have asked your child to go and brush his or her teeth and this hasn't happened, stand back and look at the situation. Suppose that you know that your child is scared of the dark and the bathroom is at the end of the hallway and at the moment there are no lights on. In that case, it is quite possible that your child is avoiding the task rather than being disobedient. However, if there are no such limitations and your child is just glued to the television, then it is probably disobedience and turning off the television immediately for ten minutes would be an appropriate response.

① your child needs to trust you first
② observe the child at play with his or her peers
③ you need to look at the situation in detail
④ consider if you did the similar way in the past
⑤ you should use humor in dealing with the problem

14

대광고 변형

다음 빈칸에 들어갈 말로 가장 적절한 것은?

For the last 20 years, some educators have believed that children should not be allowed to experience failure. Educational situations were structured so that every child could be successful nearly all the time. It was reasoned that the experience of failure would discourage students from future study. In the field of science, however, finding out what does not work is as important as finding out what does. In fact, real advances in science tend to occur when solutions do not fit the predictions. Although students should not be constantly faced with frustrating learning situations, _____ may better serve them in developing problem-solving skills. After all, in much of scientific inquiry, there are no right or wrong answers.

① structured group activities
② the romantic view on success
③ a positive attitude toward failure
④ a systematic approach in solving the problem
⑤ the complete agreement by everyone concerned

[15~16] 다음 글을 읽고, 물음에 답하시오.

Anxiety has been around for thousands of years. According to evolutionary psychologists, it is adaptive to the extent that it helped our ancestors avoid situations in which <u>the margin of error between life and death was slim</u>. Anxiety warned people when their lives were in danger: not only from wild tigers, cave bears, hungry hyenas, and other animals stalking the landscape, but also from hostile, competing tribes. Being on alert helped ancient people fight predators, flee from enemies, or "freeze," blending in, as if camouflaged, so they wouldn't be noticed. It mobilized them to react to real threats to their survival. It pushed them into keeping their children out of harm's way. Anxiety thus persisted through evolution in a majority of the population because _____.

*camouflaged 위장한

15

이화여고 변형

윗글의 빈칸에 들어갈 말로 가장 적절한 것은?

① it made us run faster than our prey
② it forced us to make stronger weapons
③ it was an advantageous, lifesaving trait
④ it helped us cooperate to fight the predator
⑤ it showed who was the strongest in the group

16

서술형

윗글에서 밑줄 친 부분의 구체적인 의미를 우리말로 쓰시오.

01

다음 빈칸에 들어갈 말로 가장 적절한 것은?

As part of my responsibilities, I had to ask other professors to read densely written research papers and review them. It could be tedious, sleep-inducing work. So I came up with an idea. I'd send a box of Girl Scout Thin Mints with every paper that needed to be reviewed. "Thank you for agreeing to do this. The enclosed Thin Mints are your reward. But no fair eating them until you review the paper," I'd write. That put a smile on people's faces and they knew what they had to do. Sure, sometimes I had to send a reminder email. But when I'd ping people, all I needed was one sentence: "Did you eat the Thin Mints yet?" I've found Thin Mints _____. They're also a sweet reward for a job well done.

*Girl Scout Thin Mints 걸스카우트의 기금 마련을 위한 쿠키

① make them uncomfortable
② are like games for children
③ are a great communication tool
④ are a means for showing my anger
⑤ prevent them from finishing reviewing the paper

02

다음 빈칸에 들어갈 말로 가장 적절한 것은?

A life of creating beauty and bringing it to others is a good life. It's easy to lose perspective and get consumed with the day-to-day problems and challenges in any career (including music), but what we do as artists is akin to magic. Where else but in the arts do people come together simply to create and share in an emotional experience, with no winners or losers? Where else but in a musical collaboration do people work together so interdependently in order to attain the indefinable? Aesthetic experiences have no material or utilitarian purpose; their aim is to connect us with _____. These experiences have powerful and lasting effects on people, and being part of the process — whether as a composer, performer, or teacher — is both humbling and exalting, and infinitely rewarding.

① the resources we need
② that which is beyond this world
③ the laws that govern the universe
④ the overwhelming power of nature
⑤ the environment through enriching experiences

03

경희고 변형

다음 빈칸에 들어갈 말로 가장 적절한 것은?

Language affects how people think and what they pay attention to. Language allows us to perceive certain aspects of the world by naming them and allows us to ignore other parts of the world by not naming them. For instance, if you work in a job such as fashion or interior design that deals with many different words for color distinctions, you will be able to perceive finer differences in color. Knowing various words for shades of white, such as *ecru, eggshell, cream, ivory, pearl, bone china white,* and *antique white*, actually helps you see differences in shades of white. Similarly, there are concepts that people do not fully perceive until _____. Think of words added to American English vocabulary in the last few years such as *google, texting, couch potato,* or *mouse potato.* The behaviors to which those words refer certainly existed before the terms were coined. But as a society, we did not collectively perceive these behaviors until language allowed us to name them.

① the name change is approved
② a word is coined to describe them
③ they are in a life-and-death situation
④ our minds have gone back to their causes
⑤ the imagination was physiologically created

[04~05] 다음 글을 읽고, 물음에 답하시오.

Although money can provide all kinds of wonderful things, from tastier food to safer neighborhoods, wealth comes at a cost. Just thinking about wealth can push us away from the kinds of behaviors that promote happiness—such as playing nicely with others. In one study, some students received a big stack of Monopoly money and spent several minutes imagining a wealthy future. Other students (A) (leave) with no Monopoly money and spent time thinking about their plans for the next day. Suddenly a research assistant stumbled in front of them, spilling pencils everywhere. Students with the stack of cash picked up fewer pencils. In another study, individuals who merely saw a photograph of money preferred solitary activities, (B) (choose) personal cooking classes over a catered dinner with friends. This research helps to explain why our would-be lottery winners sought isolation. Just being reminded of wealth can propel people to _____.

*Monopoly (놀이판에서 하는) 부동산 취득 게임

04

대광고 변형

윗글의 빈칸에 들어갈 말로 가장 적절한 것은?

① invest more in their inner beauty
② do something to help better their country
③ seek change to acquire power over others
④ want to learn more eventually building their own style
⑤ distance themselves from others, undermining happiness

05

서술형

(A) (leave)와 (B) (choose)를 각각 알맞은 형태로 쓰시오.

(A) _____

(B) _____

06

다음 빈칸에 들어갈 말로 가장 적절한 것은?

Biologists and philosophers have pondered for generations the ways in which our modern lives may be disconnected from our pasts, out of synch. We are haunted by this dissonance, as many have acknowledged, but what seems to have been relatively missed is the origin of the ghosts. They arise from _____. When you look beside you in bed, you notice no more than one animal. For nearly all of our history, our beds and lives were shared by multitudes. Live in a mud-walled hut in the Amazon, and bats will sleep above you, spiders beside you, and there are the insects beating themselves stupid against the dwindling animal fat flame. Somewhere near you, perhaps hanging in the palm roof, would be the drying herbs of medicine, a cooked and salted monkey hanging on a stick, and whatever else is necessary, all gathered or killed, all local, all touched and held and known by name. In addition, your gut would be filled with intestinal worms, your body covered in multitudes of unnamed microbes, and your lungs occupied by a fungus uniquely your own.

* dissonance 불일치, 불협화음

① ungrounded beliefs that our brains creates
② the type of diet we adopt in a certain setting
③ changes in the species with which we interact
④ subtle genetic changes caused by natural selection
⑤ collective experience that becomes our second nature

07

다음 빈칸에 들어갈 말로 가장 적절한 것은?

Social scientists have long understood that illness, in addition to compromising a person's biological and/or psychological well-being, is also a threat to the social order. A "sick" person is apt to miss work, school, or any of the innumerable other functional responsibilities that people have in society. There is probably no one who has not at one time or another wondered, "Am I sick enough to stay home?" and thus risked inconveniencing others. On the other hand, there are certainly some people who rather enthusiastically embrace the "sick role" as a way of getting out of an unpleasant obligation and/or getting sympathy. In any case, we can surely understand why the WHO defines health as more than the absence of disease, which is a purely biomedical condition. Being "ill" implies that whether or not one has a definable disease, one feels at less than an optimal level of well-being and, moreover, _____.

① is reluctant to seek treatment
② is treated by others as being un-well
③ can't lead their life the rest of the time
④ has to renegotiate existing relationships
⑤ must be able to recall what things were like

08

한대부고 변형

다음 빈칸에 들어갈 말로 가장 적절한 것은?

Indeed, there is a well-established principle in sociology suggesting that social groupings larger than 150-200 become increasingly hierarchical in structure. Small social groups tend to lack structure of any kind, relying instead on personal contacts to oil the wheels of social intercourse. But with more people to coordinate, hierarchical structures are required. There must be chiefs to direct, and a police force to ensure that social rules are followed. And this turns out to be an unwritten rule in modern business organization too. Businesses with fewer than 150-200 people can be organized on entirely informal lines, relying on personal contacts between employees to ensure the proper exchange of information. But larger businesses require formal management structures to channel contacts and ensure that each employee knows what he or she is responsible for and _____.

① how they will be measured
② whom they should report to
③ where the company is headed
④ what type of information they have
⑤ when they are expected to perform certain tasks

[09~10] 다음 글을 읽고, 물음에 답하시오.

One of the first things that designers learn in school is that "_____." And sometimes a designer gets a refresher course on that. Interior designer Melody Davidson installed a new slipcover on a sofa loveseat in her living room, and then she went shopping for pillows to go with it. She found some beauties that had interesting beading and fringe. They also were in the perfect colors. She threw them onto the newly covered loveseat and told herself, "Oh, these look so great!" Her husband went into the living room, sat down, and exclaimed, "Ouch!" As it turns out, leaning against the beading was painful enough that they decided to return the pillows to the store. It's a common mistake in homes everywhere. Davidson says: "The eye candy is what draws our attention, and we make decisions based on that."

*slipcover (소파 등의) 덮개   **fringe (실을 꼬아 장식으로 만든) 술

09

현대고 변형

윗글의 빈칸에 들어갈 말로 가장 적절한 것은?

① form follows function
② failure isn't an end point
③ success is based on our intuition
④ people from different backgrounds exist
⑤ there is more than one way to design something

10

서술형

윗글에서 밑줄 친 The eye candy의 구체적 사례에 해당하는 것을 본문에서 찾아 그대로 쓰시오. (총 8단어)

11

수능 오답률 57%

다음 빈칸에 들어갈 말로 가장 적절한 것은?

Temporal resolution is particularly interesting in the context of satellite remote sensing. The temporal density of remotely sensed imagery is large, impressive, and growing. Satellites are collecting a great deal of imagery as you read this sentence. However, most applications in geography and environmental studies do not require extremely fine-grained temporal resolution. Meteorologists may require visible, infrared, and radar information at sub-hourly temporal resolution; urban planners might require imagery at monthly or annual resolution; and transportation planners may not need any time series information at all for some applications. Again, the temporal resolution of imagery used should _____. Sometimes researchers have to search archives of aerial photographs to get information from that past that pre-date the collection of satellite imagery.

* meteorologist 기상학자   ** infrared 적외선의

① be selected for general purposes
② meet the requirements of your inquiry
③ be as high as possible for any occasion
④ be applied to new technology by experts
⑤ rely exclusively upon satellite information

12

장훈고 변형

다음 빈칸에 들어갈 말로 가장 적절한 것은?

Adults provide feedback to children regarding the appropriateness of the ways _____. Such feedback is offered through gestures, sounds, and words. For instance, when a baby's smile is greeted with the excited voice of the caregiver, the adult's tone serves as a social reward. If this happens often, the baby will smile more frequently. If the infant's smile is consistently ignored, his or her smiling behavior will decrease. Likewise, when Carmen giggles out loud at a funny cartoon, her teacher laughs along with her. However, when she laughs at another child who is struggling to recite a poem by heart, her teacher frowns slightly and shakes his head no.

① their effort is recognized by others
② they pick up the topic of a dialogue
③ rewards are used in various situations
④ they choose to express their emotions
⑤ they admit their mistakes and apologize

13

다음 빈칸에 들어갈 말로 가장 적절한 것은?

A trio of Northwestern University researchers randomly assigned classrooms to three groups. Over a week, students in one group were told by teachers, janitors, and others that they were extremely neat — in fact, they had one of the neatest classrooms in their school. Children in the second group were simply used to be neat — told to pick up their trash, tidy their desks, and keep the classroom clean. The third group was the control. When investigators later measured the litter in the classrooms, and compared it with litter levels before the experiment began, the results were unmistakable. The neatest group by far was the first — the one that had been labeled "neat." Merely _____ — helping the students frame themselves in comparison with others — elevated their behavior.

① assigning that positive label
② offering constructive suggestions
③ telling the truth about their ability
④ making the situation more competitive
⑤ moving them to the places they are familiar with

[14~15] 다음 글을 읽고, 물음에 답하시오.

Ideally, sports can be vehicles for cultural exchanges through which people from various nations share information and develop mutual cultural understanding. But true fifty-fifty sharing and mutual understanding are rare when two nations have _____(A)_____ power and resources. This means that sports often become cultural _____(B)_____ from wealthy nations incorporated into the everyday lives of people in other nations. Of course, these imported sports may be revised and reshaped to fit their traditional values and lifestyles. However, even when that occurs, it is likely that the people in the traditional cultures will become increasingly _____(C)_____ to the possibility of importing and consuming other goods, services, and ideas from the wealthy nations. Unless political power and economic resources are developed in connection with this process, poorer nations are likely to _____.

14

선덕고 변형

윗글의 빈칸에 들어갈 말로 가장 적절한 것은?

① benefit from the unequal trade
② close their doors and become defensive
③ embrace sports more than wealthy countries
④ have a greater reliance on their military power
⑤ become increasingly dependent on wealthy nations

15

서술형

윗글의 빈칸 (A), (B), (C)에 들어갈 말을 각각 〈보기〉에서 찾아 쓰시오.

〈보기〉

fair closed unequal imports opened exports

(A) _____

(B) _____

(C) _____

16

선덕고 변형

다음 빈칸에 들어갈 말로 가장 적절한 것은?

In the past few years we've seen some tragic cases in which people adopted babies from orphanages in Eastern Europe and found that, as they grew into childhood, they were handicapped in talking to their American mothers. That wasn't a result of being confused by hearing a new language. It happened because the orphanages _____. People watching the babies gave them minimal care and had little or no time to talk to them. The babies were linguistically starved, and didn't have the verbal stimulation that leads to normal use of language. Hearing talk, lots of talk, in early childhood and later, is healthy activity for the human brain, and that seems to be true no matter how many languages are involved.

① were thinly staffed
② lacked toys and games to play with
③ constantly maintained economic prosperity
④ didn't understand the languages of children
⑤ had no bilingual teachers in their classrooms

17

경문고 변형

다음 빈칸에 들어갈 말로 가장 적절한 것은?

Global warming has been driven by the enormous growth in energy use which has gone hand in hand with the rise in human population over the last half century in particular. Yet it's _____ that is a problem, not the sheer number of people. In fact, quite a small proportion of people in the developed world are responsible for the massive energy consumption that has started the global warming ball rolling. Most of the world's population has played very little part as yet. So even a dramatic fall in the world's population would not necessarily ease the problem of global warming—unless the remaining few changed their consumption patterns. And a rise in the world population does not necessarily have to bring further global warming.

① the lack of fossil fuels
② the way energy is used
③ the conflicts between nations
④ the unequal distribution of resources
⑤ the competition in developing alternative energy

18

다음 빈칸에 들어갈 말로 가장 적절한 것은?

Grief is unpleasant. Would one not then be better off without it altogether? Why accept it even when the loss is real? Perhaps we should say of it what Spinoza said of regret: that whoever feels it is "twice unhappy or twice helpless." Laurence Thomas has suggested that the utility of "negative sentiments" (emotions like grief, guilt, resentment, and anger, which there is seemingly a reason to believe we might be better off without) lies in their providing a kind of guarantee of authenticity for such dispositional sentiments as love and respect. No occurrent feelings of love and respect need to be present throughout the period in which it is true that one loves or respects. One might therefore sometimes suspect, in the absence of the positive occurrent feelings, that _____. At such times, negative emotions like grief offer a kind of testimonial to the authenticity of love or respect.

*dispositional 성향적인 **testimonial 증거

① one no longer loves
② one is much happier
③ an emotional loss can never be real
④ respect for oneself can be guaranteed
⑤ negative sentiments do not hold any longer

[19~20] 다음 글을 읽고, 물음에 답하시오.

What story could be harsher than that of the Great Auk, the large black-and-white seabird that in northern oceans took the ecological place of a penguin? Its tale rises and falls like a Greek tragedy, with island populations savagely destroyed by humans until almost all were gone. Then the very last colony found safety on a special island, one protected from the destruction of humankind by vicious and unpredictable ocean currents. These waters presented no problem to perfectly adapted seagoing birds, but they prevented humans from making any kind of safe landing. After enjoying a few years of comparative safety, disaster of a different kind struck the Great Auk. Volcanic activity caused the island refuge to sink completely beneath the waves, and surviving individuals were forced to find shelter elsewhere. The new island home they chose _____ in one terrible way. Humans could access it with comparative ease, and they did! Within just a few years the last of this once-plentiful species was entirely eliminated.

*savagely 잔혹하게

19

윗글의 빈칸에 들어갈 말로 가장 적절한 것은?

① lacked the benefits of the old
② denied other colonies easy access
③ faced unexpected natural disasters
④ caused conflicts among the refugees
⑤ had a similar disadvantage to the last island

20

윗글에서 밑줄 친 내용의 최종 결과로 제시된 문장을 찾아 우리말로 쓰시오.

01

다음 빈칸에 들어갈 말로 가장 적절한 것은?

The spread of Western clothing to areas in which little or no clothing was worn in the past has sometimes _____. In many such cases, people took over only one part of the clothing complex, that is, the wearing of garments. They knew nothing of the care of clothing and in many cases lacked the necessary equipment for such care. When they had worn no clothing, their bodies got a cleansing shower in the rain, and the bare skin dried quickly in the sun and air. When they obtained clothing, however, a shower meant wet garments that did not dry so quickly as bare bodies, and pneumonia or other respiratory diseases sometimes resulted. Often they had little or no water for washing clothes, even if they had known how to do it. There were no fresh clothes to change into so people usually simply wore what they had until the garments fell apart.

* pneumonia 폐렴

① led to a more individualistic approach to garments

② been socially understood through changing world-time

③ made it harder for people to encounter cultural difference

④ been further promoted by the trade in second-hand clothes

⑤ produced disastrous results in terms of health and cleanliness

02

다음 빈칸에 들어갈 말로 가장 적절한 것은?

Mountains have often been considered as islands — small areas of cold climate cut off by warm lowlands. Since they are often so isolated and restricted in area, the upper parts of mountains might be subject to the same sorts of ecological processes that determine the diversity of remote oceanic islands. According to the theory of biologists Robert H. MacArthur and Edward O. Wilson, isolated environments have difficulty accumulating species partly because few arrive and partly because those that are there tend to die out frequently. It has been suggested that part of the reason diversity decreases towards the top of mountains is that they tend to slope up towards a point, which means that there is progressively less area in each climate zone for species at higher altitudes — and thus _____.

① increased area of mountain slope

② the ice-age lowering of altitudinal belts

③ smaller populations and more frequent extinction

④ many high-mountain species very widely scattered

⑤ mountain species that are confined to just one area

03

이대부고 변형

다음 빈칸에 들어갈 말로 가장 적절한 것은?

While some dog owners find the idea of being licked to be disgusting, others consider licking to be a loving gesture that helps them bond even further with their pet. Many dog owners are aware that dog saliva actually contains a special enzyme that helps promote healing. As a result, some encourage their pets to lick their wounds or cuts in order to help accelerate healing. It should be noted that the enzyme only works on the wounds of dogs and does not help humans. Therefore, _____, in fact, it could lead to infection, which will further aggravate your wounds. While your pet likely will not pass on an illness to you if you are keeping it properly vaccinated, it is still a good idea to discourage licking in order to reduce your chances of becoming sick from your canine friend.

*saliva 침

① leaving the wound from a dog's bite undressed is dangerous
② allowing your dog to salivate freely will make him salivate more
③ vaccinating your dog before it is infected is good for your health
④ making your dog heal its wound by itself will make him seriously sick
⑤ leading your dog to lick your wounds will not help you recover faster

[04~05] 다음 글을 읽고, 물음에 답하시오.

Walk down the street of any large city in any country of the world and watch the people who are talking on their cell phones: they are in their own space, physically close to one location and one set of people but emotionally somewhere else. It is as if they fear being singletons in the crowd of strangers and opt instead to maintain connection with their pack, even if the pack is elsewhere. The cell phone establishes its own private space, removed from the street. Were the two people together, walking down the street, they would not be so isolated, for they would both be aware of one another, of the conversation, and of the street. But with the cell phone, you enter into a private place that is virtual, not real, one removed from surroundings, the better to bond with the other person and the conversation. And so you are lost to the street even while walking along it. _____.

04

윗글의 빈칸에 들어갈 말로 가장 적절한 것은?

① Texting lets friends keep in touch
② Speech is a powerful social vehicle
③ Always connected, always distracted
④ Truly a private space in a public placc
⑤ Telephone service is an emotional tool

05

서술형

윗글의 밑줄 친 부분과 같은 의미가 되도록, 다음을 완성하시오.

= If _____

06

대원외고 변형

다음 빈칸에 들어갈 말로 가장 적절한 것은?

According to popular wisdom, work is a burden people must bear out of necessity, even as they long for weekends and holidays. Yet when Americans were asked in the early 1980s whether they would retire from working if they had enough money to live on comfortably, about 80 percent said they would not. Retirement is often accompanied by deep stress and depression. In fact, human beings are programmed twice to be psychologically dependent on being productive by _____. Already in the first year of life, infants show pleasure in causing events, as when turning a tap or a light switch on and off, or knocking a ball suspended over the crib. Children in a reasonably stimulating and structured environment learn to enjoy concentrated effort. Indeed, our species would not have survived if most of us had not developed a taste for work. And, of course, human communities reinforce this innate tendency by shaming and shunning those who do not contribute to the common good.

① the genes and the pressure of social expectations
② the education and the work done by their parents
③ the desire to be successful and the willingness to work for it
④ their tendency to seek recognition and validation for their efforts
⑤ the instinct for survival and the pursuit of pleasurable experiences

07

다음 빈칸에 들어갈 말로 가장 적절한 것은?

Animals move primarily on their own power: they harness chemical energy by means of muscles. It is a recent achievement that we humans have harnessed the wind, water, and other animals to carry ourselves. Throughout the hundreds of millions of years of animal evolution, there has been selective pressure on some species to be able to travel farther and quicker, and to do it more economically and under ever more adverse conditions than either their competitors or their predators. _____. An anonymous runner captured the notion in this now-famous aphorism: "Every morning in Africa, an antelope wakes up. It knows it must outrun the fastest lion, or it will be killed. Every morning in Africa, a lion wakes up. It knows it must run faster than the fastest antelope, or it will starve. It doesn't matter whether you're a lion or an antelope—when the sun comes up, you'd better be running." Of course, these animals don't need to know — they must only be running at their full speeds.

*harness (동력원 등으로) 이용하다

① Both predators and prey have to move faster, or die
② Getting bigger means more strength but less speed
③ The less strong must blend in its background
④ Each species has to evolve protective gear
⑤ Our body has to learn to use less energy

08

다음 빈칸에 들어갈 말로 가장 적절한 것은?

Why didn't evolution provide us with a clock to measure minutes and hours? As with all questions about the why of nature, this one allows only for speculation. Probably in the past there was simply no need to establish a chronometer for intervals of this order. A creature has to adapt to the rhythms of day and night to be able to hunt for food when its natural enemies are sleeping. It can be a matter of life or death whether an animal leaves its shelter at daybreak or at noon, but it is of no consequence whether it gathers the first nuts at exactly 4:17 a.m. or fifteen minutes later. Minutes and hours have no meaning in the wilderness. Traditional tribal cultures also get along without them. The languages of some traditional cultures even lack vocabulary for such brief periods of time. Only highly developed societies _____ _____, a process British natural philosopher Gerald Whitrow has called "the invention of time."

*chronometer 정밀 시계

① may coexist with nature
② enjoy the inexactness of time
③ have distinguished these segments of time
④ get enormous benefits from using the clock
⑤ can escape from the primitiveness of tribal cultures

[09~10] 다음 글을 읽고, 물음에 답하시오.

The distribution of health and ill health has been analyzed from a historical and social science perspective. Especially, it has argued that medicine is not as effective as is often claimed. The medical writer, Thomas McKeown, showed that most of the fatal diseases of the 19th century had disappeared before the arrival of antibiotics or immunization programs. He concluded that social advances in general living conditions, such as improved sanitation and better nutrition made available by rising real wages, have been responsible for most of the reduction in mortality achieved during the last century. Although his thesis has been disputed, there is little disagreement that _____, when compared with the major impact of improved environmental conditions.

*sanitation 위생 시설 **thesis 논지, 논제

09

윗글의 빈칸에 들어갈 말로 가장 적절한 것은?

① the definition of health and ill health has changed over time
② the reduced mortality didn't contribute to the overall welfare
③ the contribution of medicine to reduced mortality has been minor
④ there is no evidence that vaccination reduced the risk of infection
⑤ social classes determined the long-term effect of medical procedure

10

윗글의 밑줄 친 it has argued를 어법에 맞게 고치시오.

11

경문고 변형

다음 빈칸에 들어갈 말로 가장 적절한 것은?

Researchers have evidence that suggests that helping by children really _____. My colleagues conducted an experiment in which an adult played with a three-year-old and asked him or her to hand over certain objects for certain tasks. For example, the adult had a pitcher of water next to her and asked the child, "Can you hand me the cup so that I can pour the water?" When the object requested was suitable —an unbroken cup, for example—children usually handed it over. But sometimes the object requested was unsuited for the task, such as a cup with a crack in it. The researchers found that children often ignored the requested item and reached for a suitable one, such as an intact cup in another part of the room. So the children weren't just dumbly complying with the adult; they wanted to actually help her complete the task.

*intact 온전한

① brings economic profits to grown-ups
② is motivated by genuine care for others
③ needs to do something in exchange for it
④ becomes role plays to learn political viewpoints
⑤ is the mere imitation of adults' appropriate behaviors

12

현대고 변형

다음 빈칸에 들어갈 말로 가장 적절한 것은?

In laboratory studies, two individuals who are asked to synchronize their finger tapping on a desk synchronize more closely than when asked to synchronize with a metronome. This may seem counterintuitive, because the metronome is far steadier in its beat and therefore more predictable. But the studies show that humans accommodate to one another's performance. They interact with one another, but not with the metronome, leading to a great drive to coordinate. The evolutionary root of this behavior may well be in the coordination of movement, in general, because that serves to _____. If we're walking together and communicating partly through vocalizations, partly through gesture, the interaction is greatly improved if our steps are aligned, if we've synchronized our way of walking—without this, one person's head is always moving up and down and out of the other's visual frame.

① decrease mortality
② facilitate social interactions
③ inspire you to predict the results
④ separate one group from other groups
⑤ protect us from the painful job of thinking

13

한가람고 변형

다음 빈칸에 들어갈 말로 가장 적절한 것은?

There's a lot of evidence that _____.
Here's an example: the environmentalist film maker Judith Helfand is making a film about a massive heat wave in Chicago in 1995 that killed about six hundred people. She explains that the victims had one thing in common: they were socially isolated. They didn't have friends or family or trusted neighbors to notice that they hadn't been out of their house lately, or to check that their air conditioners were working well. In fact, three-quarters of Americans don't know their neighbors. Judith argues that the best way to prevent deaths from future heat wave is not having a policy of handing out discount air conditioner coupons, but providing community-building activities that strengthen social ties throughout the year.

① strong communities survive disasters better
② social isolation causes the increase in crime
③ the government can help restore social bonds
④ we rely on our friends more than on our family
⑤ air conditioning became a necessity, not a luxury

14

수능 오답률 52%

다음 빈칸에 들어갈 말로 가장 적절한 것은?

Research and development for seed improvement has long been a public domain and government activity for the common good. However, private capital started to flow into seed production and took it over as a sector of the economy, creating an artificial split between the two aspects of the seed's nature: its role as means of production and its role as product. This process gained pace after the invention of hybrid breeding of maize in the late 1920s. Today most maize seed cultivated are hybrids. The companies that sell them are able to keep the distinct parent lines from farmers, and the grain that they produce is not suited for seed saving and replanting. The combination guarantees that farmers will have to _____. In the 1990s the extension of patent laws as the only intellectual property rights tool into the area of seed varieties started to create a growing market for private seed companies.

* maize 옥수수

① buy more seed from the company each season
② use more chemical fertilizer than before
③ pioneer markets for their food products
④ increase the efficiency of food production
⑤ search for ways to maintain rural communities

15

배재고 변형

다음 빈칸에 들어갈 말로 가장 적절한 것은?

We often think of persuasion as something a speaker does *to* an audience. In fact, as a great deal of research shows, persuasion is something a speaker does *with* an audience. Although audiences in the United States seldom interrupt a speaker while she or he is talking, they do not just sit passively and soak in everything the speaker has to say. Instead, they often _____ _____. While they listen, they actively assess the speaker's credibility, delivery, supporting materials, language, reasoning, and emotional appeals. They may respond positively at one point, negatively at another. At times they may argue, inside their own minds, with the speaker. This mental process is especially vigorous when listeners are highly involved with the topic of the speech and believe it has a direct bearing on their lives.

① inspire the speaker to develop a new topic
② use what they learned in their everyday lives
③ engage in a mental give-and-take with the speaker
④ try to understand the hidden intention of the speech
⑤ argue with the speaker during the question-answer session

16

현대고 변형

다음 빈칸에 들어갈 말로 가장 적절한 것은?

Suppose a survivor from an airplane crash with severe injuries struggles for days through the jungle but dies just before reaching a village. It is tempting to think "if only he had managed to walk to the village, he would have been rescued." But suppose you must try to console the victim's relatives. What might you say? Or suppose you wish to defend the rescue team who got as far as the village but no further. Your motivation to console or defend may influence the alternative you imagine. You may decide to emphasize the severity of the victim's injuries and suggest "even if he had managed to walk to the village, he still would have died." Sometimes thoughts about what might have been change an antecedent event (the victim walked to the village) but leave the outcome unchanged (he still died). "Even if ..." conditionals have been called "semifactual" because _____. Imagined semifactual alternatives are intriguing because, unlike other thoughts about what might have been, they suggest that the outcome is inevitable.

① the consequence is unimaginable
② the antecedent is inevitable and unpredictable
③ a particular condition is true, then a particular result happens
④ they combine a counterfactual antecedent and a factual consequence
⑤ they are used when a condition has no effect on a subsequent clause

17

한대부고 변형

다음 빈칸에 들어갈 말로 가장 적절한 것은?

Samuele Marcora, a researcher at the University of Kent, in England, compared the performance of cyclists who had done one of two things before starting an exercise test: They spent ninety minutes either performing a letter-recognition task or watching documentaries about Ferraris and the Orient Express train. Then, they were asked to get on a stationary bicycle and perform a standard physiological test until they couldn't go on any longer. The riders who had watched the movies averaged about 12.6 minutes in the cycling test. Those who had done the cognitive test, which was designed to fatigue them mentally, lasted only 10.7 minutes on average. The subjects who were mentally fatigued performed about 15 percent worse than the other riders. There wasn't any sort of difference in the heart rates or oxygen consumption between the two groups. What was different was _____. From the very start of the cycling test, the mentally fatigued group rated their effort as more demanding than the movie-watching riders.

① the individual competition itself
② their learning environment between cyclists
③ their perception of how hard they were working
④ the way the cyclists described their vision for the future
⑤ the enormous amount of resources and teamwork needed

[18~19] 다음 글을 읽고, 물음에 답하시오.

Sometimes children may want to do more than they are capable of doing. For example, the five-year-old son of a friend of ours went on a hike with his father. At one point the boy asked his father to let him carry a heavy backpack the way the "big people" (A) do. Without saying a word, the father took his backpack off and handed (B) it to his son, who immediately discovered that it was too heavy for him to carry. The boy simply exclaimed, "Dad, it's too heavy for me." He then went happily on his way up the trail. In a safe way the father had allowed his son to _____. He had also avoided a potential argument with his son.

18

경문고 변형

윗글의 빈칸에 들어갈 말로 가장 적절한 것은?

① carry the backpack along the trail
② finish his tasks by using various tools
③ discover experientially that he was too small
④ help other backpackers to get to the top of the mountain
⑤ realize that he was old enough to carry the backpack by himself

19

서술형

윗글의 밑줄 친 (A)와 (B)가 대신하는 것을 찾아 쓰시오.

(A) _____ (4단어)

(B) _____ (2단어)

01

다음 빈칸에 들어갈 말로 가장 적절한 것은?

In promoting *Brain Age*, Nintendo's website makes the broad claim about how its product enhances brain function, saying that cognitive exercise is necessary to keep your brain functioning well. In reality, _____. Cognitive neuroscientist Arthur Kramer led one of the best-known studies of how improving physical health can affect cognitive abilities. Their experiment, published in *Nature*, randomly assigned 124 sedentary but otherwise healthy seniors to one of two training conditions for six months; in one training condition, the subjects spent about three hours each week walking, and in the other, subjects spent the same amount of time doing stretching and toning exercise. Although both forms of exercise are good for your body and lead to better overall fitness, aerobic exercise more effectively improves the health of your heart and increases blood flow to your brain. The surprising result is that walking for as little as a few hours a week also led to large improvements on cognitive tasks, particularly those that rely on executive functions like planning and multitasking.

① the kind of exercise that works varies individually

② aerobic physical exercise is far better for your brain

③ simple video games help improve complex functions

④ aging paces depend on the amount of cognitive exercise

⑤ learned people enjoy better brain health in the later years

02

다음 빈칸에 들어갈 말로 가장 적절한 것은?

Psychologist Daniel Gilbert says that _____ _____. If only for a split second. Imagine I tell you to think of pink elephants. You obviously know that pink elephants don't actually exist. But when you read the phrase, you just for a moment had to picture a pink elephant in your head. In order to realize that it couldn't exist, you had to believe for a second that it did exist. We understand and believe in the same instant. Benedict de Spinoza was the first to conceive of this necessity of acceptance for comprehension, and, writing a hundred years before Gilbert, William James explained the principle as "All propositions, whether attributive or existential, are believed through the very fact of being conceived." Only after the conception do we effortfully engage in disbelieving something — and, as Gilbert points out, that part of the process can be far from automatic.

① understanding is the result of knowledge and senses

② our visual senses are dominated by our emotional state

③ we can memorize a lie better than a truthful statement

④ we tend to ignore something if it's among familiar things

⑤ our brains must believe something in order to process it

03

한가람고 변형

다음 빈칸에 들어갈 말로 가장 적절한 것은?

Suppose you have a chapter of economy to read. Would it be better to read the chapter four times or just once? If you read the chapter once, being careful to _____, you will surely be able to recall more of the material than if you mindlessly read the chapter four times. It is more efficient to spend more time reviewing, reciting, and coding the information than passively rereading the material. Then, the information enter long-term memory more easily. Recitation during study forces you to select important parts of the written material and practice retrieving the information in a meaningful form. You learn appropriate cues, which you then store; these cues can be retrieved upon presentation of the right stimulus (for example, a quiz question).

*retrieve 생각해 내다

① choose only the meaningful part from the chapter
② study in a silent place where there is no distraction
③ break down the chapter into small parts before class
④ recite and ask yourself questions about each paragraph
⑤ review the previous chapter and then recite your purpose

[04~05] 다음 글을 읽고, 물음에 답하시오.

People who believe that individual differences in intelligence can be traced back to sheer speed of information processing have tended to use simple reaction time and related tasks. In a simple *reaction-time* paradigm, the individual is required simply to make a single response as quickly as possible following the presentation of a stimulus. For example, we might tell you to press the space bar on your keyboard whenever a picture of a frog showed up. Then we might show you a penguin, a fish, a frog, a giraffe, a frog, and an aardvark. Your reaction time would be measured by [**quickly** / **you** / **hit** / **how** / **bar** / **the** / **space**] after the frog was shown each time. This paradigm has been widely used since the days of Francis Galton, the father of psychometrics, as a measure of intelligence. Despite such early support, the levels of correlation obtained between measures of simple reaction time and various standard measures of intelligence have been weak. There seems to be _____.

*aardvark 땅돼지 **psychometrics 심리측정학

04

경문고 변형

윗글의 빈칸에 들어갈 말로 가장 적절한 것은?

① a tactic to speed up the reaction time
② much more to intelligence than pure speed
③ less information readily available in our brain
④ a relationship between intelligence and brain size
⑤ a correlation between intelligence and environment

05

서술형

윗글의 [   ]에 주어진 단어를 어법에 맞게 배열하시오.

06

보인고 변형

다음 빈칸에 들어갈 말로 가장 적절한 것은?

Modern medical technology allows us to keep alive human beings lacking a variety of vital organs, such as the heart or the kidneys. Soon, there will be functional artificial lungs and livers, and it is not too much of a stretch of the imagination to suggest that at some time in the future we will be able to sustain the life of a human brain even though its body has been destroyed. Such a brain will be supplied with nutrients via a blood substitute, usually an oxygenated solution of various salts, and would _____. Success in this direction has been achieved with the brains of guinea pigs, and it seems to be only a matter of time before medical science can do the same with the brains of humans.

* oxygenate 산소로 처리하다, 산소와 화합시키다

① invariably have a very short life
② also consume a tremendous amount of energy
③ still be able to distinguish phenomenal experiences
④ certainly work much more differently than a normal one
⑤ no longer be dependent on its former body for life-sustaining functions

07

신일고 변형

다음 빈칸에 들어갈 말로 가장 적절한 것은?

There is an odd disconnection between theory and practice when it comes to recycling. On a practical level, it is increasingly the case that everyone does it; on a theoretical level, _____. The disconnection can be found on the shelves in bookstores. Recycling is a favorite topic of books full of "household hints to help save the planet"; nothing, it seems, is better suited for do-it-yourself environmental improvement than household waste. But books analyzing the fate of the earth and the state of the environmental movement have almost nothing to say about recycling and solid waste. While recycling is by far the most common practical step that people take to help the environment, the hopes and fears of environmentalists are focused elsewhere. In part, this is as it should be: other problems, much more difficult to address at the household level, are dearly more urgent than recovery of materials from trash.

① recycling is no more economical than making new products
② there are too few facilities to handle the waste from households
③ few manufacturers take the recycling of their product into account
④ neither environmental advocates nor their critics talk much about it
⑤ it can justify consumption, encouraging people to use more resources

[08~09] 다음 글을 읽고, 물음에 답하시오.

To assess how intimate humans are with music, we need to notice the depth and the width of its unique scope in human life and its unique impact on a human's emotional and mental state. To state the obvious, the emotions and mental states of humans cover a large spectrum. To get a sense of this, it is worth knowing that in a study on human psychology, it was accounted that 17,953 different words existed, [of / depicting / a / different / state / each / the / mind]. Obviously, this makes the study of human psychology utterly difficult and almost impossible to master not only by lay people but also by experts. After large efforts, the experts have reduced it into five major different categories. To be sure, some of them are very similar, and the differences are, indeed, subtle. Nevertheless, music _____.

08

이대부고 변형

윗글의 빈칸에 들어갈 말로 가장 적절한 것은?

① has been culturally selected
② makes our brain more effective
③ associates with all such emotions
④ heightens the emotion of a certain moment
⑤ helps us unwind at the end of a stressful day

09

서술형

윗글의 [   ]에 주어진 단어를 어법에 맞게 배열하시오.
(의미상의 주어를 사용할 것)

_____

[10~11] 다음 글을 읽고, 물음에 답하시오.

One remarkable aspect of aboriginal culture is the concept of "totemism," (A) where the tribal member at birth assumes the soul and identity of a part of nature. This view of the earth and its riches as an intrinsic part of oneself clearly rules out mistreatment of the environment because this would only constitute a destruction of self. Totems are more than objects. They include spiritual rituals, oral histories, and the organization of ceremonial lodges (B) where records of the past travel routes of the soul can be exchanged with others and converted to mythology. The primary motivation is the preservation of tribal myths and a consolidation and sharing of very individual's origins in nature. The aborigines see _____, through a hierarchy of totems that connect to their ancestral origins, a cosmology that places them at one with the earth, and behavior patterns that respect ecological balance.

* aboriginal 원주민의 ** consolidation 병합, 강화

10

평가원 오답률 62%

윗글의 빈칸에 들어갈 말로 가장 적절한 것은?

① themselves as incompatible with nature and her riches
② their mythology as a primary motive toward individualism
③ their identity as being self-contained from surrounding nature
④ their relationship to the environment as a single harmonious continuum
⑤ their communal rituals as a gateway to distancing themselves from their origins

11

서술형

밑줄 친 (A) where와 (B) where의 선행사를 각각 찾아 쓰시오.

(A) _____ (B) _____

12

다음 빈칸에 들어갈 말로 가장 적절한 것은?

Invasions by alien plant species are one of many unintended consequences of _____. The globalization of the world economy and trade liberalization has facilitated invasions because many alien species are used in economic activities, especially agriculture and forestry. Economic activities generally result in the large-scale conversion of natural vegetation, the promotion of trade in goods, and modern transportation systems to move them rapidly across the globe. Human behavior is one of the primary determinants and facilitators of the establishment and the spread of invasive alien plants. The problem of invasions, therefore, has as much to do with economics as with ecology, and proposed solutions to these problems must, therefore, be grounded in both of these sciences.

① specific interventions that are positive
② laws that should make the world better
③ policy changes that alter our expectations
④ economic activity that impose real costs on society
⑤ quality improvement programs that have to be reviewed

13

다음 빈칸에 들어갈 말로 가장 적절한 것은?

To make plans for the future, the brain must have an ability to take certain elements of prior experiences and reconfigure them in a way that does not copy any actual past experience or present reality exactly. To accomplish that, the organism must go beyond the mere ability to form internal representations, the models of the world outside. It must acquire the ability to _____. We can argue that tool-making, one of the fundamental distinguishing features of primate cognition, depends on this ability, since a tool does not exist in a ready-made form in the natural environment and has to be imagined in order to be made. The neural machinery for creating and holding 'images of the future' was a necessary prerequisite for tool-making, and thus for launching human civilization.

① mirror accurate images of the world outside
② manipulate and transform these models
③ visualize the present reality as it is
④ bring the models back from memory
⑤ identify and reproduce past experiences faithfully

14

중동고 변형

다음 빈칸에 들어갈 말로 가장 적절한 것은?

In every country, the struggle for food democracy appears to ebb and flow. In the United Kingdom, this can be mapped out absolutely clearly. In the mid-19th century, the central demand was for quality and affordability, confronting adulteration of food. A struggle also raged over whether farmers should be supported to grow food. By the turn of the century, the food struggle was for food welfare. From the 1890s to the 1950s, services such as school meals and meals-on-wheels were won, which gave a big boost to the social wage. Today, after two decades of retreat and restructuring of welfare, pressure is once more building up from below to ensure that food is fit to eat, that the poor are not disenfranchised by the rise of supermarkets and the destruction of locally accessible stores, that food is affordable, etc. The point is that we can only make sense of what happens in food policy if we see it as the result of _____. Food policy, like all public policy, has to be situated historically.

① the rising standards of proper nourishment
② social forces competing for influence and power
③ the power game of food exporters and importers
④ long-term improvement in agricultural technology
⑤ the relationship between marketing and distribution

[15~16] 다음 글을 읽고, 물음에 답하시오.

Over a period of time the buildings which housed social, legal, religious, and other rituals evolved into forms that we subsequently have come _____ _____. This is a two-way process; the building provides the physical environment and setting for a particular social ritual such as traveling by train or going to the theater, as well as the symbolic setting. The meaning of buildings evolves and becomes established by experience and we in turn read our experience into buildings. Buildings arouse an empathetic reaction in us through these projected experiences, and the strength of these reactions is determined by our culture, our beliefs, and our expectations. They tell stories, for their form and spatial organization give us hints about how they should be used. Their physical layout encourages some uses and inhibits others; we do not go backstage in a theater unless especially invited. Inside a law court the precise location of those involved in the legal process is an integral part of the design and an essential part of ensuring that the law is upheld.

*empathetic 공감할 수 있는

15

수능 오답률 48%

윗글의 빈칸에 들어갈 말로 가장 적절한 것은?

① to identify and relate to a new architectural trend
② to recognize and associate with those buildings' function
③ to define and refine by reflecting cross-cultural interactions
④ to use and change into an integral part of our environment
⑤ to alter and develop for the elimination of their meanings

16

서술형

윗글의 밑줄 친 They가 가리키는 것을 찾아 한 단어로 쓰시오.

17

다음 빈칸에 들어갈 말로 가장 적절한 것은?

Even if it is correct to say that we *express* and *represent* our thoughts in language, it may be a big mistake to suppose that there are structural similarities between what is doing the representing and what is represented. Robert Stalnaker, in his book *Inquiry*, suggests an analogy with the representation of *numbers*: The number 9 can be *represented* as '12−3' but it does not follow that 12, 3, or *subtraction* are *constituents* of the number 9. We could compare a thought and its verbal expression with toothpaste and its 'expression' from a tube. That the result of expressing toothpaste is a long, thin cylinder does not entail that toothpaste itself is long, thin, or cylindrical. Similarly, a thought might get expressed out loud in a statement with a particular linguistic structure. It does not follow that _____. Suppose, for example, that I look at a fruit bowl, and think that there is an apple and an orange in that bowl. The objects in front of my eyes include some pieces of fruit and a bowl, but no object corresponding to the word 'and' exists either in the world or in my visual image.

* subtraction 빼기 ** entail 의미[함의]하다

① the thought itself has such a structure
② linguistic analysis of a thought is unlikely
③ the language in mind lacks a logical structure
④ a thought and its verbal expression are distinct
⑤ the sentence structurally differs from the thought

[18~19] 다음 글을 읽고, 물음에 답하시오.

Politics cannot be suppressed, whichever policy process is employed and however sensitive and respectful of differences it might be. In other words, there is no end to politics. It is wrong to think that proper institutions, knowledge, methods of consultation, or participatory mechanisms can make disagreement go away. Theories of all sorts promote the view [**by which / processed or managed / disagreement / there / that / ways / can be / are**] so as to make it disappear. The assumption behind those theories is that disagreement is wrong and consensus is the desirable state of things. In fact, consensus rarely comes without some forms of subtle coercion and the absence of fear in expressing a disagreement is a source of genuine freedom. Debates cause disagreements to evolve, often for the better, but a positively evolving debate does not have to equal a reduction in disagreement. The suppression of disagreement should never be made into a goal in political deliberation. A defense is required against any suggestion that _____.

* consensus 합의 ** coercion 강압

18

윗글의 빈칸에 들어갈 말로 가장 적절한 것은?

① political development results from the freedom of speech
② political disagreement is not the normal state of things
③ politics should not restrict any form of difference
④ freedom could be achieved only through tolerance
⑤ suppression could never be a desirable tool in politics

19

윗글의 [   ]에 주어진 단어를 다음 우리말에 맞게 배열하시오.

온갖 종류의 이론이 의견 차이를 없애기 위하여 그것을 처리하거나 다룰 수 있는 방법들이 있다는 견해를 조장한다.

_____

_____

[20~21] 다음 글을 읽고, 물음에 답하시오.

Since life began in the oceans, most life, including freshwater life, has a chemical composition more like the ocean than fresh water. It appears that most freshwater life did not originate in fresh water, but is secondarily adapted, having passed from ocean to land and then back again to fresh water. As improbable as this may seem, the bodily fluids of aquatic animals show a strong _____(A)_____ to oceans, and indeed, most studies of ion balance in freshwater physiology document the complex regulatory mechanisms by which fish, amphibians, and invertebrates attempt to _____. It is these sorts of unexpected complexities and apparent _____(B)_____ that make ecology so interesting. The idea of a fish in a freshwater lake struggling to accumulate salts inside its body to mimic the ocean reminds one of the other great contradiction of the biosphere: plants are bathed in an atmosphere composed of roughly three-quarters nitrogen, yet their growth is frequently restricted by lack of nitrogen.

*amphibian 양서류 **invertebrate 무척추동물

20

윗글의 빈칸에 들어갈 말로 가장 적절한 것은?

① maintain an inner ocean in spite of surrounding fresh water
② attain ion balance by removing salts from inside their body
③ return to the ocean to escape from their natural enemies
④ rebuild their external environment to obtain resources
⑤ change their physiology in accord with their surroundings

21

윗글의 빈칸 (A)와 (B)에 들어갈 말을 〈보기〉에서 찾아 쓰시오.

〈보기〉

| availability | universality | coherences |
| contradictions | similarity | objection |

(A) _____   (B) _____

01

다음 글의 빈칸 (A), (B)에 들어갈 말로 가장 적절한 것은?

Studies have shown that as anger increases, cognitive processing speed goes down, fine motor coordination and sensitivity to pain decrease, and muscle strength often increases. So for some athletes doing some tasks, anger can be _____(A)_____ . For example, the defensive lineman who must make his way past a blocker to make a tackle might benefit from having some level of anger. For other tasks, anger would be a hindrance. The quarterback who needs to read the defense before deciding which receiver to throw to would likely perform better if he was not angry. In fact, some research supports this thesis. Players at football positions that require a lot of decision making tend to demonstrate _____(B)_____ levels of anger than players at positions that do not.

	(A)		(B)
①	fatal	——	lower
②	meaningless	——	stronger
③	helpful	——	higher
④	helpful	——	lower
⑤	fatal	——	higher

02

다음 글의 빈칸 (A), (B)에 들어갈 말로 가장 적절한 것은?

Many predators direct their initial attack at the head of their prey. Some prey species have taken advantage of this tendency by evolving false heads located at their posterior end. Individuals of the species *Thecla togarna*, _____(A)_____ , possess a false head with dummy antennae at the tips of their hindwings. Upon landing, the butterfly moves its hindwings, and thereby the dummy antennae up and down while keeping the true antennae motionless. *Thecla togarna*'s second trick occurs at the instant of landing when the butterfly quickly turns so that its false head points in the direction of previous flight. _____(B)_____ , an approaching predator is confronted with a prey that flutters off in the direction opposite to that expected.

	(A)		(B)
①	in contrast	——	However
②	for example	——	Thus
③	in contrast	——	Thus
④	for example	——	However
⑤	in addition	——	Similarly

03

다음 글의 빈칸 (A), (B)에 들어갈 말로 가장 적절한 것은?

Generally, when the issue of thinking comes up, most people assume it must have to do with intelligence. They are interested in individual differences in thinking, such as "What's my IQ?" or "He is a genius at math." Intelligence refers to a variety of mental processes;   (A)   , how easily one can represent and manipulate quantities in the mind, or how sensitive one is to information indexed in words. But as a psychologist has shown, it is possible to extend the concept of intelligence to include the ability to differentiate and to use all kinds of information, including muscle sensations, sounds, feelings, and visual shapes. Some children are born with an above-average sensitivity to sound. They can discriminate tones and pitches better than others, and as they grow up they learn to recognize notes and produce harmonies more easily than their peers.   (B)   , small advantages at the beginning of life can develop into large differences in visual, athletic, or mathematical abilities.

	(A)		(B)
①	as a result	⋯⋯	In addition
②	for instance	⋯⋯	Similarly
③	as a result	⋯⋯	Similarly
④	instead	⋯⋯	In addition
⑤	for instance	⋯⋯	On the other hand

[04~05] 다음 글을 읽고, 물음에 답하시오.

Lifestyles and expectations about life circumstances are changing. Where people are willing to live and work is becoming a serious issue for a significant number of workers. People are prone to have decided preferences about where they want to live, whether in the city, the suburbs, or a rural setting, and in what region and climate.   (A)   , more and more people express concern about the appropriate balance of work and family and leisure and other aspects of their lives. They may not want the job interfering with taking a child to a Little League game or to a Girl Scout meeting or going to church. Thus they may be less willing to accept overtime assignments or to work long hours or weekends.   (B)   , fear of layoffs undoubtedly produces considerable acquiescence to management's wishes, but with resulting job dissatisfaction for many people.

*acquiescence (어쩔 수 없는) 동의

04

경희고 변형

윗글의 빈칸 (A), (B)에 들어갈 말로 가장 적절한 것은?

	(A)		(B)
①	For example	⋯⋯	However
②	For example	⋯⋯	As a result
③	In other words	⋯⋯	As a result
④	In addition	⋯⋯	However
⑤	In addition	⋯⋯	Similarly

05

서술형

윗글에서 근로자의 직업 불만족을 가져온 이유를 찾아 우리말로 쓰시오.

06

다음 글의 빈칸 (A), (B)에 들어갈 말로 가장 적절한 것은?

An ambiguous term is one which has more than a single meaning and whose context does not clearly indicate which meaning is intended. _____(A)_____, a sign posted at a fork in a trail which reads "Bear To The Right" can be understood in two ways. The more probable meaning is that it is instructing hikers to take the right trail, not the left. But let us say that the ranger who painted the sign meant to say just the opposite. He was trying to warn hikers against taking the right trail because there is a bear in the area through which it passes. The ranger's language was, _____(B)_____, careless, and open to misinterpretation which could have serious consequences. The only way to avoid ambiguity is to spell things out as explicitly as possible: "Keep left. Do not use trail to the right. Bears in the area."

	(A)		(B)
①	In addition	—	as a result
②	In addition	—	nevertheless
③	By contrast	—	as a result
④	For instance	—	nevertheless
⑤	For instance	—	therefore

07

다음 글의 빈칸 (A), (B)에 들어갈 말로 가장 적절한 것은?

The human mind is marvelously _____(A)_____. It can perform all kinds of creative tasks such as imagining the future, constructing fantasies, making up lies, and contemplating an infinitely wide range of if-then speculations. It also performs many mundane tasks with remarkable efficiency by using effortful routines, which are sequences of behaviors or thoughts that we learn from experience and then apply again and again with little endeavor. Once you have learned a sequence—such as tying your shoes, brushing your teeth, driving to school, or playing a song on the guitar—you can perform it over and over again with very little effort compared to the effort it took you to learn it in the first place. As we learn to do something, we are writing the _____(B)_____ like a computer code in our minds. Once that code is written, it can later be loaded into our minds and run automatically to guide us through the task with very little thought.

* contemplate 심사숙고하다

	(A)		(B)
①	complex	—	distractions
②	complex	—	instructions
③	connected	—	instructions
④	simple	—	distractions
⑤	simple	—	interferences

08

대광고 변형

다음 글의 빈칸 (A), (B)에 들어갈 말로 가장 적절한 것은?

Compared with farmers, hunter-gatherers led a more leisurely life. Modern anthropologists who have spent time with surviving hunter-gatherer groups report that gathering food only accounts for a small proportion of their time — far less than would be required to produce the same quantity of food via farming. The !Kung Bushmen of the Kalahari,   (A)   , typically spend twelve to nineteen hours a week collecting food, and the Hazda nomads of Tanzania spend less than fourteen hours. That leaves a lot of time free for leisure activities, socializing, and so on. When asked by an anthropologist why his people had not adopted farming, one Bushman replied, "Why should we plant, when there are so many mongongo nuts in the world?"   (B)   , hunter-gatherers work two days a week and have five-day weekends.

	(A)		(B)
①	in addition		Instead
②	for example		In effect
③	nevertheless		In effect
④	for example		Instead
⑤	in addition		Likewise

[09~10] 다음 글을 읽고, 물음에 답하시오.

It is difficult to determine the shape of fire. There is a simplified design, adopted for use in posters and signs. It resembles three upright tongues or a lotus flower. The design is a typical symbol of fire.   (A)   , the shape of fire is hard to define. In reality, fire comes in many forms like candle flame, charcoal fire, and torch light. The various nature of the shape of fire is evident in many words Koreans use to describe fire and its shape and movements.   (B)   , *iggle-iggle* is an adverb that describes a fire burning, but it focuses on the heat rather than the shape of the flame, while *hwal-hwal* or *hweol-hweol* brings to mind flames that soar, as if to rise to the heavens.

09

이화여고 변형

윗글의 빈칸 (A), (B)에 들어갈 말로 가장 적절한 것은?

	(Λ)		(B)
①	However		In contrast
②	However		For instance
③	Similarly		For instance
④	Moreover		In contrast
⑤	Moreover		In conclusion

10

서술형

윗글의 밑줄 친 It이 구체적으로 가리키는 것을 본문에서 찾아 그대로 쓰시오. (총 10단어)

01

다음 글의 빈칸 (A), (B)에 들어갈 말로 가장 적절한 것은?

Dramatic irony is a modification of situational irony. A situation in a drama is said to manifest dramatic irony if its main character does not comprehend the situation she is in while the audience does.   (A)   , the scene where Rigoletto cheers on the gang of courtiers, not realizing that the lady they have abducted is not Countess Ceprano but his own daughter, Gilda; or, in *Wilhelm Tell*, the scene where Governor Gessler boasts how he will subdue the Swiss, not knowing that his Swiss assassin is already in place, ready to kill him. When analyzing this, we see that in dramatic irony, too, a counterpart to the present situation is projected, which is the opposite of the situation at hand. That projected situation,   (B)   , is good for its projector only; it is not (as in situational irony) recognized as good by us all. The situations Rigoletto and Gessler project are good for them, but sharply contrast with the actual situations, which we now see as their negative counterparts.

* courtier 아첨꾼

	(A)		(B)
①	For example	---	similarly
②	Nevertheless	---	instead
③	For example	---	however
④	In addition	---	however
⑤	Nevertheless	---	similarly

02

다음 글의 빈칸 (A), (B)에 들어갈 말로 가장 적절한 것은?

Computer memory is much better than human memory because early computer scientists discovered a trick that evolution never did: organizing information by assigning every memory to a master map in which each bit of information to be stored is assigned a uniquely identifiable location in the computer's memory vaults. Human beings,   (A)   , appear to lack such master memory maps and retrieve information in a far more haphazard way, by using clues (or cues) to what's being looked for. In consequence, our memories cannot be searched as systematically or as reliably as that of a computer (or Internet database).   (B)   , human memories are deeply subject to context. Scuba divers, for example, are better at remembering the words they studied while underwater when they are tested rather than on land, even if the words have nothing to do with the sea.

* vault 저장실, 보관실

	(A)		(B)
①	by contrast	---	In short
②	similarly	---	However
③	furthermore	---	However
④	furthermore	---	In short
⑤	by contrast	---	Instead

03

다음 글의 빈칸 (A), (B)에 들어갈 말로 가장 적절한 것은?

In a study, researchers used a laser and a small piece of reflective material to record the caterpillar's chewing vibrations, which moves an Arabidopsis leaf up and down about 1/10,000 of an inch. They then played two-hour recordings of the vibrations to one set of plants and left another set in silence. The plants that heard the recording of chewing vibrations created an increased amount of mustard oil, a _____(A)_____ of its own. "The vibrations trigger them to be better prepared for subsequent attacks," said a researcher. "So they make more mustard oil, faster to discourage an insect attacker, when they've been primed by these feeding vibrations." The plants were also _____(B)_____ about what type of vibrations they responded to. Shortly after the first experiment, the researchers exposed the plants to other vibratory sounds, including those from the wind and nonthreatening insects. The other sounds did not trigger any response.

*Arabidopsis (식물) 애기장대

	(A)		(B)
①	cure	......	realistic
②	cure	......	uncertain
③	defense	......	selective
④	defense	......	realistic
⑤	movement	......	selective

[04~05] 다음 글을 읽고, 물음에 답하시오.

A comprehensive anthropological study of how people use mobile phones in six countries bears out some of the differences in how Europeans and Americans relate to the new wireless technology. In Sweden, for example, they view someone talking on their mobile as though the person with whom they're speaking is physically in the room. _____(A)_____, chatting on a mobile phone while eating lunch alone in a restaurant is perfectly acceptable behavior. On the other hand, Americans are a bit more circumspect in their use of mobile phones. New Yorkers, _____(B)_____, tend to use their mobile phones more to accomplish tasks but also believe that having wireless conversations in public is often intrusive and a violation of others' private space. While San Franciscans use mobile phones for work and leisure-related activities and to communicate with friends, some worry about being constantly available all the time, and not [have / having] enough alone time.

*circumspect 신중한

04

세화여고 변형

윗글의 빈칸 (A), (B)에 들어갈 말로 가장 적절한 것은?

	(A)		(B)
①	Nevertheless	......	in addition
②	Nevertheless	......	for example
③	In addition	......	on the contrary
④	As a result	......	for example
⑤	As a result	......	on the contrary

05

서술형

윗글의 [ ]에서 어법상 적절한 말을 고르고, 밑줄 친 부분을 우리말로 쓰시오.

06

다음 글의 빈칸 (A), (B)에 들어갈 말로 가장 적절한 것은?

As well as adopting the new crops, European farmers increased crop production by bringing more land under cultivation and developing new agricultural techniques. In particular, they introduced crop _____(A)_____ involving clover and turnips. Turnips were grown on land that would otherwise have been left fallow, and then fed to animals, whose manure enhanced the barley yields in the following year. Feeding animals with turnips also meant that land used for pasture could instead be used to grow crops for human consumption. Similarly, growing clover helped to restore the fertility of the soil to ensure a good wheat harvest in the following year. Another innovation was the adoption of the seed drill, a horse-drawn device which placed seeds into holes in the soil at a precise depth. Sowing seeds in this way, rather than scattering them in the traditional manner, meant that crops were properly _____(B)_____ in neat rows, making weeding easier and ensuring that adjacent plants did not compete for nutrients. Again, this helped to increase the yields of crops.

*fallow 묵히고 있는 **manure 분뇨, 거름

	(A)		(B)
①	rotations	⸺	spaced
②	rotations	⸺	stacked
③	seeds	⸺	populated
④	protections	⸺	spaced
⑤	protections	⸺	populated

07

다음 글의 빈칸 (A), (B)에 들어갈 말로 가장 적절한 것은?

Every economics textbook will tell you that competition between rival firms leads to innovation in their products and services. But when you look at innovation from the long-zoom perspective, competition turns out to be less _____(A)_____ to the history of good ideas than we generally think. Analyzing innovation on the scale of individuals and organizations — as the standard textbooks do — distorts our view. It creates a picture of innovation that overstates the role of propriety research and "survival of the fittest" competition. The long-zoom approach lets us see that _____(B)_____ may, in the end, be more valuable to innovation than purely competitive mechanisms. Those patterns of innovation deserve recognition — in part because by embracing these patterns we can build environments that do a better job of nurturing good ideas. We can think more creatively if we open our minds to the many connected environments that make creativity possible.

	(A)		(B)
①	irrelevant	⸺	education
②	irrelevant	⸺	motivation
③	central	⸺	connectivity
④	central	⸺	motivation
⑤	automatic	⸺	connectivity

08

다음 글의 빈칸 (A), (B)에 들어갈 말로 가장 적절한 것은?

The search for grand syntheses, for commonalities, regularities, ideas and concepts that _____ (A) _____ the confines of specific problems or disciplines is one of the great inspirational drivers of science and scientists. Among the classic grand syntheses in science are Newton's laws, which taught us that heavenly laws were no different than the earthly, Darwin's theory of natural selection, which reminded us that we're just animals and plants after all, and the laws of thermodynamics that suggest we can't go on forever. Each of these has had profound consequences not only in changing the way we think about the world, but also in laying the foundations for technological advancements that have led to the standard of living many of us are privileged to enjoy. They are all, to varying degrees, _____ (B) _____. Indeed, understanding the boundaries of their applicability, the limits to their predictive power and the ongoing search for exceptions, violations and failures have provoked even deeper questions and challenges, stimulating the continued progress of science and the unfolding of new ideas, techniques and concepts.

*thermodynamics 열역학

	(A)		(B)
①	limit	——	incomplete
②	identify	——	systematic
③	identify	——	satisfactory
④	transcend	——	satisfactory
⑤	transcend	——	incomplete

[09~10] 다음 글을 읽고, 물음에 답하시오.

Life insurance companies know how to estimate their risk accurately. They might not know how long a particular person is going to live, but on average, Americans live, say, seventy-seven years (current life expectancy). If an insurance company insures a large cross-section of Americans, it can be fairly certain that the average age of death will be close to that number. _____ (A) _____, companies can get data on life expectancy by occupation, gender, income, and so forth, and make an even better prediction of the life expectancy of the person seeking insurance. Moreover, with few exceptions (like wars and epidemics), the risks are "independent," the likelihood of one person dying is unrelated to that of another. Estimating the risk of a particular firm going bankrupt, _____ (B) _____, is not like estimating life expectancy. It doesn't happen every day, and as we've seen, the risk of one firm may be highly correlated with that of another.

*cross-section 단면, 대표적인 면

09

윗글의 빈칸 (A), (B)에 들어갈 말로 가장 적절한 것은?

	(A)		(B)
①	Additionally	——	therefore
②	Similarly	——	therefore
③	Similarly	——	otherwise
④	Nevertheless	——	however
⑤	Additionally	——	however

10

서술형

윗글의 밑줄 친 that이 구체적으로 가리키는 것을 찾아 다음을 완성하시오. (각각 한 단어)

the _____ of _____

Healing

극복 (Do It Again)

It's fine to celebrate success but it is more important to heed the lessons of failure.

성공을 자축하는 것도 중요하지만 실패를 통해 배운 교훈에 주의를 기울이는 것이 더 중요하다.

Bill Gates (빌 게이츠)

빌 게이츠는 부유한 가정에서 부족함 없이 자라나며
하버드로 진학했지만, 도중에 중퇴해 MS사를 창업했습니다.
끝없는 실패 속에서도 성숙해지고 강해지길 원하며 단 한 번도
포기하지 않았습니다. 결국 그는 지금의 굳건한 MS사를 만들어냈고
현재는 재단을 설립해 자선사업가로서 또 다른 인생을 살고 있습니다.
훌륭해진다는 것은 어쩌면 실패할 때의 태도로서 결정되는 것이 아닐까요?

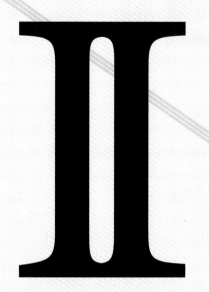

Ⅱ

어법 · 어휘

01 어법

02 어휘

어법은 기본적인 문법 지식을 이해하고 있는지를 평가하는 유형이다. 실제 수능에서 고난도의 문법사항을 물어보지는 않지만, 학생들이 까다로워하는 유형이기도 하다. 어휘는 전체 내용을 바탕으로 적절한 어휘, 또는 어긋나는 어휘를 고를 수 있는지를 평가하는 유형이다. 무조건 많은 어휘를 안다고 해서 풀 수 있는 문제가 아닌, 문맥에 따른 어휘를 선택할 수 있는지를 보는 유형이기 때문에 역시 독해력이 중요하다.

▶ **어법** : 수의 일치, 능동 / 수동, 형용사 / 부사, 관계사, 태 등의 기본적인 문법 사항들이 자주 나오므로 꼭 완벽히 숙지해야 한다. 해당 문장만 읽고도 문제를 풀 수 있지만, 문맥상 적절한 문법이 쓰이고 있는지를 볼 가능성도 있으므로 글의 흐름도 파악하고 있어야 한다.

▶ **어휘** : 제시되는 선택지들은 대체로 문맥상 주제어인 경우가 많다. 글을 읽으면서 내용을 철저히 이해하도록 한다. 특히 역접이나 전환의 연결사에 주의하여 앞뒤에 제시된 내용을 중심으로 답을 찾는다. 유의어, 반의어, 파생어 등의 단어들을 묶어서 같이 학습하는 것도 좋은 방법이다.

01

신일고 변형

다음 글의 밑줄 친 부분 중, 어법상 틀린 것은?

People have their own standards for thinking, some of ① which encourage poor thinking. The learning method that we use to form our beliefs ② being maintained by certain explicit beliefs about how thinking should be conducted — beliefs transmitted through the culture. People differ in their beliefs about how one should draw conclusions. Some think that changing one's mind is a sign of weakness and that a good thinker is ③ one who is determined, committed, and steadfast. Such people, if they followed their own standards, would be more likely to persist in beliefs ④ irrationally. Others believe that good thinkers are open-minded, willing to listen to the other side, and flexible. Most of us probably agree somewhat to both of these beliefs. ⑤ Whatever our beliefs, most of us desire to be good thinkers, so we try to follow our own standards.

02

한대부고 변형

다음 글의 밑줄 친 부분 중, 어법상 틀린 것은?

For the technology to "cross the chasm," it must appeal to users with less strong motivations. Only by expanding beyond the early adopters to the much larger mainstream communities ① can it achieve the returns to scale that enable the developers to recover their initial investments. Reaching larger user groups in turn ② mean that the price of the product or service can be reduced. Early cellular telephony users frequently had bills of $1,000 per month for service within their own town; today such service might cost as little as $25 per month. Broad adoption also requires new levels of performance, reliability, ease of use, and support. Some of these characteristics — performance, reliability — become ③ imbedded in the device or the service as the developers capture their learning into the technology; their costs are easily recovered as the scale of use expands. Others — ease of use, support — have costs ④ that increase in parallel with the scale of use. To succeed, the new technology must also find a financial model that enables ⑤ its deployment to be sustainable.

*chasm 단절 현상　**returns to scale 규모에 대한 수익

03

다음 글의 밑줄 친 부분 중, 어법상 틀린 것은?

In Britain attitudes towards accents and dialects are linked with regional and social prejudices, e.g. between the north and south. Standard English and RP (Received Pronunciation) originated in the south, in and around London, the capital and main cultural center of the country. Anything northern can be seen as unsophisticated and ① inferior by some southerners and they may, however unfairly, consider people speaking with a northern accent to be less well educated. The stronger the accent, the ② greater the prejudice against the person using it, especially if the accent is so strong ③ that others have difficulty understanding it. Urban accents such as Cockney, Scouse, Glaswegian and the Brummie accent are the least favored. Accents were for a long time used by comedians ④ to make fun of people from a particular region or social group, but this is now less acceptable. Although RP is still widely used by professional people, its status, especially among younger people, ⑤ being not as high as it was. Many public figures, such as politicians and broadcasters, now emphasize their regional accents rather than trying to lose them.

[04~05] 다음 글을 읽고, 물음에 답하시오.

Unfortunately, what a traditional woman did to make her home warm and alive was not dusting and laundry. Someone can ① be hired to do those things (to some extent, anyway). Her real secret was that she identified ② herself with her home. Of course, this [**always / out / turn / did / not / well**]. A controlling woman might make her home suffocating. A perfectionist's home might be chilly and forbidding. But it is more ③ illuminated to think about what happened when things went right. Then her affection was in the soft sofa cushions, clean linens, and good meals; her memory in ④ well-stocked storeroom cabinets and the pantry; her intelligence in the order and healthfulness of her home. She lived her life not only through her own body but through the house as an extension of her body; part of her relationship to those she loved ⑤ was embodied in the physical medium of the home she made.

*suffocating 숨이 막히는

04

윗글의 밑줄 친 부분 중, 어법상 틀린 것은?

(   )

05

서술형

윗글의 [   ]에 주어진 단어를 어법에 맞게 배열하시오.

06

다음 글의 밑줄 친 부분 중, 어법상 틀린 것은?

The spread of the computer in recent decades ① has been called the single most important change in the knowledge system since the invention of movable type in the 15th century or even the invention of writing. ② Paralleling this extraordinary change has come the equally astonishing spread of new networks and media for moving knowledge and its precursors, data and information. ③ Had nothing else changed, these twin developments alone would warrant the term *knowledge revolution*. But as we know, other, related changes are transforming the entire knowledge system or "info-sphere" in the high-tech world. The hyper-speed of change today means ④ what given "facts" become obsolete faster — knowledge built on them becomes less durable. To overcome this "transience factor," new technological and organizational tools are currently being designed to accelerate scientific research and development. ⑤ Others are intended to speed up the learning speed. The metabolism of knowledge is moving faster.

*info-sphere 디지털 정보의 영역(권)

07

(A), (B), (C)의 각 네모 안에서 어법에 맞는 표현으로 가장 적절한 것은?

Residential locations show a hierarchy of values. As in a house the working parts lie concealed in the basement, so in a city the industrial and commercial base (A) hugging / hugs the water's edge; and private homes rise in prestige with elevation. The rich and powerful not only own more real estate than the less privileged, they also command more visual space. Their status is made (B) evident / evidently to outsiders by the superior location of their residence; and from their residence the rich are reassured of their position in life each time they look out the window and see the world at their feet. However, there are exceptions. A well-known one is Rio de Janeiro, (C) where / which luxury high-rise buildings seek the convenience and attraction of the beach while the huts of the poor cling to the steep slopes of the hills.

	(A)	(B)	(C)
①	hugging	evident	where
②	hugging	evidently	where
③	hugging	evidently	which
④	hugs	evident	where
⑤	hugs	evident	which

08

다음 글의 밑줄 친 부분 중, 어법상 틀린 것은?

When people face real adversity — disease, unemployment, or the disabilities of age — affection from a pet takes on new meaning. A pet's continuing affection becomes crucially important for ① those enduring hardship because it reassures them that their core essence has not been damaged. Thus pets are important in the treatment of ② depressed or chronically ill patients. In addition, pets are ③ used to great advantage with the institutionalized aged. In such institutions it is difficult for the staff to retain optimism when all the patients are declining in health. Children who visit cannot help but remember ④ what their parents or grandparents once were and be depressed by their incapacities. Animals, however, have no expectations about mental capacity. They do not worship youth. They have no memories about what the aged once ⑤ was and greet them as if they were children. An old man holding a puppy can relive a childhood moment with complete accuracy. His joy and the animal's response are the same.

[09~10] 다음 글을 읽고, 물음에 답하시오.

Traditionally, hibernation simply meant winter inactivity, and it thus applies equally to frogs that have buried themselves in the mud under the ice, some insects and other frogs that are frozen solid while ① above ground, bears lying in their dens while maintaining a high body temperature, or ground squirrels and bats spending most of the winter with a low body temperature but periodically warming themselves up to be active for a day or more. Initially, the strict definition that joined the mechanism of hibernation to body temperature ② implied that only mammals hibernated. However, since other animals that never regulate a high body temperature also engage in adaptive winter inactivity, a new term had to ③ be invented. The solution was to invent still a fourth term, brumation. Coined in the 1970s, this term refers to winter torpor of ④ presumably cold-blooded amphibians and reptiles. Later still it became widely known that some mammals and some birds routinely enter torpor ⑤ conserve energy, not just seasonally but also on a daily basis in summer.

*torpor 휴면, 동면

09

윗글의 밑줄 친 부분 중, 어법상 틀린 것은?

(   )

10

윗글에서 밑줄 친 brumation의 구체적인 의미를 우리말로 쓰시오.

11

현대고 변형

다음 글의 밑줄 친 부분 중, 어법상 틀린 것은?

In Indonesia, local fishermen use traditional methods such as nets or lines to catch fish from the vast coral reefs that ① surround the islands. But some fishermen have discovered that using homemade explosives enables them to catch fish more ② easily than traditional methods. Instead of engaging in the toil of setting and pulling in nets, these people find large schools of fish, throw homemade explosives into the water, and then pick up the dead, paralyzed, or startled fish. Individuals ③ using explosives are able to make more money than those using traditional methods, but the explosives devastate the coral reefs, so that they become barren and do not regenerate. A healthy coral reef provides ten times as many fish ④ than a degraded one, yet the individual incentive to use explosives often outweighs the long-term benefits of protecting the reefs, in part because those who do not use explosives find ⑤ themselves at a competitive disadvantage.

12

배재고 변형

다음 글의 밑줄 친 부분 중, 어법상 틀린 것은?

Thinking is hard work. If you do not keep your working memory ① clear, then you are weakening your ability to think about what is going on in your class or meeting. This might seem obvious, but if you look around the room at many meetings, you will find ② yourself face-to-face with one of the true demons of modern life: multitasking. ③ Sitting in a meeting, you will see that some people are taking care of work that is unrelated to the current meeting. Others are checking their e-mail. Still others are reading. Each of these activities ④ take up your working memory. You cannot maximize the quality of the new knowledge you are ⑤ taking in if you do not give yourself every opportunity to pay attention.

13

다음 글의 밑줄 친 부분 중, 어법상 틀린 것은?

A wise woman who was hiking in the mountains ① found a precious stone in a stream. The next day she met another hiker who was hungry, and the wise woman opened her bag to share her food. The hungry hiker saw the precious stone and asked the woman ② if he could have it. She surrendered it without hesitation. The man left, rejoicing in his good fortune. He knew the stone was worth enough ③ to give him comfort and security for a lifetime. But a few days later he came back to return the stone to the wise woman. "I've been thinking," he said; "I know how ④ valuably the stone is, but I give it back in the hope that you can give me something even more precious. Give me what you have within you ⑤ that enabled you to give me the stone in the first place."

14

장훈고 변형

(A), (B), (C)의 각 네모 안에서 어법에 맞는 것으로 가장 적절한 것은?

Leading investors have joined the growing chorus of concern about governments and companies (A) rush / rushing into producing bio-fuels as a solution for global warming. They say that many involved in the sector do not consider the long-term impact of (B) that / what they are doing carefully. Production of corn and soybeans has increased dramatically in the last years as an eco-friendly alternative to fossil fuels but environmental and human rights campaigners are worried that this will lead to destruction of rain forests. Last week, the UN warned that bio-fuels could have dangerous side effects and said that steps need to be taken to make sure that land converted to grow bio-fuels (C) do / does not damage the environment.

	(A)	(B)	(C)
①	rush	that	do
②	rush	that	does
③	rushing	that	does
④	rushing	what	do
⑤	rushing	what	does

[15~16] 다음 글을 읽고, 물음에 답하시오.

When children are very young, you first say no to protect them from danger. You say it because you love your child and because you must teach him to protect (A) him / himself . Just as saying no is a tool to help ensure your child's physical safety, it also contributes to his emotional security. When you set limits on your child's behavior, (B) what / whether it's telling a five-year-old he can't hit the baby or telling a teenager he can't stay out past midnight, you're letting him know that his actions don't happen in a vacuum. He is connected to someone (you) who watches and cares what he does. All children need a safe space (C) which / in which to grow and develop. While it's a child's nature to test the limits of that space, by climbing higher, venturing farther, or asking for more of what he wants, [to / it's / for / also / him / know / comforting] he is not out there alone.

15

이대부고 변형

윗글의 (A), (B), (C)의 각 네모 안에서 어법에 맞는 것으로 가장 적절한 것은?

	(A)	(B)	(C)
①	him	what	which
②	him	whether	which
③	himself	whether	which
④	himself	whether	in which
⑤	himself	what	in which

16

서술형

윗글의 [　]에 주어진 단어를 어법에 맞게 배열하시오.

01

(A), (B), (C)의 각 네모 안에서 어법에 맞는 표현으로 가장 적절한 것은?

Many parents who have experienced personal hardship desire better lives for their children. To want to spare your children from having to go through unpleasant experiences (A) being / is a noble aim, and it naturally stems from love and concern for the child. What these parents don't realize, however, is that while in the shorter term they may be making the lives of their children more (B) pleasant / pleasantly , in the long term they may be preventing them from acquiring self-confidence, resilience, a sense of meaning, and important interpersonal skills. For healthy development, to grow and mature, the child needs to deal with some failure, struggle through some difficult periods, and (C) experience / experienced some painful emotions. Remember, a child who had everything should pay the price for this "luxury."

(A)	(B)	(C)
① being	pleasant	experienced
② being	pleasantly	experienced
③ is	pleasant	experience
④ is	pleasantly	experience
⑤ is	pleasant	experienced

02

장훈고 변형

다음 글의 밑줄 친 부분 중 어법상 틀린 것은?

The surprising thing is, we don't ordinarily regard species like the cow and the potato, the tulip and the dog, as nature's more extraordinary creatures. Domesticated species don't command our respect the way their wild cousins often ① are. Evolution may reward interdependence, but our thinking selves continue to prize self-reliance. The wolf is somehow more ② impressive to us than the dog. Yet there are fifty million dogs in America today, only ten thousand wolves. So what does the dog know about getting along in this world ③ that its wild ancestor doesn't? The big thing the dog knows about—the subject it has mastered in the ten thousand years it has been evolving at our side—is us: our needs and desires, our emotions and values, all of ④ which it has folded into its genes as part of a sophisticated strategy for survival. If you could read the genome of the dog ⑤ like a book, you would learn a great deal about who we are and what makes us tick.

*tick 작동하다

03

(A), (B), (C)의 각 네모 안에서 어법에 맞는 표현으로 가장 적절한 것은?

Despite the refinement of economic policies designed to manage the business cycle, the volatility of commodity prices, trade flows, government budgets, and many other important indicators of the global economy (A) continue / continues to increase. As a result, it is easy to get caught up in the stream of numbers that spew out every second and to lose sight of the long term. That's a problem for our future. Personal fortunes may be gained and lost in a day, but national fortunes are gained and lost (B) because / because of deeply ingrained economic factors that take years to develop and, if necessary, to change. Certainly, peculiar events can push countries to one side or the other of (C) its / their long-term economic paths. But over the course of decades, those paths tend to be determined by economic factors with very deep roots indeed.

*volatility 변동성, 변덕

	(A)		(B)		(C)
①	continue	-----	because	-----	its
②	continue	-----	because of	-----	their
③	continues	-----	because	-----	its
④	continues	-----	because of	-----	its
⑤	continues	-----	because of	-----	their

[04~05] 다음 글을 읽고, 물음에 답하시오.

The pleasure of eating should be an extensive pleasure, not that of the mere gourmet. People who know the garden in which their vegetables have grown and know ① that the garden is healthy will remember the beauty of the growing plants. Such a memory involves ② itself with the food and is one of the pleasures of eating. The knowledge of the good health of the garden relieves and frees and comforts the eater. The same goes for eating meat. The thought of the good pasture and of the calf contentedly grazing ③ flavors the steak. Some, I know, will think of ④ this as bloodthirsty or worse to eat a fellow creature you have known all its life. _____, I think it means you eat with understanding and with gratitude. A significant part of the pleasure of eating is one's accurate consciousness of the lives and the world ⑤ from which food comes.

*gourmet 미식가

04

현대고 변형

윗글의 밑줄 친 부분 중 어법상 틀린 것은?

(   )

05

서술형

윗글의 빈칸에 들어갈 알맞은 연결어구를 쓰시오. (대소문자 구별할 것)

_____ _____ c_____

06

(A), (B), (C)의 각 네모 안에서 어법에 맞는 표현으로 가장 적절한 것은?

Moby-Dick, Herman Melville's masterpiece, is the epic story of a whaling ship, the *Pequod*, in search of a white whale notorious for sinking whalers. The ship's captain, Ahab, pursues his singular obsession (A) destroying / to destroy Moby-Dick, who took his leg on a previous voyage, while the book's narrator, Ishmael, provides keen observations of his monomaniacal captain, his crewmates, whaling, and cetology (the study of whales). Melville could write of life on a whaling boat with such rich detail because he had spent eighteen months aboard the *Acushnet* on a whaling voyage to the South Seas, where he jumped ship and spent time with alleged cannibals, participating in a failed mutiny, (B) escaping / escaped a Tahitian jail. Melville was criticized harshly in his lifetime by critics on both sides of the pond but mostly by his own countrymen. They only liked his first two books, *Typee* and *Omoo*, the straightforward adventure stories (C) that / when the public wanted.

* mutiny 반란, 폭동

	(A)	(B)	(C)
①	destroying	escaping	that
②	destroying	escaping	when
③	destroying	escaped	when
④	to destroy	escaping	that
⑤	to destroy	escaped	that

07

(A), (B), (C)의 각 네모 안에서 어법에 맞는 표현으로 가장 적절한 것은?

Farmed fishing is a new, quickly growing, and serious problem for the seas. It destroys coastal mangrove forests, water ecosystems, and wild fish populations and (A) result / results in the deaths of many thousands of sea mammal and waterfowl. Farmed fish colonies create enormous amounts of pollution. Not only from the fish waste, but from the chemicals used in the fish farming industry. The water is treated with herbicides to prevent water plant growth. Even the nets (B) used / using to surround the fish farms are damaging to the environment as the nets are often treated with toxic chemicals to prevent the growth of sea organisms, such as barnacles and mussels, which encrust the nets. The pellets fed to farmed salmon contain dyes to make the flesh of the salmon (C) take / to take on the color that wild salmon get from eating their natural food, krill.

	(A)	(B)	(C)
①	result	used	take
②	result	used	to take
③	results	used	take
④	results	using	take
⑤	results	using	to take

08

다음 글의 밑줄 친 부분 중, 어법상 틀린 것은?

Because of the aye-aye's odd-looking appearance, seeing one is considered very bad luck to many superstitious residents of Madagascar. They kill aye-ayes on sight, ① hoping to prevent anything "evil" from happening. The aye-aye's bad reputation isn't helped by the fact that it's active only at night, when things can seem ② far scarier to people. However, the truth about this five pound animal is ③ that it's harmless. In the wild, aye-ayes live mostly in trees. Big eyes help them to look for food. In addition, the aye-aye's favorite food is insect larvae. Rather, aye-ayes are endangered due to loss of habitat, ④ which is caused by farming and logging in Madagascar. Added to that danger ⑤ is the people who kill them because of lingering beliefs that aye-ayes bring bad luck.

*larvae 유충

[09~10] 다음 글을 읽고, 물음에 답하시오.

If an animal is innately programmed for some type of behavior, then there ① are likely to be biological clues. It is no accident that fish have bodies which are streamlined and ② smooth, with fins and a powerful tail. Their bodies are structurally adapted for moving fast through the water. Similarly, if you found a dead bird or mosquito, you could guess by looking at ③ its wings that flying was its normal mode of transport. However, we must not be over-optimistic. Biological clues are not essential. The extent to which they are ④ finding varies from animal to animal and from activity to activity. For example, it is impossible to guess from their bodies that birds make nests, and, sometimes, animals behave in a way quite contrary to ⑤ what might be expected from their physical form: ghost spiders have tremendously long legs, yet they weave webs out of very short threads. To a human observer, their legs seem a great hindrance as they spin and move about the web.

09

평가원 변형

윗글의 밑줄 친 부분 중, 어법상 틀린 것을 찾아 바르게 고쳐 쓰시오.

(   ) _____ ➜ _____

10

서술형

윗글을 다음과 같이 요약하고자 한다. 빈칸 (A), (B)에 들어갈 말로 가장 적절한 것을 주어진 철자로 시작하여 쓰시오.

> It is said that animals' biological features indicate their (A) i_____ behaviors, but such a generalization is too hasty because sometimes their actual behaviors and physical forms show (B) m_____.

(A) i_____ (본문 단어를 변형, i포함 총 6글자)

(B) m_____ (m포함 총 8글자)

11

신일고 변형

다음 글의 밑줄 친 부분 중 어법상 틀린 것은?

As a writer, I have often been asked of the reason there are ① few great American writers who have Asian backgrounds. Also, many asked me what makes Asian Americans ② hesitate to sign up for creative writing programs or why there are so many Chinese students who choose engineering as their major in university. These are difficult questions to answer. But recently, I have found in surveys ③ which Asian American students do a lot better on math tests than on language arts. This makes me think that there are other Asian American families ④ whose English spoken at their home might be described as "broken" or "limited." Or, they might have teachers who lead them ⑤ to take math or science as their major. Fortunately, I became a writer because I like to challenge people's expectations of me.

12

다음 글의 밑줄 친 부분 중, 어법상 틀린 것은?

Some people like to build sand castles, and some like to tear them apart. There can be much joy in the latter. But ① it is the former that interests me. You can take a bunch of minute silica crystals, pounded for thousands of years by the waves, use your hands, and ② make an ornate tower. Tiny physical forces govern how each particle interacts with ③ its neighbors, keeping the castle together — at least until the force majeure of a foot appears. But this is the part that I like the most: ④ Built the castle, you step back and look at it. Across the beach, here is something new, something not present before among the endless sand grains, something ⑤ raised from the ground, something that reflects the scientific principle of holism.

*force majeure 불가항력

13

동성고 변형

(A), (B), (C)의 각 네모 안에서 어법에 맞는 것으로 가장 적절한 것은?

Drinking water can contribute to good health, and schools are in a unique position to promote healthy dietary behaviors, including drinking sufficient water. More than 95% of children and adolescents are enrolled in schools, and students (A) typical / typically spend at least 6 hours at school each day. Ensuring that students have access to safe, free drinking water throughout the school environment (B) give / gives them a healthy substitute for sugar-sweetened beverages. Access to clean and free water helps to increase students' overall water consumption, maintain hydration, and reduce unhealthy calories intake. Adequate hydration may improve cognitive function among children and adolescents, (C) who / which is important for learning.

	(A)	(B)	(C)
①	typical	give	who
②	typical	gives	who
③	typically	gives	who
④	typically	gives	which
⑤	typically	give	which

[14~15] 다음 글을 읽고, 물음에 답하시오.

When it comes to salt and sweets, there's little a parent can do ① to change a child's inborn desire for them, which begins early in infancy. However, there is some evidence that early diet can at least change the circumstances ② which children will seek out sweet and salty flavors. As early as six months of age, babies who have been ③ exposed more often to salted food show a stronger preference for salted cereal than babies with less salt experience. Similarly, six-month-old babies who have been fed sugar water ④ tend to drink more of it than babies not previously exposed to it. This effect lasts a surprisingly long time, because even if the parents stop ⑤ giving their baby sugar water by six months of age, she will continue to show a greater preference for it at age two.

*infancy 유아기

14

보인고 변형

윗글의 밑줄 친 부분 중, 어법상 틀린 것은?

(   )

15

서술형

윗글의 내용을 한 문장으로 요약하고자 한다. 빈칸 (A)와 (B)에 들어갈 말을 완성하시오.

We can't change a child's ____(A)____ desire for salt and sweets, but we can change the ____(B)____ children will seek out them.

(A) _____

(B) _____

[16~17] 다음 글을 읽고, 물음에 답하시오.

Like life in traditional society, but unlike other team sports, baseball is not governed by the clock. A football game is comprised of exactly sixty minutes of play, a basketball game forty or forty-eight minutes, but baseball has no set length of time within which the game must be completed. The pace of the game is therefore leisurely and (A) unhurried / unhurriedly, like the world before the discipline of measured time, deadlines, schedules, and wages paid by the hour. Baseball belongs to the kind of world (B) which / in which people did not say, "I haven't got all day." Baseball games do have all day to be played. But that does not mean that they can go on forever. Baseball, like traditional life, proceeds according to the rhythm of nature, specifically the r_____ of the Earth. During its first half century, games were not played at night, which meant that baseball games, like the traditional work day, (C) ending / ended when the sun set.

16

평가원 오답률 61%

윗글의 (A), (B), (C)의 각 네모 안에서 어법에 맞는 표현으로 가장 적절한 것은?

	(A)	(B)	(C)
①	unhurried	in which	ended
②	unhurried	which	ending
③	unhurriedly	which	ended
④	unhurriedly	which	ending
⑤	unhurriedly	in which	ended

17

서술형

윗글의 빈칸에 들어갈 말을 주어진 철자로 시작하여 쓰시오.

r_____ (r 포함 총 8글자)

01

현대고 변형

(A), (B), (C)의 각 네모 안에서 문맥에 맞는 낱말로 가장 적절한 것은?

A fascinating approach called the Love Machine was developed at Linden Lab, the company behind the virtual world Second Life. In a high-technology company, many employees aim to protect their time for themselves and (A) guard / disclose information closely, instead of sharing their time and knowledge with colleagues. The Love Machine was designed to (B) intensify / overcome this tendency by enabling employees to send a Love message when they appreciated help from a colleague. The Love messages were visible to others, rewarding and recognizing giving by linking it to status and reputations. One insider viewed it as a way to get "tech geeks to compete to see who could be the most (C) helpful / unfavorable ." "Love helped to boost awareness of people who did tasks that were sometimes overlooked. Our support staff, for instance, often received the most Love," says Chris Colosi, a former Linden manager.

	(A)	(B)	(C)
①	guard	intensify	helpful
②	guard	overcome	helpful
③	guard	overcome	unfavorable
④	disclose	intensify	unfavorable
⑤	disclose	overcome	helpful

02

(A), (B), (C)의 각 네모 안에서 문맥에 맞는 낱말로 가장 적절한 것은?

A teacher's communication style and understanding of cultural differences affect the emotional climate of a classroom. Treating all children as if they were the (A) same / best is insensitive and can encourage failure, especially if a teacher's expectations are inconsistent or incompatible with the child's cultural background. For example, knowing that children in some Hispanic cultures are taught primarily through non-verbal instruction may explain why a child who is only given verbal directives may not respond to this approach. Some children are (B) reluctant / willing to participate in group activities or to answer a teacher's question because this is counter to the way they have been raised. Unless the teacher understands these cultural differences, such behavior could easily be misinterpreted as (C) intention / inattention . When teachers make an effort to learn about individual children and their families, they are able to create a climate that supports learning and healthy social-emotional development.

	(A)	(B)	(C)
①	same	reluctant	intention
②	same	reluctant	inattention
③	same	willing	intention
④	best	willing	intention
⑤	best	willing	inattention

03

양정고 변형

(A), (B), (C)의 각 네모 안에서 문맥에 맞는 낱말로 가장 적절한 것은?

The Chameleon Effect is the unintentional physical and verbal mirroring between people who are getting along well. People may mimic each others' body posture, hand gestures, speaking accents, and other behaviors when they are in (A) conflict / rapport. The body is actually autonomously making the interaction smoother and increasing the level of liking while communicating. The experiment conducted by Tanya Chartrand and her colleague showed that mimicry facilitated the smoothness of interactions and increased liking between interaction partners. Experimenters saw an (B) decrease / increase in a subject's behavior, such as shaking their foot, when they shook their foot during an interaction. When experimenters intentionally copied the mannerisms of a subject, the subject reported to like the experimenter more. Empathic individuals, those who took the perspective of others, were also found to (C) mirror / reject another person's action more often.

	(A)	(B)	(C)
①	conflict	decrease	mirror
②	conflict	increase	mirror
③	rapport	decrease	reject
④	rapport	increase	mirror
⑤	rapport	increase	reject

[04~05] 다음 글을 읽고, 물음에 답하시오.

Identification of specific sport-related strengths is a powerful means for athletes to develop their confidence. This strategy (A) decreases / increases confidence by requiring athletes to focus on their strengths and taking their mind off their weaknesses. It is not uncommon for athletes to have difficulty identifying their strengths. Athletic strengths can be identified and acknowledged in several ways. Athletes can take an inventory of their strengths, which helps them (B) clarify / confuse their physical, technical, tactical, and mental assets. Athletes can also keep a journal or "confidence log" of their past accomplishments and their ongoing successes in training and competition. This "success focus" acts as a constant (C) distraction / reminder of their abilities. When athletes experience failure and begin to lose confidence, they can turn to their inventory and confidence log to remind them of their capabilities and why they should remain confident.

04

세화고 변형

윗글의 (A), (B), (C)의 각 네모 안에서 문맥에 맞는 낱말로 가장 적절한 것은?

	(A)	(B)	(C)
①	decreases	clarify	distraction
②	decreases	confuse	distraction
③	increases	clarify	reminder
④	increases	confuse	reminder
⑤	increases	clarify	distraction

05

서술형

윗글의 밑줄 친 success focus의 구체적 사례에 해당하는 것을 본문에서 찾아 모두 쓰시오.

(1) _____ (5단어)

(2) _____ (2단어)

(3) _____ (2단어)

06

(A), (B), (C)의 각 네모 안에서 문맥에 맞는 낱말로 가장 적절한 것은?

Negotiation is often a zero-sum game in which one party's gain is the other party's loss. For example, every dollar less that you pay for a car is your gain and the seller's loss. But it doesn't have to be an "I win and you lose" negotiation. Like power and politics, negotiating is not about taking advantage of others, it's about (A) abandoning / building relationships and helping each other get what we want. To get what you want, you have to sell your ideas and convince the other party to give you what you want. However, negotiation should be viewed by all parties as an opportunity for everyone to win some, rather than as a win-lose situation. In other words, all parties should (B) believe / doubt they got a good deal. If union employees believe that they lost and management won, they may become (C) satisfied / dissatisfied with their jobs, which could result in lower performance in the long run.

	(A)	(B)	(C)
①	abandoning	believe	satisfied
②	abandoning	doubt	satisfied
③	building	believe	satisfied
④	building	believe	dissatisfied
⑤	building	doubt	dissatisfied

07

다음 글의 밑줄 친 부분 중, 문맥상 낱말의 쓰임이 적절하지 <u>않은</u> 것은?

Many people use their ① cleverness to justify and excuse themselves for the messiness of their workspaces. They say things like, "I know where everything is." Or they say non-humorous things such as, "A clean desk is a sign of a ② sick mind." However, people who say they know where everything is turn out to be using a large amount of their ③ mental capacity and creative energies remembering where they placed things, rather than doing the job. If they worked in a well-organized environment for any length of time, they would be surprised at how much more ④ unproductive they were. If you have a tendency to attempt to explain a messy desk or work area, ⑤ challenge yourself to work with a clean desk for an entire day. The result will amaze you.

08

평가원 오답률 57%

(A), (B), (C)의 각 네모 안에서 문맥에 맞는 낱말로 가장 적절한 것은?

Some coaches erroneously believe that mental skills training (MST) can only help perfect the performance of highly skilled competitors. As a result, they shy away from MST, (A) denying/rationalizing that because they are not coaching elite athletes, mental skills training is less important. It is true that mental skills become increasingly important at high levels of competition. As athletes move up the competitive ladder, they become more homogeneous in terms of physical skills. In fact, at high levels of competition, all athletes have the physical skills to be successful. Consequently, any small difference in (B) physical/mental factors can play a huge role in determining performance outcomes. However, we can anticipate that personal growth and performance will progress faster in young, developing athletes who are given mental skills training than in athletes not exposed to MST. In fact, the optimal time for introducing MST may be when athletes are first beginning their sport. Introducing MST (C) early/later in athletes' careers may lay the foundation that will help them develop to their full potential.

*homogeneous 동질적인 **optimal 최적의

	(A)	(B)	(C)
①	denying	physical	later
②	denying	mental	early
③	rationalizing	physical	early
④	rationalizing	physical	later
⑤	rationalizing	mental	early

[09~10] 다음 글을 읽고, 물음에 답하시오.

When teachers work in isolation, they tend to see the world through one set of eyes — their own. The fact that there might be someone somewhere *in the same building or district* who may be more successful at teaching this or that subject or lesson is (A) based/lost on teachers who close the door and work their way through the school calendar virtually alone. In the absence of a process that (B) allows/forbids them to benchmark those who do things better or at least differently, teachers are left with that one perspective — their own. I taught various subjects under the social studies umbrella and had very little idea of how my peers who taught the same subject did what they did. The idea of meeting regularly to compare notes, plan common assessments, and share what we did well (C) mostly/never occurred to us. Rather, we spent much time in the social studies office complaining about a lack of time and playing the blame game.

09

수능 오답률 43%

윗글의 (A), (B), (C)의 각 네모 안에서 문맥에 맞는 낱말로 가장 적절한 것은?

	(A)	(B)	(C)
①	based	allows	never
②	based	forbids	mostly
③	lost	allows	mostly
④	lost	allows	never
⑤	lost	forbids	never

10

서술형

윗글에서 밑줄 친 부분의 의미를 우리말 15자~20자로 쓰시오.

01

다음 글의 밑줄 친 부분 중, 문맥상 낱말의 쓰임이 적절하지 <u>않은</u> 것은?

Many of us leap to the conclusion that because A precedes B, then A must cause B. But many events that occur ① <u>before</u> other events don't cause them. For example, the fact that virtually all serial killers ate cereal as children doesn't mean that eating cereal ② <u>produces</u> serial killers in adulthood. Or the fact that some people become ③ <u>more</u> depressed soon after taking an herbal remedy doesn't mean that the herbal remedy caused or even contributed to their improvement. These people might have become less depressed even without herbal remedy, or they might have sought out other ④ <u>effective</u> interventions (like talking to a therapist or even to a supportive friend) at about the same time. Or perhaps taking the herbal remedy inspired a sense of hope in them, resulting in what psychologists call a placebo effect: improvement resulting from the mere ⑤ <u>expectation</u> of improvement.

02

(A), (B), (C)의 각 네모 안에서 문맥에 맞는 낱말로 가장 적절한 것은?

There are more organisms in the world than we can imagine. Life has its own magic, until people have begun interpreting it in purely utilitarian terms. Some people love their own magic better than the real magic. (A) Objectivity / Subjectivity helps scientists to learn a lot, but not everything. Scientists don't want to talk about magic; they don't want to (B) deny / admit that man hasn't caused everything. But what we call magic is much more fascinating than what we give scientific labels to. Man is a (C) visitor / frontier on this planet; we don't know how long his tenure will be. Some people walk along the beach and see a seashell, thinking it's empty, dead. But if you pick it up and put it to your ear, you can hear the sea and learn about where we come from.

*tenure 거주권, 보유권

	(A)	(B)	(C)
①	Objectivity	deny	frontier
②	Objectivity	admit	visitor
③	Objectivity	admit	frontier
④	Subjectivity	deny	visitor
⑤	Subjectivity	admit	visitor

03

평가원 오답률 46%

(A), (B), (C)의 각 네모 안에서 문맥에 맞는 낱말로 가장 적절한 것은?

The desert locust lives in two remarkably different styles depending on the availability of food sources and the density of the local locust population. When food is scarce, as it usually is in their native desert habitat, locusts are born with coloring designed for camouflage and lead (A) solitary / social lives. But when rare periods of significant rain produce major vegetation growth, everything changes. At first, the locusts continue to be loners, just feasting off the (B) insufficient / abundant food supply. But as the extra vegetation starts to die off, the locusts find themselves crowded together. Suddenly, baby locusts are born with bright colors and a preference for company. Instead of avoiding one another and hiding from predators through camouflage and inactivity, these locusts gather in vast groups, feed together, and (C) overwhelm / overestimate their predators simply through numbers.

＊camouflage 위장

	(A)		(B)		(C)
①	solitary	——	insufficient	——	overwhelm
②	solitary	——	abundant	——	overwhelm
③	solitary	——	insufficient	——	overestimate
④	social	——	abundant	——	overwhelm
⑤	social	——	insufficient	——	overestimate

[04~05] 다음 글을 읽고, 물음에 답하시오.

Prior to the invention of writing, our ancestors had to rely on memory, sketches, or music to encode and preserve important information. Memory is not ① perfect, of course, but not because of storage limitations so much as r_____ limitations. Some neuroscientists believe that nearly every conscious experience is stored somewhere in your brain; the hard part is finding it and ② pulling it out again. Sometimes the information that comes out is incomplete, distorted, or ③ misleading. Vivid stories that address a very limited and unlikely set of circumstances often pop to mind and ④ overwhelm statistical information based on a large number of observations that would be far more accurate in helping us to make sound decisions about medical treatments, investments, or the trustworthiness of people in our social world. This ⑤ disfavor for stories is just one of many artifacts, side effects of the way our brains work.

04

윗글의 밑줄 친 부분 중, 문맥상 낱말의 쓰임이 적절하지 <u>않은</u> 것은?

(　　　)

05

서술형

윗글의 빈칸에 들어갈 말을 주어진 영영 뜻풀이를 참고하여 쓰시오.

r_____: the process of getting something back from somewhere

06

다음 글의 밑줄 친 부분 중, 문맥상 낱말의 쓰임이 적절하지 <u>않은</u> 것은?

In biomedical research, the most important goal is to protect subjects from physical harm and / or psychological injury. In social research, there is also a major concern with ① <u>safeguarding</u> the privacy of human subjects and maintaining the confidentiality of all records that might identify them. Although we cannot presume to know what matters, potential subjects will want to be kept confidential, researchers must proceed carefully to take into account personal and community norms regarding ② <u>sensitive</u> matters, and then take appropriate steps to assure that anything deemed sensitive will be protected. One common way to protect privacy and ensure confidentiality is to use codes — numbers or pseudonyms — when describing people in field notes and in any reports ③ <u>generated</u> by the research. The researcher can also make sure that his or her notes will be kept in a secure place, or that they will be destroyed upon ④ <u>initiation</u> of the project. Copies of research records (e.g., tapes and/or transcripts of interviews) could be returned to the subjects for ⑤ <u>approval</u> prior to the publication of any product based on those records.

07

(A), (B), (C)의 각 네모 안에서 문맥에 맞는 낱말로 가장 적절한 것은?

We recognize today, from many examples, that the introduction of a species often damages the ecosystem in (A) anticipated / unexpected ways. That's why, when you go to Australia or the U.S. as a visitor or returning resident, one of the first questions you are now asked by immigration officers is whether you are carrying any plants, seeds, or animals — to reduce the risk of their escaping and becoming established. From (B) scarce / abundant prior experience we have now learned (often but not always) to anticipate at least the potential dangers of introducing species. But it's still difficult even for professional ecologists to predict which introductions will actually become established, which established successful introductions will prove (C) disastrous / profitable, and why other species don't do such harm on the environment. Hence we really shouldn't be surprised that 19th century Australians, lacking the 20th century's experience of unsuccessful introductions, failed to anticipate the effects of rabbits and foxes.

(A)	(B)	(C)
① anticipated	scarce	disastrous
② anticipated	abundant	profitable
③ unexpected	scarce	profitable
④ unexpected	abundant	disastrous
⑤ unexpected	abundant	profitable

08

다음 글의 밑줄 친 부분 중, 문맥상 낱말의 쓰임이 적절하지 <u>않은</u> 것은?

The reason we should ① <u>hesitate</u> to put everything up for sale is difficult to explain. It is not about inequality and fairness but about the corrosive tendency of markets. Putting a price on the good things in life can corrupt them. That's because markets don't only allocate goods; they also ② <u>promote</u> certain attitudes toward the goods being exchanged. Paying kids to read books might get them to read more, but also teach them to regard reading as a chore rather than a source of intrinsic ③ <u>satisfaction</u>. Auctioning seats in the freshman class to the highest bidders might raise revenue, but also ④ <u>reinforce</u> the integrity of the college and the value of its diploma. Hiring foreign mercenaries to fight our wars might spare the lives of our citizens but corrupt the meaning of citizenship. Economists often assume that markets are inert, that they do not affect the goods they exchange. But this is ⑤ <u>untrue</u>. Markets leave their mark. Sometimes, market values crowd out non-market values worth caring about.

*mercenary 용병

09

(A), (B), (C)의 각 네모 안에서 문맥에 맞는 낱말로 가장 적절한 것은?

In 2001, researchers at Wayne State University asked a group of college volunteers to exercise for twenty minutes at a (A) preset / self-selected pace on each of three machines: a treadmill, a stationary bike, and a stair climber. Measurements of heart rate, oxygen consumption, and perceived effort were taken throughout all three workouts. The researchers expected to find that the subjects unconsciously targeted the same relative physiological intensity in each activity. Perhaps they would (B) automatically / intentionally exercise at 65 percent of their maximum heart rate regardless of which machine they were using. Or maybe they would instinctively settle into rhythm at 70 percent of their maximum rate of oxygen consumption in all three workouts. But that's not what happened. There was, in fact, no (C) consistency / variation in measurements of heart rate and oxygen consumption across the three disciplines. Instead, the subjects were found to have chosen the same level of perceived effort on the treadmill, the bike, and the stair climber.

*treadmill 러닝머신 **physiological 생리(학)적인

	(A)		(B)		(C)
①	preset	—	intentionally	—	consistency
②	preset	—	automatically	—	variation
③	self-selected	—	intentionally	—	variation
④	self-selected	—	intentionally	—	consistency
⑤	self-selected	—	automatically	—	consistency

10

다음 글의 밑줄 친 부분 중, 문맥상 낱말의 쓰임이 적절하지 <u>않은</u> 것은?

You might expect that because humans are well equipped to think, they would love to think and would spend all their free time doing it. This is certainly not the case. Researchers have found that often people seem lazy or ① <u>careless</u> about their thinking. Social psychologists use the term "cognitive miser" to describe people's ② <u>willingness</u> to do much extra thinking. Just as a miser tries to avoid spending money, the cognitive miser tries to avoid thinking too hard or too much. Of course, this isn't entirely a matter of laziness. Thinking takes ③ <u>effort</u>. People's capacity to think, although greater than that of most animals, is limited, so people must ④ <u>conserve</u> their thinking. There is ample evidence that when people's capacity for thinking is already preoccupied, they take even more shortcuts to ⑤ <u>reduce</u> further need for thought.

11

(A), (B), (C)의 각 네모 안에서 문맥에 맞는 낱말로 가장 적절한 것은?

Within the societal cultures of the United States and Canada, subcultural differences once ignored by many managers now (A) command / refuse attention and sensitivity. Historically, the North American workforce has consisted primarily of white males. Today, however, white males make up far less than 50 percent of business new hires in the United States, whereas women and African American, Hispanic, and Asian men account for increasingly (B) significant / trivial segments of the U.S. workforce. Moreover, in the last twenty years the number of women and minorities assuming managerial positions in the U.S. workforce has grown by over 25 percent. It is becoming — and will continue to become — even more important for managers to know about and be ready to respond to the challenges deriving from (C) collective / individual differences in abilities, personalities, and motives. Knowledge about the workplace consequences of these differences, drawn from the subfield of micro organizational behavior, can provide managers with help in this regard.

	(A)	(B)	(C)
①	command	significant	collective
②	command	trivial	individual
③	command	significant	individual
④	refuse	trivial	collective
⑤	refuse	significant	collective

12

경문고 변형

(A), (B), (C)의 각 네모 안에서 문맥에 맞는 낱말로 가장 적절한 것은?

Walk into a typical preschool classroom and what are you likely to find? A variety of learning centers and materials, such as an art table, a nature area, blocks, a math area, a reading corner, and a writing table, among others. Despite the (A) diversity / universality suggested by this arrangement, much of the assessment of children's cognitive development has focused on two symbolic domains: language and mathematics. This conception of development is based on traditional notions of intelligence that take a (B) complex / unitary view of the human mind. This model has had enormous impact not just on the way children are viewed in school but on Western thinking about intelligence in general. Children who do not exhibit competence in language and logic are often identified as at-risk for school failure. Some of these children may eventually fall through the cracks of the educational system if their strengths in other areas go (C) noticeable / unrecognized .

	(A)	(B)	(C)
①	diversity	complex	noticeable
②	diversity	unitary	unrecognized
③	diversity	unitary	noticeable
④	universality	unitary	unrecognized
⑤	universality	complex	unrecognized

[13~14] 다음 글을 읽고, 물음에 답하시오.

Most of the world does not have access to the education afforded to a small minority. For every Albert Einstein, Yo-Yo Ma, or Barack Obama who has the opportunity for education, there are uncountable others who never ① get the chance. This vast waste of talent translates directly into ② reduced economic output. In a world where economic ruin is often tied to collapse, societies are well advised to ③ exploit all the human capital they have. The Internet ④ limits the gates of education to anyone who can get his or her hands on a computer. This is not always a trivial task, but the mere feasibility ⑤ redefines the playing field. A motivated teen anywhere on the planet can walk through the world's knowledge, from Wikipedia to the curricula of MIT's OpenCourseWare.

*feasibility 실행 가능성

13

경문고 변형

윗글의 밑줄 친 부분 중, 문맥상 낱말의 쓰임이 적절하지 않은 것은?

(   )

14

서술형

윗글의 요지를 다음과 같이 한 문장으로 정리하고자 한다. 빈칸에 들어갈 말을 주어진 철자로 시작하여 쓰시오.

> The Internet can make the education d_____.

d_____: relating to, appealing to, or available to the broad masses of the people.

Healing

행복 (Happy Forever)

The busy bee has no time for sorrow.

바쁜 벌은 슬퍼할 시간이 없다.

William Blake (윌리엄 블레이크)

깊은 슬픔에 빠지면 도무지 어떻게 해야 할지를
몰라 방황을 거듭하기도 합니다. 당연히 상황은
점점 더 나빠지기 마련이지요. 방황의 길로 접어들 징조를 짐작했다면
조금은 자기 자신을 움켜쥐어 보는 건 어떨까요?
적어도 할 일들을 잊지 않는 것만으로도 슬픔은
생각보다 빨리 치유될 것입니다.

III

논리적 독해

유형 분석

논리적인 독해력이 요구되는 문제 유형이다. 글의 순서나 문장 삽입, 그리고 문장 요약의 경우에는 글의 요지 파악뿐만 아니라 문장 간의 논리적 전개를 고려해야 하므로 특히 논리적 사고를 요하는 문제 유형들이다.

유형 풀이 전략

▶ **글의 순서** : 주어진 글 별로 간단하게 내용을 요약하고 내용 중심으로 글의 순서를 작성한 다음, 대명사나 지시어, 혹은 연결어 등의 단서를 활용하여 작성한 글의 순서를 확인한다.

▶ **문장 삽입** : 주어진 문장의 의미를 먼저 정확히 이해한 후, 주어진 문장에서 요구하는 정보들을 확인한다. 글을 읽어가면서 논리적인 비약이 일어나는 곳을 찾아내고, 주어진 문장을 삽입하여 필요한 정보들이 모두 찾아지는지 확인한다.

▶ **문장 요약** : 글의 요지를 파악하는 것이 가장 중요하다. 요약문에는 글의 내용을 추상적으로 표현한 어휘들이 있는 경우가 있으므로 평소 추상적인 어휘를 정확히 알아두는 것도 중요하다.

▶ **주제, 요지, 제목** : 글의 중심 내용을 찾고 이를 적절한 제목이나 주제로 표현한 선택지를 고른다.

01

주어진 글 다음에 이어질 글의 순서로 가장 적절한 것은?

> When we want to find out whether something works or not, we do a trial. This is a very simple process, and the first recorded attempt at some kind of trial was in the Bible (Daniel 1:12, if you're interested).

(A) When all two hundred women have gone through your trial, you count up how many healthy babies were born in each group. Then you analyze what affected the outcome and erase the unrelated factors.

(B) You'll need a reasonable number of them, let's say two hundred for this trial. Then you divide them into two groups at random and give the mothers in one group the current best treatment (whatever that is in your town), while the mothers in the other group get current best treatment plus some steroids.

(C) To do a trial, you need an unanswered question: for example, 'Does giving steroids to a woman delivering a premature baby increase the chances of that baby being born healthy?' Then you find some relevant participants, in this case, mothers about to deliver a premature baby.

① (A) ─ (C) ─ (B)　　② (B) ─ (A) ─ (C)
③ (B) ─ (C) ─ (A)　　④ (C) ─ (A) ─ (B)
⑤ (C) ─ (B) ─ (A)

02

주어진 글 다음에 이어질 글의 순서로 가장 적절한 것은?

> Fishing is the most obvious ocean-based economic activity. People in many coastal areas make their living by fishing, and fish and shellfish make up a major part of their diet.

(A) Fish caught by commercial fishermen include salmon, tuna, shellfish and other edible species such as squid. Consumers are used to buying these seafoods in grocery stores, restaurants, and village markets around the world.

(B) In fact, about one billion people worldwide rely on fish as their main source of animal protein. In terms of fishing as an economic activity, the largest segment of world fisheries is commercial fishing.

(C) However, the supply is not infinite. As the world's population swells, the demand for fishing products puts intense pressure on fish populations. The worldwide catch of ocean fish swelled from 81 million tons in 2003 to 148 million tons in 2010.

① (A) ─ (C) ─ (B)　　② (B) ─ (A) ─ (C)
③ (B) ─ (C) ─ (A)　　④ (C) ─ (A) ─ (B)
⑤ (C) ─ (B) ─ (A)

03

장훈고 변형

주어진 글 다음에 이어질 글의 순서로 가장 적절한 것은?

> To technology is attributed a direct impact on the economic development, the political organization, and socio-cultural value system of a society.

(A) However, what these perspectives don't seem to acknowledge is that technology is called into existence by a particular set of historical circumstances that shape and define that technology.

(B) In other words, Western technology cannot be adopted without taking in aspects of Western culture at the same time. In my opinion, science and technology are much more than the mere instruments they were expected to be; they cannot be borrowed or bought.

(C) One must understand that set of historical circumstances if one is to comprehend the effective relationship between technology and society. Contrary to popular belief, technology is not politically neutral or value-free; technology definitely determines the socio-cultural structure and communication patterns of a given society.

① (A) — (C) — (B) ② (B) — (A) — (C)
③ (B) — (C) — (A) ④ (C) — (A) — (B)
⑤ (C) — (B) — (A)

[04~05] 다음 글을 읽고, 물음에 답하시오.

> The psychology and personal development sections of bookstores are growing at a rate never seen before, and the bookshelves are groaning under the strain.

(A) Meanwhile, on the television and radio, and in magazines and newspapers, the 'experts' bombard us daily with advice on [**to** / **our** / **how** / **lives** / **improve**]. This is why the numbers of psychologists, psychiatrists, marriage and family counselors, social workers, and 'life coaches' are increasing with every year.

(B) And yet — now, think about this — with all this help and advice and worldly wisdom, human misery is not diminishing but growing by leaps and bounds! Isn't there something wrong with this picture?

(C) The titles cover depression, anxiety, anorexia nervosa, overeating, anger management, divorce, relationship problems, sexual problems, drug addictions, alcoholism, low self-esteem, loneliness, grief, gambling — if you can name it, there's a book on it.

04

중동고 변형

주어신 글 다음에 이어질 글의 순서로 가장 적절한 것은?

① (A) — (C) — (B) ② (B) — (A) — (C)
③ (B) — (C) — (A) ④ (C) — (A) — (B)
⑤ (C) — (B) — (A)

05

서술형

윗글의 [   ] 안에 주어진 말을 어법에 맞게 배열하시오.

01

주어진 글 다음에 이어질 글의 순서로 가장 적절한 것은?

> The Internet contains numerous stories about McDonald's hamburgers that were acquired months or years ago that purportedly look exactly like they did when they were bought. Many people claim that this is the case because the hamburgers are filled with preservatives and are therefore bad to eat.

(A) This doesn't necessarily mean that those making the claims for the non-decaying McDonald's hamburgers are wrong, because bacteria and mold only grow under certain conditions.

(B) According to a spokesman from McDonald's, their hamburger patties are made with 100 percent beef inspected by the U.S. Department of Agriculture. Their burgers contain salt, pepper, and no preservatives or fillers.

(C) If there is not sufficient moisture in the food itself or in the environment, hamburger will not decompose, regardless of whether it is from McDonald's, other burger chains, or the supermarket.

① (A) — (C) — (B) ② (B) — (A) — (C)
③ (B) — (C) — (A) ④ (C) — (A) — (B)
⑤ (C) — (B) — (A)

02

주어진 글 다음에 이어질 글의 순서로 가장 적절한 것은?

> In the late 1970s, when a dozen states in the United States eagerly panted over landing the much-coveted Nissan automobile factory, the winner turned out to be the state of Tennessee.

(A) The easy manner of the people, the slower pace, and the personal touch made a marked impression on the Japanese for whom style is almost as important as substance. For example, Lamar Alexander, Tennessee's Governor at that time, personally courted the Japanese with charm and patience.

(B) The Japanese liked that. They especially like the fact that someone of his position and stature would personally visit them over and over again. The Nissan victory and investment in Tennessee was followed by others: Toshiba, Sharp, and Japanese-owned Bridgestone. Tennessee boasts of having fully 10 percent of all Japanese investment in the United States.

(C) Later, it was learned that while there were many reasons for choosing that state — location, labor force, incentives — one strong factor was the sincerity and sensitivity and style of the Tennessee contacts and negotiating team.

① (A) — (C) — (B) ② (B) — (A) — (C)
③ (B) — (C) — (A) ④ (C) — (A) — (B)
⑤ (C) — (B) — (A)

03

수능 오답률 46%

주어진 글 다음에 이어질 글의 순서로 가장 적절한 것은?

Evolution works to maximize the number of descendants that an animal leaves behind. Where the risk of death from fishing increases as an animal grows, evolution favors those that grow slowly, mature younger and smaller, and reproduce earlier.

(A) Surely these adaptations are good news for species hard-pressed by excessive fishing? Not exactly. Young fish produce many fewer eggs than large-bodied animals, and many industrial fisheries are now so intensive that few animals survive more than a couple of years beyond the age of maturity.

(B) This is exactly what we now see in the wild. Cod in Canada's Gulf of St. Lawrence begin to reproduce at around four today; forty years ago they had to wait until six or seven to reach maturity. Sole in the North Sea mature at half the body weight they did in 1950.

(C) Together this means there are fewer eggs and larvae to secure future generations. In some cases, the amount of young produced today is a hundred or even a thousand times less than in the past, putting the survival of species, and the fisheries dependent on them, at grave risk.

① (A) — (C) — (B)　　② (B) — (A) — (C)
③ (B) — (C) — (A)　　④ (C) — (A) — (B)
⑤ (C) — (B) — (A)

[04~05] 다음 글을 읽고, 물음에 답하시오.

Cultural historians have attempted to explain why some societies, in some historical periods, seem to be more creative overall than others. In Renaissance Florence, an incredible creative explosion resulted in novel products that we still admire today, in architecture, sculpture, painting, and science.

(A) In cases like these, we could say that an entire society is the creative force. To explain societal creativity, we have to draw on social sciences like sociology, economics, and political science.

(B) Explaining it requires a consideration of many complex societal factors: the economic and political strength of Florence, the cultural values of the community, the system of patronage that emerged among the wealthy, and the apprenticeship systems that were established to train new artists.

(C) Why did this occur in Florence, and not Paris or London? No one thinks it's because Florence just happened to get lucky and suddenly had a lot of children born who were naturally brilliant. We can't explain the Florentine Renaissance with our individualist creativity myths.

04

주어진 글 다음에 이어질 글의 순서로 가장 적절한 것은?

① (A) — (C) — (B)　　② (B) — (A) — (C)
③ (B) — (C) — (A)　　④ (C) — (A) — (B)
⑤ (C) — (B) — (A)

05

서술형

플로렌스에서 창의력의 기반으로 작용하였던 사회적 요인으로 언급된 것 네 가지를 찾아 영어로 쓰시오.

(1) _____

(2) _____

(3) _____

(4) _____

06

주어진 글 다음에 이어질 글의 순서로 가장 적절한 것은?

In theory, the fact that the rich countries own part of the capital of poor countries can have virtuous effects by promoting convergence.

(A) According to classical economic theory, this mechanism, based on the free flow of capital and equalization of the marginal productivity of capital at the global level, should lead to the convergence of rich and poor countries and an eventual reduction of inequalities through market forces and competition.

*marginal productivity of capital 자본 한계 생산성

(B) Thus the wealthy countries — or, at any rate, the residents of wealthy countries with capital to spare — will obtain a better return on their investment by investing abroad, and the poor countries will increase their productivity and thus close the gap between themselves and the rich countries.

(C) If the rich countries are so flush with savings and capital that there is little reason to build new housing or add new machinery, which economists call the "marginal productivity of capital," that is, the additional output due to adding one new unit of capital "at the margin," is very low, it can be collectively efficient to invest some part of domestic savings in poorer countries abroad.

① (A) — (C) — (B) ② (B) — (A) — (C)
③ (B) — (C) — (A) ④ (C) — (A) — (B)
⑤ (C) — (B) — (A)

07

동성고 변형

주어진 글 다음에 이어질 글의 순서로 가장 적절한 것은?

The old-fashioned method of fish samplers (which is still frequently employed) is to sit in a viewing station attached to a dam and watch fish swim up the ladder.

(A) When you see a fish, you press a button, which will add it to the official count. You might get to measure a fish occasionally, which involves capturing the fish in a tank that has had the oxygen sucked out of it and holding it captive until it stops squirming.

(B) The fish are stunned and almost magically drawn to the wire, at which point you catch them in a net and take them to a holding place for measuring and weighing before returning them to the stream.

(C) Once it's still, you can put a tape measure to it before returning it to a recuperation tank. Finally the fish gets tagged and released back onto the ladder to continue its journey. More and more samplers are using electrofishing, which involves pulling an insulated electric wire attached to a portable generator through a river.

*recuperation 회복

① (A) — (C) — (B) ② (B) — (A) — (C)
③ (B) — (C) — (A) ④ (C) — (A) — (B)
⑤ (C) — (B) — (A)

[08~09] 다음 글을 읽고, 물음에 답하시오.

There's a direct counterpart to pop music in the classical song, more commonly called an "art song," which does not focus on the development of melodic material.

(A) But the pop song will rarely be sung and played exactly as written; the singer is apt to embellish that vocal line to give it a "styling," just as the accompanist will fill out the piano part to make it more interesting and personal. The performers might change the original tempo and mood completely.

(B) Both the pop song and the art song tend to follow tried-and-true structural patterns. And both will be published in the same way — with a vocal line and a basic piano part written out underneath.

(C) You won't find such extremes of approach by the performers of songs by Franz Schubert or Richard Strauss. These will be performed note for note because both the vocal and piano parts have been painstakingly written down by the composer with an ear for how each relates to the other.

* embellish 꾸미다 ** tried-and-true 유효성이 증명된

08

평가원 오답률 43%

주어진 글 다음에 이어질 글의 순서로 가장 적절한 것은?

① (A) — (C) — (B)　　② (B) — (A) — (C)

③ (B) — (C) — (A)　　④ (C) — (A) — (B)

⑤ (C) — (B) — (A)

09

서술형

(A), (B), (C) 중에서 대중음악과 예술가곡의 표면상의 공통점에 대해 언급하고 있는 것을 찾으시오.

(　　　　)

[10~11] 다음 글을 읽고, 물음에 답하시오.

The ancient Greeks sought to improve memory through brain training methods such as memory palaces and the method of loci. At the same time, they and the Egyptians became experts at externalizing information, inventing the modern library, a grand storehouse for externalized knowledge.

(A) This need isn't simply learned; it is a biological imperative — animals organize their environments instinctively. Most mammals are biologically programmed to put their digestive waste away from where they eat and sleep.

(B) We don't know why these simultaneous explosions of intellectual activity occurred when they did (perhaps daily human experience had hit a certain level of complexity). But the human need to organize our lives, our environment, even our thoughts, remains strong.

(C) Dogs have been known to collect their toys and put them in baskets; ants carry off dead members of the colony to burial grounds; certain birds and rodents create barriers around their nests in order to more easily detect invaders.

* method of loci 장소를 활용한 기억법 ** rodent 설치류 동물

10

평가원 오답률 42%

주어진 글 다음에 이어질 글의 순서로 가장 적절한 것은?

① (A) — (C) — (B)　　② (B) — (A) — (C)

③ (B) — (C) — (A)　　④ (C) — (A) — (B)

⑤ (C) — (B) — (A)

11

서술형

윗글의 밑줄 친 This need가 가리키는 말을 찾아 그대로 쓰시오.

(총 12단어)

01

글의 흐름으로 보아, 주어진 문장이 들어가기에 가장 적절한 곳은?

> This story accurately depicts the skeptical mindset that is asking fundamental questions about how we conduct our business.

A very talented young professional had resigned to take another job after just 3 years. (①) His boss was trying to learn more about the decision. (②) The young professional cited the unrelenting deadlines, the extreme difficulty in making definite social plans with others outside of work, the uncertainty that all the hard work would really pay off in more interesting work, etc. (③) His boss's response was typical; "I hear you, but that is the nature of the beast." (④) The young professional replied, "Then maybe you need to find another beast — your current beast isn't going to work out for you much longer." (⑤) It is up to us to either help young workers get comfortable with our current beast, or work together to find another more serviceable beast.

02

글의 흐름으로 보아, 주어진 문장이 들어가기에 가장 적절한 곳은?

> But supplements cause side effects, and fish oil is not a great option because it contains cholesterol, saturated fat, and often mercury and other toxins.

There are two essential fatty acids, meaning you must consume them in foods — omega-3 and omega-6. (①) Humans have historically consumed a diet with a ratio of omega-3 to omega-6 fatty acids ranging from 1:1 to 1:4. (②) In recent years, as consumption of animal foods and polyunsaturated vegetable oils (in processed foods) has increased, this ratio has changed dramatically: The range is now about 1:25 to 1:30. (③) As a result, many healthcare professionals are suggesting that people take omega-3 supplements such as fish oil or increase their consumption of fish to correct this imbalance. (④) The better option is to eat a well-structured, plant-based diet. (⑤) The diet reduces the consumption of omega-6 fatty acids and negates the need to increase your intake of omega-3 fatty acids.

* polyunsaturated 고도 불포화의

03

동성고 변형

글의 흐름으로 보아, 주어진 문장이 들어가기에 가장 적절한 곳은?

> The salaries of various positions reflect this pyramid model.

The process of job advancement in the field of sports is often said to be shaped like a pyramid. (①) That is, at the wide base are many jobs with high school athletic teams, while at the narrow tip are the few, highly desired jobs with professional organizations. (②) Thus there are many sports jobs altogether, but the competition becomes increasingly tough as one works their way up. (③) For example, high school football coaches are typically teachers who are paid a little extra for their after class work. (④) But coaches of the same sport at big universities can earn more than $1 million a year, causing the salaries of college presidents to look small in comparison. (⑤) One degree higher up is the National Football League, where head coaches can earn many times more than their best-paid campus counterparts.

[04~05] 다음 글을 읽고, 물음에 답하시오.

> A simple system to avoid <u>this</u> is to allocate two periods of the day where you, as the business owner, are available to answer these questions.

Many business owners find themselves in a reactive mode throughout their working day, because they are always available to answer questions or help staff members solve problems. (①) While this is important, it can also be an unproductive use of the owner's time. (②) If someone has an issue or question, they write it down in a "question registry," which you will attend to twice a day. (③) Make sure there is space available next to the question for them to write down what the person thinks the answer is. (④) This will make people start to think through the issue, and invariably, many people will be able to solve the problem themselves. (⑤) If they can't, you can start to see how your staff deals with problem solving and the areas you need to focus on in terms of increased training.

04

이대부고 변형

글의 흐름으로 보아, 주어진 문장이 들어가기에 가장 적절한 곳은?

(   )

05

서술형

윗글의 밑줄 친 this가 가리키는 말을 본문에서 찾아 그대로 쓰시오.

(총 7단어)

06

글의 흐름으로 보아, 주어진 문장이 들어가기에 가장 적절한 곳은?

> Thus, King Arthur must have smelled ripe, but Lancelot didn't smell as bad because silver has an antibacterial effect.

According to the legend, Sir Lancelot wore silver armor, while the king wore gold. (①) There are no historical proofs that show how Sir Lancelot was attractive and how King Arthur was not, but there is one that's clear. (②) Surely it was hot inside their suits, and conditions were conductive to bacterial growth. (③) Today, we don't have silver armor anymore, but some water filters are filled with silver to kill bacteria. (④) Silver-treated socks are also available for the control of foot odor, and experiments are even under way to determine if underarm odor can be solved with a silver lining. (⑤) Some people even claim that ingesting silver as a "colloidal" preparation destroys undesirable microbes in the body: there's no scientific evidence that this is true and the practice may turn a person's skin color permanently gray.

07

글의 흐름으로 보아, 주어진 문장이 들어가기에 가장 적절한 곳은?

> In fact, these age-old reactions are still so genetically determined in us that when we are presented with something dangerous, our feet and legs still react as they did in prehistoric times.

The writer and zoologist Desmond Morris observed that our feet communicate exactly what we feel more honestly than any other part of our bodies. (①) Why are the feet and legs such accurate reflectors of our sentiments? (②) For millions of years, long before humans spoke, our legs and feet reacted to environmental threats (e.g., hot sand, ill-tempered lions) instantaneously, without the need for conscious thought. (③) Our brains made sure that our feet and legs reacted as needed by either ceasing motion, running away, or kicking at a potential threat. (④) This survival regimen, retained from our ancestral heritage, has served us well and continues to do so today. (⑤) First they freeze, then they attempt to distance, and finally, if no other alternative is available, they prepare to fight and kick.

08

글의 흐름으로 보아, 주어진 문장이 들어가기에 가장 적절한 곳은?

> Led by Anubis, the guardian of astral travel and the gates of the afterlife, the pharaoh descended to the Underworld.

In early dynastic times, it seems, a true king of Egypt, one of whose praise titles was "Lord of the Two Worlds," was expected to be able to travel between the worlds. (①) In the earliest version of the heb-sed festival, conducted in the pharaoh's thirtieth year, the king was required to journey beyond the body, and beyond death, to prove his worthiness to continue on the throne. (②) Then, he was directed to enter death, "touch the four sides of the land," become Osiris (the god who dies and is reborn), and return in new garments — the robe and spiritual body of transformation. (③) In this context, the palace tombs and pyramid texts of Egypt were about more than funerary arrangements. (④) Recent scholarship suggests that Egyptians traveled beyond the gates of death while very much alive, not only to bring back firsthand knowledge of the afterlife but also to enter into sacred union with the gods and enthrone their power in the body. (⑤) They believed that this enabled them to acquire the spiritual and physical potency to marry the worlds.

[09~10] 다음 글을 읽고, 물음에 답하시오.

> This was largely due to harsh global climatic conditions, which stabilized sometime around 10,000 years ago.

Humans have been around for 200,000 years. (①) For the first 99% of our history, we didn't do much of anything but produce and survive. (②) People soon thereafter discovered farming and irrigation, and they gave up their nomadic lifestyle in order to cultivate and grow stable crops. (③) But not all farm lands are the same; regional variations in sunshine, soil, and other conditions meant that one farmer might grow particularly good onions while another grew especially good apples. (④) This eventually led to s_____; instead of growing all the crops for his own family, a farmer might grow only what he was best at and trade some of it for things he wasn't growing. (⑤) Because each farmer was producing only one crop, and more than he needed, marketplaces and trading emerged and grew, and with them came the establishment of cities.

09

글의 흐름으로 보아, 주어진 문장이 들어가기에 가장 적절한 곳은?

(   )

10

서술형

윗글의 빈칸에 들어갈 말을 주어진 철자로 시작하여 쓰시오.

s_____

11

글의 흐름으로 보아, 주어진 문장이 들어가기에 가장 적절한 곳은?

> For example, the overwhelming influx of tourists in Venice has produced a growing number of negative environmental and social impacts.

One of the universal results of globalization is consumerism, defined by an increasing demand for high consumption of a variety of products and services. (①) Consumerism affects tourists by exposing them to the attitudes of the consumer-oriented society, with its modern, urban lifestyle, expectations of high service levels, and an understanding that everything is for sale. (②) It is often believed that consumerism destroys culture and generates environmental and social problems such as congestion, overcrowding, and queues at attractions, museums, and restaurants. (③) The invasion of visitors in St. Mark's Basilica has caused serious damage to the frescos through the condensation of the visitors' breath. (④) Also, the stones underfoot have been worn away by the stream of visitors. (⑤) However, these environmental problems are often accepted by tourists and seen as being an important part of their experience.

12

글의 흐름으로 보아, 주어진 문장이 들어가기에 가장 적절한 곳은?

> This difference arises, in part, because the designers will be using the products themselves, so they know just what is important and what is not.

I have found it interesting to compare the electronic equipment sold for consumers with the equipment sold to professionals. (①) Although much more expensive, the professional equipment tends to be simpler and easier to use. (②) Video recorders for the home market have numerous flashing lights, many buttons and settings, and complex menus for setting the time and programming future recordings. (③) The recorders for the professionals just have the essentials and are therefore easier to use while functioning better. (④) Tools made by artisans for themselves all have this property. (⑤) Designers of hiking or mountain climbing equipment may one day find their lives depending upon the quality and behavior of their own designs.

* artisan 장인, 숙련공

13

글의 흐름으로 보아, 주어진 문장이 들어가기에 가장 적절한 곳은?

> For example, by seeing disgust on someone's face when presented with moldy food, we were able to avoid eating something dangerous.

Emotions usually get a bad reputation. They are often seen as something to be regulated or managed. (①) People even think emotions are harmful if they get out of control. (②) However, all emotions have a point. (③) They played an important part in our evolutionary history and helped us survive. (④) By communicating happiness, we were able to develop beneficial social interactions. (⑤) Even anger was an important emotion to our ancestors, motivating us to seek food when we were hungry, to fight off predators and to compete for scarce resources.

[14~15] 다음 글을 읽고, 물음에 답하시오.

> In this way humans ate as other large meat-eating mammals eat.

Some researchers assumed early human beings ate mainly the muscle flesh of animals, as we do today. (①) By "meat," they meant the muscle of the animal. (②) Yet focusing on the muscle appears to be a relatively recent phenomenon. (③) In every history on the subject, the evidence suggests that early human populations preferred the fat and organ meat of the animal over its muscle meat. (④) Vihjalmur Stefansson, an arctic explorer, found that the Inuit were careful to save fatty meat and organs for human consumption while giving muscle meat to the dogs. (⑤) Lions and tigers, for instance, first eat the blood, hearts, livers, and brains of the animals they kill, often leaving the muscle meat for eagles.

14

글의 흐름으로 보아, 주어진 문장이 들어가기에 가장 적절한 곳은?

(   )

15

필자가 글의 요지를 진술하기 위해 제시한 일부 연구자들의 가설이 무엇이었는지 그 내용을 찾아 우리말로 간단히 요약하시오.

_____

_____

01

글의 흐름으로 보아, 주어진 문장이 들어가기에 가장 적절한 곳은?

> Analysis of the errors leads the teacher to modify the teaching of these procedures, using the language 'seven and three more' rather than 'seven, count on three'.

A 5-year-old doing addition problems by counting on makes the same error repeatedly, with responses such as: 7+3=9, 6+5=10 and 8+4=11. (①) The teacher asks the pupil to show how these answers were obtained and notices that in doing the addition of 3 to 7, the pupil counts 'seven, eight, nine', while turning up three fingers in turn. (②) The pupil is 'counting on 3 from 7' but incorrectly starting at 7. (③) The teacher recalls similar errors that some pupils made when doing addition problems by counting on along a number line. (④) This is immediately effective. (⑤) So the teacher reinforces this particular language pattern in subsequent oral work with the whole class.

02

글의 흐름으로 보아, 주어진 문장이 들어가기에 가장 적절한 곳은?

> Even so, it is not the money *per se* that is valuable, but the fact that it can potentially yield more positive experiences.

Money — beyond the bare minimum necessary for food and shelter — is nothing more than a means to an end. Yet so often we confuse means with ends, and sacrifice happiness (end) for money (means). It is easy to do this when material wealth is elevated to the position of the ultimate end, as it so often is in our society. (①) This is not to say that the accumulation and production of material wealth is in itself wrong. (②) Material prosperity can help individuals, as well as society, attain higher levels of happiness. (③) Financial security can liberate us from work we do not find meaningful and from having to worry about the next paycheck. (④) Moreover, the desire to make money can challenge and inspire us. (⑤) Material wealth in and of itself does not necessarily generate meaning or lead to emotional wealth.

* per se 그 자체로

03

글의 흐름으로 보아, 주어진 문장이 들어가기에 가장 적절한 곳은?

> The boy looked down at his own body and saw it was also covered with feathers.

A widespread practice among ancient and indigenous peoples is to open contact with spiritual guides and allies by seeking a dream at a special place in nature. (①) The vision quest at puberty is an essential life passage in many traditional cultures. (②) Among the Anishnaabe (Ojibwa) of the Great Lakes, for example, a boy approaching manhood might be assigned to perch in a "nest" — a platform set high in the branches of a tree — for several days and nights, inviting an encounter with a pawagan, or dream visitor. (③) In one classic account, the pawagan appeared to a boy in human form and told him, "You are strong enough now to go with me." (④) The visitor started dancing and as he danced, he turned into a golden eagle. (⑤) The great eagle spread its wings and soared into the sky and the boy, in eagle form, followed.

[04~05] 다음 글을 읽고, 물음에 답하시오.

> Becoming physically involved in the action of a narrative as we would in a theater is nearly impossible at home.

Most of the negative aspects of home viewing of the movie center upon the quality of the sight and sound delivery systems. (①) First, consider the simple factor of s_____. (②) An image approximately twenty feet high on the average movie screen is reduced to a maximum height of about two feet on the typical home TV. (③) For example, a theater viewer who is susceptible to motion sickness may get a little queasy during the car chases in *Gone in 60 Seconds* or the Quidditch matches in the *Harry Potter* movies. (④) But the same visceral sensation is nearly always lacking, as Richard Dreyfuss says, when we're watching that little box across the room. (⑤) The events occurring on television seem remote, locked in the safety of a 27-inch (or even a 61-inch) screen, and the change in s_____ reduces the intensity of our experience and decreases our involvement.

04

글의 흐름으로 보아, 주어진 문장이 들어가기에 가장 적절한 곳은?

(   )

05

서술형

윗글의 빈칸에 공통으로 들어갈 말을 주어진 철자로 시작하여 쓰시오.

s_____

06

글의 흐름으로 보아, 주어진 문장이 들어가기에 가장 적절한 곳은?

> Also, there is no reason to suspect that evolution —
> or even an intelligent designer — would give us an
> organ that is 90 percent inefficient.

Seventy-two percent of people agreed that "Most people use only 10 percent of their brain capacity." (①) This strange belief, a staple of advertisements, self-help books, and comedy routines, has been around so long that some psychologists have conducted historical investigations of its origins. (②) There are so many problems with this belief that it's hard to know where to begin. (③) When brain tissue produces no activity whatsoever for an extended time, that means it is dead. (④) So, if we only used 10 percent of our brains, there would be no possibility of increasing that percentage, short of a miraculous resurrection or a brain transplant. (⑤) Having a large brain is positively dangerous to the survival of the human species — the large head makes it barely exit the birth canal, leading to a risk of death during childbirth. If we used only a fraction of our brain, natural selection would have shrunk it long ago.

07

평가원 오답률 58%

글의 흐름으로 보아, 주어진 문장이 들어가기에 가장 적절한 곳은?

> For example, the first step in servicing or installing
> equipment is talking with the clients to understand
> how they used the equipment.

The customer service representatives in an electronics firm under major restructuring were told they had to begin selling service contracts for their equipment in addition to installing and repairing them. This generated a great deal of resistance. (①) To the service representatives, learning to sell was a very different game from what they had been playing. (②) But it turned out they already knew a lot more about sales than they thought. (③) The same is true in selling. (④) The salesperson first has to learn about the customer's needs. (⑤) The service representatives also had a great deal of product knowledge and hands-on experience, which is obviously important in sales.

08

평가원 오답률 47%

글의 흐름으로 보아, 주어진 문장이 들어가기에 가장 적절한 곳은?

> That is why people experience jet lag when traveling across time zones.

In humans, body clocks are responsible for daily changes in blood pressure, body temperature, hormones, hunger, and thirst, as well as our sleep-wake cycles. (①) These biological rhythms, which we experience as internal time, are probably older than sleep, developed over the course of millions of years of evolution. (②) They facilitate physiological and behavioral changes on a roughly twenty-four-hour cycle no matter what is happening outside, whether a cold front moves in or clouds block the light of the sun. (③) Their internal clocks continue to run in accordance with the place they left behind, not the one to which they have come, and it can take some time to realign the two. (④) The most remarkable thing is that our internal body clocks can be readjusted by environmental cues. (⑤) We may get jet lag for a few days when we ask our body clocks to adapt to a vastly different schedule of day and night cycles on the other side of the Earth, but they can do it.

*facilitate 쉽게 하다   **realign 재조정하다

[09~10] 다음 글을 읽고, 물음에 답하시오.

> Think about how you know the size of your car well enough to park it in a small space or pull it into your garage without hitting anything.

No matter what the purpose or the size, people project bodily senses into every kind of tool that requires skilled use. It may come as a surprise to hear construction workers speak of communion with their big machines, but the physical bonding they experience is real. (①) One machine operator reported, "You're part of the machine, and the machine gets indistinguishable from you." (②) Likewise, many people embody their cars in the same way. (③) You can't actually see the car's outer dimensions, yet you know the size and shape of your car. (④) At the moment the car responds instantly to your hand motions and moves as you operate the steering wheel. (⑤) It feels like the car becomes an extension of your body.

09

이화여고 변형

글의 흐름으로 보아, 주어진 문장이 들어가기에 가장 적절한 곳은?

(   )

10

서술형

다음 영영 뜻풀이에 해당하는 단어를 본문에서 찾아 쓰시오.

a part forming an addition or enlargement: _____

11

글의 흐름으로 보아, 주어진 문장이 들어가기에 가장 적절한 곳은?

> This is a scary idea for many adults, who, consciously or unconsciously, don't want to acknowledge a boy's emotional vulnerability.

Boys often find an emotional mentor in a favorite teacher or coach, but parents have a unique and powerful influence on a boy's view of himself and on his willingness to engage in learning emotional language and literacy. (①) Parents can model emotional connectedness and empathy. (②) They can listen to boys' feelings without judging them, and hear their problems without dictating solutions. (③) We have to come to grips with the fact that every boy has an inner life, that their hearts are full. (④) Every boy is sensitive, and every boy suffers. (⑤) But when we do acknowledge it, and we use this understanding to advance our own emotional education as parents and teachers of boys, we can help them meet the shadows in their lives with a more meaningful light.

12

글의 흐름으로 보아, 주어진 문장이 들어가기에 가장 적절한 곳은?

> The net effect of this was that, although customers benefited, the banks lost out as their costs increased but the total number of customers stayed the same.

In mature markets, breakthroughs that lead to a major change in competitive positions and to the growth of the market are rare. (①) Because of this, competition becomes a zero sum game in which one organization can only win at the expense of others. (②) However, where the degree of competition is particularly intense a zero sum game can quickly become a negative sum game, in that everyone in the market is faced with additional costs. (③) As an example of this, when one of the major high street banks in Britain tried to gain a competitive advantage by opening on Saturday mornings, it attracted a number of new customers who found the traditional Monday-Friday bank opening hours to be a constraint. (④) However, faced with a loss of customers, the competition responded by opening on Saturdays as well. (⑤) In essence, this proved to be a negative sum game.

13

평가원 오답률 51%

글의 흐름으로 보아, 주어진 문장이 들어가기에 가장 적절한 곳은?

> Even so, research confirms the finding that nonverbal cues are more credible than verbal cues, especially when verbal and nonverbal cues conflict.

Researchers have reported various nonverbal features of sarcasm. (①) Most disagree as to whether nonverbal cues are essential to the perception of sarcasm or the emotion that prompts it. (②) Also, nonverbal cues are better indicators of speaker intent. (③) As the nature of sarcasm implies a contradiction between intent and message, nonverbal cues may "leak" and reveal the speaker's true mood as they do in deception. (④) Ostensibly, sarcasm is the opposite of deception in that a sarcastic speaker typically intends the receiver to recognize the sarcastic intent; whereas, in deception the speaker typically intends that the receiver not recognize the deceptive intent. (⑤) Thus, when communicators are attempting to determine if a speaker is sarcastic, they compare the verbal and nonverbal message and if the two are in opposition, communicators may conclude that the speaker is being sarcastic.

* sarcasm 비꼼 ** ostensibly 표면상

[14~15] 다음 글을 읽고, 물음에 답하시오.

> Also in France, the effects of the dress culture and style of immigrants from North Africa and Asia are gradually being reflected in the French fashion style.

The effect of immigration and mass movement of consumers is changing the fashion style around the world. (①) Across Europe, America and in other parts of the world, the increase of immigration has diversified the ethnic make-up of local populations. (②) This is especially evident in the United Kingdom, where immigrants from India, Pakistan and the Caribbean have helped shape the national culture and identity. (③) Their influences have affected the fashion styles, tastes and product preferences of the entire country, including even the conservative British upper classes. (④) The case is similar in other parts of Europe and America, notably the USA and Canada, [which / whose] fashion style is increasingly multi-cultural. (⑤) This factor has created new expectations and success opportunities for new luxury brands, and has also led to globalization of fashion tastes.

14

한가람고 변형

글의 흐름으로 보아, 주어진 문장이 들어가기에 가장 적절한 곳은?

(   )

15

서술형

윗글의 [   ]에서 어법상 적절한 것을 고르고, 밑줄 친 부분을 우리말로 쓰시오.

01

다음 글의 내용을 한 문장으로 요약하고자 한다. 빈칸 (A)와 (B)에 들어갈 말로 가장 적절한 것은?

One of my students used the concept of "cycle of illiteracy" to explain the persistence of illiteracy in a poor district. This concept has a certain immediate plausibility: Illiterate parents are much more likely to have illiterate children than are literate parents. Lack of reading materials in the home would have some impact, as might parental values regarding literacy. However, none of these seemed powerful enough to reproduce illiteracy at a time when most children have access to schooling. On the other hand, I could easily imagine a cycle of poverty, in which poor, illiterate families would be under great pressure to keep their children out of school to work in the home or in farming, depriving them of their main opportunity to learn to read and write. As a result, these children's lack of schooling would make it difficult for them to get jobs that would enable them to escape from poverty, thus recreating the conditions that led to their own illiteracy. This theory suggests that reducing poverty would have a major impact on illiteracy.

↓

> The main cause of illiteracy in children is the _____(A)_____ condition of their families that limits their access to _____(B)_____ .

	(A)		(B)
①	cultural	·······	child labor
②	social	·······	gainful employment
③	economic	·······	formal education
④	genetic	·······	parental involvement
⑤	intellectual	·······	reading materials

02

다음 글의 내용을 한 문장으로 요약하고자 한다. 빈칸 (A)와 (B)에 들어갈 말로 가장 적절한 것은?

By the late twentieth century, state-of-the-art hospitals were generally designed to accommodate state-of-the-art equipment. The more scanners and X-ray devices a hospital had, and the more sophisticated its biochemical blood and urine tests, the more advanced its care was considered to be. Often, the hospital's physical space seemed meant to optimize care of the equipment rather than care of patients. In the early 1970s, one could still find hospitals where the only department that was air-conditioned was the Radiology Department, because the delicate equipment could not tolerate the summer heat. As reliance on and awe of medical technology increased in the mid-twentieth century, the comfort of patients was somehow pushed aside and their surroundings were often ignored. Hospital planners assumed that patients could adapt to the needs of technology, rather than the other way around.

*Radiology Department 영상의학과, 방사선과

↓

> In the late twentieth century, hospitals placed an emphasis on their _____(A)_____ , so the convenience of the patients was _____(B)_____ .

	(A)		(B)
①	space	·······	disregarded
②	space	·······	appreciated
③	reputation	·······	appreciated
④	equipment	·······	enhanced
⑤	equipment	·······	disregarded

03

다음 글의 내용을 한 문장으로 요약하고자 한다. 빈칸 (A)와 (B)에 들어갈 말로 가장 적절한 것은?

Reading people successfully is a skill that requires constant practice and proper training. To help you on the training side, I want to provide you with some important guidelines to maximize your effectiveness in reading nonverbals. As you incorporate these guidelines into your everyday life and make them part of your routine, they soon will become second nature to you, needing little, if any, conscious thought. It's a lot like learning to drive. If you were like me, you were so concerned with operating the vehicle that it was difficult to track what you were doing inside the car and concentrate on what was happening on the road outside at the same time. It was only when you felt comfortable by practice behind the wheel that you were able to expand your focus to encompass the total driving environment. That's the way it is with nonverbal behavior.

↓

To master the mechanics of using nonverbal communication, you need to put ____(A)____ first, then it will become ____(B)____.

	(A)	(B)
①	effort	concentrated
②	effort	instinctive
③	emotion	distributed
④	effectiveness	distributed
⑤	effectiveness	instinctive

04

현대고 변형

다음 글의 내용을 한 문장으로 요약하고자 한다. 빈칸 (A)와 (B)에 들어갈 말로 가장 적절한 것은?

Today, we work hard to shield children from life's hardships. But throughout most of our country's history, we did not. Rather, kids worked. In the earliest days of our nation, they cared for their siblings or spent time in the fields; as the country industrialized, they worked in mines and textile mills, in factories and canneries, in street trades. Over time, reformers managed to outlaw child labor practices. Yet change was slow. It wasn't until our soldiers returned from World War II that childhood, as we now know it, began. The family economy was no longer built on a system of reciprocity, with parents sheltering and feeding their children, and children, in return, kicking something back into the family cashbox. The relationship became asymmetrical. Children stopped working, and parents worked twice as hard. Children went from being our employees to our bosses.

*reciprocity 상호 교환 **asymmetrical 불균형적인

↓

Over time, there has been the wholesale transformation of the child's ____(A)____ and we can be sure that the child went from ____(B)____ to protected.

	(A)	(B)
①	role	useful
②	role	useless
③	desire	risky
④	desire	useful
⑤	behavior	useless

05

양정고 변형

다음 글의 내용을 한 문장으로 요약하고자 한다. 빈칸 (A)와 (B)에 들어갈 말로 가장 적절한 것은?

People are slow to change their opinions. Many bus users have defected to other means of transport, particularly cars, over the last ten to fifteen years. Despite the high running costs and difficulty of parking them in cities, customers were fed up with waiting at bus-stops for buses that never arrived, or arrived so overdue that two came together. They were tired of sitting on grubby seats and having to wipe a hole in the condensation to see out of the window. They were unimpressed by the impolite drivers and the noise, smells, and vibration from vehicles which were long past their sell-by dates. Huge numbers of ex-bus-users still believe it to be like this despite the investment bus companies have made in new vehicles which are cleaner, faster, quieter, and more comfortable. Old opinions die hard, and it will take a major shift in opinion (or legislation) to get people back on buses.

↓

Like the bus service, it is difficult to improve the _____(A)_____ of the organization's service once it _____(B)_____ the customers with the quality of the service.

	(A)		(B)
①	quality	----	disappointed
②	quality	----	confused
③	reputation	----	satisfied
④	reputation	----	disappointed
⑤	disadvantage	----	satisfied

06

장훈고 변형

다음 글의 내용을 한 문장으로 요약하고자 한다. 빈칸 (A)와 (B)에 들어갈 말로 가장 적절한 것은?

To be persuaded by a message, you must pay attention to that message. This simple fact has led to the development of numerous procedures designed to attract attention, such as printing signs upside down or backwards, using vivid colors, and using unusual music and sounds. However, unless the sights and sounds are the message, the story does not end here. The audience must attend to the message that accompanies these attention-getters. Therefore, the message itself must be strong enough to command attention. If we continue to attend to the unusual sights and sounds and never hear the message, persuasion will not occur. If the music is too catchy, for example, we may remember the music and not the product that is being advertised.

↓

We make efforts to make our message to _____(A)_____ to people, but it should be more _____(B)_____ in itself than the various aids used to promote it.

	(A)		(B)
①	appeal	----	persistent
②	appeal	----	powerful
③	activate	----	sophisticated
④	activate	----	persistent
⑤	manipulate	----	powerful

07

경문고 변형

다음 글의 내용을 한 문장으로 요약하고자 한다. 빈칸 (A)와 (B)에 들어갈 말로 가장 적절한 것은?

Many health education campaigns have attempted to motivate people to change their behavior through fear or guilt. Anti-drinking and driving campaigns at Christmas show the devastating effects on families of road accident victims; smoking prevention posters urge parents not to 'teach your children how to smoke.' Increasingly hard-hitting campaigns are used amongst others to raise awareness of the consequences of heavy drinking, smoking and drug use. Whether such campaigns do succeed in shocking people to change their behavior is the subject of ongoing debate. Although fear can encourage a negative attitude and even an intention to change, such feelings tend to disappear over time and when faced with a real decision-making situation. Being very frightened can also lead people to deny and avoid the message. Protection Motivation theory suggests that fear only works if the threat is perceived as serious and likely to occur if the person does not follow the recommended advice.

*devastating 엄청난 충격을 주는

↓

Health education campaigns that include _____(A)_____ warning messages can be _____(B)_____ in that they may not change people's behavior.

	(A)		(B)
①	novel	⸺	ineffective
②	threatening	⸺	motivating
③	novel	⸺	unnecessary
④	threatening	⸺	ineffective
⑤	analytic	⸺	unnecessary

[08~09] 다음 글을 읽고, 물음에 답하시오.

[of Mount Everest / an amazing achievement / to reach / it / the summit / was once considered]. It was even a national honor to have a climber waving a national flag there. But now that almost 4,000 people have reached its summit, the achievement means less than it did a half century ago. In 1963, six people reached the top, but in the spring of 2012, the summit was crowded with more than 500 people. Then what makes it possible for so many people to reach the summit? One important factor is improved weather forecasting. In the past, lack of information led expeditions to attempt the summit whenever their team members were ready. Today, with hyper-accurate satellite forecasts, all teams know exactly when the weather will be perfect for climbing, and they often go for the top on the same days.

08

대광고 변형

윗글의 내용을 한 문장으로 요약하고자 한다. 빈칸 (A)와 (B)에 들어갈 말로 가장 적절한 것은?

Much more _____(A)_____ weather forecasting than in the past has made it _____(B)_____ to climb Mount Everest.

	(A)		(B)
①	sophisticated	⸺	illegal
②	accurate	⸺	easier
③	sophisticated	⸺	tempting
④	accurate	⸺	tempting
⑤	frequent	⸺	easier

09

서술형

윗글의 [   ]에 주어진 단어를 다음 우리말에 맞게 배열하시오.

(대소문자 구별할 것)

에베레스트 산 정상에 도달하는 것은 한때 놀라운 업적으로 여겨졌다

01

다음 글의 내용을 한 문장으로 요약하고자 한다. 빈칸 (A)와 (B)에 들어갈 말로 가장 적절한 것은?

It is what Linda Nochlin, an art theorist, calls a "myth of the Great Artist" to imagine that greatness will be manifested no matter what the surrounding circumstances. Artists need training and materials. Famous painters often came from specific social groups, and many had artist fathers who supported and encouraged their sons' interest in art. And far fewer fathers did this with daughters (but in fact, most of the women who did become painters had artist fathers). Art required both patronage (which women artists were unlikely to win) and academic training (from which women were barred). Through much of the past, strict social expectations about women's roles in family life discouraged them from seeing art as more than a hobby. Nochlin concluded that women must "face up to the reality of their history and of their present situation, without making excuses or puffing mediocrity."

*mediocrity 평범함

↓

Women realized that they were _____ (A) _____ from art in the past because they were socially marginalized and not given enough _____ (B) _____ support and education.

	(A)		(B)
①	excluded	⸺	emotional
②	excluded	⸺	informal
③	benefiting	⸺	equal
④	absent	⸺	financial
⑤	absent	⸺	moral

02

다음 글의 내용을 한 문장으로 요약하고자 한다. 빈칸 (A)와 (B)에 들어갈 말로 가장 적절한 것은?

Can a negative ever be a positive when it comes to moving others? That's what three marketing professors investigated in a 2012 study. In one set of experiments, they presented information about a pair of hiking boots as if the study participants were shopping for them online. To half the group, researchers listed all the great things about the boots — orthopedic soles, waterproof material, a five-year warranty, and more. To the other half, they included the same list of positives, but followed it with a negative — these boots, unfortunately, came in only two colors. Remarkably, in many cases the people who'd gotten that small dose of negative information were more likely to purchase the boots than those who'd received the exclusively positive information.

*orthopedic 교정용의

↓

Adding a minor _____ (A) _____ detail in a positive description of a target can give that description a more _____ (B) _____ impact.

	(A)		(B)
①	personal	⸺	dramatic
②	negative	⸺	immediate
③	useless	⸺	positive
④	personal	⸺	immediate
⑤	negative	⸺	positive

03

동성고 변형

다음 글의 내용을 한 문장으로 요약하고자 한다. 빈칸 (A)와 (B)에 들어갈 말로 가장 적절한 것은?

An illustration of the dangers of unrealistic optimism comes from a study of weight loss. In that study, psychologist Gabriele Oettingen found that the obese women who were confident that they would succeed lost 26 pounds more than self-doubters, as expected. Meanwhile, Oettingen also asked the women to tell her what they imagined their roads to success would be like. The results were surprising: women who believed they would succeed easily lost 24 pounds less than those who thought their weight-loss journeys would be hard. Believing that the road to success will be rocky leads to greater success, because it forces us to put in more effort and persist longer in the face of difficulty.

↓

To achieve greater success, it is necessary to cultivate our realistic _____(A)_____ by combining a positive attitude with a(n) _____(B)_____ assessment of the challenges.

	(A)		(B)
①	limitation	——	honest
②	mobility	——	critical
③	optimism	——	confident
④	limitation	——	critical
⑤	optimism	——	honest

[04~05] 다음 글을 읽고, 물음에 답하시오.

Lawyers and scientists use argument to mean a summary of evidence and principles leading to a conclusion; however, a scientific argument is different from a legal argument. A prosecuting attorney constructs an argument to persuade the judge or a jury that the accused is guilty; a defense attorney in the same trial constructs an argument to persuade the same judge or jury toward the opposite conclusion. Neither prosecutor nor defender is obliged to consider anything that weakens their respective cases. On the contrary, scientists construct arguments because they want to test their own ideas and give an accurate explanation of some aspect of nature. Scientists can include any evidence or hypothesis that supports their claim, but they must observe <u>one fundamental rule of professional science</u>. They must include all of the known evidence and all of the hypotheses previously proposed. Unlike lawyers, scientists must explicitly account for the possibility that they might be wrong.

04

평가원 오답률 57%

윗글의 내용을 한 문장으로 요약하고자 한다. 빈칸 (A)와 (B)에 들어갈 말로 가장 적절한 것은?

Unlike lawyers, who utilize information _____(A)_____ to support their arguments, scientists must include all information even if some of it is unlikely to _____(B)_____ their arguments.

	(A)		(B)
①	objectively	——	weaken
②	objectively	——	support
③	accurately	——	clarify
④	selectively	——	strengthen
⑤	selectively	——	disprove

05

서술형

윗글에서 밑줄 친 부분의 의미를 우리말로 쓰시오.

06

이대부고 변형

다음 글의 내용을 한 문장으로 요약하고자 한다. 빈칸 (A)와 (B)에 들어갈 말로 가장 적절한 것은?

If we create a routine, we don't have to expend precious energy every day prioritizing everything. We must simply expend a small amount of initial energy to create the routine, and then all that is left to do is follow it. There is a huge body of scientific research to explain the mechanism by which routine enables difficult things to become easy. One simplified explanation is that as we repeatedly do a certain task, the neurons, or nerve cells, make new connections through communication gateways called 'synapses.' With repetition, the connections strengthen and it becomes easier for the brain to activate them. For example, when you learn a new word it takes several repetitions at various intervals for the word to be mastered. To recall the word later you will need to activate the same synapses until eventually you know the word without consciously thinking about it.

↓

As exemplified with the _____(A)_____ of a new word, creating a routine makes processing a piece of information more _____(B)_____.

	(A)		(B)
①	definition	——	difficult
②	recognition	——	difficult
③	repetition	——	difficult
④	categorization	——	efficient
⑤	memorization	——	efficient

07

다음 글의 내용을 한 문장으로 요약하고자 한다. 빈칸 (A)와 (B)에 들어갈 말로 가장 적절한 것은?

In a 2008 experiment, researchers simulated a negotiation over the sale of a gas station. Like many real-life negotiations, this one presented what looked like an obstacle: the highest price the buyer would pay was less than the lowest price the seller would accept. However, the parties had other mutual interests that, if surfaced, could lead to a deal both would accept. One-third of the negotiators were instructed to imagine what the other side was feeling, while one-third was instructed to imagine what the other side was thinking. (The remaining third, given bland and generic instructions, was the control group.) What happened? The empathizers struck many more deals than the control group. But the perspective-takers did even better: 76 percent of them managed to fashion a deal that satisfied both sides.

↓

Perspective-taking is more _____(A)_____ than empathy when it comes to _____(B)_____ others.

	(A)		(B)
①	dangerous	——	leading
②	effective	——	helping
③	difficult	——	leading
④	effective	——	moving
⑤	dangerous	——	moving

08

평가원 오답률 49%

다음 글의 내용을 한 문장으로 요약하고자 한다. 빈칸 (A)와 (B)에 들어갈 말로 가장 적절한 것은?

In science one experiment, whether it succeeds or fails, is logically followed by another in a theoretically infinite progression. According to the underlying myth of modern science, this progression is always replacing the smaller knowledge of the past with the larger knowledge of the present, which will be replaced by the yet larger knowledge of the future. In the arts, by contrast, no limitless sequence of works is ever implied or looked for. No work of art is necessarily followed by a second work that is necessarily better. Given the methodologies of science, the law of gravity and the genome were bound to be discovered by somebody; the identity of the discoverer is incidental to the fact. But it appears that in the arts there are no second chances. We must assume that we had one chance each for *The Divine Comedy* and *King Lear*. If Dante and Shakespeare had died before they wrote those works, nobody ever would have written them.

↓

While scientific knowledge is believed to progress through _____(A)_____ experiments, an artistic work tends to be _____(B)_____ to its creator with no limitless sequence implied.

	(A)		(B)
①	successive	………	unique
②	successive	………	valuable
③	controlled	………	valuable
④	incidental	………	influential
⑤	incidental	………	unique

09

다음 글의 내용을 한 문장으로 요약하고자 한다. 빈칸 (A)와 (B)에 들어갈 말로 가장 적절한 것은?

According to James C. Davies, an American sociologist and professor at the University of Oregon, it is not the people who are traditionally the most oppressed, those who have come to see their deprivation as part of the natural order of things, who are especially likely to revolt. Instead, revolutionaries are more likely to be those who have been given at least some taste of a better life. When the economic and social improvements they have experienced and come to expect suddenly become less available, they desire them more than ever and often rise up violently to secure them. For instance, at the time of the American Revolution, the American people had the highest standard of living and the lowest taxes in the world. Historian Thomas Fleming states that it wasn't until the British sought a cut of this widespread prosperity by imposing heavy taxes that the Americans revolted.

↓

We are most likely to find _____(A)_____ where a period of improving economic and social conditions is followed by a sharp _____(B)_____ in those conditions.

	(A)		(B)
①	selfishness	………	inequality
②	selfishness	………	reversal
③	validations	………	suppression
④	revolutions	………	inequality
⑤	revolutions	………	reversal

01

세화여고 변형

다음 글의 주제로 가장 적절한 것은?

Because the provision of health care, doctors, and medicines is concentrated in only a handful part of the world, many preventable and curable diseases go untreated. When the average life expectancy in countries is in the 30s, we know that medical help is not available for common medical problems. For example, dehydration from diarrhea caused by water-borne diseases such as cholera, blindness caused by vitamin A deficiency, malaria caused by infected mosquitoes, and other preventable diseases are unnecessary afflictions in today's world. Yet many nations in the Global South have few physicians per capita. For instance, in Malawi, there is one doctor for every 100,000 people, in Ethiopia and Niger, three doctors for every 100,000 citizens, and in Mali, four doctors per 100,000 citizens. The few doctors in these countries are located mostly in urban areas.

① importance of trained medical staff in the rural areas
② causes of medical inequity in the developing countries
③ ways to lengthen the life expectancy around the world
④ the maldistribution of medical services and its outcomes
⑤ difficulties of providing medical services in conflict areas

02

휘문고 변형

다음 글의 주제로 가장 적절한 것은?

Traffic is riddled with such "asymmetries" in communication, as Jack Katz, a sociologist at the University of California in Los Angeles and the author of *How Emotions Work*, describes them. "You can see but you can't be heard. In a very precise way, you're made dumb. You can shout as much as you want but nobody's going to hear you." Another way to think about this "asymmetry" is that while you can see a lot of other drivers making mistakes, you are less likely to see yourself doing so. Drivers also spend much of their time in traffic looking at the rear ends of other cars, an activity culturally associated with subordination. It also tends to make the communication one-way: You're looking at a bunch of drivers who cannot see you. "It's like trying to talk to someone who's walking in front of you, as opposed to someone who's face-to-face with you," Katz says. "We're looking at everybody's rear, and that's not how human beings were set up to maximize their communicative possibility."

① innovative driving support systems for cars
② common types of mistakes that drivers make
③ cross-cultural comparison of drivers' tendency
④ one-way communication of drivers at the wheel
⑤ speeding as habitual behavior common for most drivers

03

경문고 변형

다음 글의 주제로 가장 적절한 것은?

Considering the multitude of data that people in our contemporary society need to remember, a certain amount of note-taking and information deposited in books is unavoidable. But the tendency away from remembering is growing beyond all sensible proportions. One can easily and best observe in oneself that writing things down diminishes one's power of remembering, but some typical examples may prove helpful. An everyday example occurs in stores. Today a salesclerk will rarely do a simple addition of two or three items in his or her head, but will immediately use a machine. The classroom provides another example. Teachers can observe that the students who carefully write down every sentence of the lecture will understand and remember less than the students who trusted their capacity to understand and, hence, remember at least the essentials.

① importance of reviewing just after class
② necessity of carrying notebooks and pens
③ cognitive process of transferring information
④ several ways to enhance numerical reasoning
⑤ negative effect of note-taking on power of remembering

04

한대부고 변형

다음 글의 요지로 가장 적절한 것은?

Physicians report that it is not uncommon for patients to be more interested in getting pills and in removing their symptoms than in changing a stressful lifestyle. Some see themselves as victims of their ailments rather than as being responsible for them. Psychologically oriented physicians, however, emphasize the role of *choice* and *responsibility* as critical determinants of our physical and psychological well-being. They challenge their patients to look at what they are doing to their bodies through lack of exercise, the substances they take in, and other damaging behavior. Although they may prescribe medication to lower a person's extremely high blood pressure or cholesterol, they inform the patient that medications can do only so much and that what is needed is a fundamental change in lifestyle. The patient is encouraged to share with the physician the responsibility for maintaining wellness.

① 자신의 신체 변화를 환자 스스로 기록해 두어야 한다.
② 정신질환에 대한 약물 치료는 한계가 있을 수밖에 없다.
③ 심리적 건강과 행복은 삶을 바라보는 태도에 크게 의존한다.
④ 건강 유지를 위한 선택과 책임을 환자 스스로도 느껴야 한다.
⑤ 만성질환은 생활습관 개선과 건강관리를 통해 예방할 수 있다.

01

다음 글의 제목으로 가장 적절한 것은?

While those of us with established careers are grateful to be rewarded for our skill and experience by being re-hired, more and more new voice-over actors are arriving at the scene. So much has changed in the past decade, largely because of technology and the advent of the Internet. In the past, casting directors held auditions in offices and studios where only a limited number of actors could be recorded in a day. Now agents and casting directors are utilizing such systems as Voicebank.net and other online services. Instead of hearing perhaps 100 auditions per session, casting directors can listen to several hundred actors. Andrea Romano, an animation casting and voice director, says: "There is always room in this business for anyone who has excellent animation and commercial talent."

① New and Fresh Voices Are in Great Demand
② You Can Audition for Many Roles at a Time
③ Established Voice-over Actors Are Still Dominating
④ Online Auditions Make the Competition More Fierce
⑤ Doors of Opportunity for Newcomers Are Wide Open

02

다음 글의 제목으로 가장 적절한 것은?

I love San Francisco, but in that extraordinary city today, only 3 percent of the teachers, 6 percent of the police officers, and 4 percent of the nurses can afford to buy a home. Regrettably, these kinds of disheartening statistics seem to reflect the reality in many large cosmopolitan cities. Author Shay Salomon notes a trend among those seeking less costly places to live: Coastal Californians are moving inland; inland Californians are moving to Oregon; urban Oregonians are moving to rural Oregon; rural Oregonians are moving to New Mexico; New Mexicans are moving to Mexico. This kind of migration can be damaging to community connectivity and sense of place, and it is surely not without its costs. But some people are finding that they can improve their quality of life significantly in a new location, so it may be worth considering.

① Consider Home Sharing
② Look for Cities with Stable Populations
③ Live Close to the Places You Need to Go
④ If Necessary, Move to a Less Expensive Area
⑤ Think Twice About Living in a Hurricane Zone

03

다음 글의 주제로 가장 적절한 것은?

Economists have long been puzzled by the fact that, in most places, restaurant patrons tip their server after they have already been served, which may boost the incentive for the server to give good service but hardly increases the incentive for the patron to tip well. Mysterious, too, is that patrons tip even in the face of further erosion of these incentives — if their service was less than desirable or if they don't plan to return to the same restaurant. Studies have shown the link between tip and service quality to be slight. People seem to tip because it's seen as the right thing to do, or because they don't want it known that they've not done the right thing. There's no law that says that patrons have to tip; they simply follow the standard behavior.

① ways to make servers look neat
② role of law in running our society
③ reason why patrons tip their server
④ differences between norm and moral
⑤ importance of appropriate services at restaurants

[04~05] 다음 글을 읽고, 물음에 답하시오.

In August 2005, at a modest youth hostel in Frankfurt, Germany, hundreds of writers, students, computer hackers, and ordinary Internet users gathered from around the world. Few had ever met in person, and most didn't even know one another's real names. What they did know was that they had collaborated with one another over the Internet, across different time zones and continents, toward the same goal: creating an encyclopedia. They knew one another mostly by their Internet personas — Anthere, Cimon Avaro on a Pogostick, Eclecticology — usernames that projected a quirkier side to an online community that focused on a rather academic task. There was a curious diversity but they all referred to themselves with the same label: Wikipedians. They were there face-to-face for the first-ever Wikimania conference, bound by a common passion to give away their labor, knowledge, and know-how for free.

04

윗글의 제목으로 가장 적절한 것은?

① Thought Is Free but Education Is Not
② Gathering Toward the Free Encyclopedia
③ Taking Responsibility for Your Community
④ There's Nothing New About Free Information
⑤ What Are the Core Principles of Collaboration?

05

서술형

윗글에서 같은 목표를 위해 모인 수많은 사람을 함께 묶을 수 있었던 것은 무엇 때문이었는지 본문에서 찾아 우리말로 쓰시오.

06

다음 글의 주제로 가장 적절한 것은?

Even the most well-constructed email will be at a disadvantage if it's missing this: a genuine representation of who you are and what you mean. Given that email is written remotely and can be endlessly revised, there is the temptation to be less than honest, in ways large and small. In the end, this is a losing strategy. The more we try to be who we aren't, the less interesting we are to other people. Deception is also exhausting. Why act when you can be yourself? This sounds reasonable on the page, but it's harder to stick to in email. Who hasn't been tempted to alter himself for a new audience? The urge to misrepresent oneself — to embroider an accomplishment or inflate a favorable attribute — can be extremely strong, especially when writing to strangers. Resist. By being dishonest about yourself, you're setting yourself up, in the end, to lose track of who you are. You will also be found out. Truth in writing shines through — as does falsehood and phoniness.

* embroider 꾸미다. 윤색하다

① the advantages of email over phone calls
② the importance of honesty in writing emails
③ the power of simple, straightforward language
④ the proper manners in writing emails to strangers
⑤ the exaggerated contents of email advertisements

07

다음 글의 요지로 가장 적절한 것은?

Parents are quick to inform friends and relatives as soon as their infant holds her head up, reaches for objects, sits by herself, and walks alone. Parental enthusiasm for these motor accomplishments is not at all misplaced, for they are, indeed, milestones of development. With each additional skill, babies gain control over their bodies and the environment in a new way. Infants who are able to sit alone are granted an entirely different perspective on the world than are those who spend much of their day on their backs or stomachs. Coordinated reaching opens up a whole new avenue for exploration of objects, and when babies can move about, their opportunities for independent exploration and manipulation are multiplied. No longer are they restricted to their immediate locale and to objects that others place before them. As new ways of controlling the environment are achieved, motor development provides the infant with a growing sense of competence and mastery, and it contributes in important ways to the infant's perceptual and cognitive understanding of the world.

* locale 현장, 장소

① 유아의 운동 능력 발달은 유아의 다른 발달에 기여한다.
② 부모와의 정서적 교감은 유아의 지적 호기심을 자극한다.
③ 부모의 관심은 유아의 균형 있는 신체 발달에 필수적이다.
④ 주변 환경의 변화는 유아기 운동 능력 발달을 촉진한다.
⑤ 유아는 시행착오를 통해 공간 지각 능력을 발달시킨다.

[08~09] 다음 글을 읽고, 물음에 답하시오.

If you've ever seen the bank of flashing screens at a broker's desk, you have a sense of the information overload they are up against. When deciding whether to invest in a company, for example, they may take into account the people at the helm; the current and potential size of its market; net profits; and its past, present, and future stock value, among other pieces of information. [becomes overwhelmed / can take up / that / so much of your working memory / it / weighing all of these factors]. Think of having piles and piles of papers, sticky notes, and spreadsheets strewn about your desk, and you get a picture of what's going on inside the brain. When information overloads working memory this way, it can make brokers — and the rest of us — scrap all the strategizing and analyses and go for emotional, or gut, decisions.

*at the helm 실권을 가진 **strewn 표면을 뒤덮은

08

평가원 오답률 41%

윗글의 제목으로 가장 적절한 것은?

① How Information Overload Can Cloud Your Judgment
② Multitasking Increases Your Working Memory!
③ How to Prevent Information Flood
④ Do Flashing Screens Reduce Information Overload?
⑤ Emotional Judgment: The Secret of Successful Broker

09

서술형

윗글의 [   ]에 주어진 단어를 다음 우리말에 맞게 배열하시오.
(대소문자 구별할 것)

> 이 요인들을 모두 저울질하는 것은 작동 기억의 아주 많은 부분을 차지할 수 있어서 그 작동 기억은 압도당하게 된다

[10~11] 다음 글을 읽고, 물음에 답하시오.

Savannas pose a bit of a problem for ecologists. There is an axiom in ecology that 'complete competitors cannot coexist': in other words, where two populations of organisms use exactly the same resources, one would be expected to do so slightly more efficiently than the other and therefore come to dominate in the long term. In temperate parts of the world, either trees dominate (in forests) or grasses dominate (in grasslands). Yet, in savannas grasses and trees _____. The classic explanation proposes that trees have deep roots while grasses have shallow roots. The two plant types are therefore able to _____ because they are not in fact competitors: the trees increase in wetter climates and on sandier soils because more water is able to penetrate to the deep roots. Trees do indeed have a few small roots which penetrate to great depth, but most of their roots are in the top half-meter of the soil, just where the grass roots are.

*axiom 원리, 공리

10

평가원 오답률 43%

윗글의 제목으로 가장 적절한 것은?

① A War at Hand Between Plants in Savannas
② A Rivalry for Wetter Soils among Savanna Trees
③ Are Savannas a Hidden Treasure of Biodiversity?
④ Cyclic Dominance of Trees over Grasses in Savannas
⑤ Strange Companions: Savanna Plants Confuse Ecologists

11

서술형

윗글의 빈칸에 공통으로 들어갈 말을 본문에서 찾아 한 단어로 쓰시오.

개념부터 심화까지
1등급을 위한
고등 수학 기본서

더 THE 개념
블랙라벨

수학

고등 수학(상)   수학 I   확률과 통계
고등 수학(하)   수학 II   미적분

더 확장된 개념! 더 최신 트렌드!
더 어려운 문제! 더 친절한 해설!

BLACKLABEL

| 사고력을 키워 주고 | 예시와 증명으로 | 트렌드를 분석하여 |
| 문제해결에 필요한 | 스스로 학습 가능한 | 엄선한 필수 문제로 |

| 확 장 된 | 자 세 한 | 최   신 |
| 개   념 | 설   명 | 기 출 문 제 |

WHITE
label

서술형 문항의
원리를 푸는 열쇠

화 이 트 라 벨

| 서술형 문장완성북 | 서술형 핵심패턴북

링크랭크

마인드맵으로 쉽게
우선순위로 빠르게

링 크 랭 크

| 고등 VOCA | 수능 VOCA

blacklabel

1등급을 위한 명품 영어 **블랙라벨**

영어 독해

정답과 해설

I 빈칸 추론

01 단어 & 짧은 구

STEP A
01 ③ 02 ③ 03 ② 04 ③ 05 produced so much data 06 ① 07 ② 08 ② 09 ① 10 (A)smoke (B) fire 11 ④ 12 ④ 13 ③ 14 ③ 15 ③ 16 ④ 17 ⑤ 18 (c)omplicated 19 ② 20 The focus is on the magical, expressive, and social value of the act of making.

STEP B
01 ⑤ 02 ② 03 ④ 04 ① 05 initiation / reinforcement 06 ② 07 ① 08 ② 09 ④ 10 Doing so leaves others with a more favorable impression of the server and the restaurant 11 ② 12 ③ 13 ② 14 ⑤ 15 (A) insufficient (B) inadequate (C) were encouraged 16 ④ 17 ③ 18 ② 19 ① 20 But this mechanism doesn't seem to be fully functional when excess calories are consumed in the form of liquids. 그러나 이러한 작동 방식은 칼로리가 액체의 형태로 초과 섭취되면 제 기능을 충분히 발휘하지 못하는 것처럼 보인다.

02 긴 구 & 절(1)

STEP A
01 ④ 02 ④ 03 ① 04 ① 05 전자 자료를 복사하는 데 비용이 들지 않고 심지어 유통도 자동화될 수 있는 것 06 ④ 07 ③ 08 ⑤ 09 a story that demonstrates how connected we all are 10 ② 11 what / 여러분이 가르치는 것을 배우고, 가르치는 것을 즐길 수 있게 만드는 것 중의 많은 것이 12 ② 13 ③ 14 ③ 15 ③ 16 매우 위험하고 생존이 경각에 달렸다

STEP B
01 ③ 02 ② 03 ② 04 ⑤ 05 (A) were left (B) choosing 06 ③ 07 ② 08 ② 09 ① 10 some beauties that had interesting beading and fringe 11 ② 12 ④ 13 ① 14 ⑤ 15 (A) unequal (B) exports (C) opened 16 ① 17 ② 18 ① 19 ① 20 단 몇 년 내에 한때 많았던 이 종의 마지막 개체가 완전히 제거되었다.

03 긴 구 & 절(2)

STEP A
01 ⑤ 02 ③ 03 ⑤ 04 ④ 05 (If) the two people were together 06 ① 07 ① 08 ① 09 ① 10 it has been argued 11 ② 12 ② 13 ① 14 ① 15 ③ 16 ④ 17 ③ 18 ③ 19 (A) carry a heavy backpack (B) his backpack

STEP B
01 ② 02 ⑤ 03 ④ 04 ② 05 how quickly you hit the space bar 06 ⑤ 07 ④ 08 ③ 09 each depicting a different state of the mind 10 ④ 11 (A) the concept of "totemism" (B) ceremonial lodges 12 ④ 13 ② 14 ② 15 ② 16 buildings 17 ① 18 ② 19 that there are ways by which disagreement can be processed or managed 20 ① 21 (A) similarity (B) contradictions

04 연결사 및 (A)(B)빈칸

STEP A
01 ④ 02 ② 03 ② 04 ④ 05 해고의 두려움으로 인해 관리자가 바라는 것에 어쩔 수 없이 동의하는 것 06 ⑤ 07 ② 08 ② 09 ① 10 a simplified design, adopted for use in posters and signs

STEP B
01 ③ 02 ⑤ 03 ③ 04 ④ 05 having / 혼자만의 시간을 충분히 갖지 못하는 것 06 ① 07 ③ 08 ⑤ 09 ⑤ 10 likelihood / dying

II 어법 · 어휘

01 어법

STEP A
01 ② 02 ② 03 ⑤ 04 ③ 05 did not always turn out well 06 ④ 07 ④ 08 ⑤ 09 ⑤ 10 냉혈인 양서류와 파충류의 겨울 휴면 11 ④ 12 ④ 13 ④ 14 ⑤ 15 ④ 16 it's also comforting for him to know

STEP B
01 ③ 02 ① 03 ⑤ 04 ④ 05 On the (c)ontrary 06 ④ 07 ③ 08 ⑤ 09 ④ finding → found 10 (A) (i)nnate (B) (m)ismatch 11 ② 12 ④ 13 ④ 14 ② 15 (A) inborn (B) circumstances 16 ① 17 (r)otation

02 어휘

STEP A
01 ② 02 ② 03 ④ 04 ③ 05 (1) an inventory of their strengths (2) a journal (3) confidence log 06 ④ 07 ④ 08 ⑤ 09 ④ 10 다른 교사들을 보고 배우려 하지 않는다.

STEP B
01 ③ 02 ② 03 ② 04 ⑤ 05 (r)etrieval 06 ④ 07 ③ 08 ④ 09 ⑤ 10 ② 11 ③ 12 ③ 13 ④ 14 (d)emocratic

III 논리적 독해

01 글의 순서

STEP A
01 ⑤ 02 ② 03 ① 04 ④ 05 how to improve our lives

STEP B
01 ② 02 ④ 03 ② 04 ⑤ 05 (1) the economic and political strength (2) the cultural values of the community (3) the system of patronage (4) the apprenticeship systems 06 ⑤ 07 ① 08 ② 09 (B) 10 ② 11 the human need to organize our lives, our environment, even our thoughts

02 문장 삽입

STEP A
01 ⑤ 02 ④ 03 ③ 04 ② 05 an unproductive use of the owner's time 06 ③ 07 ⑤ 08 ② 09 ② 10 (s)pecialization 11 ③ 12 ④ 13 ④ 14 ⑤ 15 초기 인류는 주로 동물의 기름기 없는 살코기를 먹었을 것이다.

STEP B
01 ④ 02 ⑤ 03 ⑤ 04 ③ 05 (s)ize 06 ⑤ 07 ③ 08 ③ 09 ③ 10 extension 11 ⑤ 12 ⑤ 13 ② 14 ④ 15 whose / 그들의(이 나라들의) 패션 스타일은 점차 다문화적이 되고 있다

03 문장 요약

STEP A
01 ④ 02 ⑤ 03 ⑤ 04 ① 05 ④ 06 ② 07 ④ 08 ② 09 It was once considered an amazing achievement to reach the summit of Mount Everest

STEP B
01 ④ 02 ⑤ 03 ⑤ 04 ④ 05 그들은 모든 알려진 증거와 이전에 제시된 모든 가설들을 포함시켜야 한다. 06 ⑤ 07 ④ 08 ① 09 ⑤

04 주제, 요지, 제목

STEP A
01 ④ 02 ④ 03 ⑤ 04 ④

STEP B
01 ⑤ 02 ④ 03 ③ 04 ② 05 자신의 노동, 지식, 노하우를 무료로 제공하겠다는 공통의 열정 06 ② 07 ① 08 ① 09 Weighing all of these factors can take up so much of your working memory that it becomes overwhelmed 10 ⑤ 11 coexist

정답과 해설

ANSWER

STEP ‹ A › 1등급 도전문제

01 단어 & 짧은 구

01 ③	**02** ③	**03** ②	**04** ③	**05** produced so much data
06 ①	**07** ②	**08** ②	**09** ①	**10** (A) smoke (B) fire
11 ④	**12** ④	**13** ③	**14** ③	**15** ③ **16** ④ **17** ⑤
18 (c)omplicated	**19** ②			**20** The focus is on the magical,

expressive, and social value of the act of making.

---

01 정답 ③

한줄 해설

문화 집중은 구성원들의 직접적인 참여를 억제하고, '수동적인' 소비자가 되게 한다는 것을 파악했다면 정답을 추론할 수 있다.

해석

미디어를 통해 발생하는 문화 집중이 또한 <u>수동성</u>의 원인이 되고 있다. 전통적으로, 마을 중심의 생활에는 많은 춤과 노래, 그리고 연극이 포함되어 있었다. 모든 연령대의 사람들이 함께 참여했다. 피워 놓은 불 주위에 앉아 있는 일단의 사람들과 걸음마를 배우는 아이조차도 더 나이가 많은 형제자매나 친구들의 도움을 받아 춤을 추곤 했다. 모든 사람들이 노래하고, 연기하고, 음악을 연주하는 법을 알고 있었다. 라디오가 Ladakh에 들어왔기 때문에, 사람들은 자신의 노래를 부르거나 자신의 이야기를 할 필요가 없다. 대신에, 그들은 앉아서 최고 가수의 노래와 최고 이야기꾼의 이야기를 들을 수가 있다. 하지만 그 결과는 사람들이 억제되어 남의 시선을 의식하게 된다는 것이다. 그들은 더 이상 자신을 이웃과 친구들 — 노래는 약간 더 잘하지만 아마도 춤은 썩 잘 추지 못하는 실제 (마을) 사람들 — 과 비교하지 않고, 라디오에 나오는 스타들만큼 잘하지도 못한다. 사람들이 음악을 연주하고 함께 춤을 추기보다는 바로 그 (라디오에 등장하는) 최고 스타들의 노래를 들으며 조용히 앉아 있을 때 공동체의 유대감도 깨지게 된다.

상세 해설

함께 모여 노래하고, 춤추며, 이야기하는 전통적인 마을에 라디오라는 미디어가 소개되면서, 사람들이 마을의 놀이에 직접 참여하여 솜씨를 비교하는 대신에 라디오에서 나오는 스타들의 공연을 듣기만 하게 되었다는 내용이다. 즉, 미디어를 통한 문화 집중이 사람들의 직접적인 참여를 억제하고 그들을 수동적인 존재로 만들고 있는 것이므로, 빈칸에 들어갈 말로 ③ '수동성'이 가장 적절하다.
① 붕괴 ② 다양성 ④ 통일 ⑤ 동화

구문 분석

7행 **Now that** the radio has come to Ladakh, people do not need **to** [sing their own songs] **or** [tell their own stories].

▶ now that은 '~이기 때문에'라는 뜻으로, Now ~ Ladakh까지는 이유를 나타내는 종속절이고, '라디오가 Ladakh에 들어왔기 때문에'로 해석한다.
▶ [ ]로 표시된 두 개의 동사구가 or로 연결되어 to에 이어진다.

12행 They are no longer comparing themselves to **neighbors and friends**, [who are real people — some better at singing but perhaps not so good at dancing] — and no one is ever **as good as** the stars on the radio.

▶ [ ]로 표시된 관계절은 선행사인 neighbors and friends에 대해 추가적인 설명을 제공한다.
▶ 〈as ~ as ...〉 원급 비교구문이 사용되어 one과 the stars on the radio를 비

교하고 있다.

어휘 및 어구

- centralization 집중
- theater 연극
- inhibit 억제하다
- community tie 공동체의 유대감
- contribute to ~의 원인이 되다
- toddler 아장아장 걷는 아기
- self-conscious 남의 시선을 의식하는

02 정답 ③

한줄 해설

스트레스를 주는 일과 그것을 과민하게 받아들이는 사람과의 상호작용으로 인해 스트레스가 생긴다는 내용에서 정답을 찾을 수 있다.

해석

우리는 스트레스를 환경적인 자극 혹은 반응으로서가 아니라 생각하는 사람과 일의 상호작용으로 보아야 한다. 교통체증에 걸렸다고 가정해 보자. 약속에 늦었는지, 수중에 시간이 많은지 여부에 따라, 아마도 여러분은 그 상황에 대해 아주 다르게 느낄 것이다. 교통체증에 처한 것과 같은 일을 우리가 어떻게 해석하느냐가 중요한 것이지, 그 일 자체나 우리가 그 일에 반응하여 하는 행동이 중요한 것은 아니다. 따라서 스트레스는 사람과 그 사람에 의해서 자신의 역량을 넘어서서 자신의 안위를 위험에 빠뜨리는 것이라고 간주되는 환경 간의 특정한 관계로 정의될 수 있다. 이러한 정의는 스트레스가 사람과 환경 사이의 <u>교류적인</u> 과정이고, 그 사람의 상황에 대한 평가가 중요하며, 그 상황이 위협적이거나 힘든 것으로 생각되지 않으면 스트레스는 생기지 않는다고 진술한다.

상세 해설

스트레스는 상황에 대한 자극 혹은 반응으로서가 아니라 스트레스를 주는 일과 그것을 받아들이는 사람 간의 상호작용으로 보아야 한다는 취지의 글이다. 즉, 상황에 대한 그 사람의 해석과 평가에 따라 스트레스가 증가하거나 스트레스를 받지 않을 수도 있고, 그것이 그 사람의 행복에 다시 영향을 미친다는 내용이므로, 빈칸에는 ③ '교류적인'이 가장 적절하다.
① 경쟁적인 ② 뒤집을 수 있는 ④ 협력적인 ⑤ 의사결정적인

구문 분석

1행 We should view stress **not as** an environmental stimulus or **as** a response **but as** the interaction of a thinking person and an event.

▶ 'A가 아니라 B'라는 뜻을 가진 〈not A but B〉 구문이 사용된 문장으로, A 자리에 as an environmental stimulus와 as a response를 접속사 or가 연결하며 병렬 구조를 이루고 있다. 또한, 이 구문에서 A와 B는 as가 이끄는 전치사구로, 병렬 구조를 이루고 있다.

4행 Depending **on** [whether you {are late for an appointment} **or** {have plenty of time on your hands}], you will probably feel very different about your situation.

▶ [ ]는 전치사 on의 목적어로 쓰인 명사절로 Depending on에 연결된다.
▶ 두 개의 { }는 or를 사이에 두고 주어 you에 병렬로 연결되었다.

어휘 및 어구

- environmental 환경적인
- response 반응
- depending on ~의 여부에 따라
- be stuck in ~에서 옴짝달싹 못하다
- appraisal 평가
- stimulus 자극
- interaction 상호작용
- interpret 해석하다
- exceed 넘다, 초과하다

03 정답 ②

한줄 해설

짧고 간결하게 글을 쓰는 것이 쉽지 않다는 내용이므로, 이를 압축하여 빈칸을 완성한다.

해석

참으로, 요약하기는 모든 분야에 있는 사람들에게 어렵다. Mark Twain과 Ernest Hemingway가 생각나는데, 많은 유명한 소설가들이 원고의 극단적인 길이를 후회한다는 글을 편집자에게 보내 왔다. 만약 그들에게 더 많은 시간이 있었다면, 그 작품의 길이가 절반이 되었을 것이다. Winston Churchill은 5분 전에 통지를 받으면 온종일 말을 할 수 있지만 말할 시간이 겨우 5분밖에 없다면 준비하는 데 하루가 필요하다고 말해야 했다. 시인 Edwin Arlington Robinson은 나이가 들게 되자, "이제 나이가 60이 넘어 짧은 시를 쓰는 것이 너무 힘에 부치네요."라고 말하면서 짧은 운문을 쓰는 것에서 긴 작품을 쓰는 것으로 전환했다. 이들 개개인이 말하기를, 글쓰기의 정수는 페이지에 단어를 더하는 것이 아니라 불필요한 것을 깨달아 지우는 것을 배우는 것이다.

상세 해설

긴 글보다는 짧은 글이 훨씬 더 쓰기 어렵다는 내용을 Winston Churchill, Edwin Arlington Robinson 등의 사례를 들어 설명하고 있다. 불필요한 것을 깨닫고 지우는 것이 글쓰기의 정수라고 했으므로, 빈칸에는 ② '요약하기'가 들어가는 것이 가장 적절하다.

① 영상화하기 ③ 분류하기 ④ 공감하기 ⑤ 개별화하기

구문 분석

2행 Many famous novelists — Mark Twain and Ernest Hemingway come to mind — have written to their editors [that they regretted the extreme length of their manuscripts]; [if they had had more time, the work would have been half as long].

▶ 첫 번째 [ ]는 have written의 목적어 역할을 하는 명사절이다.

▶ 두 번째 [ ]는 과거 사실을 반대로 가정하는 가정법 과거완료 표현으로, '만약 그들에게 더 많은 시간이 있었다면, 그 작품의 길이가 절반이 되었을 것이다'라고 해석한다.

6행 Winston Churchill is supposed **to have said** [that he could talk for a day with five minutes' notice but needed a day to prepare if he had only five minutes in which to speak].

▶ to부정사가 언급하는 시점이 주절의 시점보다 시간상 앞서 있으므로 완료부정사 형태인 to have said를 썼다.

▶ [ ]는 have said의 목적어로 쓰인 명사절이다.

어휘 및 어구

- indeed 참으로, 사실
- novelist 소설가
- manuscript 원고
- poet 시인
- verse 운문
- essence 정수
- discipline 분야, 학과
- editor 편집자
- notice 통지; 알아차리다
- shift 전환하다; 전환
- remark (의견을) 말하다, 언급하다

[04~05]

04 정답 ③

05 정답 produced so much data

한줄 해설

04 동일한 기본 형태의 뼈가 모든 포유동물의 사지에서 나타난다는 것을 진화의 주요 증거로 제시했다는 내용을 통해 빈칸에 들어갈 말을 추론하면 된다.

05 다른 자연주의자들은 무시하기 쉬웠지만, Darwin은 무시할 수 없었다는 내용에서 정답을 찾을 수 있다.

해석

Charles Robert Darwin은 스스로 두 가지 주요 과업을 부과했다. 한 가지는 진화가 일어날 수 있는 기제를 알아내는 것이었다. 그가 생각한 기제는 자연 선택이고, 그것은 진화의 배후에 있는 주요한 작용력으로 오늘날에도 여전히 받아들여진다. 그의 다른 과업은 사람들에게 진화가 일어났었다는 것을 확신시킬 수 있을 만한 충분한 증거를 수집하는 것이었다. 어떤 증거는 화석, 또는 식물과 동물의 분포에서 나왔다. 가장 중요한 것은 생명체들로부터 나오는 증거였다. 1836년에 "모든 좋은 한때는 변종이었을 수 있고, 많은 변종이 서서히 좋이 되고 있다."라고 글을 쓴 Rafinesque를 비롯하여 다른 동식물 연구가들의 주목을 받았을 만큼 이는 충분히 명백했다. 동식물 연구가들에 의한 그런 일상적인 말은 영향력이 거의 없었으나, Darwin을 무시하는 것은 더 어려웠는데, 그가 매우 많은 자료를 만들어 냈기 때문이다. 한 가지 중요한 증거는 뼈의 똑같은 기본 형태가 모든 포유동물의 사지에서 나타난다는 것이었다. 그런 유사성은 그들 모두가 공통된 한 조상의 후손이 틀림없다는 것을 보여 준다.

상세 해설

04 Darwin은 진화론을 설명하기 위해 생명체들로부터 나오는 증거를 수집하였는데, 한 가지 중요한 증거로 포유동물의 사지에서 동일한 기본 형태의 뼈가 나타난다는 것을 알아냈으므로, 빈칸에 들어갈 말로 ③ '유사성'이 가장 적절하다.

① 네트워크 ② 기억 ④ 혁신 ⑤ 간섭

05 Darwin의 주장을 무시할 수 없었던 이유는 그가 많은 자료를 만들어 주장에 대한 근거가 충분했기 때문이다.

질문: 다른 동식물 연구가들과 달리, Darwin의 말이 중요성을 가졌던 이유는 무엇인가?

정답: Darwin이 많은 자료를 만들어 냈기 때문이다.

구문 분석

2행 One was to work out **a mechanism** [by which evolution might occur].

▶ [ ]는 관계절로 a mechanism을 수식한다.

5행 His other task was [to collect enough evidence to **convince** people {that evolution had occurred}].

▶ [ ]는 was의 보어로 쓰였고, { }는 convince의 직접 목적어로 쓰였다.

▶ 〈convince A that ~〉은 'A에게 ~을 확신시키다'의 뜻으로, 앞에 있는 enough evidence와 어울려 '사람들에게 진화가 일어났었다는 것을 확신시킬 수 있을 만한 충분한 증거'라고 해석한다.

어휘 및 어구

- task 과업, 과제
- evolution 진화
- evidence 증거
- fossil 화석
- species 종(생물 분류의 기초 단위)
- casual 일상적인, 평상시의, 간편한
- carry weight 영향력[중요성]을 갖다
- mammal 포유동물
- ancestor 조상, 선조
- mechanism 기제, 방법
- natural selection 자연 선택
- convince 확신시키다, 납득시키다
- distribution 분포, 유통
- variety 변종, 다양(성)
- remark 말, 발언, 논평
- limb 사지, 팔다리
- be descended from ~의 후손이다

06 정답 ①

한줄 해설

Internet, competition, be compared against the companies in other nations 등의 표현을 통해 정답을 찾을 수 있다.

정보가 이동하는 용이성과 속도로 미루어 볼 때, 지식사회의 모든 조직은 <u>세계적으로 경쟁력을 갖추어야</u> 한다. 이것은 인터넷이 모든 곳의 소비자들로 하여금 어디에서나 구할 수 있는 것은 무엇이고 가격이 어떤지에 관한 정보를 계속 알게 할 것이기 때문이다. 여기에 한 가지 예가 있다. 어떤 경영자가 멕시코에서 굉장히 성공적인 엔지니어링 디자인 회사를 개발했다. 그는 자신의 일 중 가장 힘든 것 중 하나가 경쟁자들이 멕시코인들만이 아니라는 점을 공동 경영자들과 동료들에게 납득시키는 것이라고 불평한다. 경쟁자들이 물리적으로 존재하지 않더라도, 인터넷은 소비자들이 (재화와 용역의) 제공에 대해 세계적인 수준에 나란히 할 수 있도록 멕시코에서도 같은 질의 디자인을 요구할 수 있게 해 준다. 이 기업가는 그의 공동 경영자들에게 회사의 실적은 멕시코 안의 회사들뿐 아니라 다른 나라들의 회사들과 견주어 비교되어야 한다는 점을 납득시켜야 한다.

상세 해설

인터넷을 통해 다른 나라들과 서비스나 가격을 비교해 볼 수 있고, 멕시코뿐 아니라 세계 다른 지역의 회사들과도 경쟁해야 한다는 점을 동료들에게 납득시키려 노력하는 기업가의 사례로 보아, 빈칸에 들어갈 말로 ① '세계적으로 경쟁력을 갖추어야'가 가장 적절하다.

② 더 많은 이중언어 사용자를 고용해야
③ 탄탄하게 조직화되어야
④ 경쟁 상대들과 협력해야
⑤ 소비자들과 결부되어야

지문 구성

도입(요지)	지식 사회의 모든 조직은 세계적으로 경쟁력을 갖추어야 한다.
이 유	인터넷을 통한 정보 검색의 용이성
사 례	다른 나라의 경쟁자들과 비교하여 경쟁력을 갖춰야 한다는 점을 납득시키려 노력하는 기업가

구문 분석

3행 This is because the Internet will **keep** customers everywhere **informed** on what is available anywhere and **at what price**.

▶ keep은 불완전 타동사로 목적어와 목적 보어를 갖는다. 여기에서는 customers everywhere가 목적어이고 informed ~가 목적 보어로 쓰여 '모든 곳의 소비자들로 하여금 ~에 관해 계속 알게 한다'의 의미가 된다.

▶ at what price는 at what price it is available이 축약된 형태로 보면 된다.

10행 Even without physical presence of competitors, the Internet **allows** customers **to stay** abreast of global offering and **demand** the same quality of designs in Mexico.

▶ allow는 목적 보어로 to부정사를 취한다. 여기에서는 to stay와 (to) demand가 and를 중심으로 병렬 구조를 이루고 있다.

어휘 및 어구

- ease 용이성
- informed 알고 있는, 정보에 밝은
- convince 납득시키다, 확신시키다
- competition 경쟁
- institution 단체, 조직
- entrepreneur 경영자
- associate 공동 경영자
- competitor 경쟁자

07 정답 ②

한줄 해설

늦게까지 일하는 것 자체가 영향을 주는 것이 아니라, 직장에서 느끼는 부정적 감정이 아이의 행복감에 영향을 미친다는 내용이다.

해석

Boston College 사회복지 대학원의 두 연구자가 수행한 한 연구는 자녀의 행복감은 부모가 직장에서 보낸 긴 시간에 의해서는 영향을 덜 받고 집에 돌아왔을 때 부모의 기분 상태에 의해 영향을 더 받는다는 것을 발견했다. 아이들은 더 적은 시간을 일하지만 불행한 마음으로 집에 오는 부모보다는 좋아하는 직장에서 밤늦게까지 일하는 부모를 가지는 것이 더 좋다. 이것이 직업이 가족에 끼치는 영향이다. 늦게까지 일하는 것이 아이들에게 부정적으로 영향을 끼치는 것이 아니라, 오히려 직장에서 느끼는 감정이 그러하다(부정적 영향을 끼친다). 부모가 죄책감을 느낄 수 있고, 자녀는 부모를 그리워할지 모르나, 사무실에서의 야근이나 잦은 출장이 문제가 되는 것 같지는 않다. 요약하면, 만약 <u>여러분의 일이 마음에 안 든다면</u>, 아이들을 위해 집에 가지 말라.

상세 해설

부모가 일을 끝내고 집에 돌아왔을 때 이들이 느끼는 감정이 자녀의 행복에 더 영향을 미친다는 내용으로, 자녀의 행복은 부모의 직업 만족감으로부터 나온다는 내용이므로, 빈칸에 들어갈 말로 ② '여러분의 일이 마음에 안 든다면'이 가장 적절하다.

① 할 일이 여전히 있으면
③ 그저 마음을 따라간다면
④ 경쟁에서 패한다면
⑤ 승진 욕구가 있다면

구문 분석

1행 A study by two researchers at the Graduate School of Social Work at Boston College found [that a child's sense of well-being is affected **less by the long hours** {their parents put in at work} **and more by the mood** {their parents are in when they come home}].

▶ [ ]는 found의 목적어 역할을 하는 명사절이다.

▶ ⟨less by ~ and more by ...⟩ 구문은 앞에 있는 동사 is affected와 연결되어 '~에 의해 영향을 덜 받고, …에 의해 영향을 더 받는다'는 뜻으로 해석한다.

▶ 두 개의 { }는 각각 the long hours와 the mood를 수식하는 관계절로 목적격 관계대명사 that 또는 which가 생략되었다.

어휘 및 어구

- well-being 행복
- mood 기분
- influence 영향
- frequent 잦은, 빈번한
- for one's sake ~을 위하여
- affect 영향을 미치다
- better off 형편이 더 나은[좋은]
- guilty 죄책감이 드는
- net-net 요약하면, 결국에는

08 정답 ②

한줄 해설

need fewer calories와 It takes roughly a pound of feed to produce a pound of farmed fish를 이해하면 정답을 찾을 수 있다.

해석

여러분이 물고기를 앞바다의 가두리에서 양식하든 육지의 필터가 장착된 탱크에서 양식하든, 여러분은 육지 동물을 키우는 것에 비해 하나의 큰 이점을 누릴 수 있다. 여러분은 그들에게 훨씬 더 적게 먹이를 줄 수 있다. 왜냐하면 그들은 냉혈동물이고 부력이 있는 환경에서 살아서 그렇게까지 중력과 싸울 필요가 없으며, 더 적은 열량을 필요로 하기 때문이다. 양식된 물고기 1파운드를 생산하는 데 대략 1파운드의 먹이가 필요하다. 닭고기 1파운드를 생산하는 데는 거의 2파운드의 먹이가, 돼지고기 1파운드를 생산하는 데는 거의 3파운드의 먹이가, 그리고 쇠고기 1파운드를 생산하는 데는 거의 7파운드의 먹이가 필요하다. 비록 부유한 소비자들이 먹기를 좋아하는 일부 양식된 물고기들은 살코기를 먹고, 많은 동물성 먹이를 필요로 하긴 하지만, 다른 많은 물고기들은 행복하게 식물과 곤충을 먹고 산다. 지구 자원을 가장 적게 필요로 하면서 90억 인구의 요구를 충족시킬 수 있는 동물성 단백질의 원천으로, 양식업, 특히 틸라피아, 잉어, 그리고 메기와 같은 물고기의 양식업은 성공할 가능성이 큰 것 같다.

물고기 양식의 장점을 다른 육류 생산과 비교하여 설명하고 있다. 빈칸 뒤에 양식에 필요한 먹이를 비교한 내용으로 보아, 빈칸에 들어갈 말로 ② '그들에게 훨씬 더 적게 먹이를 줄'이 가장 적절하다.

① 그들을 쉽게 잡을
③ 그들을 더 빠르게 양식할
④ 그들을 더 많은 양으로 번식시킬
⑤ 그들을 통제된 장소에 가둘

지문 구성

도입(요지)	물고기를 키우는 데는 먹이가 적게 드는 이점이 있다.
근 거	물고기의 물리적 특징(냉혈 동물이며 부력이 있는 환경에서 서식)
비 교	다른 고기를 얻기 위한 사료의 양 비교
반 론	부유한 소비자들이 원하는 물고기는 동물성 사료가 많이 필요하다.
재반론	동물성 사료가 그다지 필요하지 않은 물고기들이 많이 있으며, 이는 90억 인구의 적절한 단백질 공급원이다.

구문 분석

6행 **It takes** roughly a pound of feed **to produce** a pound of farmed fish; **it takes** almost two pounds of feed **to produce** a pound of chicken, about three for a pound of pork, and about seven for a pound of beef.

▶ 〈It takes ~ to부정사〉 구문은 '…하는 데 ~가 든다[필요하다]'의 의미이다.

13행 **As** a source of **animal protein** [that can meet the needs of nine billion people with the least demand on Earth's resources], **aquaculture** — particularly for fish like tilapia, carp, and catfish — **looks** like a good bet.

▶ 전치사 as 다음에는 명사구가 와서 as는 '~로서'의 의미를 나타낸다.
▶ [   ]는 관계절로, animal protein을 수식한다.
▶ 이 문장의 주어는 aquaculture이고, 동사는 looks이다.

어휘 및 어구

- offshore 근해의, 앞바다의
- gravity 중력
- aquaculture 양식업
- carp 잉어
- buoyant 부력이 있는
- affluent 부유한
- tilapia 틸라피아(아프리카의 민물고기)
- catfish 메기

[09~10]

09 정답 ①

10 정답 (A) smoke (B) fire

한줄 해설

09 행위자를 분명히 밝힌 다음 사건의 발생에 대한 진술을 한다는 영어권 화자의 사고 특징을 집약하여 빈칸을 완성한다.

10 문맥상 '아니 땐 굴뚝에 연기 나랴'에 해당하는 영어 속담이 온다.

해석

'암시적 행위자'라는 개념은 미국인의 인과 관계에 대한 집착을 묘사하는 편리한 방법을 우리에게 제공한다. '자연적인 발생' 또는 '사건의 일어남'이라는 개념은 중국인과 많은 비서양인에게 그런 것만큼 미국인에게는 친숙하거나 용인되지 않는다. 사건은 그저 발생하거나 자연적으로 일어나지 않는다. 그것들은 원인이나 책임이 있는 행위자를 필요로 한다. 미국인은 누가 책임을 지는지, 즉 누가 그 일을 행했는지 혹은 누가 그 일이 행해지는 원인이 되었는지를 밝히고 나서야 사건 발생에 대한 진술에 만족해 한다. '아니 땐 굴뚝에 연기 나랴'는 각각의

결과 내지는 사건이 (그것의) 원인이 되는 행위자를 갖는 것을 의미한다. 영어는 미국인(과 영국인)의 이런 사고의 특징을 반영한다. 예를 들어, 영어에서는 행위자 없이 비가 자연적으로 내리는 것을 표현할 수 없다. 'Is raining'이라는 표현을 허용하는 다른 로망스 어와는 달리, 영어 화자는 'It is raining.'이라고 말하기 위해 가짜(형식상의) 주어를 고안해 내야만 한다. 이 영어 표현에서 'it'은 행위자이다.

09 미국인들은 자연적인 사건 발생은 용인하지 않고 모든 일에 대해 원인이나 책임이 있는 행위자를 필요로 한다. 즉 인과 관계가 명확한 사건의 발생에 대한 진술을 선호하고, 그래서 영어 표현에서는 행위자에 해당하는 주어 자리를 반드시 채운다는 내용이므로, 빈칸에 들어갈 말로 ① '인과 관계에 대한 집착'이 가장 적절하다.

② 중산층과 그들의 언어
③ 자국어의 변종
④ 역사적 사건에 대한 고통과 반응
⑤ 책임감 있는 사회로 여겨지는 사회

10 '아니 땐 굴뚝에 연기 나랴'라는 영어 속담은 Where there's smoke, there's fire.로 표현한다.

지문 구성

도입(요지)	미국인의 '암시적 행위자'라는 개념은 미국인이 인과 관계에 대해 집착한다는 것을 보여 준다.
부 연	자연적 발생은 미국인에게 용인되지 않는 개념 → 사건 발생에는 원인이 되는 행위자가 있어야 한다.
사 례	영어에서 형식상의 주어(it) 사용 → 동사의 행위자라는 개념의 표시이다.

구문 분석

3행 **The idea of** [a "natural happening" or "occurrence"] is not **(as)** familiar or acceptable for Americans **as** it is for the Chinese and many other non-Westerners.

▶ [   ]는 The idea와 동격을 이루며, The idea of ~는 '~라는 개념'으로 해석한다.
▶ 〈as ~as ...〉 구문이 쓰여 있으며 앞에 as가 생략되었다.

8행 Americans are not satisfied with statements of occurrence until they have **determined** [who is responsible — {who did it} or {who caused it to be done}].

▶ [   ]는 determined의 목적어 역할을 하는 명사절이자 간접의문문이다.
▶ 병렬 구조로 연결된 두 개의 {   }는 who is responsible을 부연 설명하는 간접의문문이다.

어휘 및 어구

- concept 개념
- agent 행위자
- familiar 친숙한, 익숙한
- statement 진술, 성명
- reflect 반영하다
- refer to ~을 나타내다
- dummy subject 가짜 주어, 형식상의 주어
- preoccupation 집착, 심취
- implied 암시적, 은연중의
- occurrence 발생
- responsible 책임이 있는
- causative agent 원인이 되는 동작의 주체
- quality 특징
- causation 인과 관계

11 정답 ④

한줄 해설

저(低)맥락 의사소통 방식과 대조를 이루는 고(高)맥락 의사소통 방식의 특징을 이해해야 한다.

해석

대부분의 서양 문화에서, 메시지는 대개 논리적이고 직선형의 순서로 제시되는 아이디어와 관련되어 있다. 화자는 정확한 단어 선택을 통해 의미하는 것을 말하려고 하고, 그 언어의 내용은 개인적이고 객관적인 메시지의 연속체상에서 개인적이라기보다는 더 객관적이다. 메시지를 받는 사람이 누구인지, 그 단어들이 어떻게 말해지는지, 또는 그 단어들에 동반된 비언어적 행동들보다 실제 단어들이 더 중요하기 때문에 이러한 의사소통 방식은 저(低)맥락이라고 일컬어진다. 반면, 고(高)맥락 의사소통 방식의 문화에서는 대부분의 메시지 의미가 단어들 속에서가 아니라 맥락 속에서 발견된다. 사실, 사용되는 단어 선택은 모호하거나 불완전할 수 있다. 언어의 내용은 화자와 청자 간의 관계에 따라 객관적이기보다 더 개인적이다. 대화에서 태도와 감정은 (마음속의) 생각보다 더 중요하다.

상세 해설

정확하고 객관적인 것을 중시하는 저(低)맥락 의사소통 방식과 대조적으로 감정이나 개인적인 것을 중시하는 고(高)맥락 의사소통 방식을 비교하여 설명하고 있다. 빈칸은 고(高)맥락 의사소통의 특징에 해당하므로, '정확하지 않고 객관적이지 않은'과 일맥상통하는 표현을 찾아야 한다. 따라서 ④ '모호하거나 불완전할'이 가장 적절하다.
① 낭만적이고 정확할
② 논리적이고 질서 정연할
③ 과학적이고 객관적일
⑤ 의미가 없거나 터무니없을

구문 분석

6행 This communication style is termed low-context because [the actual words] are **more important than** [who is receiving the message, how the words are said, or **the nonverbal actions** {that accompany them}].

▶ 〈비교급(more important)+than〉을 이용한 비교 구문이다. [ ]로 표시된 두 개의 부분이 비교 대상에 해당한다.

▶ { }로 표시된 주격관계대명사 that이 이끄는 절이 선행사 the nonverbal actions를 수식한다.

10행 On the other hand, in **cultures** [with a high-context communication style], most of the meaning of a message **is found** in the context, not in the words.

▶ [ ]로 표시된 구는 cultures를 수식한다.

▶ 이 문장의 주어는 most of the meaning of a message인데 find의 대상이므로 수동태 is found로 표현했다.

어휘 및 어구

- concern ~와 관련되다
- sequence 순서, 차례
- wording 단어 선택
- continuum (단수) 연속체
- nonverbal 비언어적인
- linear 직선의, 직선 모양의
- precise 정확한
- objective 객관적인
- term 일컫다, 칭하다
- accompany 동반하다

12 정답 ④

한줄 해설

'왜'라는 질문은 그 원인에 대한 설명을 가져오고, 그것이 인간만이 가진 능력이라는 내용이다.

해석

왜 일이 제대로 돌아가는지, 그리고 일이 예상대로 진행되지 않을 때 무엇이 문제를 초래하고 있을 수 있는지에 대해 생각하는 능력은 우리가 생각하는 방식의 명확한 한 측면처럼 보인다. 왜 일이 발생하는지에 대해 생각하는 이러한 능력이 인간의 능력을 지구상에 있는 거의 모든 다른 동물들의 능력과 구별해 주는 중요한 능력들 중 하나라는 점은 흥미롭다. '왜'라는 질문을 하는 것은 사람들로 하여금 설명을 만들어 내도록 해 준다. Issac Newton은 단지 사과가 나무에서 떨어지는 것을 본 것이 아니다. 그는 그러한 관찰을 사과가 왜 떨어졌는지 이해하는 것을 돕는 데 사용했다. 여러분의 자동차 정비공은 단지 여러분의 차가 작동하지 않는 것을 관찰하는 것이 아니다. 왜 그것이 평상시에 제대로 작동하는지에 대한 지식을 사용하여 왜 그것이 작동하지 않고 있는지를 알아낸다. 그리고 다섯 살짜리 아이와 시간을 보내 본 사람이라면 누구나 이 나이의 아이들이 왜 모든 것이 지금처럼 작동하는지에 대한 여러분의 답변을 얻으려고 애씀으로써 여러분 인내심의 한계를 시험할 수 있다는 것을 안다.

상세 해설

Issac Newton과 자동차 정비공, 그리고 다섯 살짜리 아이의 예는 '왜'라는 질문이 결국 답변으로 이어진 것들이다. 그 답변이 바로 그 질문에 대한 ④ '설명'이 될 것이라고 추론할 수 있다.
① 이익 ② 갈등 ③ 호기심 ⑤ 관찰

지문 구성

도입(요지)	'왜'라는 질문은 그 질문에 대한 설명을 만들어 낸다.
예시 1	Issac Newton: 현상을 관찰만 한 것이 아니라 원인에 대해 이해한다.
예시 2	자동차 정비공: 고장을 관찰만 하는 것이 아니라 원인을 파악한다.
예시 3	다섯 살짜리 아이: 끊임없는 질문을 통해 답을 얻으려고 한다.

구문 분석

1행 [**The ability** {to think about 〈why things work〉 and 〈what may be causing problems when events do not go as expected〉}] seems like an obvious aspect of the way we think.

▶ [ ]로 표시된 명사구가 문장의 주어이다.

▶ { }로 표시된 to부정사구가 The ability를 수식하여 명사구가 확장된다.

▶ 〈 〉로 표시된 두 개의 의문사절이 and로 연결되어 구동사인 think about의 목적어 역할을 한다.

4행 **It** is interesting [that {this ability to think about why things happen} is one of **the key abilities** {that separate human abilities from those of just about every other animal on the planet}].

▶ It이 형식상의 주어이고, [ ]로 표시된 that절이 내용상의 주어이다.

▶ 첫 번째 { }로 표시된 명사구가 that절 내의 주어이다.

▶ 두 번째 { }로 표시된 that절은 선행사인 the key abilities를 수식하는 관계절이다.

14행 And [**anyone** {who has spent time with a five-year-old}] knows [that children this age can test the limits of your patience by trying to get your answers **to** {why everything works as it does}].

▶ 첫 번째 [ ]로 표시된 명사구가 문장의 주어이다. anyone이 관계절 { }의 수식을 받아 명사구가 확장된다.

▶ 두 번째 [ ]로 표시된 that절은 knows의 목적어 역할을 하는 명사절이다.

▶ { }로 표시된 의문사절은 전치사 to의 목적어 역할을 하는 명사절이다.

어휘 및 어구

- obvious 명확한
- separate 구별하다
- figure out ~을 이해하다[알아내다]
- properly 제대로
- aspect 측면, 양상
- observation 관찰
- mechanic 정비공
- patience 인내심

- devour 게걸스럽게 먹어 치우다
- by all means 반드시
- delicately 섬세하게
- put off 연기하다

어휘 및 어구
- founder 설립자
- striped 줄무늬의
- tag 꼬리표
- charity 자선단체
- spot 발견하다
- demonstrate 보여 주다
- sleeve 소매
- donate 기증[기부]하다
- set up ~을 시작하다. ~을 설립하다

[08~09]

08 정답 ⑤

09 정답 a story that demonstrates how connected we all are

한줄 해설

08 도입 문장의 내용을 결론으로 강조하고 있음을 파악해야 한다.

09 that절이 수식하고 있는 것이 무엇인지 파악해야 한다.

해석

Acumen Fund의 설립자인 Jacqueline Novogratz는 우리 모두가 어떻게 연결되어 있는지를 보여 주는 이야기를 해 준다. 그녀의 이야기는 파란 스웨터 한 벌을 중심으로 전개된다. 그것은 그녀가 열두 살 때 삼촌 Ed로부터 받은 것이었다. "저는 줄무늬 소매와 얼룩말 두 마리가 앞에 있는 그 푹신한 모직 스웨터를 좋아했어요."라고 그녀는 말한다. 그녀는 심지어 꼬리표에 자신의 이름을 써 놓기까지 했다. 하지만 그녀가 자라면서 그 스웨터는 그녀에게 너무 작아졌다. 그래서 고등학교 1학년 때 그녀는 그것을 자선단체에 기증했다. 11년 후, 그녀는 빈곤 여성을 위한 지원 프로그램을 시작하기 위하여 일하던 르완다의 Kigali에서 조깅을 하고 있었다. 갑자기 그녀는 비슷한 스웨터를 입고 있는 한 어린 소년을 발견했다. 설마 그것일까? 그녀는 그에게 달려가 꼬리표를 확인했다. 그렇다, 거기에 그녀의 이름이 있었다. 그것은 Jacqueline뿐만 아니라 나머지 우리들에게도 서로에 대한 우리의 인연이 실처럼 연결되어 있음을 상기시켜 주기에 충분했다.

상세 해설

08 Jacqueline Novogratz의 이야기는 우리 모두가 어떻게 연결되어 있는지를 보여 주는데, 이 전제의 내용을 결론으로 제시하고 있는 것이 마지막 문장이다. 따라서 도입 문장의 how connected we all are과 일맥상통하는 내용이 빈칸에 들어가야 하므로, ⑤ '서로에 대한 우리의 인연이 실처럼 연결되어 있음'이 가장 가장 적절하다.
① 말의 힘
② 혼자 해외에 나가는 것의 이점
③ 그녀가 늘 원했던 일
④ 부분의 합보다 더 큰 전체

09 관계절인 that절이 선행사인 a story를 수식한다. how connected we all are는 의문사절로 demonstrates의 목적어 역할을 한다.

지문 구성

도 입	Jacqueline Novogratz의 이야기는 우리 모두가 어떻게 연결되어 있는지 보여 줌
예 시	어릴 때 입었던 그녀의 스웨터를 기증한 후. 11년 뒤 르완다에서 어느 소년이 입은 것을 발견함
요지 강조	우리의 인연이 실처럼 연결되어 있음

구문 분석

1행 [Jacqueline Novogratz], [the founder of the Acumen Fund], tells **a story** [that demonstrates {how connected we all are}].
▶ 첫 번째와 두 번째 [ ]는 동격 관계에 있다.
▶ 세 번째 [ ]로 표시된 that절은 선행사인 a story를 수식하는 관계절이다.
▶ { }로 표시된 의문사절은 demonstrates의 목적어 역할을 하는 명사절이다.

14행 It was enough to **remind** Jacqueline —and the rest of us— **of** the threads of our connection to one another.
▶ remind A of B: A에게 B를 상기시키다

[10~11]

10 정답 ②

11 정답 what / 여러분이 가르치는 것을 배우고, 가르치는 것을 즐길 수 있게 만드는 것 중의 많은 것이

한줄 해설

10 without training ~을 이해하면 글의 요지인 빈칸에 들어갈 말을 찾을 수 있다.

11 of의 목적어로 명사절이 와야 한다.

해석

교사는 태어나는 것이지 만들어지는 것이 아니라는 속담은 더 이상 진실이 아니다. 교육을 잘 받은 현대의 교사로서, 여러분은 아이들 각자에게 무엇을, 그리고 어떻게 가르쳐야 하는지를 먼저 배웠음에 틀림없다. 여러분은 가르칠 자료, 아이의 본성, 그리고 최고의 교수법을 알아야 한다. 여러분이 가르치는 것을 배우고, 가르치는 것을 즐길 수 있게 만드는 것 중의 많은 것이 여러분의 본성과 여러분이 교직 프로그램을 시작하기 전에 접하게 된 환경적인 영향력으로부터 왔다는 것은 사실이다. 하지만 훈련이 없다면, 여러분의 흥미, 능력 그리고 개성에 상관없이, 여러분은 아마도 오늘날의 학교에서 전문 교사에게 기대되는 수준에서 일을 해낼 수 없을 것이다.

상세 해설

10
교사가 되기 위해서는 본성이나 환경의 영향력도 중요하지만 교사의 훈련이 가장 중요하다는 내용이므로, 빈칸에 들어갈 말로 ② '교사는 태어나는 것이지 만들어지는 것이 아니다'가 가장 적절하다.
① 말보다 행동이 더 중요하다
③ 아이를 한 명 키우는 데 온 마을 사람들이 나서야 한다
④ 늙은 개에게는 새로운 기술을 가르칠 수 없다
⑤ 공부만 하고 놀지 않으면 아이가 멍청해진다

11
of 다음에 of의 목적어인 명사절이 와야 하고, 명사절에서 makes와 연결되는 주어의 역할을 해야 하므로 선행사를 포함하는 관계대명사인 what으로 시작하는 것이 가장 적절하다.

지문 구성

도입(소재)	교사의 양성
근 거	교사는 여러 가지를 배워서 가르칠 적절한 능력을 갖춘다.
반 론	교사의 본성이나 환경도 중요하다.
강 조	그러나 교사 훈련이 결정적이다.

구문 분석

1행 **The old saying** [that teachers are born and not made] no longer holds true.
▶ 문장의 주어는 The old saying ~ made로, [ ]는 The old saying과 동격인 절이다.

6행 True, [much of {what makes you able to learn to teach and to enjoy teaching}] has come from your original nature and from **the environmental forces** [that you encountered before you entered the teacher-training program].

▶ 첫 번째 [ ]는 문장의 주어이고, { }는 of의 목적어로 쓰인 명사절이다.

▶ 두 번째 [ ]는 the environmental forces를 수식하는 관계절이다.

10행 But without training, regardless of your interests, ability, and personality, you could not possibly perform at **the level** [expected of the professional teacher in today's schools].

▶ [ ]는 the level을 수식하는 분사구로, expected는 수동의 의미로 level을 수식하는 과거분사이다.

어휘 및 어구

- hold true (규칙 · 말 따위가) 진실이다, 유효하다
- material 자료
- method 방법
- instruction 교수, 교육
- force 영향력
- encounter (새롭거나 뜻밖의 대상과) 접하다[마주치다]
- regardless of ~에 상관없이
- interest 흥미
- personality 개성

구문 분석

5행 [Contrary to most of our perceptions about extroverts], they are **not necessarily** more outgoing or lively than introverts.

▶ [ ]는 '~와 반대로'의 의미로 사용된 부사구이고, not necessarily는 부분 부정으로 '꼭 ~한 것은 아닌'의 의미이다.

8행 Extroverts can refresh themselves **by doing** something in the outside world, especially [since there is so much to choose from today].

▶ ⟨by + -ing⟩는 '~함으로써'의 의미를 나타내며, [ ]는 '~이기 때문에'의 의미를 나타내는 부사절이다.

어휘 및 어구

- introvert 내향성인 사람; 내향적인
- extrovert 외향성인 사람; 외향적인
- astounding 놀라운
- engage in ~에 종사하다
- contrary to ~와 반대로
- perception 인식(하여 갖게 된 생각)
- necessarily 반드시
- outgoing 사교적인, 외향적인
- lively 활기[생기] 넘치는, 적극[의욕]적인
- refresh 생기를 되찾게[상쾌하게] 하다
- loneliness 외로움
- exhausted 완전히 지친
- in contact with ~와 접촉하는
- enthusiastic 열정적인
- in low spirits 의기소침한

12 정답 ②

한줄 해설

refresh themselves by doing something in the outside world를 이해하면 정답을 찾을 수 있다.

해석

내향성인 사람들과 외향성인 사람들의 차이는 놀랍다. 무엇보다도, 외향성인 사람들은 바깥 세상으로부터 에너지를 얻는다. 대부분의 외향성인 사람들은 사람들에게 이야기하는 것과 자신들의 밖에서 하는 활동에 종사하는 것, 그리고 사람들 주위에서 일하는 것을 좋아한다. 외향성인 사람들에 대한 우리들의 인식과 반대로, 그들이 반드시 내향성인 사람들보다 더 사교적이거나 활기 넘치는 것은 아니다. 사실, 그들의 초점은 자신들의 밖에 있다. 외향성인 사람들은 외부 세계에서 뭔가를 하는 것으로 자신들을 재충전할 수 있는데, 특히 오늘날에는 선택할 것이 아주 많기 때문이다. 외향성인 사람들은 사람들이나 외부 세계와 접촉하지 않으면 외로움과 피로감을 느낄 수 있다. 흔히, 그들에게 가장 힘든 활동은 긴장을 풀고 그들의 신체를 쉬게 하는 것이다. 그들은 열정적인 느낌을 받지 않거나 의기소침해 할 것이다.

상세 해설

외향성인 사람들은 다른 사람들과의 접촉에서 에너지를 얻고, 혼자 가만히 있으라고 하면 힘들어 한다는 내용이므로, 빈칸에는 ② '바깥 세상으로부터 에너지를 얻는다'가 가장 적절하다.

① (다른 사람들이) 필요로 하면 행복해 한다

③ 자신을 재충전하는 데 어려움을 겪는다

④ 그들을 둘러싼 모든 것에 대해 관심이 없다

⑤ 친근하고 사교적인 것에 대해 자랑스러워한다

지문 구성

도입(소재)	내향성인 사람과 외향성인 사람의 차이
요 지	외향성인 사람들은 외부에서 에너지를 얻는다.
근 거	바깥 세상과의 접촉을 통해 뭔가를 하며 에너지를 얻는다.
반대 사례	외향성인 사람들은 혼자 있게 되면 의기소침해 한다.

13 정답 ③

한줄 해설

stand back and look at the situation의 의미를 이해하면 정답을 찾을 수 있다.

해석

여러분의 아이가 어떤 일을 회피하고 있는 이유가 있는지 알아보려면, 여러분은 상황을 상세히 살펴볼 필요가 있다. 예를 들어, 여러분이 아이에게 가서 양치질을 하라고 했는데 그 일이 일어나지 않았다면, 뒤로 물러서서 그 상황을 살펴보라. 여러분의 아이가 어둠을 무서워하는데, 욕실이 복도 끝에 있고 그 순간에 켜진 불이 전혀 없다는 것을 여러분이 알고 있다고 가정해 보라. 그런 경우, 여러분의 아이는 거역하고 있는 것이라기보다는 그 일을 회피하고 있는 중일 가능성이 상당하다. 하지만, 그런 제약이 전혀 없고 여러분의 아이가 그저 텔레비전에 열중하고 있다면, 그것은 아마도 거역하는 것일 것이고 즉시 10분 동안 텔레비전을 끄는 것이 적절한 대응일 것이다.

상세 해설

아이에게 양치질을 하라고 했는데 하지 않겠다고 했다면 그것은 욕실이 있는 복도의 어둠이 무서워서일 수도 있다. 반면, 아이가 TV를 보느라 움직이지 않고 있다면 단순히 거역하고 있는 것일 수도 있으므로 아이가 어떤 일을 회피한다면 그 이유를 자세히 봐야 한다는 내용이다. 따라서 빈칸에 들어갈 말로 ③ '여러분은 상황을 상세히 살펴볼 필요가 있다'가 가장 적절하다.

① 여러분의 자녀는 먼저 여러분을 신뢰해야 한다

② 그 아이가 또래와 놀 때 지켜보라

④ 여러분이 비슷한 일을 과거에 했는지 생각해 보라

⑤ 여러분은 그 문제를 다룰 때 유머를 사용해야 한다

지문 구성

도입(요지)		자녀가 말을 듣지 않으면 상황을 상세히 살펴보라.
사 례		양치질을 하라고 시킴 상황 1. 자녀는 어둠이 무서워서 양치질을 하려 하지 않을 수 있다. (거역 ×) 상황 2. 자녀는 텔레비전에 열중해 양치질을 하지 않을 수 있다. (거역 ○)

2행 For example, [if you **have asked** your child to go and brush his or her teeth and this hasn't happened], **stand** back and **look** at the situation.

▶ [   ]는 조건절이며, stand back ~이 주절이다. 주절은 동사원형 stand와 look으로 시작하는 명령문이다.

7행 In that case, **it** is quite possible [that your child is **avoiding** the task rather than **being** disobedient].

▶ it은 형식상의 주어이고, [   ]는 내용상의 주어인 that절이다.

▶ [   ]안의 is에 avoiding과 being이 연결되어 현재진행 시제를 이루고 있다.

9행 However, [if there are no such limitations and your child is just glued to the television], then it is probably disobedience and [turning off the television immediately for ten minutes] would be an appropriate response.

▶ 첫 번째 [   ]는 조건절이다.

▶ 두 번째 [   ]는 and 뒤에 오는 절의 주어이다.

어휘 및 어구

· task 일, 과업
· be scared of ~을 무서워하다
· limitation 제약
· appropriate 적절한
· stand back 뒤로 물러서다
· disobedient 거역하는, 반항하는
· be glued to ~에 열중하다
· response 대응

14 정답 ③

한줄 해설

과학 교육에서는 예상에 어긋나는 것에 대해 아이들이 열린 태도를 갖게 해 주어야 한다는 내용이다.

해석

지난 20년 동안 일부 교육자들은 아이들이 실패를 겪게 해서는 안 된다고 믿어 왔다. 모든 아이가 거의 늘 성공을 거둘 수 있도록 교육 환경이 조성되었다. 실패의 경험은 아이들이 앞으로 공부하고자 하는 의욕이 떨어지게 만들 것이라는 판단을 내리게 되었다. 그렇지만, 과학의 영역에서는 (생각했던 대로) 잘 되지 않는 것을 알아내는 것이 잘되는 것을 알아내는 것만큼 중요하다. 사실은, 과학에서 진정한 진보는 해결책이 예상에 들어맞지 않을 때 이루어지는 경향이 있다. 비록 학생들이 지속적으로 좌절감을 주는 학습 상황에 직면해서는 안 되지만, 실패에 대한 긍정적인 태도는 문제 해결 능력을 계발하는 데 있어서 그들에게 더 도움이 될 수 있다. 어쨌든, 많은 과학 연구에서는 올바른 답이나 틀린 답이 없다.

상세 해설

아이들을 교육할 때에는 그들이 실패를 경험하게 하지 않는 것이 중요하다는 기존의 통념과는 달리, 특히 과학 교육에서는 예상에 어긋나는 것(실패)에 대해 열린 태도를 갖게 하는 것이 아이들의 문제 해결 능력을 계발하는 데 도움이 된다는 내용의 글이다. 따라서 ③ '실패에 대한 긍정적인 태도'가 들어가는 것이 가장 적절하다.
① 구조화된 집단 활동
② 성공에 대한 낭만적인 관점
④ 문제를 해결하는 데 있어서 체계적인 접근법
⑤ 관련된 모든 사람에 의한 완전한 동의

지문 구성

도 입	아이가 성공을 거두도록 하는 교육 환경이 조성됨
반론 제기	과학에서는 해결책이 예상과 어긋날 때 진정한 진보가 이루어짐
결 론	실패에 대한 긍정적인 태도는 문제 해결 능력 계발에 도움이 됨

3행 Educational situations were structured [so that every child could be successful nearly all the time].

▶ [   ]는 목적을 나타내는 부사절로, 〈so that + 주어 + can + 동사원형 ~〉으로 이루어진 부사절은 '~할 수 있도록'으로 해석한다.

10행 [Although students should not be constantly faced with frustrating learning situations], a positive attitude toward failure may better serve **them** in developing problem-solving skills.

▶ [   ]로 표시된 Although절은 부사절로 주절에 양보의 정보를 제공한다.

▶ them은 students를 가리킨다.

어휘 및 어구

· structure 조성하다
· discourage 의욕을 꺾다
· occur 일어나다
· prediction 예상, 예측
· frustrating 좌절감을 주는
· reason 판단을 내리다. 추론하다
· advance 진보, 향상
· fit 들어맞다
· constantly 지속적으로
· inquiry 연구, 질문

[15~16]

15 정답 ③

16 정답 매우 위험하고 생존이 경각에 달렸다

한줄 해설

15 it helped our ancestors avoid situations를 이해하면 정답의 근거를 찾을 수 있다.

16 margin of error는 '오차 범위'라는 의미이다.

해석

불안은 수천 년 동안 주변에 존재해 왔다. 진화 심리학자들에 따르면, 그것은 생사의 오차 범위가 매우 좁았던 상황을 우리 조상들이 피하도록 도와줄 정도로 적응력이 있다. 불안은 사람들의 목숨이 야생 호랑이, 동굴 곰, 배고픈 하이에나, 그리고 들판을 돌아다니는 다른 동물들뿐만 아니라, 또한 적대적이고 경쟁적인 부족들로부터의 위험에 처할 때 사람들에게 경고해 주었다. 경계하는 것은 고대 사람들이 포식 동물들과 싸우거나, 적으로부터 도망치거나, '그 자리에 꼼짝 않고 있으면서' 위장한 것처럼 주변 환경에 섞여서 눈에 띄지 않도록 도와주었다. 그것은 그들로 하여금 생존에 대한 진정한 위협에 반응하도록 만들었다. 그것은 조상들이 계속해서 자신의 자손들을 위험이 없는 안전한 곳에 있게 만들었다. 그래서 불안은 이롭고 목숨을 구해 주는 특성이었기 때문에 인구 대다수의 진화를 통해서 지속되었다.

상세 해설

15 불안은 우리들이 포식자나 적대적인 사람들로부터 위험에 처할 때 안전을 지키는 데 도움이 되었으며 주위 환경에 섞여서 눈에 띄지 않도록 해 주었다는 내용이 앞서 나오므로, 빈칸에 들어갈 말로 ③ '이롭고 목숨을 구해 주는 특성이었기'가 가장 적절하다.
① 그것은 우리가 사냥감보다 더 빠르게 뛰도록 해 주었기
② 그것은 우리들이 어쩔 수 없이 더 강한 무기를 만들도록 했기
④ 그것은 우리가 포식자와 싸우기 위해 협동하도록 도왔기
⑤ 그것은 누가 무리에서 가장 강한지를 보여 주었기

16 '생사의 오차 범위가 매우 좁았다'는 말은 '매우 위험하고 생존이 경각에 달렸다'는 의미이다.

지문 구성

도입(소재)	오랫동안 존재해 온 불안
불안의 기본 기능	생사의 갈림길에서 조상들을 도왔다.
근거 1	맹수와 적대적인 상대로부터 피하도록 했다.
근거 2	숨는 것을 가능하게 해 주었다.
부연(요지)	불안은 진화를 통해서 지속되었다.

구문 분석

2행 According to evolutionary psychologists, it is adaptive **to the extent** [that it helped our ancestors avoid **situations** {in which the margin of error between life and death was slim}].

▶ [　]는 to the extent와 연결되는 that절이며, {　}는 situations를 수식하는 관계절이다.

5행 Anxiety warned people when their lives were in danger: **not only** from wild tigers, cave bears, hungry hyenas, and other animals stalking the landscape, **but also** from hostile, competing tribes.

▶ not only A but also B: A뿐만 아니라 B 또한

9행 Being on alert helped ancient people **fight** predators, **flee** from enemies, or "**freeze**," [blending in, as if camouflaged], so they wouldn't be noticed.

▶ fight, flee, freeze는 모두 helped와 연결된 목적 보어로 동사원형으로 쓰였다.

▶ [　]는 분사구문으로, 연속 동작을 나타내고 있다.

어휘 및 어구

- anxiety 불안
- evolutionary psychologist 진화 심리학자
- adaptive 적응력이 있는, 적응할 수 있는
- margin of error 오차 범위
- hyena 하이에나
- hostile 적대적인
- on alert 경계하는
- flee 도망치다
- mobilize (물자 · 수단 등을) 동원하다[집결시키다]
- persist 지속하다
- according to ~에 따르면
- to the extent that ~할 정도로
- warn 경고하다
- stalk 돌아다니다. 걷다
- tribe 부족
- predator 포식자
- blend in 섞여서 눈에 띄지 않다

---

02 긴 구 & 절(1)

01 ③　　**02** ②　　**03** ②　　**04** ⑤

05 (A) were left　(B) choosing　　**06** ③　　**07** ②　　**08** ②

09 ①　　**10** some beauties that had interesting beading and fringe

11 ②　　**12** ④　　**13** ①　　**14** ⑤

15 (A) unequal　(B) exports　(C) opened　**16** ①　　**17** ①　　**18** ①

19 ①　　**20** 단 몇 년 내에 한때 많았던 이 종의 마지막 개체가 완전히 제거되었다.

01　정답 ③

한줄 해설

"당신은 걸스카우트 쿠키를 벌써 드셨나요?"라는 문장은 독촉의 내용을 대신하는 역할을 했다는 것을 파악해야 한다.

해석

내가 해야 하는 일의 일부로, 나는 다른 교수들에게 촘촘하게 쓰인 연구 논문을 읽고 검토해 달라는 부탁을 해야만 했다. 그것은 지루하고 졸린 일일 수 있었다. 그래서 나는 한 가지 생각을 해냈다. 나는 검토가 필요한 모든 논문과 함께 걸스카우트 쿠키 한 상자를 보내곤 했다. "이 일을 맡아 주신 데 감사드립니다. 동봉된 걸스카우트 쿠키는 당신의 일에 대한 보상입니다. 하지만 당신이 그 논문을 검토하기 전에 그 쿠키들을 먹는 것은 공정치 못합니다."라고 나는 쓰곤 했다. 그것은 사람들의 얼굴에 미소를 짓게 했고, 그들은 무엇을 해야 하는지를 알고 있었다. 물론, 때때로 나는 독촉 이메일을 보내야 했다. 하지만 내가 사람들에게 이메일을 보내곤 할 때, 내게 필요한 것이라고는 "당신은 걸스카우트 쿠키를 벌써 드셨나요?"라는 한 문장뿐이었다. 나는 걸스카우트 쿠키가 훌륭한 의사소통의 도구가 된다는 것을 알게 되었다. 그것들은 또한 잘 된 일에 대한 달콤한 보상이기도 하다.

상세 해설

필자가 독촉 이메일을 쓸 때 "당신은 걸스카우트 쿠키를 벌써 드셨나요?"라는 한 문장만 써도 독촉의 기능을 대신할 수 있었다는 내용이므로, 빈칸에는 ③ '훌륭한 의사소통의 도구가 된다'가 들어가는 것이 가장 적절하다.

① 그들을 불편하게 한다
② 아이들을 위한 게임과 같다
④ 내 분노를 보여 주는 수단이 된다
⑤ 그들이 논문 검토하는 일을 끝내는 것을 방해한다

구문 분석

1행 As part of my responsibilities, I had to **ask** other professors [**to read** densely written research papers and **review** them].

▶ ⟨ask + 목적어 + to부정사⟩ 구문은 '~에게 …해 달라고 요청하다'의 의미로, other professors가 ask의 목적어이고, [　]로 표시된 to부정사구가 목적어를 설명해 준다.

▶ review 앞에는 to가 생략된 채로 to read와 reviews가 병렬 구조를 이루고 있다.

7행 But [no fair eating them] until you review the paper.

▶ [　]로 표시된 부분에서 eating them이 주어이다. 생략된 부분을 보충하여 풀어 쓰면 it is no fair eating them으로, it이 형식상의 주어이고 eating them이 내용상의 주어이다.

9행 That put a smile on people's faces and they knew [what they had to do].

▶ [　]로 표시된 의문사절이 knew의 목적어 역할을 한다.

어휘 및 어구

- responsibility 해야 할 일
- tedious 지루한
- come up with ~을 생각해 내다
- reminder 독촉장, 생각나게 하는 것
- ping 이메일[문자]을 보내다
- densely 촘촘하게
- sleep-inducing 수면 유도의
- enclose 동봉하다
- reward 보상

- collaboration 공동 작업
- indefinable 설명하기 힘든
- material 물질적인
- lasting 지속적인
- performer 연주자
- exalt (품위를) 높이다
- rewarding 보람을 주는
- interdependently 서로 의존하여
- aesthetic 미적인
- utilitarian 실용적인
- composer 작곡가
- humble 겸손하게 만들다
- infinitely 매우

02 정답 ②

한줄 해설

the indefinable과 일맥상통하는 어구가 들어가야 한다.

해석

미(美)를 창조하여 다른 사람들에게 가져다 주는 삶은 훌륭한 삶이다. 균형감을 잃고 일상의 문제와 (음악을 포함한) 어떠한 직업에서라도 있기 마련인 일상 문제에 사로잡히는 것은 쉽지만, 예술가로서 우리가 하는 일은 마법과 유사하다. 예술을 제외하고 그 밖의 어디에서 사람들이 승자와 패자가 없이 단지 정서적 경험을 창조하고 공유하기 위해 하나로 뭉치는가? 음악 공동 작업을 제외하고 그 밖의 어디에서 사람이 설명하기 힘든 것을 달성하기 위해 그렇게 서로 의존하며 함께 작업을 하는가? 미적 경험에는 어떤 물질적이거나 실용적인 목적이 없다. 그것들의 목적은 우리를 이 세상을 넘어서는 것과 연결시키는 것이다. 이러한 경험은 사람들에게 강력하고 지속적인 영향을 끼치고, 작곡가로서든, 연주자로서든, 아니면 교사로서든, 그 과정에 참여하는 것은 겸손하게 하고 품위를 높이며, 매우 보람을 주는 일이다.

상세 해설

예술은 물질적이거나 실용적인 목적을 추구하지 않고 현실을 초월하여 설명하기 힘든 것을 달성하고자 하는 마법과 같은 것이라는 내용이므로, 빈칸에는 ② '이 세상을 넘어서는 것'이 가장 적절하다.
① 우리가 필요로 하는 자원
③ 우주를 지배하는 법칙
④ 자연의 압도적인 힘
⑤ 풍부한 경험을 통한 환경

구문 분석

2행 It's easy [to {lose perspective} and {get consumed with the day-to-day problems and challenges in any career (including music)}], but [what we do as artists] is akin to magic.

▶ It이 형식상의 주어이고, 첫 번째 [ ]로 표시된 to부정사구가 내용상의 주어이다.
▶ to부정사구 내에는 { }로 표시된 두 개의 동사구가 접속사 and에 의해 연결되어 to에 이어진다.
▶ 두 번째 [ ]는 동사 is의 주어로 쓰였다.

5행 Where else but in the arts do people come together simply [to create and share in an emotional experience], with no winners or losers?

▶ 전치사 but은 '~을 제외하고'라는 의미이다.
▶ [ ]는 to부정사의 부사적 용법으로 '~하기 위해'라는 목적을 나타낸다.

13행 ~, and [being part of the process] — [whether as a composer, performer, or teacher] — is both humbling and exalting, and infinitely rewarding.

▶ 첫 번째 [ ]는 동명사구로 문장의 주어이고 is가 동사이다.
▶ 두 번째 [ ]는 주어에 대해 추가적인 설명을 해 주는 삽입 표현으로, '작곡가로서든, 연주가로서든, 아니면 교사로서든'으로 해석한다.

어휘 및 어구

- perspective 균형감
- be akin to ~와 유사하다
- consumed with ~에 사로잡힌
- come together 하나로 합치다

03 정답 ②

한줄 해설

어떤 행동들에 이름을 붙인 다음에 그것을 인식하게 되었다고 한 내용을 빈칸에 들어갈 말과 연결해 본다.

해석

언어는 사람들이 어떻게 생각하는지와 무엇에 주의를 기울이는지에 영향을 미친다. 언어는 세상의 특정한 측면들에 이름을 붙임으로써 우리가 그것을 인식하게 하고, 세상의 다른 일부에는 이름을 붙이지 않음으로써 그것을 무시하게 한다. 예를 들어, 색깔 구별을 위한 많은 서로 다른 단어들을 다루는 패션이나 인테리어 디자인과 같은 직종에서 일한다면, 여러분은 색깔에 있어서의 더욱 미세한 차이를 인식할 수 있을 것이다. 'ecru'(엷은 베이지색), 'eggshell'(담황색), 'cream'(크림색), 'ivory'(상아색), 'pearl'(진주색), 'bone china white'(도자기의 흰색), 그리고 'antique white'(크림색 계통의 흰색)와 같은 흰색의 색조들을 나타내는 여러 단어를 아는 것은 흰색의 색조에 있는 차이를 보는 데 실제로 도움이 된다. 마찬가지로, 그것들을(개념을) 묘사하는 단어가 만들어지고 난 이후에야 비로소 사람들이 온전히 인식하게 되는 개념들이 있다. 'google'(구글로 검색하다), 'texting'(휴대전화를 이용한 문자메시지 주고받기), 'couch potato'(오랫동안 가만히 앉아 텔레비전만 보는 사람), 또는 'mouse potato'(컴퓨터 앞에서 시간을 많이 보내는 사람)처럼 지난 몇 년간 미국 영어 어휘에 추가된 단어들을 생각해 보라. 그 단어들이 나타내는 행동은 그 용어들이 만들어지기 전에 확실히 존재했다. 그러나 하나의 사회로서 우리는 언어를 통해 우리가 그것들에 (이 행동들에) 이름을 붙이게 된 후에야 비로소 이 행동들을 총괄하여 인식하게 되었다.

상세 해설

google, texting, couch potato, mouse potato와 같은 단어들은 지난 몇 년간 새로 생겨난 단어들인데, 이 단어들이 의미하는 행동들은 이미 있어 왔지만, 단어로 이름을 붙인 후에야 사람들이 인식할 수 있었다는 내용이다. 즉, 우리가 언어를 통해 각각의 행동에 이름을 붙이게 된 후에야 비로소 그것들을 인식할 수 있게 되었다는 내용이므로, 빈칸에는 ② '그것들을(개념을) 묘사하는 단어가 만들어지고 난'이 가장 적절하다.
① 이름의 변화가 승인된
③ 그것들이 생사와 관련된 상황에 있고 난
④ 우리의 주의가 그 원인들에 다시 돌아간
⑤ 상상력이 생리적으로 생겨난

구문 분석

2행 Language [allows us to perceive certain aspects of the world by naming them] and [allows us to ignore other parts of the world by not naming them].

▶ 두 개의 [ ]는 주어인 Language에 연결된 술어로, and를 중심으로 병렬 구조를 이루고 있다.

11행 Similarly, there are concepts [that people do not fully perceive until a word is coined to describe them].

▶ [ ]는 concepts를 수식하는 관계절이다.
▶ 〈not ~ until ...〉 구문은 '...하고 난 후에야 비로소 ~하다'라는 뜻이다.

정답과 해설 **25**

15행 **The behaviors** [to which those words refer] certainly existed before the terms were coined.

▶ [　]는 The behaviors를 수식하는 관계절이다.

[04~05]

04 정답 ⑤

05 정답 (A) were left (B) choosing

한줄 해설

04 실험의 결과를 통해 빈칸에 들어갈 내용을 추론해 본다.

05 (A)는 주어와 동사의 의미 관계를 확인하는 것이 중요하고, (B)는 문장의 구조를 확인하는 것이 중요하다.

해석

더 맛있는 음식에서부터 더 안전한 이웃까지, 온갖 종류의 훌륭한 것들을 돈이 공급해 줄 수 있다 해도, 부(富)에는 대가가 따른다. 단지 부에 관해 생각하는 것만으로도 우리 자신을 다른 사람들과 잘 어울리는 것과 같은 행복을 고취하는 종류의 행동으로부터 밀어낼 수 있다. 한 연구에서, 몇몇 학생들은 많은 양의 모노폴리 화폐를 받고 몇 분간 부유한 미래를 상상하는 데 시간을 보냈다. 다른 학생들은 모노폴리 화폐를 받지 않았고 다음 날의 계획을 생각하는 데 시간을 보냈다. 갑자기 한 연구 조교가 그들 앞에서 넘어지며 연필을 사방에 흘렸다. 화폐를 한 뭉치 갖고 있던 학생들은 연필을 덜 주웠다. 또 다른 연구에서는, 단지 돈의 사진을 봤을 뿐인 사람들은 혼자 하는 활동을 선호하여, 친구들과 함께하는 음식이 제공되는 저녁 식사보다는 개인적인 요리 수업을 선택했다. 이 연구는 복권에 당첨되기를 희망하는 사람들이 고립을 추구했던 이유를 설명하는 데 도움을 준다. 그저 부를 상기하는 것으로도 사람들로 하여금 <u>스스로를 다른 사람들로부터 거리를 두어 결국 행복의 기반을 약화시키도록</u> 몰고 갈 수 있다.

상세 해설

04 자신이 부유하다고 상상하는 것만으로도 다른 사람을 돕는 경향이 덜하고, 혼자만의 활동을 더 선호한다는 연구 결과를 소개하고 있으므로, 빈칸에는 ⑤ '스스로를 다른 사람들로부터 거리를 두어 결국 행복의 기반을 약화시키도록'이 가장 적절하다.

① 자신의 내적 아름다움에 더 많이 투자하도록
② 자신의 나라를 더 잘 돕는 무엇인가를 하도록
③ 다른 사람들의 우위에 있는 권력을 획득하기 위해 변화를 추구하도록
④ 더 많이 배우기를 원해 결국 자신만의 스타일을 구축하도록

05 (A) 주어인 Other students가 동사 leave의 주체가 아닌 대상으로 '남겨졌다'라고 해석되어야 하므로, 수동태인 **were left**로 써야 한다.
(B) choose 앞에는 주어 individuals와 동사 preferred가 있으므로, choose는 본동사가 아닌 준동사의 형태로 써야 하는데, 동시 동작의 의미를 갖도록 분사형태인 choosing으로 써야 한다.

구문 분석

3행 [Just thinking about wealth] can push us away from the kinds of **behaviors** [that promote happiness — such as playing nicely with others].

▶ 첫 번째 [　]는 주어 역할을 하는 동명사구이고, 두 번째 [　]는 선행사 behaviors를 수식하는 관계절이다.

13행 In another study, **individuals** [who merely saw a photograph of money] preferred solitary activities, [choosing personal cooking classes over a catered dinner with friends].

▶ 첫 번째 [　]는 문장의 주어인 individuals를 수식하는 관계절이다.
▶ 두 번째 [　]는 individuals를 의미상의 주어로 삼아 동시동작을 표현하는 분사구문이다.

06 정답 ③

한줄 해설

과거와의 단절로 인한 불일치는 다양한 종들과의 상호작용의 부재의 결과라는 내용이다.

해석

생물학자와 철학자는 우리의 현대적인 삶이 과거로부터 단절되어서 맞지 않게 된 방식에 관해 여러 세대 동안 깊이 생각해 왔다. 많은 사람들이 인정한 것처럼, 우리는 이 불일치로 인해 늘 괴롭힘을 당하지만, 상대적으로 상실되었던 것처럼 보이는 것이 그 (우리를 괴롭히는) 유령의 원천이다. 그것들(유령들)은 <u>우리가 상호작용하는 종의 변화</u>로부터 발생한다. 침대에 누운 여러분의 옆을 보면, 고작해야 한 마리의 동물을 발견한다. 거의 모든 우리의 역사 동안, 우리의 침대와 생활은 다수에 의해 공유되었다. 아마존의 흙벽으로 된 오두막에 산다면, 박쥐가 여러분의 위에서 잘 것이고, 거미는 여러분의 옆에서 잘 것이며, 동물 지방에 붙은 사그라지는 불빛에 멍청하게도 날아드는 곤충들이 있을 것이다. 여러분의 근처 어딘가에, 아마도 야자나무 지붕에, 말라가는 약초와 조리되고 소금에 절인 원숭이가 막대기에 매달려 있을 것이고, 그 밖에 필요한 것은 무엇이든, 모두 채집되거나 죽고, 모두 현지에서 난 것이면서, 모두 만져지고 손으로 쥐어지고 이름을 아는 것들이 매달려 있을 것이다. 게다가, 여러분의 창자는 회충으로 가득할 것이고, 여러분의 몸은 이름 없는 수많은 미생물로 덮여 있을 것이며, 여러분의 허파에는 여러분만의 독특한 균류가 살고 있을 것이다.

상세 해설

과거와 단절된 우리가 겪는 불일치가 다양한 종들과의 상호작용이 없어진 탓이라는 내용이므로, 빈칸에는 ③ '우리가 상호작용하는 종의 변화'가 들어가는 것이 가장 적절하다.

① 우리의 뇌가 만들어 낸 근거 없는 믿음
② 우리가 특정한 환경에서 채택한 식단의 종류
④ 자연 선택에 의해 야기된 미묘한 유전적 변화
⑤ 우리의 제2의 천성이 된 집단적인 경험

지문 구성

도 입	과거의 삶과 단절되어 불일치가 생겼고 그로 인해 우리는 괴롭힘을 당한다.
원 인	상호작용하는 종의 수 축소
사 례	아마존의 오두막에서 인간과 상호작용하는 다양한 종들과 현대인의 삶의 차이

구문 분석

4행 We are haunted by this dissonance, as many have acknowledged, but [what seems **to have been** relatively **missed**] is the origin of the ghosts.

▶ but 뒤에 이어지는 절의 주어는 [　]로 표시된 명사절이고, 동사는 is이다.

▶ 〈to have+p.p.〉는 이전에 일어난 사건임을 구분하기 위해 사용된 완료형 to부정사로 to have been relatively missed는 '상실되었던, 잃어버렸던'의 뜻을 나타낸다.

14행 Somewhere near you, perhaps hanging in the palm roof, would be [the drying herbs of medicine, a cooked and salted monkey hanging on a stick, and whatever else is necessary], all gathered or killed, all local, all touched and held and known by name.

▶ 문장의 주어는 [　]이고, 동사구는 would be이다. 장소를 나타내는 부사구가 문장 맨 앞에 놓이면서 주어와 동사가 도치되었다.

18행 In addition, your gut **would be** filled with intestinal worms, your body **covered** in multitudes of unnamed microbes, and your lungs **occupied** by a fungus uniquely your own.

▶ covered와 occupied 앞에 반복되는 would be가 생략된 형태이다.

어휘 및 어구

- philosopher 철학자
- ponder 깊이 생각하다
- disconnected 단절된
- out of synch ~와 맞지 않게
- haunt 따라다니며 괴롭히다
- acknowledge 인정하다
- multitude 다수, 많은 수
- dwindling 사그라지는
- palm 야자나무
- gut 창자
- intestinal worm 회충
- unnamed 이름 없는
- microbe 미생물

07 정답 ②

한줄 해설

병은 단순히 질병이 없는 상태가 아니라 사회적 의미를 지니고 있다는 내용이다.

해석

사회 과학자들은 병이 한 사람의 생물학적 그리고/또는 심리적 행복을 위태롭게 할 뿐만 아니라, 사회 질서에도 위협이 된다는 것을 오랫동안 이해해 왔다. '아픈' 사람은 출근이나 등교, 또는 사람들이 사회에서 가지는 셀 수 없이 많은 다른 기능적 책임 중 어느 것이라도 놓치기 쉽다. 한 번쯤은 "집에 머무를 만큼 내가 아픈가?"라고 궁금해하며 다른 사람을 불편하게 만들려는 위험을 감수하려고 해 본 사람은 없을 것이다. 반면, '아픈 역할'을 불쾌한 의무로부터 벗어나는 그리고/또는 동정을 얻으려는 방법으로 차라리 열광적으로 받아들이는 일부 사람들이 분명 있다. 어떤 경우든, WHO가 왜 전적으로 생의학적인 상태인 질병의 부재 이상의 것으로 건강을 정의하고 있는지 분명 이해할 수 있다. '아픈' 것은 누군가가 정의할 수 있는 질병을 가지고 있든 아니든, 누군가가 최적의 행복 수준에 미치지 못한다고 느끼고 있다는 것과, 나아가 다른 사람들에 의해 건강하지 않다는 취급을 받는다는 것을 암시한다.

상세 해설

병이 사회 질서에 위협이 되고, 다른 사람과의 관계에서 불쾌한 의무로부터 벗어나거나 동정을 얻으려는 방법에 해당한다고 했으므로, 빈칸에는 ② '다른 사람들에 의해 건강하지 않다는 취급을 받는다'가 들어가는 것이 가장 적절하다.
① 치료법을 찾는 것을 꺼리다
③ 나머지 시간에 자신의 삶을 영위하지 못한다
④ 기존의 관계를 다시 협상해야 한다
⑤ 사물이 어떠했는지 회상할 수 있어야 한다

구문 분석

1행 Social scientists have long understood [that illness, {**in addition to** compromising a person's biological and/or psychological well-being}, is also a threat to the social order].

▶ [　]는 understood의 목적어로 쓰인 명사절이다.
▶ {　}는 주어인 illness와 동사 is 사이에 삽입된 말로, in addition to는 '~일 뿐만 아니라'의 뜻이다.

12행 In any case, we can surely understand [why the WHO defines health as more than **the absence of disease**, {which is a purely biomedical condition}].

▶ [　]는 understand의 목적어로 쓰인 명사절이다.
▶ {　}는 계속적 용법의 관계절로, 앞에 있는 the absence of disease를 부연 설명한다.

14행 Being "ill" implies [that {**whether or not** one has a definable disease}, one feels at less than an optimal level of well-being and, moreover, is treated by others as being un-well].

▶ [　]는 implies의 목적어로 쓰인 명사절이다.
▶ {　}는 부사절로 '~하든 하지 않든'의 양보의 뜻을 표현한다.

어휘 및 어구

- compromise ~을 위태롭게 하다
- be apt to ~하기 쉽다
- innumerable 셀 수 없이 많은
- functional 기능적인, 기능의
- responsibility 책임
- inconvenience 불편하게 하다, 애로를 주다; 불편, 애로
- enthusiastically 열광적으로, 열렬히
- embrace 받아들이다, 껴안다
- obligation 의무
- sympathy 동정, 동정심
- biomedical 생의학적인, 생의학의
- definable 정의할 수 있는
- optimal 최적의, 최상의

08 정답 ②

한줄 해설

집단 구성원이 많아지고 복잡해지면서 계층 구조가 생겨나게 되었다는 내용으로, 작은 기업과 큰 기업을 비교하고 있으므로 큰 기업에 해당하는 내용으로 빈칸을 완성하면 된다.

해석

실제로, 구성원이 150~200명보다 더 많은 사회 집단은 구조가 점차 계층화된다는 것을 보여주는 사회학의 확고부동한 원리가 있다. 작은 사회 집단은 어떠한 종류의 구조도 가지지 않는 경향이 있으며, 대신 사회적 교류를 원활하게 하기 위해 개인적 접촉에 의존한다. 그러나 조정해야 할 사람이 더 많아지면, 계층 구조가 필요하다. 지휘할 수장과 사회 규칙이 준수되도록 보장할 경찰이 있어야 한다. 그리고 이것은 현대 기업 조직에서도 역시 불문율인 것으로 드러난다. 직원 수가 150~200명보다 더 적은 기업은 전적으로 비공식적인 체계로 조직될 수 있으며, 적절한 정보 교환을 보상하기 위해 직원들 간의 개인적 접촉에 의존한다. 그러나 더 큰 기업은 접촉의 길을 열고 직원 각자가 자신의 책임이 무엇인지 그리고 그들이 누구에게 보고해야 하는지를 알고 있다는 것을 확실히 해 줄 공식적인 경영 구조를 필요로 한다.

상세 해설

사회 집단이 커지고 복잡해질수록 계층 구조가 필요하다는 내용으로, 작은 기업은 직원들 간의 개인적 접촉에 의존하지만 더 큰 기업은 공식적인 경영 구조를 통해 직원들 각자가 자신의 책임이 무엇이고 ② '누구에게 보고해야 하는지를' 확실히 해야 한다고 설명하는 것이 가장 적절하다.
① 그들이 어떻게 평가될지를
③ 그 회사가 어디를 향하는지를
④ 그들이 어떤 종류의 정보를 가지고 있는지를
⑤ 특정한 과제를 언제 수행하도록 예상되는지를

지문 구성

도 입	집단이 커지면 구조가 점차 계층화된다.	
부 연	작은 집단: 개인적 접촉에 의존	큰 집단: 수장과 경찰이 필요
결 론	큰 기업은 책임과 보고를 규정하는 공식적인 경영 구조를 필요로 한다.	

1행 Indeed, there is **a well-established principle** in sociology [suggesting {that social groupings larger than 150-200 become increasingly hierarchical in structure}].

▶ [　] 는 a well-established principle을 수식하는 분사구이다.

▶ {　} 는 suggesting의 목적어 역할을 하는 명사절이다.

10행 Businesses with fewer than 150-200 people can be organized on entirely informal lines, [relying on personal contacts between employees {to ensure the proper exchange of information}].

▶ [　] 는 주절과의 동시동작을 나타내는 분사구문이다.

▶ {　} 는 목적을 나타내는 to부정사구이다.

14행 But larger businesses require formal management structures to channel contacts and ensure [that each employee knows {what he or she is responsible for} and {whom they should report to}].

▶ [　] 는 ensure의 목적어 역할을 하는 명사절이다.

▶ 병렬 구조로 연결된 두 개의 {　} 는 knows의 목적어 역할을 하는 의문사절이다.

어휘 및 어구

- well-established 확고부동한
- sociology 사회학
- hierarchical 계층에 따른
- intercourse 교류, 교제, 소통
- direct 지위하다, 총괄하다
- ensure 반드시 ~하게[이게] 하다, 보장하다
- turn out ~인 것으로 드러나다[밝혀지다]
- entirely 전적으로, 완전히
- channel 수로를 열다, ~을 이끌다, ~을 보내다
- principle 원리, 원칙
- suggest 보여 주다, 암시하다
- oil the wheels of ~을 원활하게 하다
- coordinate 조정하다
- police force 경찰(력)
- unwritten rule 불문율
- informal 비공식적인

[09~10]

09 정답 ①

10 정답 some beauties that had interesting beading and fringe

한줄 해설

09 보기 좋은 제품에 끌려 기능이나 효과를 잊는 경우가 있다는 내용이다.

10 눈으로 보기에 좋지만 실제로는 기능을 살리지 못하는 것의 사례를 본문에서 찾으면 된다.

해석

디자이너가 학교에서 맨 먼저 배우는 것들 중 하나는 '형태는 기능을 따른다'라는 것이다. 그리고 때때로 디자이너는 그것에 대해 재교육 과정을 받는다. 인테리어 디자이너인 Melody Davidson은 거실에 있는 2인용 소파에 새로운 덮개를 깔았고, 그런 다음 그것과 어울리는 쿠션을 사러 갔다. 그녀는 흥미로운 구슬 장식과 (실을 꼬아 장식으로 만든) 술이 있는 아름다운 것들을 몇 개 발견했다. 그것들은 색깔도 완벽했다. 그녀는 그것들을 새로 덮개를 깐 2인용 소파 위에 놓았고, "오, 이것들은 정말 멋져 보여!"라고 혼잣말을 했다. 그녀의 남편이 거실로 가서 앉았는데, "아야!"라고 소리쳤다. 결국, 구슬 장식에 기대는 것이 정말 아파서 그들은 그 쿠션들을 가게에 반품하기로 결정했다. 그것은 어느 가정에서든 흔히 일어나는 실수이다. Davidson은 "눈으로 보기에만 좋은 것이 우리 관심을 끌고, 우리는 그것에 기초해 결정을 내리지요."라고 말한다.

상세 해설

09 보기에 좋은 것이 우리의 관심을 끄는 것이 사실이지만, 그것이 현명한 결정은 아니라는 내용이다. 인테리어 디자이너인 Melody Davidson의 사례를 통해 보면 기능을 위해 형태가 따라오는 것이 디자이너가 기본적으로 배우는 것임에도 그것을 때때로 잊어버려 예쁜 것에 이끌려 물건의 기능

을 잊은 채 구매하는 실수를 저질렀다. 따라서 물건의 형태라는 것은 기능을 따르는 것이 가장 기본적인 디자인 교육이라는 의미에 맞게 빈칸에는 ① '형태는 기능을 따른다'가 들어가는 것이 가장 적절하다.

② 실패는 종착점이 아니다
③ 성공은 직관에 기초한다
④ 서로 다른 배경의 사람들이 존재한다
⑤ 어떤 것을 디자인하는 데에는 한 가지 이상의 방법이 있다

10 실제로 어떤 기능을 할 수는 없지만 눈으로 보기에 좋은 것의 사례로 본문에서는 인테리어 디자이너인 Melody Davidson이 구입한 쿠션에 있었던 '흥미로운 구슬 장식과 (실을 꼬아 장식으로 만든) 술이 있는 아름다운 것들'이 제시되었다.

1행 One of **the first things** [that designers learn in school] is [that "form follows function]."

▶ 첫 번째 [　] 는 the first things를 수식하는 관계절이다.

▶ 두 번째 [　] 는 is의 보어 역할을 하는 명사절이다.

11행 As it turns out, [leaning against the beading] was **painful enough that** they decided to return the pillows to the store.

▶ [　] 는 주어 역할을 하는 동명사구이고, was가 술어 동사이다.

▶ 형용사+enough that … : 정말[충분히] ~해서 …하다

어휘 및 어구

- refresher course 재교육 과정
- loveseat 2인용 소파[의자]
- beading 구슬 장식
- lean 기대다
- eye candy 눈으로 보기에만 좋은 것[사람]
- install 깔다, 설치하다
- pillow 쿠션, 등받침, 베개
- exclaim 소리치다, 외치다
- painful 아픈, 고통스러운

---

11 정답 ②

한줄 해설

위성에서 많은 양의 화상을 보내오지만, 실제로 각 분야에서 필요로 하는 화상 자료는 서로 다르다는 내용이다.

해석

주기 해상도는 위성의 원격 감지의 상황에서 특히 흥미롭다. 원격으로 감지된 화상의 시간적인 밀도는 크고, 인상적이며, 성장하고 있다. 여러분이 이 문장을 읽을 때에도 위성들은 많은 양의 화상을 모으고 있다. 그렇지만, 지리학과 환경 과학 분야에서의 대부분의 응용 프로그램들은 극도로 세밀한 주기 해상도를 필요로 하지 않는다. 기상학자들은 눈에 보이는, 적외선 형태의, 그리고 레이더 정보를 한 시간 이내의 주기로 찍은 주기 해상도를 필요로 할 것이다. 그리고 도시 계획자들은 한 달에 한 번 혹은 일 년에 한 번씩 찍는 해상도의 화상을 필요로 할 것이다. 그리고 교통 계획자들은 어떤 응용 프로그램을 위해서는 어느 정도의 시간적 시차를 두는 일련의 정보를 전혀 필요로 하지 않을 수도 있다. 또한, 사용되는 화상의 주기 해상도는 여러분이 탐구하는 것의 필요를 충족시켜야 한다. 때때로 연구자들은 수집된 위성 사진들보다 이전 것인 과거의 정보를 얻기 위해서 항공 사진 기록 보관소를 뒤져야만 한다.

상세 해설

위성에서 많은 화상을 보내오는데, 지리학자, 기상학자, 도시 계획자, 그리고 교통 계획자, 연구자 모두 자신의 일의 특성에 맞게 서로 다른 형태의 자료를 필요로 한다는 내용이므로, 빈칸에는 ② '여러분이 탐구하는 것의 필요를 충족시켜야'가 들어가는 것이 가장 적절하다.

① 종합적인 목적을 위해 선택되어야
③ 어떤 경우든 가능한 한 높아야
④ 전문가에 의해 신기술에 적용되어야
⑤ 오직 위성의 정보에만 의존해야

구문 분석

13행 Again, [the temporal resolution of **imagery** {used}] should meet the requirements of your inquiry.

▸ [ ]가 문장의 주어 역할을 하고 있고, { }는 imagery를 수식하는 과거분사이다. [ ]는 '사용되는 화상의 주기 해상도'라고 해석한다.

어휘 및 어구

• temporal resolution 주기 해상도(센서가 특정 지역의 화상을 얼마나 자주 기록하는가를 나타내는 것)
• density 밀도
• impressive 인상적인
• sentence 문장
• fine-grained 아주 세밀한, 고운
• archive 기록 보관소, 많은 파일을 (보통 압축하여) 하나로 모은[저장한] 것
• aerial photograph 항공 사진
• imagery 화상, 이미지
• satellite 위성
• application 응용 프로그램
• urban planner 도시 계획자
• pre-date (시기가) 앞서다

12 정답 ④

한줄 해설

smile, giggle, laughs의 공통점을 파악하면 정답을 찾을 수 있다.

해석

어른들은 아이들이 자신의 감정을 표현하기 위해 선택하는 방법이 적절한지에 대해 아이들에게 피드백을 제공한다. 그런 피드백은 제스처, 소리, 그리고 말을 통해 제공된다. 예를 들면, 아기의 미소에 돌보는 이의 흥분된 목소리로 반응이 보일 때, 그 어른의 음조는 사회적 보상의 역할을 한다. 이런 일이 자주 일어나면, 그 아기는 더 자주 미소 지을 것이다. 만약 그 아기의 미소가 지속적으로 무시되면, 그 아기의 미소 짓는 행동은 줄어들 것이다. 마찬가지로, Carmen이 우스운 만화를 보고 큰 소리로 키득거릴 때, 그녀의 선생님은 그녀와 함께 웃는다. 하지만, 그녀가 한 편의 시를 암송하려고 애쓰고 있는 다른 아이를 비웃을 때, 그녀의 선생님은 가볍게 눈살을 찌푸리고 그러면 안 된다는 의미로 고개를 가로젓는다.

상세 해설

뒤에 이어지는 사례들은 아이들이 미소를 지을 때 긍정적 피드백을 하고, 다른 사람을 비웃을 때는 부정적 피드백을 한다는 내용이므로, 빈칸에 들어갈 말로 ④ '자신의 감정을 표현하기 위해 선택하는'이 가장 적절하다.
① 그들의 노력이 다른 사람들에 의해 인정받는
② 그들이 대화의 주제를 파악하는
③ 보상이 다양한 상황에서 사용되는
⑤ 그들이 자신의 실수를 인정하고 사과하는

구문 분석

1행 Adults provide feedback to children [regarding the appropriateness of **the ways** {they choose to express their emotions}].

▸ [ ]는 부사구이며, { }는 the ways를 수식하는 관계절이다.

11행 However, when she laughs at **another child** [who is struggling to recite a poem by heart], her teacher frowns slightly and shakes his head no.

▸ [ ]는 주격 관계대명사 who가 이끄는 관계절로 선행사 another child를 수식하고 있다.

어휘 및 어구

• appropriateness 적절성
• caregiver 돌보는 사람
• reward 보상
• consistently 지속적으로, 일관되게
• struggle 애쓰다
• frown 눈살을 찌푸리다
• greet (특정한) 반응을 보이다, 받아들이다
• tone 음조
• frequently 자주
• giggle 키득거리다
• recite ~ by heart ~을 암송하다

13 정답 ①

한줄 해설

학생들에게 '매우 깔끔하다'라고 칭찬한 것으로 인해 학생들이 실제로 가장 깔끔하게 교실을 사용하게 했다는 내용이다.

해석

Northwestern 대학교의 3인조 연구원들이 교실을 무작위로 세 개의 집단에 배정했다. 일주일 동안, 한 집단에 있는 학생들은 교사, 건물 관리인, 그리고 다른 사람들에게 자신이 매우 깔끔하다는 말을 들었는데, 사실 그들은 학교에서 가장 깔끔한 교실들 중 하나에 있었다. 두 번째 집단에 있는 아이들은 교실을 깔끔히 치우도록 이용되었을 뿐인데, (그들은) 쓰레기를 줍고, 책상을 정돈하고, 교실을 깔끔한 상태로 유지하라는 말을 들었다. 세 번째 집단은 대조군이었다. 조사원들은 이후에 교실의 쓰레기를 측정하고 그것을 실험이 시작되기 전의 쓰레기 수준과 비교했을 때, 그 결과는 명백했다. 가장 깔끔한 집단은 단연코 첫 번째 집단, 즉 '깔끔하다'는 말을 들었던 집단이었다. 단지 그 긍정적인 호칭을 배당한 것이 학생들이 다른 학생들과 비교하여 스스로를 규정짓는 것을 도우며 그들의 행동의 수준을 높였다.

상세 해설

첫 번째 집단의 학생들이 실험의 말미에 가장 깔끔한 상태를 유지했는데, 그것은 실험 조건이 효과가 있었다는 것을 의미한다. 이 실험에서 집단마다 달리했던 조건은 첫 번째 집단에게 '깔끔하다'는 칭찬을 해 주었다는 것이다. 따라서 빈칸에는 ① '그 긍정적인 호칭을 배당한 것'이 가장 적절하다.
② 건설적인 제안을 제공한 것
③ 그들의 능력에 대해 사실대로 말한 것
④ 상황을 더 경쟁적이게 만든 것
⑤ 그들을 익숙한 장소로 옮긴 것

구문 분석

9행 [**When** investigators later {**measured** the litter in the classrooms}, and {**compared** it with litter levels before the experiment began}], the results were unmistakable.

▸ [ ]로 표시된 When절은 주절에 시간의 의미를 더해 주는 종속절이다. 이 종속절에 { }로 표시된 두 개의 동사구가 and로 연결되어 주어인 investigators에 이어진다.

13행 [Merely assigning that positive label] — [helping the students frame themselves in comparison with others] — **elevated** their behavior.

▶ 첫 번째 [　]로 표시된 부분이 문장의 주어이고, elevated가 동사이다.

▶ 두 번째 [　]로 표시된 부분은 분사구문으로 주어에 대한 추가적인 정보를 제공하므로, '학생들이 다른 학생들과 비교하여 스스로를 규정짓는 것을 도우며'라고 해석한다.

어휘 및 어구

- randomly 무작위로
- janitor (건물) 관리인, 수위
- control 대조군
- litter 쓰레기
- by far 단연코
- frame 규정짓다, 구성하다
- assign 배정하다
- tidy 정돈하다
- investigator 조사원, 연구자
- unmistakable 명백한
- label 부르다, 분류하다
- elevate (정도를) 높이다

[14~15]

14　정답 ⑤

15　정답 (A) unequal　(B) exports　(C) opened

한줄 해설

14 나라 간 힘이 불균형할 때, 스포츠 교류는 가난한 나라에 부정적인 영향을 끼칠 가능성이 있다는 내용이다.

15 (A) 균등하지 않은　(B) 수출품　(C) 열린

해석

이상적으로, 스포츠는 그것을 통해 다양한 나라의 사람들이 정보를 공유하고 상호 간의 문화 이해를 증진하는 문화적 교류 수단일 수 있다. 그러나 두 나라가 (A) 균등하지 않은 힘과 자원을 가지고 있을 때, 진정한 50 대 50 공유와 상호 간의 이해는 드물다. 이것은 스포츠가 종종 부유한 나라로부터의 문화적 (B) 수출품이 되어 다른 나라 사람들의 일상에 통합된다는 것을 의미한다. 물론, 이러한 수입된 스포츠는 그들의 전통적인 가치와 삶의 방식에 맞추어 개정되고 재형성될 수 있다. 그러나 그런 일이 발생할 경우라도, 전통적인 문화권의 사람들은 부유한 나라로부터 들어오는 다른 상품과 서비스, 그리고 사상들을 수입하고 소비할 가능성을 점점 더 (C) 열어 둘 것이다. 정치적 힘과 경제적 자원이 이 과정과 관련되어 발전하지 않는다면, 상대적으로 가난한 나라는 점점 더 부유한 나라에 의존하게 될 가능성이 있다.

상세 해설

14 이상적인 스포츠의 역할과는 달리, 현실적으로는 나라 간 힘의 불균형으로 인해 스포츠는 부유한 나라의 문화적 수출품이 되고 스포츠와 함께 다른 상품과 서비스 그리고 사상들이 가난한 나라로 들어가게 되면서 결국 가난한 나라는 부유한 나라에 종속될 가능성 있다는 내용이므로, ⑤ '점점 더 부유한 나라에 의존하게 될'이 가장 적절하다.
① 불평등한 무역에서 이익을 얻을
② 문을 닫고 방어적이 될
③ 부유한 나라들보다 스포츠를 더 받아들일
④ 군사력에 더 크게 의존하게 될

15 (A) 진정한 공유와 이해가 드물게 되는 경우는 두 나라의 힘이 '균등하지 않을' 때 일어나므로, unequal이 적절하다.
(B) 두 나라의 힘이 균등하지 않을 경우, 스포츠는 부유한 나라의 수출품이 되므로, exports가 적절하다.
(C) 상대적으로 가난한 나라의 사람들은 부유한 나라로부터 들어오는 것들을 소비할 가능성에 마음을 '열게' 되므로, opened가 적절하다.

지문 구성

도 입	스포츠 교류 → 정보 공유와 상호 간 문화 이해를 증진함
전 환	나라 간 힘과 자원이 불균등
결 과	스포츠는 부유한 나라의 문화적 수출품이 되어 다른 상품과 서비스, 사상과 함께 가난한 나라로 들어가게 됨

구문 분석

1행 Ideally, sports can be vehicles for **cultural exchanges [through which** people from various nations {share information} and {develop mutual cultural understanding}].

▶ [　]는 cultural exchanges를 수식하는 관계절이다. 관계사 which는 관계절 내에서 전치사 through의 목적어 역할을 한다.

▶ {　}로 표시된 두 개의 동사구는 and로 연결되어 관계절의 주어인 people from various nations의 술어 역할을 한다.

6행 This means [that sports often become **cultural exports from wealthy nations** {incorporated into the everyday lives of people in other nations}].

▶ [　]로 표시된 that절은 means의 목적어 역할을 하는 명사절이다.

▶ {　}로 표시된 분사구는 cultural exports from wealthy nations를 수식한다.

10행 However, even when that occurs, **it is likely that** the people in the traditional cultures will become increasingly opened to the possibility of [importing] and [consuming other goods, services, and ideas from the wealthy nations].

▶ it is likely that ~: ~할 가능성이 있다

▶ [　]로 표시된 두 개의 동명사구가 and로 연결되어 전치사 of의 목적어 역할을 한다.

▶ importing 다음에는 consuming과 공통으로 취하는 목적어인 other goods, services, and ideas from the wealthy nations가 반복 사용되는 것을 피하기 위해 생략되었다.

어휘 및 어구

- ideally 이상적으로, 더할 나위 없이
- vehicle (목표 달성 등의) 수단[매개체], 운송 수단
- cultural exchange 문화적 교류
- mutual 상호 간의, 공동의
- rare 드문, 진귀한
- incorporate ~ into … ~을 …에 통합하다
- revise 개정하다
- reshape 재형성하다
- in connection with ~와 관련되어

16　정답 ①

한줄 해설

고아원에서 아기들은 정상적인 언어 사용을 위해 필요한 언어적 자극을 받을 수 없었다는 내용이다.

해석

지난 몇 년간 우리는 동유럽의 고아원으로부터 아기를 입양한 사람들이 그들(그 아기들)이 유년기로 성장하면서 자기들의 미국인 엄마에게 말을 하는 데 장애가 있음을 발견했던 몇몇 안타까운 경우들을 보았다. 그것은 새로운 언어를 들음으로 인해 (아기들이) 혼동을 느낀 결과가 아니었다. 그것은 그 고아원에 직원이 적었기 때문에 발생한 일이었다. 아기들을 돌보는 사람들은 그들(아기들)에게 최소한의 보살핌만 제공했고 그들에게 말을 할 시간이 거의 없거나 아예 없었다. 그 아기들은 언어적으로 굶주렸고, 언어를 정상적으로 사용하게끔 하는 언어적 자극이 없었다. 유년기 초기와 그 이후에 말을 듣는 것, 많은 말을 듣는 것이 인간 두뇌에 건강한 활동이며, 그것은 아무리 많은 언어가 관련되어 있을지라도 사실인 것 같다.

상세 해설

입양 후 아기들이 언어 장애를 겪은 것은 고아원에 있을 때 그 아기들이 언어적 자극을 받지 못했기 때문이다. 그런 언어적 굶주림을 겪은 것은 그 고아원에 아기를 돌보는 사람들이 적었기 때문이므로, ① '직원이 적었기'가 빈칸에 들어갈 말로 가장 적절하다.
② 가지고 놀 장난감과 게임이 부족했기
③ 지속적으로 경제적인 풍요로움을 유지했기
④ 아이들의 언어를 이해하지 못했기
⑤ 교실에 두 개의 언어를 말하는 교사가 전혀 없었기

지문 구성

도 입	입양 후 언어 장애를 보이는 아기들
원 인	고아원에 직원이 부족했음
원인 설명	정상적인 언어 사용을 위해 필요한 언어적 자극을 받지 못함

구문 분석

1행 In the past few years we've seen **some tragic cases [in which people** {adopted babies from orphanages in Eastern Europe} and {found that, as they grew into childhood, they were handicapped in talking to their American mothers}].

▶ [　]는 some tragic cases를 수식하는 관계절이다. 관계사 which는 관계절 내에서 전치사 in의 목적어 역할을 한다.

▶ {　}로 표시된 두 개의 동사구가 and로 연결되어 관계절의 주어인 people의 술어 역할을 한다.

8행 **[People {watching the babies}] [gave them minimal care]** and [had little or no time to talk to them].

▶ 첫 번째 [　]로 표시된 명사구가 문장의 주어이다.

▶ {　}로 표시된 분사구가 People을 수식하여 명사구가 확장된다.

▶ 두 번째와 세 번째 [　]로 표시된 두 개의 동사구가 and로 연결되어 주어의 술어 역할을 한다.

어휘 및 어구

• tragic 안타까운, 비극적인
• handicapped 장애가 있는
• verbal 언어적인, 구두의
• thinly 적게, 드문드문
• adopt 입양하다, 도입하다
• starved 굶주린
• stimulation 자극
• staff 직원을 채우다

17 정답 ②

한줄 해설

지구온난화 문제는 사람들의 에너지 소비 행태와 관련이 있다는 내용이다.

해석

지구온난화는 특히 지난 반세기 동안의 인구 증가와 밀접한 관련이 있어 왔던 에너지 사용의 막대한 증가에 의해 심화되어 왔다. 그러나 문제가 되는 것은 순전히 인구 수가 아니라, 에너지가 사용되는 방식이다. 사실, 선진국의 아주 작은 비율의 사람들이 지구온난화라는 공이 굴러가게 시동을 건 대규모의 에너지 소비에 책임이 있다. 세계 인구의 대부분은 아직까지는 거의 역할을 하지 않았다. 그러므로 세계 인구의 극적인 감소가 있다고 하더라도, 만약 남아 있는 극소수의 사람들이 자신들의 소비 행태를 바꾸지 않는다면, 지구온난화 문제가 반드시 완화되지는 않을 것이다. 그리고 세계 인구의 증가가 지구온난화를 반드시 더 심화시키는 것도 아니다.

상세 해설

지구온난화 문제는 순전히 인구 수만 관련이 있는 것이 아니라 오히려 사람들의 에너지 소비 행태와 관련이 있다는 내용의 글이다. 따라서 ② '에너지가 사용되는 방식'이 빈칸에 들어갈 말로 가장 적절하다.

구문 분석

4행 Yet **it's** [the way energy is used] **that** is a problem, not the sheer number of people.

▶ ⟨It's ~ that ...⟩의 강조 용법이 사용된 문장으로 [　] 부분이 강조되었다.

14행 And a rise in the world population does **not necessarily** have to bring further global warming.

▶ not necessarily는 '반드시 ~한 것은 아닌'으로 해석하며, 부분 부정을 나타낸다.

어휘 및 어구

• enormous 막대한, 엄청난
• go hand in hand with ~와 밀접한 관련이 있다
• in particular 특히
• proportion 비율, 부분
• be responsible for ~에 책임이 있다, ~의 원인이다
• massive 대규모의, 엄청나게 큰
• fall 감소, 하락
• growth 증가, 성장
• sheer 순전한
• consumption 소비
• ease 완화시키다, 편하게 하다

18 정답 ①

한줄 해설

부정적인 감정은 긍정적인 감정의 진실성을 보장해 준다는 내용이다.

해석

슬픔은 불유쾌하다. 그렇다면 그것이 완전히 없는 상태라면 더 행복하지 않을까? 손해를 보는 것이 확실한데도 왜 그것을 받아들이는가? 아마도 우리는 Spinoza가 후회에 대해 한 말, 즉 누구든지 그것을 느끼는 자는 '두 배 불행하거나 두 배 무기력하다'라는 말을 그것에 대해 이야기해야 할 것이다. Laurence Thomas는 '부정적인 감정'(없으면 우리가 더 행복할 것이라고 믿을 이유가 있어 보이는 감정들인 슬픔, 죄책감, 분개함, 그리고 분노와 같은 감정들)의 유용성이 그것들이 사랑과 존중심과 같은 그런 성향적인 감정에 대한 일종의 진실성을 보장해 준다는 점에서 찾을 수 있다는 것을 암시했다. 그 어떤 현재 일어나고 있는 사랑과 존경의 감정도 사랑하거나 존경하는 것이 사실인 그 기간 동안 줄곧 존재할 필요는 없다(존재할 수는 없다). 그러므로 때때로 현재 일어나고 있는 긍정적인 감정이 없는 상태에서 더 이상 사랑하지 않는다고 의심을 하게 될 것이다. 그러한 때에, 슬픔과 같은 부정적인 감정이 사랑이나 존경심의 진실성에 대한 일종의 증거를 제공한다.

상세 해설

슬픔과 같은 부정적인 감정이 사랑과 존경심의 진실성에 대한 일종의 증거를 제공하는 경우에 그런 긍정적인 감정이 없다고 의심하는 상황일 것이다. 따라서 빈칸에 들어갈 말로 ① '더 이상 사랑하지 않는다'가 가장 적절하다.
② 훨씬 더 행복하다
③ 감정적 손실은 결코 실제일 수 없다
④ 자신에 대한 존경이 보장될 수 있다
⑤ 부정적인 감정이 더 이상 유지되지 않는다

구문 분석

5행 Laurence Thomas has suggested [that {the utility of "negative sentiments" (emotions like grief, guilt, resentment, and anger, which there is seemingly a reason to believe we might be better off without)} lies in {**their** providing a kind of guarantee of authenticity for such dispositional sentiments as love and respect}].

▶ [　]로 표시된 that절이 has suggested의 목적어 역할을 하는 명사절이다.

▶ 첫 번째 {　}는 that절의 주어 역할을 하는 명사구이다.

▶ 두 번째 {　}는 전치사 in의 목적어 역할을 하는 동명사구이다. their는 동명사구의 의미상 주어이다.

11행 No occurrent feelings of love and respect need to be present throughout **the period** [in which **it** is true {that one loves or respects}].

▶ [　]는 the period를 수식하는 관계절이다.

▶ 관계사 which는 관계절 내에서 전치사 in의 목적어 역할을 한다.

▶ it은 형식상의 주어이고, {　}로 표시된 that절이 내용상의 주어이다.

어휘 및 어구

- grief 슬픔
- utility 유용성
- resentment 분개함
- guarantee 보장
- occurrent 현재 일어나고 있는, 우연의
- better off 더 행복한, 형편이 더 나은
- sentiment 감정, 정서
- lie in ~에 있다
- authenticity 진실성, 진짜임

[19~20]

19 정답 ①

20 정답 단 몇 년 내에 한때 많았던 이 종의 마지막 개체가 완전히 제거되었다.

한줄 해설

19 큰바다쇠오리는 최종적인 원인으로 인해 완전히 멸종하게 되었음을 파악해야 한다.

20 화산 활동이 살아남은 큰바다쇠오리 개체들에게 미친 최종적인 영향을 쓴다는 내용이다.

해석

어떤 이야기가 북쪽 대양에서 생태상 펭귄의 위치를 차지했던 흑백의 대형 바닷새인 큰바다쇠오리의 이야기보다 더 가혹할 수 있을까? 그 새의 이야기는 한 편의 그리스 비극처럼 융성하고 쇠퇴하는데, 섬의 개체군은 거의 모두가 사라질 때까지 인간에 의해 잔혹하게 죽임을 당했다. 그러고 나서 진짜 마지막 집단이 한 특별한 섬, 사납고 예측할 수 없는 해류에 의해 인간의 파괴로부터 보호를 받았던 한 섬에서 안전을 찾아냈다. 이런 바다는 완벽하게 적응하여 바다 여행에 알맞은 새에게는 아무 문제도 일으키지 않았지만, 사람들에게는 어떤 종류의 안전한 상륙도 하지 못하게 했다. 몇 년을 비교적 안전하게 지낸 뒤에, 다른 종류의 재난이 큰바다쇠오리에게 타격을 주었다. 화산 활동은 그 섬의 피난처가 완전히 바닷속에 가라앉게 했고 살아남은 개체들은 하는 수 없이 다른 곳으로 피난해야 했다. 그것들이 선택한 새로운 섬 서식지에는 하나의 끔찍한 측면에서 옛것의 이점들이 없었다. 인간들은 비교적 쉽게 그곳(그 서식지)에 접근할 수 있었고, 실제로 그렇게 했다! 단 몇 년 내에 한때 많았던 이 종의 마지막 개체가 완전히 제거되었다.

상세 해설

19 큰바다쇠오리의 마지막 집단이 머물렀던 섬은 인간이 안전하게 상륙할 수 없는 장소였지만, 그 섬 전체가 바닷속에 가라앉음으로써 이들은 어쩔 수 없이 다른 섬으로 피신하게 된다. 그런데 그 새로운 섬은 인간이 쉽게 접근할 수 있어서 인간이 큰바다쇠오리가 완전히 제거되었으므로, 빈칸에는 ① '옛 것의 이점들이 없었다'가 가장 적절하다.

② 다른 집단들에게 쉬운 접근을 허용하지 않았다

③ 예기치 못한 자연 재해에 직면했다

④ 피난 개체들 사이에 갈등을 유발했다

⑤ 마지막 섬과 비슷한 단점이 있었다

20 (A)의 결과로 제시된 영어 문장은 Within just a few years the last of this once-plentiful species was entirely eliminated.이다.

지문 구성

원인 1	인간의 위협
원인 2	섬의 화산 활동으로 인해 다른 섬으로 피난해야 했다.
결과 1	마지막 집단만이 살아남아 생존에 이상적인 섬으로 도피했다.
결과 2	인간의 접근이 용이해지면서 완전히 멸종하게 되었다.

구문 분석

1행 What story could be harsher than **that** of **the Great Auk**, [**the large black-and-white seabird** {that in northern oceans took the ecological place of a penguin}]?

▶ that은 the story를 대신한다.

▶ [　]는 the Great Auk와 동격 관계에 있다.

▶ {　}는 the large black-and-white seabird를 수식하는 관계절이다.

3행 Its tale rises and falls like a Greek tragedy, [**with** island populations savagely destroyed by humans until almost all were gone].

▶ [　]는 〈with+명사구(island populations)+분사구(savagely destroyed ~ were gone)〉 구문으로, 주절이 기술하는 상황에 부수적으로 일어나는 상황을 나타낸다.

어휘 및 어구

- Great Auk 큰바다쇠오리
- tragedy 비극, 참사
- colony 집단, 군체
- current 해류, 기류, 전류, 흐름
- seagoing 바다 여행[항해]에 알맞은
- comparative 비교적인, 상대적인
- ecological 생태상의, 생태학의
- population 개체군
- vicious 사나운, 악랄한, 사악한
- present (어려움 등을) 일으키다
- refuge 피난처, 피난
- eliminate 제거하다, 없애다

03 긴 구 & 절(2)

01 ⑤	02 ③	03 ⑤	04 ④	05 (If) the two people were together
06 ①	07 ①	08 ③	09 ③	10 it has been argued
11 ②	12 ②	13 ①	14 ①	15 ③	16 ④
17 ③	18 ③	19 (A) carry a heavy backpack (B) his backpack

01 정답 ⑤

한줄 해설

의복 착용만을 받아들이고, 의복 관리에 대해서는 무지하여 오히려 폐렴과 호흡기 질환 등이 생겼다는 내용이다.

해석

과거에 의복을 거의 혹은 전혀 입지 않았던 지역으로까지의 서양 의복이 확산된 것은 때때로 건강과 청결의 측면에서 비참한 결과를 낳았다. 그러한 많은 경우에, 사람들은 의복이라는 복합적 요소 중 단 하나의 부분, 다시 말해, 옷의 착용만을 받아들였다. 그들은 의복의 관리에 대해서는 아무것도 몰랐고, 많은 경우에 그러한 관리를 위해 필요한 장비가 부족했다. 아무런 옷을 입지 않았을 때, 그들의 몸은 빗속에서 깨끗이 씻어내는 샤워를 했고, 벌거벗은 몸은 햇볕과 공기 중에서 빨리 말랐다. 그러나 그들이 의복을 얻었을 때, 소나기는 벌거벗은 몸만큼 빨리 마르지는 않는 젖은 옷을 의미했고, 때때로 폐렴이나 다른 호흡기 질환들이 뒤따랐다. 그들이 그것을(세탁을) 하는 방법을 알았다 하더라도, 그들에게는 옷을 세탁하기 위한 물이 거의 혹은 전혀 없는 일이 흔했다. 갈아입을 새 옷이 없어서 사람들은 대개 그들이 갖고 있는 것을 그저 그 옷이 닳아서 해질 때까지 입었다.

상세 해설

옷을 착용하지 않았던 지역에까지 서양 의복이 확산되면서, 옷을 입지 않던 사람들이 옷을 입기 시작했다. 그런데 옷을 착용하는 행위만 받아들여 옷을 세탁하거나 관리하지 못해 폐렴이나 호흡기 질환 등 건강 문제와 청결 문제가 발생했으므로, 빈칸에는 ⑤ '건강과 청결의 측면에서 비참한 결과를 낳았다'가 들어가는 것이 가장 적절하다.

① 의복에 대한 더 개인주의적인 접근법으로 이어졌다
② 세계 시간을 변화시키는 것을 통해 사회적으로 이해되었다
③ 사람들이 문화적 차이에 접하는 것을 더 어렵게 만들었다
④ 중고 의류 거래에 의해 더욱 촉진되었다

지문 구성

도 입	서양 의복 확산이 유발한 건강과 청결의 문제가 비참한 결과를 낳았다.
	의복을 입기 전: 나체 상태에서 비로 샤워하고 햇볕과 공기 중에 몸을 말렸다.
부 연	의복 확산 후: ① 건강 문제 – 비 때문에 옷이 젖고, 폐렴이나 호흡기 질환이 발생했다. ② 관리 부족 문제 – 세탁을 하지 못하고, 갖고 있던 옷을 해질 때까지 입었다.

구문 분석

1행 The spread of Western clothing to **areas** [**in which** little or no clothing was worn in the past] has sometimes produced disastrous results in terms of health and cleanliness.

▶ [ ]는 areas를 수식하는 관계절이다.
▶ in which는 관계부사 where로 바꿔 쓸 수 있다.

10행 When they obtained clothing, however, [a shower meant **wet garments** {that did not dry so quickly as bare bodies}], and [pneumonia or other respiratory diseases sometimes resulted].

▶ [ ]로 표시된 두 개의 등위절이 병렬 구조를 이루고 있다.
▶ { }는 wet garments를 수식하는 관계절이다.

어휘 및 어구

- spread 확산
- garment 옷, 의류
- respiratory 호흡기의
- take over ~을 받아들이다
- equipment 장비
- fall apart 닳아서 해지다

02 정답 ③

한줄 해설

산 정상의 생태학적 특징으로 종의 다양성 감소를 언급하고 있는 내용이다.

해석

산은 종종 섬과 비슷한 것으로 간주되는데, (산은) 따뜻한 저지대에 의해 단절된 한랭 기후의 좁은 지역이다. 그것들은 흔히 매우 고립되어 있고 면적이 제한되어 있어서, 산의 상층부는 대양에 있는 외딴섬의 다양성을 결정하는 생태 과정과 똑같은 형태의 영향을 받을 수 있다. 생물학자 Robert H. MacArthur와 Edward O. Wilson의 이론에 따르면, 고립된 환경은 부분적으로는 (그곳까지) 도달하는 종이 거의 없기 때문에, 그리고 부분적으로는 그곳에 있는 종이 빈번히 멸종되는 경향이 있기 때문에, 종을 축적하는 데 어려움을 겪는다. 산의 정상으로 가면서 다양성이 감소하는 부분적인 이유는 산이 한 지점을 향해 위쪽으로 기울어지는 경향이 있기 때문이라고 암시되어 왔는데, 그것은 고도가 더 높아질수록 종을 위한 각 기후대의 면적이 점차 더 작아지고, 따라서 개체 수가 더 적어지고 멸종이 더 빈번해진다는 것을 의미한다.

상세 해설

산의 상층부는 매우 고립되어 있고 면적이 제한되어 있는데, 상층부로 도달하는 종이 거의 없고 빈번히 멸종되어 종을 축적하는 데 어려움이 있다고 했으므로, 빈칸에는 ③ '개체 수가 더 적어지고 멸종이 더 빈번해진다는 것'이 가장 적절하다.

① 산의 경사면 지역이 늘어난다는 것
② 고지대 영역을 낮춰 주는 빙하기가 있다는 것
④ 매우 널리 분포되어 있는 많은 고산 지역 종들이 있다는 것
⑤ 단지 한 지역에 국한된 삼림 종이 있다는 것

구문 분석

3행 Since they are often so isolated and restricted in area, the upper parts of mountains might be subject to **the same sorts of ecological processes** [that determine the diversity of remote oceanic islands].

▶ [ ]는 the same sorts of ecological processes를 수식하는 관계절이다.

6행 According to the theory of biologists Robert H. MacArthur and Edward O. Wilson, isolated environments have difficulty accumulating species [partly because few arrive] and [partly because **those** {that are there} tend to die out frequently].

▶ 이유를 표현하는 부사절인 두 개의 [ ]가 병렬 구조를 이루고 있다.
▶ { }는 those를 수식하는 관계절이다.

어휘 및 어구

- cold climate 한랭 기후
- isolated 고립된, 격리된
- be subject to ~의 영향을 받다
- diversity 다양성
- oceanic island 대양도(대륙에서 멀리 떨어져 대양에 있는 섬)
- accumulate 축적하다
- suggest 암시하다, 제안하다
- slope 기울어지다, 경사지다
- climate zone 기후대
- lowland 저지대
- restricted 제한된, 한정된
- ecological 생태(계)의
- remote 외딴, 외진
- die out 멸종하다
- tend to ~하는 경향이 있다
- progressively 점차
- altitude 고도

03 정답 ⑤

한줄 해설

the enzyme only works on the wounds of dogs를 이해하면 빈칸에 들어갈 말을 찾을 수 있다.

해석

일부 개 주인들은 개가 자신을 핥는 것이 역겹다고 생각하는 반면, 다른 이들은 핥는 것이 자신들의 애완동물과 더 친밀하게 연대감을 갖는 데 도움이 되는 사랑의 표현이라고 생각한다. 많은 개 주인들은 개의 침이 사실 치유를 촉진하는 특별한 효소를 함유하고 있다는 것을 안다. 그 결과, 몇몇 사람들은 치유를 더 빠르게 하는 데 도움이 되고자 자신의 애완동물이 자신의 상처나 베인 자국을 핥도록 권장한다. 그 효소는 개의 상처에만 효과가 있고 인간에게는 도움이 되지 않는다는 점을 주의해야 한다. 그러므로 여러분의 개가 여러분의 상처를 핥게 하는 것은 여러분이 더 빠르게 회복되는 데 도움이 되지 않을 것이다. 사실, 그것은 감염으로 이어질 수 있고 그렇게 되면 여러분의 상처를 더욱 악화시킬 수 있다. 여러분이 애완동물에게 적절히 예방 접종하면 병을 옮길 확률은 낮지만, 여전히 여러분의 반려견에 의해 병이 날 확률을 줄이기 위해서는 핥지 못하게 하는 것이 좋은 생각이다.

상세 해설

개의 침에는 상처를 치료하는 효소가 있는데 이것은 개에게만 효과가 있다는 내용이 빈칸 앞에 나오고, 빈칸 뒤에는 개가 상처를 핥으면 오히려 감염의 우려가 있다는 내용이 제시되므로, 빈칸에 들어갈 말로 ⑤ '여러분의 애완동물이 여러분의 상처를 핥게 하는 것은 여러분이 더 빠르게 회복되는 데 도움이 되지 않을 것이다'가 가장 적절하다.
① 개가 문 상처를 (붕대로) 싸매지 않고 두면 위험하다
② 개가 자유롭게 침을 흘리도록 하면 그 개는 침을 더 많이 흘리게 될 것이다
③ 개가 감염되기 전에 예방 접종을 하는 것은 여러분의 건강에 좋다
④ 개가 자신의 상처를 스스로 낫게 하는 것은 그를 심각하게 아프게 할 것이다

지문 구성

도입(소재)	개가 주인을 핥는 것에 대한 사람들의 상반된 의견들이 있다.
전 개	개가 사람의 상처를 핥는 것은 상처를 치유한다는 믿음이 있다.
반 증	그것은 개에게만 도움이 되고 사람에게는 도움이 되지 않는다.
요 지	개가 사람의 상처를 핥게 하면 감염의 위험이 있어 상처를 더욱 악화시킬 수 있다.

구문 분석

6행 As a result, some **encourage** their pets **to lick** their wounds or cuts in order to help accelerate healing.

▶ encourage는 목적 보어로 to부정사를 사용하므로 to lick을 their pets 다음에 썼다.

10행 ~ in fact, it could lead to infection, [which will further aggravate your wounds].

▶ [   ]는 주절의 내용을 부연 설명하는 관계절이다.

12행 [While your pet likely will not pass on an illness to you {if you are keeping it properly vaccinated}], it is still a good idea [to discourage licking in order to reduce {your chances of becoming sick from your canine friend}].

▶ 첫 번째 [   ]는 대조를 나타내는 부사절로, 그 안의 {   }는 이 부사절에 종속된 조건절이다.
▶ 두 번째 [   ]는 주절의 내용상 주어로, 그 안의 {   }는 reduce의 목적어인 명사구이다.

어휘 및 어구

• lick 핥다
• aware 알고 있는, 인식하는
• enzyme 효소
• wound 상처
• accelerate ~을 촉진하다, 가속하다
• aggravate (질병 등을) 악화시키다
• properly 적절히
• vaccinate ~에게 예방 접종을 하다, 백신 주사를 놓다
• discourage 하지 못하게 하다, 만류하다
• canine 개의

[04~05]

04 정답 ④

05 정답 (If) the two people were together

한줄 해설

04 길을 걷는 중에도 휴대 전화로 상대방과 개인적인 대화를 나누는 상황을 묘사하고 있다.

05 가정법에서 If가 생략된 형태의 조건절을 If를 다시 써서 같은 의미의 문장을 만든다.

해석

세계 어느 나라에 있는 어느 큰 도시의 길을 걸으면서 휴대 전화로 이야기를 나누고 있는 사람들을 구경해 보라. 그들은 한 장소와 한 집단의 사람들과 물리적으로는 가까이 있지만 감정적으로는 다른 장소에 있는 채로, 자신만의 공간에 있다. 그것은 마치 낯선 사람들의 인파 속에서 그들이 독립 개체가 되는 것을 두려워하는 대신, 그 무리가 다른 곳에 있다 해도, 자신의 무리와의 관련성을 유지하는 것을 선택하는 것처럼 보인다. 휴대 전화는 거리와 동떨어져 있는 상태로 자신만의 개인 공간을 설정한다. 길을 걷고 있는 두 사람이 함께라면, 그들은 그렇게 고립된 상태가 아닐 텐데, 그들 모두가 서로를, 대화를, 그리고 길을 인식하고 있을 것이기 때문이다. 하지만, 휴대 전화를 가지고 있으면, 여러분은 현실이 아닌 가상의 개인 공간 속으로 들어가게 되는데, 그 장소가 주변과 동떨어져 있을 때 상대방과 그 대화에 더 잘 유대감을 형성할 수 있게 된다. 그래서 여러분은 길을 따라 걷고 있음에도 불구하고, 그 거리를 알지 못한다. 공공장소 속에 있는 진정한 개인 공간이다.

상세 해설

04 공동의 공간에서 독립 개체가 되어 상대방과 휴대 전화로 통화를 한다고 했고, 주변과 동떨어져 있을 때 대화 상대방과 더 잘 유대감을 형성할 수 있게 된다고 했으므로, 빈칸에는 ④ '공공장소 속에 있는 진정한 개인 공간이다'가 들어가는 것이 가장 적절하다.
① 문자 보내기는 친구들이 계속 연락을 유지하게 한다
② 언어 능력은 강력한 사회적 수단이다
③ 항상 연결되어 있고, 항상 산만해져 있다
⑤ 전화 서비스는 감정적인 도구이다

05 밑줄 친 부분은 가정법의 조건절에서 접속사 If가 생략된 형태로 주어와 동사가 도치된 구문이다. 이는 접속사를 사용하여 다시 써야 하므로, If 다음에 주어인 the two people과 동사 were로 연결하면 된다.

구문 분석

1행 **Walk** down the street of any large city in any country of the world and **watch the people** [who are talking on their cell phones]: they are in their own space, [physically close to one location and one set of people but emotionally somewhere else].

▶ 명령문 형태의 Walk 이하와 watch 이하가 병렬 구조를 이루고 있다.
▶ 첫 번째 [   ]는 the people을 수식하는 관계절이다.
▶ 두 번째 [   ]는 현재분사 being이 생략된 형태의 분사구문인데, 주절의 주어 they를 의미상의 주어로 삼고 있으며, 동시에 일어나는 동작을 나타내어 '한 장소와 한 집단의 사람들과 물리적으로는 가까이 있지만 감정적으로는 다른 장소에 있는 채로'라고 해석한다.

5행 It is **as if** they [fear being singletons in the crowd of strangers] and [opt instead to maintain connection with their pack, even if the pack is elsewhere].

▶ as if는 '마치 ~인 것처럼'의 뜻으로, as if절은 동사 is의 보어로 쓰여 '그것은 마치 ~인 것처럼 보인다'로 해석한다.

▶ 두 개의 [ ]는 주어 they를 공통으로 하여 병렬 구조로 연결되었다.

9행 [**Were the two people** together], [**walking** down the street], they would not be so isolated, for they would both be aware of one another, of the conversation, and of the street.

▶ 가정법에서 접속사 if가 생략되면 주어와 동사가 도치되는데, 첫 번째 [ ]는 접속사 if가 생략된 형태의 가정법 구문으로, If the two people were together의 뜻이다.

▶ 두 번째 [ ]는 분사구문으로, 앞에 있는 the two people을 의미상의 주어로 삼아 그것을 부연 설명하고 있다.

＊ 가정법에서 접속사 if의 생략

가정법에서는 접속사 if를 생략할 수 있는데, 다음과 같은 세 가지 형태가 주로 쓰인다.

• 〈Were + 주어〉

Were James not my boss, I would never talk to him.

= If James were not my boss, I would never talk to him.

(James가 나의 상사가 아니라면, 나는 절대로 그와 얘기하지 않을 텐데.)

• 〈Had + 주어 + 과거분사〉

Had he worked harder, David would have gotten the promotion.

= If he had worked harder, David would have gotten the promotion.

(그가 더 열심히 일했더라면, David는 승진했을 텐데.)

• 〈Should + 주어 + 동사〉

Should I call Kevin, he would come to my home at anytime.

= If I should call Kevin, he would come to my home at anytime.

(내가 Kevin한테 전화한다면, 그는 언제든 나의 집에 올 텐데.)

06 정답 ①

한줄 해설

사람들의 노동 취향(a taste for work)을 설명한 글로, 어린아이의 놀이의 관점과 인간 공동체의 관점에서 서술하고 있다는 내용이다.

해석

일반 통념에 따르면, 노동은 사람들이 주말과 휴일을 열망할 때조차도 부득이하게 떠맡아야 하는 부담이다. 하지만 1980년대 초에 미국인들에게 편안하게 살 수 있을 정도로 돈을 충분히 가지고 있다면, 일에서 은퇴할 것인지 물었을 때, 약 80퍼센트는 그렇게 하지 않을 것이라고 답했다. 은퇴는 흔히 심각한 스트레스와 우울증을 동반한다. 사실, 인간은 유전자와 사회적 기대가 주는 압박에 의해서 심리적으로 생산적인 것에 의존하도록 이중으로 프로그래밍되어 있다. 이미 태어난 첫 해에, 유아들은 수도꼭지를 돌리거나, 전등 스위치를 켜고 끌 때나, 유아용 침대에 매달려 있는 공을 두드릴 때처럼 일을 일으키는 것에 즐거움을 보인다. 적절하게 자극적이며 구조화된 환경의 아동은 집중적인 노력을 즐기는 것을 배운다. 사실, 우리 종은 우리 대부분이 노동 취향을 발전시키지 않았다면 생존하지 못했을 것이다. 그리고 물론, 인간 공동체는 공익에 기여하지 않

는 사람들에게 창피를 주고 그런 사람들을 피함으로써 이런 타고난 경향을 강화한다.

상세 해설

사람들은 일을 하고 싶어 하는 경향이 있는데, 그 이유로 인간은 유아기 때부터 일을 만들고 해결하면서 즐거움을 얻으며 인간이 노동 취향을 발전시키지 않았다면 생존하지 못했을 것이라고 말한 다음, 공익에 기여하지 않는 사람들을 피하고 창피를 줌으로써 노동 취향을 더 강화시킨다고 부연하고 있으므로, 두 가지 이유가 있다는 것을 알 수 있다. 따라서 빈칸에 들어갈 말로는 ① '유전자와 사회적 기대가 주는 압박'이 가장 적절하다.

② 교육과 부모가 한 일

③ 성공하고자 하는 욕망과 그것을 위해 일할 의지

④ 노력에 대해 인정과 승인을 추구하려는 경향

⑤ 생존 본능과 즐거운 경험의 추구

구문 분석

1행 According to popular wisdom, work is **a burden** [people must bear out of necessity], **even as** they long for weekends and holidays.

▶ [ ]는 a burden을 수식하는 관계절로, people 앞에 목적격 관계대명사 which 또는 that이 생략되었다.

▶ even as는 문맥상 '~할 때조차도'라고 해석한다.

3행 Yet when Americans were **asked** in the early 1980s [**whether** they would retire from working if they had enough money to live on comfortably], about 80 percent **said** [they **would not**].

▶ 첫 번째 [ ]는 asked의 직접 목적어로 쓰인 명사절인데, 능동태 문장의 간접 목적어가 수동태 문장의 주어로 쓰여 '~가 …인지 아닌지에 대해 질문을 받았다'로 이해할 수 있다.

▶ 두 번째 [ ]는 주절의 동사 said의 목적어로 쓰인 명사절로, they 앞에 접속사 that이 생략되었다. would not은 would not retire from working의 생략 구문이다.

15행 Indeed, our species **would not have survived if** most of us **had not developed** a taste for work.

▶ '만일 ~했다면, …했을 텐데'의 의미를 표현하는 가정법 과거완료 구문이 부정어 not과 함께 쓰였다.

＊ 가정법 과거완료

형태: If + S + had + p.p., S + would [might, should, could] + have + p.p.

의미: 만일 ~했더라면 …했을텐데 (〈과거에〉 ~하지 않았기 때문에 …할 수가 없었다) → 과거 사실에 반대되는 것을 가정

e.g.) **If I had known** how difficult the job was, I **wouldn't have taken** it. (그 일이 얼마나 어려운지 알았더라면 나는 그 일을 택하지 않았을 텐데.)

07 정답 ①

한줄 해설

outrun ~ be killed와 run ~ starve의 관계를 파악한다면 정답을 찾을 수

있다.

해석

동물은 일차적으로 자기 자신의 힘으로 움직인다. 그들은 근육을 이용하여 화학적인 에너지를 이용한다. 우리 인간이 자신을 이동시키기 위해 바람과 물, 그리고 다른 동물을 이용한 것은 바로 최근의 성취이다. 수억 년에 걸친 동물의 진화에서, 자신의 경쟁자나 포식자보다 더 멀리 더 빠르게 이동할 수 있으며, 그것을 더 경제적으로 하고 더 불리한 조건에서 할 수 있어야 한다는 종에 대한 선택압이 있어 왔다. 포식자와 먹이 양쪽 모두 더 빨리 움직여야 하며, 그렇지 않으면 죽는다. 어떤 무명의 주자는 그 개념을 이제는 유명해진 경우로 포착했다. "매일 아침 아프리카에서, 영양이 깨어난다. 그것은 자신이 가장 빠른 사자보다 빨리 달려야 하며, 그렇지 않으면 죽는다는 것을 안다. 매일 아침 아프리카에서, 사자가 깨어난다. 그것은 가장 빠른 영양보다 더 빨리 달려야 하며, 그렇지 않으면 굶주린다는 것을 안다. 여러분이 사자인지 영양인지는 중요하지 않다. 태양이 떠오르면, 달리는 게 좋을 것이다." 물론, 이 동물들은 알 필요가 없다. 그들은 그저 자신의 최고 속력으로 달리기만 하면 된다.

상세 해설

더 빠르게 움직이는 것을 선호하는 쪽으로 자연 선택이 이루어졌다는 내용이 빈칸 앞에 나오고, 빈칸 뒤에 생존을 위해 빠르게 달려야 하는 영양과 사자의 예가 나오므로, 빈칸에 들어갈 말로는 ① '포식자와 먹이 양쪽 모두 더 빨리 움직여야 하며, 그렇지 않으면 죽는다'가 가장 적절하다.
② 덩치가 더 커지는 것은 더 많은 힘이지만 더 느린 속도를 의미한다
③ 더 힘이 약한 것들은 배경으로 섞여 들어가야 한다
④ 각각의 좋은 보호 장비를 개발해야 한다
⑤ 우리의 몸은 더 적은 에너지를 사용하는 법을 배워야 한다

지문 구성

도 입	동물이 진화하는 과정에서 살아남기 위해 빠르게 움직이는 것을 선호한 자연 선택
주 제	포식자와 먹이 모두 빠르게 움직이지 않으면 죽는다.
사 례	아프리카의 영양과 사자

구문 분석

2행 **It** is a recent achievement [that we humans have harnessed the wind, water, and other animals to carry ourselves].

▶ It은 형식상의 주어이고, [   ]이 내용상의 주어이다.

5행 Throughout the hundreds of millions of years of animal evolution, there **has been** selective pressure on some species to be able **to travel** farther and quicker, and **to do** it more economically and under ever more adverse conditions than either their competitors or their predators.

▶ 현재까지 일어난 사건을 나타내기 위해 현재완료를 사용하는데, 여기에서도 has been을 사용하여 '있어 왔다'의 의미를 표현했다.

▶ to travel과 to do는 and를 중심으로 be able에 연결되어 병렬 구조를 이루고 있다.

16행 **It** doesn't matter [**whether** you're a lion **or** an antelope] — when the sun comes up, you'd better be running.

▶ It은 형식상의 주어이고, [   ]가 내용상의 주어이다.

▶ whether A or B: A인지 아니면 B인지

어휘 및 어구

- primarily 일차적으로
- selective pressure 선택압(종 또는 개체들이 서식처에서 살아남도록 유리한 형질을 갖는 개체군의 선택적 증식을 재촉하는 압력)
- economically 경제적으로
- predator 포식자
- aphorism 경구, 금언
- outrun 더 빨리 달리다
- adverse 불리한
- anonymous 무명의, 이름을 밝히지 않은
- antelope 영양
- starve 굶주리다

---

08 정답 ③

한줄 해설

정확한 시간 개념을 발명한 것은 고도로 발달된 사회라는 점을 파악해야 한다.

해석

진화는 왜 우리에게 분과 시를 측정할 시계를 제공하지 않았을까? 자연의 이유에 관한 모든 질문처럼, 이것은 추측을 허락할 뿐이다. 아마도 과거에는 그저 이러한 체제(분과 시)의 간격을 (측정하기) 위한 정밀 시계를 만들어야 할 필요가 없었을 것이다. 생물은 천적이 자고 있을 때 먹이를 사냥할 수 있도록 낮과 밤의 리듬에 적응해야 한다. 동물이 새벽에 은신처를 떠나느냐 아니면 정오에 떠나느냐는 삶과 죽음의 문제가 될 수 있지만, 그것이 정확히 오전 4시 17분에 첫 견과류를 채집하느냐 아니면 15분 후에 채집하느냐는 중요하지 않다. 분과 시는 야생에서는 아무런 의미가 없다. 전통적인 부족 문화 또한 그것 없이 지낸다. 몇몇 전통 문화의 언어에는 그런 짧은 시간의 기간을 나타내는 어휘조차 없다. 고도로 발달된 사회만이 이런 시간의 부분들을 구별했는데, 그것은 영국의 자연 철학자인 Gerald Whitrow가 '시간의 발명'이라고 부른 과정이다.

상세 해설

생존의 문제가 중요했던 야생 상태와 부족 문화에서는 정확한 시간 개념이 필요하지 않았기 때문에 진화의 과정에서 그러한 체제가 발전되지 않았던 것이다. 오히려 이러한 시간 개념은 고도로 발달된 사회에서 '발명'된 것이라고 언급하고 있다. 따라서 고도로 발달된 사회가 이러한 시간 개념을 발명했다는 의미가 되어야 하므로, 빈칸에는 ③ '이런 시간의 부분들을 구별했다'가 들어가는 것이 가장 적절하다.
① 자연과 함께 공존할 수 있다
② 시간의 부정확성을 즐긴다
④ 시계를 사용하는 데에서 오는 엄청난 혜택을 얻는다
⑤ 부족 문화의 원시성을 피할 수 있다

구문 분석

4행 Probably in the past there was simply no **need** [**to establish** a chronometer for intervals of this order].

▶ [   ]로 표시된 to부정사구가 need를 수식하므로, 해당 부분은 '이러한 체제의 간격을 위한 정밀 시계를 만들어야 할 필요' 정도로 해석한다.

8행 **It** can be a matter of life or death [**whether** an animal leaves its shelter at daybreak **or** at noon], but **it** is of no consequence [**whether** it gathers the first nuts at exactly 4:17 a.m. **or** fifteen minutes later].

▶ It과 it이 형식상의 주어이고, [   ]로 표시된 두 개의 whether절이 각각 내용상의 주어이다.

▶ whether A or B: A인지 아니면 B인지

16행 Only highly developed societies have distinguished these segments of time, [a process {British natural philosopher Gerald Whitrow has called "the invention of time."}]

▶ [   ]는 앞 절(Only highly ~ of time)에 대한 추가적인 설명에 해당하고, a process 앞에 〈주격 관계대명사+be동사〉의 생략이 일어나 which is가 생략된 것으로 볼 수 있다.

▶ {   }는 a process를 수식하는 관계절로 목적적 관계대명사 that 또는 which가 생략된 것으로 볼 수 있다.

어휘 및 어구

- speculation 추측
- order 체제
- natural enemy 천적
- daybreak 새벽
- wilderness 야생
- segment 부분
- interval 간격
- creature 생물, 생명이 있는 존재
- shelter 은신처
- of no consequence 중요하지 않은
- distinguish 구별하다

09 정답 ③

10 정답 it has been argued

한줄 해설

09 medicine is not as effective as is often claimed의 의미를 구체적으로 이해하면 정답을 찾을 수 있다.

10 문맥상 적절한 것이 능동태인지 아니면 수동태인지 파악해 본다.

해석

건강과 병마의 분포는 역사 및 사회과학적 관점에서 분석되어 왔다. 특히, 의학이 흔히 주장되는 것만큼 효과가 있지는 않다고 주장되어 왔다. 의학 저술가 Thomas McKeown은 19세기의 치명적인 질병 대부분이 항생제나 예방 접종 프로그램이 나오기 전에 사라졌다는 것을 보여 주었다. 그는 실질 임금의 상승으로 인해 가능해진, 개선된 위생 시설과 더 나은 영양과 같은 일반생활의 여건에 있어서 사회적 발전이 지난 세기 동안에 성취된 사망률 감소의 대부분에 대한 원인이었다고 결론지었다. 그의 논지는 논란이 있어 왔지만, 개선된 환경 여건의 주요 영향(사망률 감소에 끼친 영향)과 비교해 볼 때, 감소한 사망률에 대한 의학의 공헌이 미미했다는 것에는 거의 의견의 불일치가 없다.

상세 해설

09 의학의 효과가 그리 크지 않았다는 주장 다음에 이에 대한 근거를 대는 Thomas McKeown의 주장이 제시되고 있으므로, 빈칸에 들어갈 말로 ③ '감소한 사망률에 대한 의학의 공헌이 미미했다는 것'이 가장 적절하다.
① 건강과 병마의 정의가 시간이 흐름에 따라 변화했다는 것
② 사망률 감소가 전체 복지에 기여하지 못했다는 것
④ 백신 접종이 감염 위험을 줄였다는 증거가 없다는 것
⑤ 사회 계급이 의료 절차의 장기적 효과를 결정했다는 것

10 it은 형식상의 주어이고, 문맥상 현재완료 수동태가 와야 하므로 been을 has와 argued 사이에 써야 한다.

지문 구성

도입(소재)	의학의 효과에 대한 논쟁
근 거	Thomas McKeown의 주장 – 생활 여건의 개선이 사망률 감소의 원인이 되었다.
부연(요지)	감소한 사망률에 대한 의학의 공헌은 미미했다.

구문 분석

4행 The medical writer, Thomas McKeown, showed [that most of the fatal diseases of the 19th century had disappeared before the arrival of antibiotics or immunization programs].

▶ [ ]는 showed의 목적어로 쓰인 명사절이며, 과거보다 더 먼저 완료된 상황을 나타내기 위해 had disappeared를 썼다.

8행 He concluded [that {social advances in general living conditions, such as improved sanitation and better nutrition made available by rising real wages}, have been responsible for most of **the reduction in mortality** {achieved during the last century}].

▶ [ ]는 concluded의 목적어로 쓰인 명사절이다.
▶ { }로 표시된 첫 번째 부분은 that절의 주어이고, have been이 술어 동사이다.
▶ 두 번째 { }는 the reduction in mortality를 수식하는 분사구이다.

12행 Although his thesis has been disputed, there is little **disagreement** [that {the contribution of medicine to reduced mortality} has been minor, **when compared** with the major impact of improved environmental conditions].

▶ [ ]는 disagreement와 동격절이며, { }가 that절의 주어이다.
▶ [ ]의 when이 이끄는 부사절에서 when과 compared 사이에 it is가 생략

된 형태이다.

어휘 및 어구

- distribution 분포
- perspective 관점
- claim 주장하다
- antibiotic 항생제
- conclude 결론짓다
- sanitation 위생 시설
- reduction 감소
- dispute 논란을 벌이다, 논쟁하다
- contribution 공헌
- analyze 분석하다
- argue 주장하다
- fatal 치명적인
- immunization 예방 접종, 예방 주사
- advance 발전
- nutrition 영양
- mortality 사망률
- disagreement 의견 불일치

11 정답 ②

한줄 해설

아이들은 자신의 행동이 어른들에게 실질적인 도움이 되기를 원했음을 파악해야 한다.

해석

연구자들은 어린아이들의 도움이 정말로 타인에 대한 진정한 배려에서 우러나온다는 것을 보여 주는 증거를 가지고 있다. 내 동료들은, 어떤 어른이 세 살짜리 어린아이와 놀다가 그 아이에게 특정 과업을 위해 어떤 물건을 건네 달라고 부탁하는 실험을 했다. 예를 들어, 그 어른은 자기 옆에 물주전자를 가지고 있었고 아이에게 "물을 따르게 그 컵 좀 건네주겠니?"라고 부탁했다. 그 요청된 물건이 적합했을 때에는 — 예를 들어, 깨지지 않은 컵 — 아이들은 보통 그것을 건네주었다. 그러나 어떤 때는 요청된 물건이 금이 간 컵과 같이 그 과업에 부적합했다. 연구자들은 아이들이 자주 요청된 물건을 무시하고 손을 뻗어서 방 다른 쪽에 있는 온전한 컵과 같이 적합한 물건을 잡는다는 것을 발견했다. 그러므로 그 아이들은 그냥 묵묵히 어른을 따른 것이 아니었다. 그 아이들은 어른이 과업을 완수할 수 있도록 실제로 돕기를 원했다.

상세 해설

실험 내용을 통해 아이들은 어른이 과업을 완수할 수 있도록 형식적이 아닌 실제로 돕기를 원한다는 것을 알 수 있다. 따라서 ② '타인에 대한 진정한 배려에서 우러나온다는'이 빈칸에 들어갈 말로 가장 적절하다.
① 어른들에게 경제적 이익을 가져다 준다는
③ 그것에 대한 대가로 어떤 것을 할 필요가 있다는
④ 정치적 견해를 배우기 위한 역할 놀이가 된다는
⑤ 어른들의 적절한 행동에 대한 단순한 모방이라는

구문 분석

2행 My colleagues conducted an **experiment** [**in which** an adult {played with a three-year-old} and {asked him or her to hand over certain objects for certain tasks}].

▶ [ ]는 선행사인 an experiment를 수식하는 관계절이다. 관계사 which는 관계절 내에서 전치사 in의 목적어 역할을 한다.
▶ { }로 표시된 두 개의 동사구는 and로 연결되어 관계절의 주어인 an adult의 술어 역할을 한다.

12행 The researchers found [that children {often ignored the requested item} and {reached for a suitable one, such as an intact cup in another part of the room}].

▶ [ ]로 표시된 that절은 동사 found의 목적어 역할을 하는 명사절이다.
▶ { }로 표시된 두 개의 동사구는 and로 연결되어 that절의 주어인 children의 술어 역할을 한다.

어휘 및 어구

- synchronize 동시에 움직이다
- counterintuitive 직관에 반하는
- accommodate (환경 등에) 맞추다, 적응하다
- drive 충동, 욕구
- vocalization 발성
- frame 범위, 틀
- metronome 메트로놈, 박자기
- predictable 예측할 수 있는
- coordinate (몸의 움직임을) 조정하다
- align 나란히 하다, 조정하다

---

12 정답 ②

한줄 해설

몸의 움직임을 조정하여 서로 맞추려는 행동의 목적을 파악해야 한다.

해석

실험실 연구에서, 책상을 손가락으로 두드리는 동작을 똑같이 맞춰 보라고 요청받은 두 사람이 메트로놈에 맞추어 동시에 움직이도록 요청받을 때보다 동작을 더 제대로 맞춘다. 이것이 직관에 반하는 것처럼 보일 수 있는데, 메트로놈이 박자에 있어서 훨씬 더 안정적이어서 예측 가능성이 더 높기 때문이다. 하지만 그 연구는 인간이 서로의 행위에 적응한다는 것을 보여 준다. 그들은 서로 상호작용하지만, 메트로놈과는 그렇지 않은데, (결국 몸의 움직임을) 조정하고자 하는 강한 충동으로 이어진다. 이런 행동의 진화적 기원이 일반적으로 동작을 맞추는 것에 있는 것이 당연한데, 그것이 사회적 상호작용을 용이하게 하는 데 기여하기 때문이다. 우리가 함께 걸어가면서 부분적으로는 발성을 통해, 또 부분적으로는 몸짓을 통해 의사소통을 하면서 걸음을 나란히 한다면, 즉 걷는 방식을 똑같이 맞춰 왔다면, 상호작용은 크게 향상된다. 이것이 없는, 한 사람의 머리는 항상 위아래로 움직이고 있고 상대방의 시각의 범위에서 벗어나게 된다.

상세 해설

함께 걸어가면서 걸음을 나란히 하게 되면 상호작용이 크게 향상된다고 언급하고 있다. 즉, 몸의 움직임을 조정하여 서로 맞추려는 충동은 그러한 행동이 ② '사회적 상호작용을 용이하게 하는' 데 기여하기 때문이다.
① 사망률을 줄이는
③ 여러분에게 결과를 예측할 수 있도록 영감을 불어넣는
④ 한 집단과 다른 집단들을 구별하는
⑤ 생각하기라는 고통스러운 일로부터 우리를 보호하는

구문 분석

1행 In laboratory studies, [**two individuals** {who **are asked to** synchronize their finger tapping on a desk}] synchronize more closely than [**when asked** to synchronize with a metronome].
- ▶ 첫 번째 [　]가 문장의 주어이다.
- ▶ {　}는 관계절로 two individuals를 수식하며, be asked to는 '~하도록 요청받다'로 해석한다.
- ▶ 두 번째 [　]에서 when과 asked 사이에는 they are가 생략되었다.

7행 They interact with one another, but **not with the metronome**, [leading to a great drive to coordinate].
- ▶ not with the metronome은 they don't interact with the metronome으로 풀어서 이해할 수 있다.
- ▶ [　]로 표시된 분사구문은 and it leads ~의 의미로 it은 앞 문장의 내용이다.

12행 [**If we're walking together and communicating partly through vocalizations, partly through gesture**], the interaction is greatly improved [**if our steps are aligned**], [**if we've synchronized our way of walking**] — without **this**, one person's head is always moving up and down and out of the other's visual frame.
- ▶ 첫 번째 [　]는 주절에 조건의 의미를 더해 주는 종속절이다.
- ▶ 두 번째와 세 번째 [　]는 서로 동격 관계에 있다.
- ▶ this는 바로 앞에 나오는 조건절의 내용(걸음을 나란히 하는 것, 즉 걷는 방식을

---

13 정답 ①

한줄 해설

socially isolated, community-building activities에서 정답을 찾을 수 있다.

해석

유대가 강한 지역 사회가 재앙을 더 잘 견딘다는 많은 증거가 있다. 여기 사례가 있다. 환경주의자 영화 제작자인 Judith Helfand는 대략 6백 명이 사망한 1995년 시카고에서의 엄청난 폭염에 관한 영화를 만들고 있다. 그녀는 희생자들에게 한 가지 공통점이 있었다고 설명한다. 즉, 그들은 사회적으로 고립되어 있었다. 그들은 그들(폭염 희생자들)이 최근에 집 밖으로 나오지 않았다는 것을 알아차리거나, 그들의 에어컨이 정상적으로 작동하고 있다는 것을 확인해 줄 친구나 가족이나 믿을 만한 이웃이 없었다. 사실, 미국인의 3/4은 그들의 이웃을 알지 못한다. Judith는 미래의 폭염으로부터 죽음을 예방하는 최고의 방법은 에어컨 할인 쿠폰을 나눠주는 것과 같은 정책을 펼치는 것이 아니라, 일 년 내내 사회적인 유대감을 강화해 주는 공동체를 만들어 가는 활동을 제공하는 것이라고 주장한다.

상세 해설

빈칸 다음에 이어지는 사례에서 사회적으로 고립된 사람들이 폭염에서 사망한 점과 이것을 방지할 방법은 사회적 유대감을 강화하는 활동을 제공하는 것이라고 말하고 있으므로, 빈칸에는 ① '유대가 강한 지역 사회가 재앙을 더 잘 견딘다'가 가장 적절하다.
② 사회적인 고립이 범죄의 증가를 유발한다
③ 정부가 사회적인 유대를 회복하는 것을 도울 수 있다
④ 우리는 가족보다 친구들에게 더 많이 의존한다
⑤ 에어컨 시설은 사치품이 아니라 필수품이 되었다

지문 구성

도입(주제)	유대가 강한 지역 사회는 재앙을 더 잘 견딘다.
사 례	폭염 사망자들의 공통점 → 사회적으로 고립되어 있었다.
강 조	재앙에 대비하는 방법은 사회적 유대감을 강화하는 활동을 제공하는 것이다.

구문 분석

1행 There's **a lot of evidence** [that strong communities survive disasters better].
- ▶ that이 이끄는 명사절은 동격의 의미를 나타낼 수 있다. 여기에서도 that 이하는 a lot of evidence와 의미상 동격을 이루어 '~라는 많은 증거'의 의미를 표현한다.

6행 They didn't have **friends or family or trusted neighbors** [**to notice** that they hadn't been out of their house lately], or [**to check** that their air conditioners were working well].
- ▶ [　]로 표시된 두 개의 to부정사구는 모두 형용사적인 기능을 하며, friends or family or trusted neighbors를 수식한다.

11행 Judith argues that the best way to prevent deaths from future heat wave is **not** [**having** a policy of handing out discount air conditioner coupons], **but** [**providing** community-building

---

activities that strengthen social ties throughout the year].

▶ 〈not A but B〉는 'A가 아니라 B'의 의미를 나타낸다. 여기에서도 '정책을 펼치는 것이 아니라 활동을 제공하는 것'의 의미를 나타낸다.

▶ [   ]로 표시된 두 개의 동명사구는 병렬 구조를 이루며, is의 보어 역할을 한다.

어휘 및 어구

- environmentalist 환경주의자
- massive 엄청난
- heat wave 폭염
- isolated 고립된
- trusted 믿을 만한, 신뢰받는
- hand out 나눠주다
- strengthen 강화하다
- social tie 사회적인 유대(감)

14 정답 ①

한줄 해설

not suited for seed saving and replanting에서 정답을 유추할 수 있다.

해석

종자 개량을 위한 연구 개발은 오랫동안 공익을 위한 공공 영역이자 정부의 활동이었다. 그러나 개인 자본이 종자 생산으로 흘러들어오기 시작했고 경제의 한 부문으로서 그것(종자 생산)을 넘겨받아, 종자의 특성의 두 가지 측면, 즉 생산 수단으로서의 종자의 역할과 생산물로서의 종자의 역할 사이를 인위적으로 나누게 되었다. 이 과정은 1920년대 말에 옥수수의 잡종 품종 개량 발명 이후 가속화되었다. 오늘날 재배되는 대부분의 옥수수는 잡종이다. 그것들을 파는 회사들은 농부들로부터 뚜렷한 모체 계통을 유지할 수 있으며, 그들이 생산하는 곡물은 종자용으로 보관했다가 다시 심기에는 부적합하다. 그 결합은 농부들이 계절마다 그 회사로부터 더 많은 종자를 사야 하도록 보장한다. 1990년대에 유일한 지적 재산권 도구인 특허법이 종자 변종의 영역까지 확장되면서 개인 종자 회사를 위한 시장은 더 커지기 시작했다.

상세 해설

농부들이 종자 회사가 판매하는 종자로 농사를 짓게 되면, 수확한 곡물을 씨앗으로 사용할 수 없으므로 또 다시 회사로부터 종자를 구매해야 하므로, 빈칸에는 ① '계절마다 그 회사로부터 더 많은 종자를 사야 하도록'이 가장 적절하다.
② 이전보다 더 많은 화학 비료를 사용하도록
③ 자신들의 식료품을 위한 시장을 개척하도록
④ 식량 생산의 효율성을 높이도록
⑤ 시골 공동체 유지를 위한 방법을 찾아보도록

지문 구성

도입(소재)	종자 개량의 상업화
전 개	상품으로서의 종자가 탄생했다.
사 례	옥수수는 종자를 사야 하는 작물이 되었다.
부 연	종자는 특허와 사업의 대상이 되었다.

구문 분석

3행 However, private capital **started** to flow into seed production and **took** it over as a sector of the economy, [creating an artificial split between {the two aspects of the seed's nature}: {its role as means of production and its role as product}].

▶ started와 took은 private capital을 주어로 하는 동사이다.

▶ [   ]는 주절에 이어지는 내용을 서술하는 분사구문이다.

▶ 두 개의 {   }는 의미상 동격인데, 콜론(:)은 앞의 내용을 보충 설명하거나 구체적으로 예시를 보여주고자 할 때 사용한다.

10행 [**The companies** {that sell them}] are able to keep the distinct parent lines from farmers, and [**the grain** {that they produce}] is not suited for seed saving and replanting.

▶ [   ]로 표시된 두 부분은 각각 앞 절과 뒷 절의 주어이다. {   }로 표시된 두 부분은 관계절로 각각 The companies와 the grain을 수식하는 관계절이다.

14행 In the 1990s the extension of patent laws [as {the only intellectual property rights tool into the area of seed varieties} started to create a growing market for private seed companies].

▶ [   ]는 '~함에 따라'의 의미를 가진 부사절이며, {   }는 부사절의 주어이다.

어휘 및 어구

- seed 종자, 씨앗
- domain 영역
- common good 공익
- capital 자본
- take over ~을 인수하다
- sector 부문, 영역
- split 나눔, 분열, 분할
- hybrid 잡종
- breeding 품종 개량, 번식
- cultivate 재배하다, 경작하다
- distinct 뚜렷한
- grain 곡물, 알갱이
- suited 적합한
- combination 결합, 배합, 조합
- guarantee 보장하다
- extension 확장, 연장
- patent 특허
- variety 변종
- pioneer 개척하다
- rural 시골의

15 정답 ③

한줄 해설

listen, assess, respond가 나타내는 것을 이해하면 정답을 찾을 수 있다.

해석

우리는 자주 설득을 화자가 청중들'에게' 하는 무언가로 간주한다. 사실, 많은 연구가 보여 주듯, 설득이란 화자가 청중들과 '함께' 하는 무언가이다. 미국의 청중들이 화자가 말을 할 동안에는 거의 방해하지 않지만, 그들은 그저 수동적으로 앉아서 그 화자가 하는 말은 무엇이든 흡수하는 것이 아니다. 대신, 그들은 사주 화자와 정신적인 수고받는 활동에 몰두한다. 그들이 듣는 동안, 그들은 능동적으로 화자의 신뢰성과 전달 방식, 근거가 되는 자료, 언어, 추론, 그리고 감정적인 매력을 평가한다. 그들은 어떤 점에 대해서는 긍정적으로 반응하고, 또 다른 어떤 점에 대해서는 부정적으로 반응할 수 있다. 가끔 그들은 마음속에서 화자와 논쟁할 수도 있다. 이런 정신적인 과정은 청자가 연설의 주제에 많이 연관되어 있고, 그것이 그들의 삶에 직접적인 관계가 있다고 믿을 때 특히 활발하다.

상세 해설

빈칸 앞에 설득의 과정은 청중과 화자가 함께 만들어가는 과정이라는 글의 주제가 제시되고, 빈칸 뒤에 미국의 청중들이 능동적으로 듣는 동안 무엇을 하는지에 관한 구체적인 내용이 제시되므로, 빈칸에는 ③ '화자와 정신적인 주고받는 활동에 몰두한다'가 들어가는 것이 가장 적절하다.
① 화자가 새로운 주제를 개발하도록 영감을 부여한다
② 자신이 배운 것을 일상생활에 사용한다
④ 연설의 숨겨진 의도를 이해하려고 노력한다
⑤ 질의응답 시간에 화자와 논쟁한다

지문 구성

도입(주제)	설득이란 화자와 청중이 함께 만들어가는 과정이다.
사 례	미국의 화자와 청중의 관계 → 미국의 청중은 ① 화자를 평가한다. ② 화자에게 반응한다. ③ 화자와 논쟁한다.

구문 분석

2행 In fact, as a great deal of research shows, persuasion is **something** [a speaker does *with* an audience].

▶ 관계절에서 목적격 관계대명사는 생략할 수 있다. 여기에서도 [   ]는 that이 생략된 관계절로 something을 수식하며, 관계절 안에서 관계대명사는 does의 목적

어 역할을 한다.

4행 **Although** audiences in the United States seldom interrupt a speaker [**while** she or he is talking], they do not just sit passively and soak in **everything** [the speaker has to say].

▸ 양보의 부사절 Although절 안에 시간을 나타내는 부사절인 첫 번째 [　]가 포함된 구조이다.

▸ 관계절인 두 번째 [　]는 everything을 수식한다.

13행 This mental process is especially vigorous [when **listeners are** highly involved with the topic of the speech and **believe it** has a direct bearing on their lives].

▸ [　]에서 listeners를 주어로 하는 동사는 are와 believe이며, 이는 and로 연결되어 병렬 구조를 이루고 있다.

▸ believe 다음의 it은 앞 부분에 나온 the topic of the speech를 가리킨다.

어휘 및 어구

- persuasion 설득
- interrupt 방해하다, 가로막다
- credibility 신뢰성
- reasoning 추론
- vigorous 활발한

- seldom 거의 ~ 않는
- soak in ~을 흡수하다
- delivery 전달 방식
- appeal 매력

16 정답 ④

한줄 해설

'중간 사실적 조건'은 사실과는 반대로 가정하여 선행하는 사건을 바꾸어 놓기도 하지만, 실제 그 결과는 바꾸지 못한다는 두 가지 성질이 결합되어 있다는 내용이다.

해석

비행기 추락 사고에서 심한 부상을 입고 살아남은 한 생존자가 며칠 동안 정글을 통과하려 발버둥치지만, 한 마을에 당도하기 직전에 죽는다고 가정해 보라. "어떻게든 마을까지 걸어가기만 했더라면, 그는 구조되었을 텐데."라고 생각하고 싶은 유혹도 든다. 그렇지만 그 희생자의 친척들을 위로해야 한다고 가정해 보라. 무슨 말을 하겠는가? 아니면 마을까지 멀리 갔지만 그 이상은 가지 않은 구조대를 옹호하고 싶다고 가정해 보라. (친척을) 위로하거나 (구조대를) 옹호하고 싶은 동기가 여러분이 상상하는 그 선택에 영향을 줄 수 있다. 그 희생자의 부상이 심각했다는 것을 강조하며 "그가 어떻게든 마을까지 걸어갔다고 해도, 그래도 죽었을 것입니다."라고 넌지시 말하기로 결심했을 수도 있다. 때로 있었을지도 모르는 일에 대한 생각이 이전의 사건(그 희생자가 마을까지 걸어갔다는 것)을 바꾸어 놓기도 하지만, 그 결과(그럼에도 그는 죽었다는 것)는 바꾸지 못한다. '비록 …라 해도'라는 조건문이 <u>사실과 반대되는 선행 사건과 실제적인 결과를 결합하기</u> 때문에 '중간 사실적 조건'이라고 불려 왔다. 가정된 중간 사실적 조건의 선택은 호기심을 자아내는데, 그 이유는 있었을지도 모르는 일에 대한 다른 생각들과는 달리, 그 결과는 불가피하다는 것을 말해 주기 때문이다.

상세 해설

비행기 추락 사고 희생자에 대해 어떤 말을 하기 위해 Even if와 같은 조건문으로 말했을 때, 어떤 특징이 나타나는지를 설명하고 있다. Even if 조건문은 '중간 사실적 조건'이라고 불려 왔는데, 사실과 반대되는 선행 사건을 가정하기는 하지만, 실제 결과를 바꾸지는 못한다. 이 둘의 결합이 바로 '중간 사실적 조건'이므로, 빈칸에는 ④ '사실과 반대되는 선행 사건과 실제적인 결과를 결합하기'가 들어가는 것이 가장 적절하다.

① 결과는 상상할 수 없기
② 이전의 일은 불가피하고 예측할 수 없기
③ 특정한 조건이 사실이면, 특정한 결과도 일어나기
⑤ 그것들(Even if 조건문)은 어떤 조건이 이후의 절에 영향을 주지 않을 때 쓰이기

1행 Suppose [**a survivor** {from an airplane crash with severe injuries} **struggles** for days through the jungle but **dies** just before reaching a village].

▸ Suppose의 목적어로 쓰인 [　] 앞에는 명사절을 이끄는 접속사 that이 생략되었다.

▸ {　}는 주어 a survivor의 수식어구이다.

▸ 동사 struggles와 dies가 a survivor를 공통의 주어로 삼아 병렬 구조로 연결되었다.

3행 **It** is tempting [**to think** {"**if only** he had managed to walk to the village, he would have been rescued"}].

▸ It은 형식상의 주어이고, to think가 유도하는 [　]가 내용상의 주어이다.

▸ {　}는 to think의 목적어로 if only ~는 '~하기만 했더라면'의 뜻이다.

13행 Sometimes **thoughts** [about {what might have been}] **change** an antecedent event (the victim walked to the village) but **leave** the outcome unchanged (he still died).

▸ thoughts가 문장의 주어이고, [　]는 수식어구이며, 동사 change와 leave가 thoughts를 공통의 주어로 하여 병렬 구조로 연결되었다.

▸ {　}는 about의 목적어로 쓰인 관계절이다.

어휘 및 어구

- survivor 생존자
- struggle 발버둥치다, 분투하다
- console 위로하다
- defend 옹호하다, 방어하다
- alternative 선택 가능한 것, 대안
- antecedent 이전의; 선행 사건
- semifactual 중간 사실적 조건

- airplane crash 비행기 추락 사고
- manage to 어떻게든 ~하다
- relative 친척
- motivation 동기, 동기 부여
- severity 심각성
- conditional 조건문, 가정 어구
- intriguing 호기심을 자아내는

17 정답 ③

한줄 해설

두 집단에서 심박수나 산소 소비는 전혀 차이가 없었지만, 정신적으로 피로한 집단은 영화를 시청했던 선수들 보다 자신들의 노력이 더 많이 들어갔다고 생각하는 인식이 달랐다는 내용이다.

해석

영국의 Kent 대학교 연구원인 Samuele Marcora는 운동 실험을 시작하기 전 두 가지 중에서 한 가지를 시행한 사이클 선수들의 수행 활동을 비교했는데, 선수들은 글자 인식 과제를 수행하거나 혹은 페라리와 오리엔트 특급 열차에 관한 다큐멘터리 영화를 시청하면서 90분을 보냈다. 그런 다음, 그들은 실내 운동용 자전거를 타고, 더 이상 할 수 없을 때까지 표준 생리 실험을 수행하라는 요청을 받았다. 영화를 시청했던 선수들은 사이클 실험에서 대략 평균 12.6분을 지속했다. 그들을 정신적으로 피로하게 하려고 만들어진 인지 실험을 수행했던 선수들은 평균적으로 10.7분만 지속했다. 정신적으로 피로했던 실험 대상자들은 다른 선수들보다 수행 활동이 15퍼센트 더 나빴다. 두 집단 사이에는 심박수나 산소 소비에 전혀 차이가 없었다. 달랐던 것은 얼마나 열심히 하고 있었는지에 대한 그들의 인식이었다. 사이클 실험이 시작됐던 바로 그 순간부터, 정신적으로 피로한 집단은 영화를 시청했던 선수들보다 그들의 노력을 더 힘든 것으로 평가했다.

상세 해설

글자 인식 과제를 통해 정신적으로 피로한 집단의 운동 수행 결과가 더 나빴으나, 심박수나 산소 소비에는 전혀 차이가 없었다. 오히려 달랐던 것은 정신적으로 피로한 집단이 자신들의 노력이 더 힘들었다고 생각하는 인식이었으므로, 빈칸에 들어갈 말로 ③ '얼마나 열심히 하고 있었는지에 대한 그들의 인식'이 가장 적절하다.

① 개인적 경쟁 그 자체
② 사이클 선수들 간의 학습 환경
④ 사이클 선수들이 미래에 대한 자신의 미래상을 기술하는 방식
⑤ 필요로 하는 엄청난 양의 자원과 팀워크

구문 분석

1행 **Samuele Marcora**, [a researcher at the University of Kent, in England], compared the performance of **cyclists** [who had done one of two things before starting an exercise test]: They spent ninety minutes [**either** performing a letter-recognition task **or** watching documentaries about Ferraris and the Orient Express train].

▶ 첫 번째 [　]는 Samuele Marcora와 동격으로 연결된 어구이다.

▶ 두 번째 [　]는 cyclists를 수식하는 관계절이다.

▶ 세 번째 [　]는 'A 혹은 B 둘 중 하나'라는 뜻의 〈either A or B〉가 병렬 구조로 연결되어 있다.

10행 **Those** [who had done **the cognitive test**, {which was designed to fatigue them mentally},] lasted only 10.7 minutes on average.

▶ [　]는 Those를 수식하는 관계절이다.

▶ {　}는 계속적 용법으로 쓰인 관계절로, 앞에 있는 the cognitive test를 부연 설명한다.

어휘 및 어구

- performance 수행, 실적
- standard 표준의; 표준, 기준
- average 평균 ~이 되다; 평균
- fatigue 피로하게 하다; 피로
- consumption 소비
- stationary bicycle 실내 운동용 자전거
- physiological 생리학적인, 생리적인
- cognitive 인지의
- heart rate 심박수
- demanding 힘든, 부담이 큰

[18~19]

18 정답 ③

19 정답 (A) carry a heavy backpack (B) his backpack

한줄 해설

18 아버지는 아이가 직접 무거운 배낭을 메게 함으로써 자신이 아직은 작다는 것을 깨닫게 했음을 파악해야 한다.

19 (A) do는 '무거운 배낭을 메다', (B) it은 '그의 배낭'을 가리킨다.

해석

때때로 아이들은 그들이 할 수 있는 것보다 그 이상을 하고 싶어 할 수도 있다. 예를 들어, 5살 난 우리 친구 아들이 아버지와 함께 도보 여행을 갔다. 어느 시점에 그 아이가 아버지에게 '어른들'이 하는 것처럼 무거운 배낭을 메게 해 달라고 요청했다. 아버지는 말없이 그의 배낭을 벗어 아들에게 건네주었고, 아들은 곧 그것이 너무 무거워서 자기는 멜 수가 없다는 것을 알게 되었다. 아들은 그냥 아버지에게 외쳤다, "아빠, 배낭이 제겐 너무 무거워요." 그런 후에 그는 산길을 행복하게 올라갔다. 안전한 방법으로 아버지는 아들이 너무 작다는 것을 (아들이) 스스로 경험을 통해 발견할 수 있도록 했다. 그는 또한 아들과 있을 수 있는 논쟁을 피했다.

상세 해설

18 아이가 자신이 할 수 있는 것보다 그 이상을 하고 싶어 할 경우에 자신의 한계를 정확히 파악하게 하는 방법으로, 아버지는 아들에게 직접 무거운 배낭을 메게 했다. 따라서 ③ '아들이 너무 작다는 것을 (아들이) 스스로 경험을 통해 발견할'이 빈칸에 들어갈 말로 가장 적절하다.

① 산길을 따라 배낭을 메고 갈

② 다양한 도구를 이용함으로써 자신의 과업을 끝낼

④ 다른 배낭 여행자들이 산 정상에 도달하는 데 도움을 줄

⑤ 자신이 혼자 힘으로 배낭을 멜 정도로 충분히 나이가 들었음을 깨달을

19 (A) do는 동사(구)의 반복을 피하기 위해 쓰인 대동사로, 앞에 나온 carry a heavy backpack을 대신하고 있다.

(B) it은 앞에 나온 his backpack을 가리킨다.

구문 분석

3행 At one point the boy [**asked** his father {**to let** him carry a heavy backpack the way the "big people" **do**}].

▶ [　]에서 asked의 목적 보어로 {　}로 표시된 to부정사구가 나왔고, 이때 asked는 '요청했다'라는 의미이다.

5행 Without saying a word, the father [took his backpack off] and [handed it to **his son**, {who immediately discovered that it was **too** heavy for him **to** carry}].

▶ [　]로 표시된 두 개의 동사구가 and로 연결되어 주어인 the father의 술어 역할을 한다.

▶ {　}는 선행사인 his son에 대해 부가적인 정보를 제공하는 관계절이다.

▶ too ~ to ...: 너무 ~해서 ...할 수 없다

어휘 및 어구

- capable of ~을 할 수 있는
- immediately 곧, 즉시
- trail 산길, 오솔길
- argument 논쟁
- hand 건네주다
- exclaim 외치다
- potential 있을 수 있는, 잠재적인

03 긴 구 & 절(2)

01 ② **02** ⑤ **03** ④ **04** ② **05** how quickly you hit the space bar **06** ⑤ **07** ④ **08** ③
09 each depicting a different state of the mind **10** ④
11 (A) the concept of "totemism" (B) ceremonial lodges **12** ④
13 ② **14** ② **15** ② **16** buildings **17** ① **18** ②
19 that there are ways by which disagreement can be processed or managed **20** ① **21** (A) similarity (B) contradictions

---

01 정답 ②

한줄 해설

aerobic exercise ~ blood flow to your brain과 빈칸이 연결됨을 파악하면 정답을 찾을 수 있다.

해석

'Brain Age'를 홍보하면서, 닌텐도의 웹 사이트는 인지적인 운동이 뇌가 계속 잘 기능하는 데 필요하다고 말하면서 자사 제품이 뇌의 기능을 어떻게 향상시키는지에 대한 광범위한 주장을 한다. 사실, 유산소 운동이 뇌에 훨씬 더 좋다. 인지 신경 과학자인 Arthur Kramer는 신체 건강을 증진시키는 것이 인지 능력에 어떻게 영향을 주는지에 관해 가장 잘 알려진 연구들 중 하나를 주도했다. 〈Nature〉지(誌)에 개재된 그들의 실험은 몸을 많이 움직이지 않지만, 그 밖에는 건강한 124명의 노인들에게 무작위로 여섯 달 동안 두 가지 훈련 조건들 중 하나를 할당했다. 한 가지 훈련 조건에서는 실험 대상자가 매주 약 세 시간 동안 걸으면서 시간을 보냈고, 다른 한 가지 조건에서는 실험 대상자가 스트레칭과 미용 체조를 하면서 같은 양의 시간을 보냈다. 두 형태의 운동이 모두 몸에 좋고 전반적인 건강으로 이끌지만, 유산소 운동이 더 효과적으로 심장의 건강을 증진시키고 뇌로 가는 혈류를 증가시킨다. 놀라운 결과는 일주에 겨우 몇 시간을 걷는 것 또한 인지적 과업에서 큰 향상을 가져왔으며, 특히 계획하기와 다중 작업하기 같은 집행 기능에 의존하는 과업에서 향상을 보였다는 점이다.

상세 해설

닌텐도의 주장과는 달리, 실험에 의하면 유산소 운동이 뇌로 가는 혈류를 증가시키고 인지적 과업에서 큰 향상을 가져왔다는 내용이 이어지므로, 빈칸에는 ② '유산소 운동이 뇌에 훨씬 더 좋다'가 들어가는 것이 가장 적절하다.
① 효과가 있는 운동의 종류는 개인적으로 다양하다
③ 단순한 비디오 게임이 복잡한 기능을 향상시키는 것을 돕는다
④ 노화 속도는 인지적 운동의 양에 달려 있다
⑤ 교육받은 사람들은 노년에 더 좋은 뇌 건강을 누린다

지문 구성

문제 제기	닌텐도의 주장: 자사 게임을 하는 것이 뇌기능 향상에 도움이 된다.
반 론	유산소 운동이 뇌에 더 좋다.
근 거	실험 소개 (유산소 운동 vs. 무산소 운동 → 유산소 운동이 심장과 뇌로 가는 혈류를 증가시키고 인지적 과업을 향상시킴)

구문 분석

8행 Their experiment, published in *Nature*, randomly **assigned** 124 sedentary but otherwise healthy seniors **to** one of two training conditions for six months; in one training condition, the subjects **spent** about three hours each week **walking**, and in the other, subjects **spent** the same amount of time **doing** stretching and toning exercise.

▶ assign A to B: A를 B에 배정하다
▶ spend + 시간 + -ing: ~하면서 시간을 보내다

14행 Although **both forms of exercise are** good for your body and **lead** to better overall fitness, aerobic exercise more effectively improves the health of your heart and increases blood flow to your brain.

▶ are와 lead가 and로 연결되어 병렬 구조를 이루고 있으며, 이는 주어인 both forms of exercise에 연결된 동사이다.

18행 The surprising result is [**that** walking for as little as a few hours a week also led to large improvements on cognitive tasks, particularly **those that** rely on executive functions like planning and multitasking].

▶ [ ]는 is의 주격 보어로, those that은 those who와 유사하게 사용하여 '~한 사람들'의 의미로 쓰였다.

어휘 및 어구

- enhance 향상시키다
- cognitive 인지적인
- function 기능하다
- neuroscientist 신경과학자
- randomly 무작위로
- assign 할당하다, 배정하다
- sedentary 몸을 많이 움직이지 않는, 앉아 있는
- toning exercise 미용 체조
- overall 전반적인
- aerobic 유산소의
- executive function 집행 기능

---

02 정답 ⑤

한줄 해설

you had to believe for a second를 이해하면 답을 찾을 수 있다.

해석

심리학자인 Daniel Gilbert는 아주 짧은 순간이더라도 우리의 뇌가 어떤 것을 처리하기 위해서는 그것을 믿어야 한다고 말한다. 내가 여러분에게 분홍 코끼리를 생각해 보라고 말한다고 상상해 보라. 여러분은 분홍 코끼리가 실제로는 존재하지 않는다는 것을 분명히 알고 있다. 하지만 여러분이 그 어구를 읽었을 때, 여러분은 잠깐 동안이라도 머릿속에서 분홍 코끼리를 그려봐야 했다. 그것이 존재할 수 없다는 것을 깨닫기 위해, 여러분은 잠깐 동안 그것이 정말로 존재한다고 믿어야 했다. 우리는 같은 순간에 이해하고 믿는다. Benedict de Spinoza는 최초로 이러한 이해를 위한 용인의 필요성을 생각한 사람이었고, William James는 Gilbert보다 100년 앞서 글을 쓰면서 "속성과 관련된 것이든 아니면 존재와 관련된 것이든, 모든 명제는 마음속에 상상이 된다는 바로 그 사실을 통해 믿어진다."라고 그 원리를 설명했다. 생각을 한 후에야 우리는 애써 어떤 것을 믿지 않게 되는데, Gilbert가 지적하고 있는 것처럼, 그 과정의 그러한 부분은 결코 무의식적일 수 없다.

상세 해설

분홍 코끼리의 사례처럼 우리의 뇌가 어떤 것을 처리하기 위해서는 잠깐이나마 그 실체를 그려보아야 참인지 거짓인지 알 수 있으며, 그 실체를 그리기 위해서는 믿는 과정이 필요하다는 내용이다. 따라서 빈칸에 들어갈 말로 ⑤ '우리의 뇌가 어떤 것을 처리하기 위해서는 그것을 믿어야 한다'가 가장 적절하다.
① 이해란 지식과 감각의 결과이다
② 우리의 시각은 감정 상태에 의해 지배된다
③ 우리는 사실적인 진술보다 거짓말을 더 잘 기억할 수 있다
④ 우리는 만일 어떤 것이 친숙한 것들 사이에 있으면 그것을 무시하는 경향이 있다

도입(요지)	뇌가 어떤 것을 처리하려면 믿는 과정이 필요하다.
사 례	분홍 코끼리를 생각해 본다.
전 개	참인지 거짓인지 파악하려면 먼저 머릿속에 그려봐야 한다는 학자들의 주장이 있다.
결 론	생각을 한 후에야 애써 어떤 것을 믿지 않게 된다.

구문 분석

6행 [In order to realize {that it couldn't exist}], you had to believe for a second [that it did exist].

▶ 첫 번째 [ ]는 '~을 하기 위해'의 의미로 사용된 부사구이며, { }는 realize의 목적어이다.

▶ 두 번째 [ ]는 believe의 목적어이다.

9행 Benedict de Spinoza was **the first** [to conceive of this necessity of acceptance for comprehension], and, [**writing** a hundred years before Gilbert], William James explained the principle as "All propositions, whether attributive or existential, are believed through the very fact of being conceived."

▶ 첫 번째 [ ]는 the first를 수식하는 to부정사구이다.

▶ 두 번째 [ ]는 분사구문으로 '~하면서'의 의미를 나타낸다.

14행 [**Only** after the conception] **do we** effortfully **engage** in disbelieving something — and, as Gilbert points out, that part of the process can be far from automatic.

▶ Only와 같이 부사구, 부정사구, 장소의 부사구가 문두에 쓰이면 〈조동사 + 주어 + 본동사〉의 도치가 일어난다. 여기서도 do we ~ engage의 어순으로 사용되었다.

어휘 및 어구

- a split second 아주 짧은 시간
- exist 존재하다
- instant 순간
- necessity 필요성
- comprehension 이해
- attributive 속성과 관련된
- conception 생각, 이해
- disbelieve 믿지 않다
- obviously 분명히
- phrase 어구
- conceive 생각하다
- acceptance 용인
- proposition 명제
- existential 존재와 관련된
- effortfully 애써
- automatic 무의식적인, 자동의

03 정답 ④

한줄 해설

reviewing, reciting, and coding the information ~, Recitation during study를 통해 정답을 찾을 수 있다.

해석

경제학 서적의 한 장을 읽는다고 가정하자. 그 장을 네 번 읽는 게 더 좋을까, 아니면 한 번만 읽는 게 더 좋을까? 세심하게 암송하고 각 문단에 관해 스스로 질문을 던지면서 한 번 읽으면, 아무 생각 없이 그 장을 네 번 읽는 경우보다 자료의 더 많은 부분을 기억해 낼 수 있을 것이다. 자료를 수동적으로 다시 읽는 것보다는 정보를 복습하고, 암송하며, 그리고 부호화하는 데 더 많은 시간을 쏟는 것이 더 효율적이다. 그러면, 정보가 장기 기억으로 더 쉽게 들어간다. 학습하는 동안의 암송은 여러분이 쓰인 자료의 중요한 부분을 선별하고 의미 있는 형태로 그 정보를 생각해 내는 것을 연습할 수밖에 없도록 한다. 여러분은 적절한 단서들을 배우고, 그것을 저장한다. 여러분은 딱 맞는 자극제(예를 들어, 시험 문제)가 주어지자마자 이런 단서들을 생각해 낼 수 있다.

상세 해설

글을 읽으면서 계속 복습하고 암송하며, 스스로에게 질문하면 무심코 여러 번 읽는 것보다 학습 효과가 훨씬 커진다는 점이 빈칸 다음에 제시되어 있으므로 빈칸에는 ④ '암송하고 각 문단에 관해 스스로 질문을 던지면서'가 가장 적절하다.

① 그 장에서 의미 있는 부분만 고르면서
② 산만하게 하는 것이 없는 조용한 곳에서 공부하면서
③ 수업 전에 그 장을 작은 부분으로 분해하면서
⑤ 이전의 장을 복습하고 그런 다음 여러분의 목적을 암송하면서

지문 구성

도 입	반복이 좋은가, 한 번에 꼼꼼하게 공부하는 것이 좋은가
요 지	한 번을 적극적으로 읽는 것이 더 좋다.
근거 1	정보가 장기 기억으로 쉽게 들어간다.
근거 2	장기 기억으로 저장되면 나중에 다시 생각해 낼 수 있다.

구문 분석

3행 If you read the chapter once, [**being** careful to recite and ask yourself questions about each paragraph], you will surely be able to recall more of the material than if you mindlessly read the chapter four times.

▶ [ ]는 분사 구문으로 '~하면서'의 의미를 나타낸다.

6행 **It** is more efficient [to spend more time {reviewing, reciting, and coding the information} than {passively rereading the material}].

▶ It은 형식상의 주어이고, [ ]로 표시된 to부정사구가 의미상의 주어이다.

▶ { }로 표시된 동명사구가 than을 중심으로 비교구문을 이루고 있다.

어휘 및 어구

- recall 기억해 내다
- mindlessly 아무 생각 없이
- review 복습하다
- code 부호화하다
- appropriate 적절한
- store 저장하다
- stimulus 자극제, 자극
- material 자료
- efficient 효율적인
- recite 암송하다
- meaningful 의미 있는
- cue 단서, 신호
- presentation 제시

[04~05]

04 정답 ②

05 정답 how quickly you hit the space bar

한줄 해설

04 지능의 개인별 차이를 단순히 정보 처리 속도만으로 연결시키기에는 상관관계가 적고, 그 이상의 척도가 있을 것이라는 내용이다.

05 간접의문문의 어순으로 단어들을 배열한다.

해석

지능에서 개인별 차이가 순전히 정보 처리 속도만으로 추적될 수 있다고 믿는 사람들은 단순한 반응 시간과 관련 과업을 이용하는 경향이 있어 왔다. 단순한 '반응 시간' 패러다임에서는, 자극이 제시된 다음에 개인이 단순히 가능한 한 빨리 한 가지 반응을 하도록 요구된다. 예를 들어, 개구리 사진이 나타날 때마다 여러분의 키보드에 있는 스페이스 바를 누르라고 말할 수 있을 것이다. 그런 다음에, 우리는 여러분에게 펭귄, 물고기, 개구리, 기린, 개구리, 그리고 땅다람쥐를 보여 줄 수 있을 것이다. 당신의 반응 시간은 개구리가 매번 나타난 후에 스페이스 바를 얼마나 빨리 누르는가에 의해 측정될 것이다. 이 패러다임은 심리 측정

학의 아버지인 **Francis Galton**의 시대 이래로 지능의 척도로 널리 사용되어 왔다. 그러한 초기의 지지에도 불구하고, 단순한 반응 시간 척도와 지능의 다양한 표준 척도 사이에서 얻어진 상관관계의 정도는 약했다. 지능에는 순전히 속도 한 가지보다 훨씬 더 많은 것이 있는 것처럼 보인다.

상세 해설

04 지능의 차이가 순전히 정보 처리 속도만으로 추적될 수 있다는 '반응 시간' 패러다임이 더 이상 유효하지 않다는 내용이므로, 빈칸에는 ② '지능에는 순전히 속도 한 가지보다 훨씬 더 많은 것'이 가장 적절하다.
① 반응 시간을 빠르게 하는 전략
③ 우리의 두뇌에서 즉시 접근할 수 있는 보다 적은 정보
④ 지능과 뇌 크기 사이의 관계
⑤ 지능과 환경 사이의 상관관계

05 전치사 by 뒤에는 명사 형태가 와야 하는데, [　] 안의 단어들을 조합하면 간접의문문 형태의 명사절로 쓸 수 있다. 따라서, 〈의문사＋주어＋동사＋목적어〉의 어순으로 문장을 완성하면 된다.

구문 분석

1행 **People** [who believe {that individual differences in intelligence can be traced back to sheer speed of information processing}] **have tended** to use simple reaction time and related tasks.

▶ People이 문장의 주어이고, have tended가 문장의 술어 동사이다.
▶ [　]는 People을 수식하는 관계절이다.
▶ {　}는 관계절의 동사 believe의 목적어 역할을 하는 명사절이다.

어휘 및 어구

- intelligence 지능
- sheer 순전한
- reaction time 반응 시간
- presentation 제시
- correlation 상관관계
- be traced back to ~로 추적되다
- tend to ~하는 경향이 있다
- paradigm 패러다임, 이론의 틀
- stimulus 자극

---

06 정답 ⑤

한줄 해설

미래의 의료 기술 발달로 인해 몸이 상해도 뇌의 생명은 유지시킬 수 있게 될 것이라는 내용이다.

해석

현대 의료 기술은 인간이 심장 혹은 신장과 같은 여러 필수 장기가 없는 상태로 살 수 있도록 해 준다. 곧, 정상 가동하는 인공 허파와 인공 간이 생길 것이고, 미래의 어느 시점에는 비록 육체는 사망했을지라도 인간 뇌의 생명을 유지시킬 수 있을 것이라고 말하는 것은 상상력을 과다하게 펼친 게 아니다. 그러한 뇌는 보통 여러 가지 염(소금)으로 이루어진 산소 처리가 된 용액인 혈액 대체물을 통해서 영양소를 공급받게 될 것이고, 생명 유지 기능을 위해 과거의 육체에 더 이상 의존하지 않게 될 것이다. 기니피그의 뇌를 통해 이런 방향에서의 성공은 달성했고, 그래서 의료 과학이 인간의 뇌를 가지고 똑같은 것을 할 수 있는 것은 단지 시간 문제인 것 같다.

상세 해설

미래에는 의료 기술이 더욱 발전하여, 몸이 망가져도 뇌의 생명을 유지시킬 수 있게 될지 모른다는 내용의 글이다. 뇌는 혈액 대체물을 통해 영양소를 공급받게 될 것이고, 그렇게 되면 육체에 굳이 의존하지 않아도 되므로, 빈칸에는 ⑤ '생명 유지 기능을 위해 과거의 육체에 더 이상 의존하지 않게 될'이 가장 적절하다.
① 언제나 매우 짧은 생명을 가질
② 또한 엄청난 양의 에너지를 소비할
③ 현상적 경험을 여전히 구별할 수 있을

---

④ 분명히 정상적인 뇌보다는 훨씬 더 다르게 작동할

구문 분석

1행 Modern medical technology allows us to keep alive **human beings** [lacking a variety of vital organs, such as the heart or the kidneys].

▶ [　]는 앞의 human beings를 수식하는 분사구이다.

3행 Soon, there will be functional artificial lungs and livers, and **it** is not too much of a stretch of the imagination [to suggest {that at some time in the future we will be able to sustain the life of a human brain 〈even though its body has been destroyed〉}].

▶ it은 형식상의 주어이고, [　]가 내용상의 주어이다.
▶ {　}는 suggest의 목적어로 쓰인 명사절이다.
▶ 〈　〉는 양보를 나타내는 부사절이다.

8행 Such a brain [will be supplied with nutrients via **a blood substitute**, {usually an oxygenated solution of various salts}], and [would no longer be dependent on its former body for life-sustaining functions].

▶ 두 개의 [　]가 병렬 구조를 이루며 주어 a brain의 동사로 쓰였다.
▶ {　}는 a blood substitute와 동격 관계이다.

어휘 및 어구

- lacking ~이 없는
- vital (생명 유지에) 필수적인
- kidney 신장
- artificial 인공의
- sustain 유지하다
- solution 용액, 용제
- it is a matter of time before ~하는 것은 시간 문제다
- a variety of 여러 가지의
- organ 장기
- functional 정상 가동하는, 기능을 하는
- stretch 과장, 확대 해석
- nutrient 영양소, 영양분
- substitute 대체물
- direction 방향, 목적

---

07 정답 ④

한줄 해설

마지막 문장의 의미를 이해하면 빈칸에 들어갈 말을 찾을 수 있다.

해석

재활용에 관한 이론과 실제 사이에 이상한 단절이 있다. 실제적인 측면에서는 모든 사람이 그것을 점점 더 하는 실정이지만 이론적 측면에서는 환경 옹호자들과 그들의 비판자들 모두 재활용을 그다지 거론하지 않는다. 그 단절은 서점의 진열대에서도 발견될 수 있다. 재활용은 '지구를 구하는 데 도움을 줄 수 있는 가사에 관한 조언'으로 가득 찬 책들의 인기 있는 주제이며, 스스로 할 수 있는 환경 개선에 생활쓰레기보다 더 잘 들어맞는 것은 없는 것 같다. 그러나 지구의 운명과 환경 운동의 양상을 분석하는 책들은 재활용과 고형 폐기물에 대해 거의 언급하지 않는다. 재활용이 환경에 도움이 되기 위해 사람들이 취하는 단연코 가장 흔한 실용적인 조치이기는 하지만, 환경론자들의 희망과 두려움은 다른 곳에 초점이 맞춰져 있다. 이것은 어느 정도 당연한데, 가정의 수준에서 다루기에는 훨씬 더 어려운 다른 문제들이 쓰레기로부터의 재료 회수(재생)보다 몹시 시급하기 때문이다.

상세 해설

빈칸이 있는 문장 다음에 재활용에 대한 일반 대중의 관심이 많다는 점과 환경론자들은 이 부분이 아니라 다른 부분에 관심을 둔다는 점이 제시되고 있으며 그 이유가 마지막 문장에 제시되므로, 빈칸에 들어갈 말로 ④ '환경 옹호자들과 그들의 비판자들 모두 재활용을 그다지 거론하지 않는다'가 가장 적절하다.
① 재활용은 새로운 물건들을 만드는 것보다 더 경제적이지 않다
② 가정으로부터 나오는 폐기물을 다룰 시설이 너무 적다

③ 자신들의 제품에 대한 재활용을 염두에 두는 제조업자들은 거의 없다
⑤ 그것은 소비를 정당화해서 사람들이 더 많은 자원을 사용하게 권장할 수 있다

지문 구성

도입(요지)	재활용에 관한 이론과 실제 사이에 단절이 있다.
부 연	이론적인 측면에서 환경 옹호자들과 비판자들 모두 재활용을 거론하지 않는다.
상황 제시	대중은 재활용에 관심이 많지만, 환경 운동에 관한 책들은 재활용에 관심이 없다.
원인 분석	환경론자들은 재활용보다 더 어렵고 시급한 문제에 대해 관심을 가진다.

구문 분석

6행 Recycling is a favorite topic of books full of "household hints to help save the planet"; [nothing, **it seems**, is better suited for do-it-yourself environmental improvement than household waste].

▶ [ ] 안의 it seems는 중간에 삽입된 절이다.

12행 [While recycling is by far **the most common practical step** {that people take to help the environment}], the hopes and fears of environmentalists are focused elsewhere.

▶ [ ]는 대조를 나타내는 부사절로, { }는 the most common practical step을 수식하는 관계절이다.

16행 ~ **other problems**, [much more difficult to address at the household level], **are** dearly more urgent than recovery of materials from trash.

▶ other problems가 주어이고, 동사는 are이다.

▶ [ ]는 other problems를 수식하는 분사절로 being이 생략되어 있다.

어휘 및 어구

- odd 이상한, 기이한
- theoretical 이론적인
- by far 단연코, 훨씬
- dearly 몹시
- disconnection 단절
- do-it-yourself 스스로[손수] 하는
- address 다루다, 고심하다
- advocate 옹호자, 지지자

[08~09]

08 정답 ③

09 정답 each depicting a different state of the mind

한줄 해설

08 인간과 음악은 상당히 친밀하여 인간의 다양하고 미묘한 감정을 모두 음악에 담아낼 수 있다는 내용이다.

09 의미상의 주어가 들어간 분사구문으로 만든다.

해석

인간이 음악과 얼마나 친밀한지를 평가하기 위해, 우리는 인간의 삶에서 그것의 고유한 범위 및 인간의 감정적이고, 정신적 상태에 대한 그것의 고유한 영향의 깊이와 폭을 알아야 한다. 당연한 말이지만, 인간의 감정과 정신 상태는 넓은 범위에 걸쳐 있다. 이것을 이해하기 위해서, 인간 심리에 관한 한 연구에서 각각 다른 마음 상태를 묘사하는 17,953개의 각기 다른 단어가 존재했다고 여겨진 것은 알아둘 만한 가치가 있다. 분명, 이것은 전문 지식이 없는 사람들뿐만 아니라 전문가들도 인간 심리의 연구에 정통하는 것을 매우 어렵고 거의 불가능하게 만든다. 각고의 노력 후에, 전문가들은 그것을 다섯 개의 상이한 주요 범주로 줄였다. 확실히, 그것의 일부는 매우 유사하고, 그 차이는 참으로 미묘하다. 그럼에도 불구하고, 음악은 그런 모든 감정과 연관된다.

상세 해설

08 인간의 감정이 매우 다양하고, 인간 심리를 연구하는 것도 쉽지 않지만, 그 모든 인간의 감정과 정신 상태가 음악과 연관되어 있다는 내용이므로, 빈칸에는 ③ '그런 모든 감정과 연관된다'가 들어가는 것이 가장 적절하다.

① 문화적으로 선택되어 왔다
② 우리의 두뇌를 더 효과적으로 만든다
④ 특정 순간의 감정을 고조시킨다
⑤ 스트레스가 많은 날의 말미에 우리가 긴장을 풀도록 돕는다

09 문맥상 '각각 다른 마음 상태를 묘사한다'라는 내용이 되어야 하므로, each가 현재분사 depicting의 의미상의 주어이고, a different state of the mind가 목적어이다.

구문 분석

1행 To assess [how intimate humans are with music], we need to notice **the depth and the width of** [its unique scope in human life] and [its unique impact on a human's emotional and mental state].

▶ 첫 번째 [ ]는 assess의 목적어로 쓰인 명사절이다.

▶ 명사구 형태인 두 번째와 세 번째 [ ]는 병렬 구조를 이루며 the depth and the width of에 연결된다.

6행 To get a sense of this, **it** is worth knowing [that in a study on human psychology, **it** was accounted {that 17,953 different words existed, each depicting a different state of the mind}].

▶ 첫 번째 it은 형식상의 주어이고, [ ]로 표시된 that절이 내용상의 주어이다.

▶ [ ] 안의 it은 형식상의 주어이고, { }로 표시된 that절이 내용상의 주어이다.

9행 Obviously, this makes the study of human psychology [{utterly difficult} and {almost impossible to master}] not only by lay people but also by experts.

▶ [ ]는 makes의 목적 보어로 쓰였는데, 형용사구 형태인 두 개의 { }가 병렬 구조를 이루고 있다.

어휘 및 어구

- assess 평가하다, 판단하다
- unique 고유한
- account 여기다, 설명하다
- utterly 매우, 아주
- lay 전문 지식이 없는
- subtle 미묘한
- heighten 고조시키다
- notice 알다, 인지하다
- state the obvious 당연한 것을 말하다
- depict 묘사하다
- master 정통하다, 통달하다
- category 범주
- associate with ~와 연관되다
- unwind 긴장을 풀다

[10~11]

10 정답 ④

11 정답 (A) the concept of "totemism" (B) ceremonial lodges

한줄 해설

10 토테미즘은 부족의 구성원이 자연의 일부로서 영혼과 정체성을 취하는 것임을 파악해야 한다.

11 where는 둘 다 관계부사로 쓰였고, 문맥에 맞도록 선행사를 찾는다.

해석

원주민 문화의 한 가지 주목할 만한 양상은 부족의 구성원이 태어날 때 자연의 일부로서의 영혼과 정체성을 취한다는 '토테미즘'의 개념이다. 지구와 지구의 풍요를 자신의 본질적인 일부로 보는 이 견해는 분명 환경을 학대하는 것을 배제하는데, 이것은 자신을 파괴하는 것이 될 뿐이기 때문이다. 토템은 물체 그 이상

의 것이다. 그것들은 영적 제사, 구전 역사, 그리고 영혼의 과거 여행길 기록들이 다른 사람들과 교환될 수 있고 신화로 전환될 수 있는 의식용 천막집의 준비를 포함한다. 그 주된 동기는 부족의 신화를 보존하고 순전한 개인의 기원을 자연 속에서 병합하고 공유하는 것이다. 원주민들은 자신들의 조상 대대의 기원과 연결된 토템들의 위계, 자신들을 지구와 하나 되게 놓아주는 우주론, 그리고 생태적 균형을 존중하는 행동 패턴을 통해 <u>환경과 자신과의 관계를 하나의 조화로운 연속체</u>로 간주한다.

상세 해설

10 토테미즘은 부족의 구성원이 태어날 때 자연의 일부로서 영혼과 정체성을 취한다는 개념으로, 원주민들이 토테미즘을 통해 지구와 지구의 풍요를 자신의 내재적 일부로 간주한다고 했으므로, 원주민들은 ④ '환경과 자신과의 관계를 하나의 조화로운 연속체로' 간주하고 있다고 볼 수 있다.
① 자신들이 자연과 자연의 풍요와 양립하지 않는다고
② 자신들의 신화를 개인주의를 향한 주요한 동기로
③ 자신들의 정체성을 주변의 자연과 독립된 것으로
⑤ 자신들의 공동 의식을 스스로를 자신들의 기원으로부터 멀어지게 하는 관문으로

11 where는 관계부사로 장소 이외에도 다양한 선행사를 쓸 수 있다. 부족의 구성원이 자연의 일부로서의 영혼과 정체성을 취한다는 토테미즘의 개념을 부연 설명하고 있으므로 (A) where의 선행사는 the concept of "totemism"이다. 또한, 영적 제사, 구전 역사, 그리고 영혼의 과거 여행길 기록들이 다른 사람들과 교환될 수 있고 신화로 전환될 수 있는 곳은 의식용 천막집이므로 (B) where의 선행사는 ceremonial lodges이다.

구문 분석

14행 The aborigines see their relationship to the environment as a single harmonious continuum, **through** [a hierarchy of **totems** {that connect to their ancestral origins}], [a cosmology {that places them at one with the earth}], and [**behavior patterns** {that respect ecological balance}].

▶ 세 개의 [ ]가 병렬 구조를 이루며 전치사 through에 연결되어 있다.
▶ [ ] 안에 있는 세 개의 { }는 각각 totems, a cosmology, behavior patterns를 수식하는 관계절이다.

어휘 및 어구

- remarkable 주목할 만한, 두드러진
- tribal 부족의
- assume 취하다, 띠다
- identity 정체성, 신원
- intrinsic 본질적인, 고유한
- mistreatment 학대
- destruction 파괴
- ritual 제사, 의식
- lodge 천막집, 오두막
- mythology 신화
- ancestral 조상(대대)의
- ecological 생태적인
- self-contained 독립된, 자족적인
- concept 개념
- at birth 태어날 때
- soul 영혼
- riches 풍요, 부
- rule out ~을 배제하다
- constitute ~이 되다, ~을 구성하다
- object 물체, 물건
- ceremonial 의식(용)의
- convert 전환하다, 바꾸다
- hierarchy 위계, 계급 제도
- cosmology 우주론
- incompatible 양립하지 않는
- continuum 연속체

---

12 정답 ④

한줄 해설

외래 식물종의 침입 문제는 경제의 세계화와 무역 자유화로 인해 시작되었다는 내용이다.

해석

외래 식물종의 침입은 <u>사회에 실질 비용을 부과하는</u> 경제 활동의 의도되지 않은

수많은 결과 중 하나이다. 세계 경제의 세계화와 무역 자유화는 (외래종의) 침입을 촉발했는데, 왜냐하면 많은 외래종이 특히 농업과 임업과 같은 경제 활동에 이용되기 때문이다. 경제 활동은 보통 자연 식생의 대규모 전환, 상품 거래의 증진, 그리고 그것들(상품)을 전 세계로 빠르게 이동시킬 현대 운송 체계로 이어진다. 인간 행동은 외래 침입 식물의 정착과 확산의 주요한 결정 요인이자 촉진제 중의 하나이다. 그 결과 (외래종) 침입 문제는 생태학만큼 경제학과도 많은 관련이 있고, 따라서 이러한 문제들에 대해 제안된 해결책들은 이들 학문 둘 다에 기반을 두어야 한다.

상세 해설

외래 식물종 침입의 문제는 세계적인 경제 활동의 증가로 인해 촉발되었고 경제 활동에 종사하는 인간의 행동이 외래 침입 식물의 정착과 확산에 결정적 요인이므로, 빈칸에는 ④ '사회에 실질 비용을 부과하는 경제 활동'이 가장 적절하다.
① 긍정적인 구체적 개입
② 세상을 더 좋게 만들어야 할 법안
③ 우리의 기대를 바꾸는 정책 변화
⑤ 재검토되어야 할 품질 개선 프로그램

지문 구성

도입(요지)	외래 식물종의 침입은 경제 활동의 결과 중 하나이다.
	경제의 세계화와 무역의 자유화로 촉발되었다.
원 인	→ 농업과 임업의 경제 활동에 외래종이 이용되었다. → 경제 활동으로 인해 자연 식생의 변화가 일어났다.
결 론	외래종 침입의 문제는 생태학뿐만 아니라, 경제학으로도 풀어야 할 문제이다.

구문 분석

6행 Economic activities generally result **in** [the large-scale conversion of natural vegetation], [the promotion of trade in goods], and [**modern transportation systems** {to move them rapidly across the globe}].

▶ 세 개의 [ ]는 병렬 구조로 연결되어 전치사 in에 공통으로 이어진다.
▶ { }는 앞에 있는 modern transportation systems를 수식하는 to부정사구이다.

12행 The problem of invasions, therefore, has **as** much to do [with economics] **as** [with ecology], and proposed solutions to these problems must, therefore, be grounded in both of these sciences.

▶ 두 개의 [ ]가 원급 비교에 해당하는 〈as ~ as ...〉의 비교 대상으로 쓰였는데, '생태학과 관련이 있는 것과 마찬가지로 경제학과도 많은 관련이 있다'로 해석한다.

어휘 및 어구

- invasion 침입
- unintended 의도되지 않은
- facilitate 촉진하다, 용이하게 하다
- forestry 임업
- natural vegetation 자연 식생
- determinant 결정 요인
- establishment 정착, 토착, 확립
- science 학문, 학술, 과학
- alien 외래(의)
- consequence 결과
- agriculture 농업
- conversion 전환, 변화
- promotion 증진
- facilitator 촉진제, 용이하게 하는 것
- be grounded in ~에 기반[기초]을 두다
- impose 부과하다, 지우다

---

13 정답 ②

한줄 해설

미래 계획을 위해서는 과거나 현재의 모델을 단순 모방하는 것이 아니라, 그것을 조작하고 변형하는 능력이 있어야 한다는 내용이다.

해석

미래를 위해 계획을 세우려면, 뇌가 이전 경험의 특정 요소를 가져와 어떤 실제

적인 과거 경험이나 현실을 있는 그대로 모방하지 않는 방식으로 재구성할 수 있는 능력을 지니고 있어야 한다. 그것을 달성하려면, 유기체는 내적 표상, 즉 외부 세계의 모델을 만들어 내는 단순한 능력을 넘어서야 한다. 그것(유기체)은 이러한 모델을 조작하고 변형하는 능력을 습득해야 한다. 우리는 영장류 인지력의 근본적인 독특한 특징 중의 하나인 도구 제작이 이 능력에 의존한다고 주장할 수 있는데, 왜냐하면 도구는 자연 환경 속에 이미 만들어진 형태로 존재하지 않고, 만들어지려면 상상되어야 하기 때문이다. '미래의 이미지'를 만들어 내고 보유하는 신경 기제는 도구 제작을 위한, 따라서 인간 문명의 시작을 위한 필수적인 전제 조건이었다.

상세 해설
과거의 경험이나 현실을 그대로 모방하지 않고 이를 재구성하는 능력이 필요하다고 하면서 도구 제작을 예로 들어 같은 설명을 반복하고 있으므로, 빈칸에 들어갈 말로 가장 적절한 것은 ② '이러한 모델을 조작하고 변형하는'이다.
① 외부 세계의 정확한 이미지를 반영하는
③ 현실을 있는 그대로의 모습으로 시각화하는
④ 그 모델을 기억에서 되가져오는
⑤ 과거의 경험을 충실히 확인하고 재생산하는

구문 분석
1행 To make plans for the future, the brain must have **an ability** [to {take certain elements of prior experiences} and {reconfigure them in a way that does not copy any actual past experience or present reality exactly}].

▶ [   ]로 표시된 to부정사구는 an ability를 수식하는 형용사적 용법으로 쓰였다.

▶ {   }로 표시된 두 개의 동사구가 and로 연결되어 to에 이어진다.

8행 We can argue [that **tool-making**, {one of the fundamental distinguishing features of primate cognition}, depends on this ability, {since a tool does not exist in a ready-made form in the natural environment and has to be imagined in order to be made}].

▶ [   ]로 표시된 that절은 argue의 목적어 역할을 하는 명사절이다.

▶ 첫 번째 {   }로 표시된 명사구는 tool-making과 동격 관계이다.

▶ 두 번째 {   }로 표시된 since절은 that절 내의 주절에 이유의 정보를 제공하는 부사절이다.

어휘 및 어구
• element 요소
• internal representation 내적 표상
• fundamental 근본적인
• feature 특징
• cognition 인지(력)
• prerequisite 전제 조건
• reconfigure 재구성하다, 다시 만들다
• acquire 습득하다
• distinguishing 독특한
• primate 영장류
• neural machinery 신경 기제
• launch 시작하다

14 정답 ②

한줄 해설

the struggle for food, welfare, public policy의 공통점을 이해하면 정답을 찾을 수 있다.

해석
모든 나라에서 식량 민주화를 위한 투쟁은 성쇠를 반복하는 것 같아 보인다. 영국에서, 이것은 매우 명백하게 발견될 수 있다. 19세기 중반에 중심적 요구사항은 식품의 저급화에 맞서는 품질과 적당한 비용을 위한 것이었다. 농부들이 식량을 재배하는 데 도움을 받아야 하는지에 대해서도 또한 투쟁이 맹위를 떨쳤다. 세기가 전환될 즈음에, 식량 투쟁은 식량 복지를 위한 것이었다. 1890년대부터 1950년대까지, 학교 급식과 (노인, 환자 등을 위한) 식사 배달 같은 서비스를 획득하게 되었는데, 이는 사회 임금을 크게 신장시켰다. 오늘날, 20년간의

복지 후퇴와 구조 조정 이후, 식량이 먹기에 적절할 것, 가난한 사람들이 슈퍼마켓의 부상과 지역적으로 접근 가능한 가게의 말살에 의해 권리를 박탈당하지 않을 것, 식량의 비용이 적절할 것 등을 확실히 하기 위해 아래로부터의 압력이 한 번 더 커지고 있다. 요점은 우리가 식량 정책에서 일어나는 일을 영향력과 권력을 쟁취하기 위해 경쟁하는 사회적 세력의 결과로 봐야 비로소 그것을 이해할 수 있다는 것이다. 식량 정책은, 모든 공공 정책과 마찬가지로, 역사적으로 놓고 봐야 한다.

상세 해설
식량 정책은 점차 더 많은 사람들이 양질의 음식을 먹는 방향으로 발전하려는 힘과 복지 후퇴, 구조 조정 등으로 인해 그 반대 방향으로 나아가려는 힘이 맞서며 만들어지고 있다는 내용이므로, 빈칸에 들어갈 말로 ② '영향력과 권력을 쟁취하기 위해 경쟁하는 사회적 세력'이 가장 적절하다.
① 적절한 영양 공급에 대한 높아지는 기준
③ 식량 수출국과 수입국 간의 권력 다툼
④ 농업 기술의 장기적인 발전
⑤ 마케팅과 분배의 관계

구문 분석
8행 From the 1890s to the 1950s, [services such as school meals and meals-on-wheels] were won, [which gave a big boost to the social wage].

▶ 첫 번째 [   ]는 문장의 주어이고 동사는 were이다.

▶ 두 번째 [   ]는 주절의 의미를 부연 설명하는 계속적 용법의 관계절이다.

11행 Today, [after two decades of retreat and restructuring of welfare], pressure is once more building up from below to **ensure** [that food is fit to eat], [that the poor are not disenfranchised by the rise of supermarkets and the destruction of locally accessible stores], [that food is affordable], etc.

▶ 첫 번째 [   ]는 시간을 나타내는 부사절이다.

▶ 두 번째, 세 번째, 네 번째 [   ]는 ensure의 목적어인 명사절이다.

어휘 및 어구
• struggle 투쟁
• ebb and flow 성쇠를 반복하다
• confront 맞서다
• rage 맹위를 떨치다
• meals-on-wheels (노인이나 환자의 집으로 가는) 식사 배달 서비스
• boost 인상
• retreat 후퇴
• disenfranchise 권리를 박탈하다
• accessible 접근 가능한
• food democracy 식량 민주화
• absolutely 명백히
• adulteration 저급화, 불순물, 섞임
• welfare 복지
• social wage 사회적 임금
• restructure 구조 조정하다
• locally 지역적으로
• influence 영향력

[15~16]

15 정답 ②

16 정답 buildings

한줄 해설
15 a two-way process를 구체적으로 이해하면 정답을 찾을 수 있다.
16 They는 form과 spatial organization을 갖고 있다는 점을 파악해야 한다.

해석
일정한 시간을 거쳐 오면서 사회적, 법적, 종교적, 그리고 다른 의식들을 위한 장소를 제공한 건물들은 우리가 나중에 인식하고 그러한 건물들의 기능과 결부시키게 된 형태로 발전해 왔다. 이것은 양방향의 과정이다. 건물은 상징적인 장소뿐만 아니라 기차 여행을 한다거나 극장에 가는 것과 같은 특별한 사회적 의

식을 위한 물리적인 환경과 장소를 제공한다. 건물의 의미는 경험에 의해서 발전하고 확립되며 우리는 결과적으로 우리의 경험의 의미를 건물에 불어넣는다. 건물은 이러한 투사된 경험을 통해서 우리 마음속에 공감할 수 있는 반응을 불러일으키고, 이러한 반응의 강도는 우리의 문화, 믿음, 그리고 기대에 의해 결정된다. 그것들은 이야기를 들려준다. 왜냐하면 그것들의 형태와 공간 구성이 그것들이 어떻게 사용되어야 하는지에 대한 힌트를 우리에게 주기 때문이다. 그것들의 물리적 배치는 어떤 사용은 권장하고 다른 사용은 억제한다. 우리는 특별히 초대받지 않는다면 극장의 무대 뒤로 가지 않는다. 법정 안에서 법적 절차 과정에서 관련된 사람들의 정확한 위치는 설계의 필수적인 부분이며 법이 유지되는 것을 확실히 하는 필수적인 부분이다.

상세 해설

15 사람은 경험을 통해 각 건물의 기능을 인식하고 그 건물에 어떤 의미를 결부시키게 된다는 내용이므로, ② '인식하고 그러한 건물들의 기능과 결부시키게'가 빈칸에 들어갈 말로 가장 적절하다.
① 확인하여 새로운 건축 동향과 관련짓게
③ 문화 간의 상호작용을 반영함으로써 규정하고 개선하게
④ 사용하여 우리 환경의 필수적인 부분으로 변화시키게
⑤ 그것들의 의미를 없애기 위해서 변형하고 발전하게

16 They 앞에 나온 복수명사는 buildings, these projected experiences, these reactions, our beliefs, our expectations가 있는데, 이 가운데 form과 spatial organization을 갖춘 것은 buildings이다.

지문 구성

도입(요지)	건물은 우리가 인식하고 기능과 결부시키는 형태로 발전한다.
부연 1	건물은 물리적인 환경과 장소를 제공한다.
부연 2	경험에 의해 건물의 의미가 발전된다.
부연 3	물리적 배치는 어떻게 건물이 사용되어야 하는지를 알려준다.

구문 분석

1행 Over a period of time [**the buildings** {which housed social, legal, religious, and other rituals}] evolved into **forms** [that we subsequently have come **to recognize** and **associate** with those buildings' function].
▶ 첫 번째 [ ]는 문장의 주어이고, { }는 the buildings를 수식하는 관계절이다.
▶ 두 번째 [ ]는 forms를 수식하는 관계절이다. to에 recognize와 associate가 병렬 구조를 이루며 연결되어 있다.

13행 They tell stories, [for their form and spatial organization give us hints about {how they should be used}].
▶ [ ]는 콤마(,) 다음에 for로 시작하는 절이 와서 이유를 나타낸다.
▶ { }는 about의 목적어인 명사절이다.

18행 Inside a law court [the precise location of those involved in the legal process] is an integral part of the design and an essential part of ensuring [that the law is upheld].
▶ 첫 번째 [ ]는 문장의 주어이고, 두 번째 [ ]는 ensuring의 목적어인 명사절이다.

어휘 및 어구

• house ~에 장소를 제공하다
• evolve 발전하다, 진화하다
• spatial 공간의
• inhibit 억제하다
• uphold 유지하다
• ritual 의식
• in turn 결과적으로, 결국
• layout 배치, 레이아웃
• integral 필수적인

---

17 정답 ①

한줄 해설

무엇이 a big mistake인지와 a thought might get expressed out loud in a statement with a particular linguistic structure라는 부분을 이해하면 빈칸에 들어갈 말을 찾을 수 있다.

해석

우리가 우리의 생각을 언어로 '표현'하고 '나타낸다'고 말하는 것이 옳지만, 표현을 하고 있는 것(언어)과 표현되고 있는 것(생각) 사이에 구조적 유사성이 있다고 가정하는 것은 큰 실수일지 모른다. Robert Stalnaker는 자신의 책 〈Inquiry〉에서 '숫자들'의 표현으로 한 가지 비유를 보여준다. 숫자 9는 '12−3'으로 '표현될' 수 있지만, 결과적으로 12, 3, 또는 '빼기'가 숫자 9의 '구성 요소'들은 아니다. 우리는 생각과 그것의 언어적 표현을 치약과 튜브에서 그것이 '나오는 것'과 비교할 수 있다. 치약을 짜낸 결과가 길고 가는 원통형의 물건이라는 것이 치약 그 자체가 길거나, 가늘거나, 아니면 원통형이라는 것을 의미하지는 않는다. 마찬가지로, 생각은 특정 언어 구조를 지닌 진술로 소리 내어 표현될지 모른다. (하지만) 결과적으로 생각 그 자체가 그러한 구조로 되어 있다는 것은 아니다. 예를 들어, 내가 과일 그릇을 보면서 그 그릇 안에 사과와 오렌지가 들어 있다고 생각한다고 가정해 보라. 내 눈앞에 있는 물체들에는 과일 몇 조각과 그릇이 포함되지만, '~와'라는 단어에 상응하는 어떤 물체도 세계나 나의 시각 이미지 안에 존재하지 않는다.

상세 해설

생각은 언어라는 표현 수단을 이용해 표현되지만, 둘 사이에 구조적 유사성이 있는 것은 아니며, 마찬가지로 특정 언어 구조를 지닌 진술로 생각을 표현했다고 해서 생각도 그 언어와 유사한 구조로 되어 있는 것은 아니라는 내용의 글이다. 따라서 ① '생각 그 자체가 그러한 구조로 되어 있다'가 빈칸에 들어갈 말로 가장 적절하다.
② 생각을 언어적으로 분석하는 것은 가능할 것 같지 않다
③ 마음속의 언어에는 논리적 구조가 결여되어 있다
④ 생각과 그것의 언어적 표현은 별개이다
⑤ 문장은 구조적으로 생각과 다르다

지문 구성

도입(소재)	생각과 언어의 관계
사례 1	숫자 9의 구성 요소들은 12, 3, '빼기'가 아니다.
사례 2	치약의 본성은 튜브처럼 생기지 않았다.
요 지	생각은 언어로 이루어져 있지 않다.
근 거	사과와 오렌지를 생각한다 해도 그 물체가 나타나는 것은 아니다.

구문 분석

1행 [Even if **it** is correct {to say that we express and represent our thoughts in language}], it may be a big mistake [to suppose {that there are structural similarities between what is doing the representing and what is represented}].
▶ 첫 번째 [ ]는 양보의 부사절로, it이 형식상의 주어이고 { }가 내용상의 주어이다.
▶ 두 번째 [ ]는 주절의 내용상 주어이며, { }는 suppose의 목적어이다.

11행 [That the result of expressing toothpaste is a long, thin cylinder] does not entail [that toothpaste itself is long, thin, or cylindrical].
▶ 첫 번째 [ ]는 문장의 주어인 명사절이다.
▶ 두 번째 [ ]는 entail의 목적어인 명사절이다.

18행 The objects in front of my eyes include some pieces of fruit and a bowl, but [no object corresponding to the word 'and'] exists **either** in the world **or** in my visual image.
▶ [ ]는 but절의 주어이며, but절에서 〈either A or B(A 또는 B)〉 구문이 사용

되었다.

- express 표현하다, 짜내다
- similarity 유사성
- it follows that ~ 결과적으로 ~이 되다
- verbal 언어적인, 언어의
- out loud 소리 내어
- correspond to ~에 상응하다
- represent 나타내다, 표현하다
- analogy 비유
- constituent 구성 요소
- cylinder 원통형의 물건, 원통
- statement 진술, 언급

[18~19]

18 정답 ②

19 정답 that there are ways by which disagreement can be processed or managed

한줄 해설

18 정치적 의견 차이는 정상적인 것임을 파악해야 한다.

19 the view와 동격 관계를 이루는 that절을 쓴다.

해석

어떤 정책 과정이 사용되든, 그리고 그 정책 과정이 얼마나 민감하고 차이를 얼마나 존중하든, 정치적 견해는 억압될 수 없다. 다시 말해, 정치적 견해에는 끝이 없다. 적절한 제도, 지식, 협의 방법, 혹은 참여 장치가 의견 차이를 사라지게 할 수 있다고 생각하는 것은 잘못이다. 온갖 종류의 이론이 의견 차이를 없애기 위하여 그것을 처리하거나 다룰 수 있는 방법들이 있다는 견해를 조장한다. 그런 이론들의 배경에 있는 전제는, 의견 차이는 잘못된 것이고 합의가 바람직한 상황이라는 것이다. 사실, 몇몇 형태의 교묘한 강압이 없이 합의가 이루어지는 일은 드물며, 이견을 표현할 때 두려움이 없는 것이 진정한 자유의 원천이다. 논쟁은 이견들을 자주 더 나은 쪽으로 전개시키지만, 긍정적으로 전개되는 논쟁이 반드시 의견 차이의 감소와 동일해야만 하는 것은 아니다. 의견 차이의 억압이 결코 정치 숙의의 목표가 되어서는 안 된다. 정치적 의견 차이가 정상적인 상황이 아니라는 어떠한 의견에도 맞서는 방어가 필요하다.

상세 해설

18 정치적 의견 차이는 잘못된 것이고 의견 일치가 바람직한 상황이라는 것은 옳지 않은 견해라고 주장하고 있으며, 이견을 표현할 때 두려움이 없는 것이 진정한 자유의 원천이라고 했으므로, 빈칸에 들어갈 말로 가장 적절한 것은 ② '정치적 의견 차이가 정상적인 상황이 아니라는'이다.
① 정치적 발전은 언론의 자유에서 나온다는
③ 정치는 어떤 형태의 차이도 제한해서는 안 된다는
④ 자유는 관용을 통해서만 성취될 수 있다는
⑤ 억압은 정치에서 절대 바람직한 도구가 될 수 없다는

19 〈전치사(by)+관계사(which)〉 형태로 유도되는 관계절이 선행사인 ways를 수식하는 구조로 구성한다.

구문 분석

4행 **It** is wrong [**to think** {that proper institutions, knowledge, methods of consultation, or participatory mechanisms can **make** disagreement **go away**}].
▶ It이 형식상의 주어이고, [   ]로 표시된 to부정사구가 내용상의 주어이다.
▶ {   }로 표시된 that절은 think의 목적어 역할을 하는 명사절이다. make는 사역동사이고, 원형부정사구인 go away가 목적 보어이다.

6행 Theories of all sorts promote **the view** [that there are **ways** {by **which** disagreement can be processed or managed **so as to** make **it** disappear}].

▶ [   ]로 표시된 that절은 the view와 동격 관계이다.
▶ {   }로 표시된 관계절은 선행사인 ways를 수식한다.
▶ 관계사 which는 관계절 안에서 전치사 by의 목적어 역할을 한다.
▶ so as + to부정사구: ~하기 위하여
▶ it은 the disagreement를 가리킨다.

- politics 정치적 견해, 정치, 정치학
- sensitive 민감한, 세심한
- consultation 협의, 토의, 상담
- mechanism 장치, 방식
- assumption 전제, 가정
- genuine 진정한, 진짜의
- political deliberation 정치 숙의
- suppress 억압하다
- institution 제도, 기관, 조직
- participatory 참여의, 참가하는
- promote 조장하다, 홍보하다
- subtle 교묘한, 포착하기 어려운, 미묘한
- evolve 전개되다, 발달하다, 진화하다
- suggestion 의견, 제안, 암시

[20~21]

20 정답 ①

21 정답 (A) similarity (B) contradictions

한줄 해설

20 담수 생명체는 담수보다 바닷물과 더 흡사한 화학 성분을 지니고 있음을 파악해야 한다.

21 (A) 수중 동물의 체액은 바다와의 강한 '유사성'을 보여준다.
(B) 생태학을 매우 흥미롭게 해 주는 것은 복잡성과 '모순'이다.

해석

생명체는 바다에서 시작되었기 때문에, 담수 생명체를 포함한 대부분의 생명체는 담수보다 바다와 더 흡사한 화학 성분을 지니고 있다. 대부분의 담수 생명체는 담수에서 생겨난 것이 아니라, 바다에서 육지로 그런 다음 다시 담수로 가서 이차적으로 적응한 것처럼 보인다. 이것이 있을 법하지 않게 보일지는 모르지만, 수중 동물의 체액은 바다와의 강한 (A) 유사성을 보여 주고 있으며, 실제로 담수 생리의 이온 균형에 관한 대부분의 연구는 어류, 양서류, 그리고 무척추동물이 주변의 담수에도 불구하고 내부의 바닷물 상태를 유지하려고 하는 복잡한 조절 기제를 상세히 기록하고 있다. 생태학을 매우 흥미롭게 해 주는 것이 바로 이런 종류의 예기치 못한 복잡성과 명백한 (B) 모순이다. 담수호에 있는 물고기가 바다를 흉내 내려고 자기 몸속에 염분을 축적하려고 애쓰고 있다는 생각은 생물권의 또 다른 거대한 모순, 곧 식물은 대략 4분의 3에 이르는 질소로 구성된 대기 속에 감싸여 있지만, 그들의 성장은 질소 부족에 의해 제한되는 경우가 빈번하다는 것을 상기시킨다.

상세 해설

20 생명체가 바다에서 생겨난 관계로 대부분 생명체가 바다와 밀접한 관계가 있다는 내용이므로, 빈칸에 들어갈 말로 가장 적절한 것은 ① '주변의 담수에도 불구하고 내부의 바닷물 상태를 유지하려고'이다.
② 자신의 몸 내부에서 염분을 제거함으로써 이온 균형을 획득하려고
③ 자신의 천적을 피하기 위해 바다로 되돌아가려고
④ 자원을 확보하기 위해 자신의 외부 환경을 재건하려고
⑤ 자신의 환경에 맞춰 자신의 생리 기능을 바꾸려고

21 (A) 담수 생명체는 담수보다 바닷물과 더 흡사한 화학 성분을 지니고 있다는 내용이므로, 'similarity(유사성)'가 가장 적절하다.
(B) 담수호에 있는 물고기가 바다를 흉내 내려고 자기 몸속에 염분을 축적하려고 애쓰고 있다는 것은 모순적인 것처럼 들린다는 내용이므로, 'contradictions(모순)'가 가장 적절하다.

3행 It appears that most freshwater life did not originate in fresh water, but is secondarily adapted, [having passed from ocean to land and then back again to fresh water].

▶ [ ]는 앞 내용에 대해 추가적인 설명을 제공하는 분사구문이다.

14행 **The idea** [of a fish in a freshwater lake {struggling to accumulate salts inside its body to mimic the ocean}] reminds one of the other great contradiction of the biosphere: ~.

▶ [ ]로 표시된 전치사구는 The idea와 동격 관계를 이루면서 수식하여 명사구를 확장하고 있다.

▶ { }는 전치사 of의 목적어 역할을 하고 있는 동명사구로 a fish in a freshwater lake가 동명사구의 의미상 주어이다.

어휘 및 어구

- chemical 화학의
- originate 생겨나다
- fluid 액체
- ion 이온
- document 상세히 기록하다
- ecology 생태학, 생태계
- mimic 흉내 내다
- biosphere 생물권
- restrict 제한하다
- composition 성분, 구성 요소
- improbable 있을 법하지 않은
- aquatic 수중의, 물의
- physiology 생리 (상태), 생리학
- regulatory 조절하는
- accumulate 축적하다
- contradiction 모순
- bathe 감싸다, 담그다
- nitrogen 질소

---

01 ④　　**02** ②　　**03** ②　　**04** ④　　**05** 해고의 두려움으로 인해 관리자가 바라는 것에 어쩔 수 없이 동의하는 것　**06** ⑤　　**07** ②　　**08** ②

09 ②　　**10** a simplified design, adopted for use in posters and signs

01 정답 ④

한줄 해설

(A)에는 강한 근력을 필요로 하는 포지션의 선수에게는 분노가 도움이 될 수 있다는 내용이, (B)에는 많은 결정을 필요로 하는 포지션의 선수는 분노 지수가 더 낮은 경향이 있다는 내용이 들어가야 한다.

해석

여러 연구는, 분노가 증가함에 따라 인지 처리 속도가 떨어지고, 섬세한 운동 협응 능력과 고통에 대한 민감도는 감소하며, 근력은 흔히 증가한다는 것을 보여주었다. 그래서 어떤 과업을 수행 중인 일부 운동선수들에게, 분노는 도움을 줄 수 있다. 예를 들면, 태클하기 위해 블로커를 지나 나아가야 하는 수비 측 라인맨은 일정 수준의 분노를 가짐으로써 이익을 얻을 수 있다. 다른 과업에 대해서는, 분노가 방해 요인이 되기도 할 것이다. 어느 리시버에게 공을 던져야 할지를 결정하기 전에 수비진을 읽어야 하는 쿼터백은 화를 내지 않는다면 아마 더 잘 해낼 것이다. 사실상, 어떤 연구는 이러한 논지를 지지한다. 많은 결정을 필요로 하는 포지션의 미식축구 선수들은 그렇지 않은 포지션에 있는 선수들보다 더 낮은 수준의 분노를 보여주는 경향이 있다.

상세 해설

(A) 분노의 증가가 운동선수에게 불리하거나 유리할 수 있는데, 예로 제시된 경우는 유리한 경우이므로, helpful이 적절하다.
(B) 많은 결정을 필요로 하는 포지션의 선수들은 분노가 방해 요인이 될 것이므로 다른 포지션에 있는 선수들보다 더 낮은 수준의 분노를 보여줄 것이므로, lower가 적절하다.

지문 구성

도 입	분노의 증가가 가져오는 신체적·정신적 변화가 있다.
예시 1	강한 근력을 필요로 하는 포지션의 선수에게는 분노가 유리하다.
예시 2	많은 결정을 필요로 하는 포지션의 선수에게는 분노가 불리하다.

구문 분석

1행 Studies have shown [that {as anger increases}, {cognitive processing speed goes down}, {fine motor coordination and sensitivity to pain decrease}, and {muscle strength often increases}].

▶ [ ]로 표시된 that절은 have shown의 목적어 역할을 하는 명사절이다.

▶ 첫 번째 { }로 표시된 as절은 이어지는 that절 내의 주절에 비례의 정보를 제공한다.

▶ 두 번째 ~ 네 번째 { }로 표시된 세 개의 절은 and로 연결되어 that절 내의 주절을 형성한다.

9행 [**The quarterback** {who needs to read the defense before deciding **which receiver to throw to**}] would likely perform better if he was not angry.

▶ [ ]로 표시된 명사구가 문장의 주어이다.

▶ { }로 표시된 관계절이 The quarterback을 수식하여 명사구로 확장되었다.

▶ which receiver to throw to는 〈의문사 + 명사 + to부정사구〉의 형태로 deciding의 목적어 역할을 하며, which receiver he should throw to로 풀어서 이해할 수 있다.

어휘 및 어구

- cognitive 인지의, 인식의
- motor coordination 운동 협응
- lineman 라인맨(미식축구에서 공격선과 방어선에 있는 선수)
- blocker 블로커(미식축구에서 몸을 부딪혀 상대를 방해하는 선수)
- quarterback 쿼터백(미식축구에서 전위와 하프백의 중간 위치에서 뛰면서 공격을 지휘하는 선수)
- receiver 리시버(미식축구에서 공을 받는 선수)
- thesis 논지, 논제
- fine 섬세한, 미세한
- sensitivity 민감도
- demonstrate 보여 주다

02 정답 ②

한줄 해설

(A)의 뒤에는 먹이 종들이 가짜 머리를 이용해 온 예로 Thecla togarna를 예로 들고 있고, (B)의 뒤에는 가짜 머리가 방향을 가리키는 것을 속이는 데 사용된 결과를 설명하고 있다.

해석

많은 포식자들은 먹이를 처음 공격할 때 그들의 머리를 겨냥한다. 어떤 먹이 종들은 그들의 뒤쪽 끝부분에 달린 가짜 머리를 진화시킴으로써 이러한 성향을 이용해 왔다. 예를 들어, 'Thecla togarna' 종의 개체들은 뒷날개 끝에 가짜 더듬이가 달린 가짜 머리를 가지고 있다. 착지하자마자, 그 나비는 자기의 뒷날개를 움직이고 그로 인해 진짜 더듬이는 가만히 둔 채 가짜 더듬이만 위아래로 움직이게 된다. 'Thecla togarna'의 두 번째 속임수는 착지한 순간에 나비가 빠르게 몸을 돌리고 그 결과 가짜 머리가 이전의 비행 방향을 가리키게 될 때 나타난다. 따라서, 접근해 오던 포식자는 예상했던 방향과는 정반대 방향으로 날아가는 먹이와 맞닥뜨리게 된다.

상세 해설

(A) 먹이 종들이 가짜 머리를 진화시켜서 포식자의 성향을 이용해 온 예로 Thecla togarna의 사례가 제시되므로, 예시를 나타내는 연결사인 for example(예를 들어)이 적절하다.
(B) Thecla togarna의 가짜 머리가 방향을 가리키는 것을 속이는 데 사용된다고 한 뒤 포식자의 반응이 제시되므로, 인과 관계를 나타내는 연결사인 Thus(따라서)가 적절하다.

지문 구성

요 지	포식자들은 머리를 겨냥하므로 먹이 종들은 가짜 머리를 진화시켰다.
사 례	Thecla togarna 종의 개체들
논지 발전	① 진짜 더듬이는 가만히 둔다. ② 포식자의 예상과는 정반대 방향으로 날아간다.

구문 분석

2행 Some prey species have taken advantage of this tendency **by evolving false heads** [located at their posterior end].
▶ by + -ing : ～함으로써
▶ [ ]는 false heads를 수식하는 분사구로, false heads가 locate의 대상으로 해석되어 과거분사 located가 쓰였다.

6행 **Upon landing**, the butterfly moves its hindwings, and thereby the dummy antennae up and down [**while keeping** the true antennae motionless].
▶ 〈Upon[On] + -ing〉는 '～하자마자'의 의미로 〈As soon as + 주어 + 동사〉로 바꿔 쓸 수 있다.

▶ [ ]는 시간을 나타내는 부사절로, while과 keeping 사이에 it is가 생략된 것으로 볼 수 있다.

9행 *Thecla togarna*'s second trick occurs at **the instant of landing** [when the butterfly quickly turns] **so that** its false head points in the direction of previous flight.
▶ 관계절인 [ ]는 the instant of landing을 수식한다.
▶ so that + 주어 + 동사 : 따라서[그 결과] ～하다

어휘 및 어구

- predator 포식자
- tendency 성향, 경향
- posterior end 끝부분, (동물의) 후단
- hindwing 뒷날개
- confront with ～와 맞닥뜨리다
- take advantage of ～을 이용하다
- evolve 진화시키다
- antenna 더듬이 (*pl.* antennae)
- thereby 그로 인해
- flutter off 날아가다

03 정답 ②

한줄 해설

(A)의 뒤에는 정신 과정에 대한 구체적 사례를 언급하고 있고, (B)의 뒤에는 소리에 관한 감각의 장점에 이어 시각, 운동, 혹은 수학 능력의 장점을 첨가하고 있다.

해석

일반적으로, 사고라는 화제가 떠오를 때, 대부분의 사람들은 그것이 틀림없이 지능과 관련이 있어야 한다고 가정한다. 그들은 "내 IQ가 얼마지?" 혹은 "그는 수학 천재야."와 같은 사고에 있어서의 개인적인 차이에 관심이 있다. 지능은 다양한 정신 과정에 관한 것인데, 예를 들어, 마음속에 있는 분량을 얼마나 쉽게 묘사하고 조작할 수 있는지, 혹은 단어 속에 나타나 있는 정보에 얼마나 민감한지와 같은 것이다. 하지만 한 심리학자가 보여 준 것처럼, 근육 감각, 소리, 감정, 그리고 시각적 모양을 포함한 모든 종류의 정보를 구별하고 사용할 줄 아는 능력을 포함하도록 지능의 개념을 확장하는 것이 가능하다. 몇몇 아이들은 소리에 관한 평균 이상의 민감성을 가지고 태어난다. 그들은 음조와 음 높이를 다른 사람들보다 더 잘 식별할 수 있고, 자라면서 음표를 인식하는 것을 배워 자기 또래들보다 화음을 더 쉽게 만들 수 있다. 마찬가지로, 삶의 시작에 있는 작은 장점이 시각, 운동, 혹은 수학 능력에 있어서의 커다란 차이로 발전할 수 있다.

상세 해설

(A) 지능이 다양한 정신 과정에 관한 것이라고 했고, 그것에 대한 구체적인 사례 두 가지를 소개하고 있으므로, 예시를 나타내는 연결사인 for instance(예를 들어)가 적절하다.
(B) 소리에 대한 평균 이상의 민감성을 가진 아이들이 후에 음악적 능력을 발휘한다는 내용에 이어, 시각, 운동, 혹은 수학 능력을 가진 아이들이 후에 큰 능력을 발휘한다는 내용으로 이어지고 있으므로, 첨가나 부연을 나타내는 연결사인 Similarly(마찬가지로)가 적절하다.

구문 분석

1행 Generally, when the issue of thinking comes up, most people assume [**it** must have to do with intelligence].
▶ [ ]는 접속사 that이 생략된 명사절로 assume의 목적어로 쓰였고, 대명사 it은 앞에 있는 the issue of thinking을 가리킨다.

8행 But as a psychologist has shown, **it** is possible [to extend the concept of intelligence to include **the ability** {to differentiate} and {to use} all kinds of information, including muscle sensations, sounds, feelings, and visual shapes].
▶ it은 형식상의 주어이고, [ ]로 표시된 to부정사구가 내용상의 주어이다.
▶ 두 개의 { }는 뒤따르는 all kinds ～ visual shapes를 공통의 목적어로 삼아 병렬 구조를 이루고 있으며, 둘 다 the ability를 수식한다.

- intelligence 지능
- manipulate 조작하다, 다루다
- extend 확장하다
- discriminate 식별하다, 구별하다
- harmony 화음, 조화
- refer to ~와 관련 있다
- index 나타나다, 색인을 만들다
- differentiate 구별하다, 구분 짓다
- pitch 음 높이

- circumstance (주로 pl.) 환경, 형편
- significant 상당한
- preference 선호(도)
- rural setting 전원적인 환경
- overtime 초과근무
- layoff 해고
- be willing to (기꺼이) ~하고 싶어 하다
- be prone to ~하기 쉽다
- suburb 교외, 근교
- interfere with ~을 방해하다
- assignment 과업, 과제
- undoubtedly 의심의 여지 없이

[04~05]

04 정답 ④

05 정답 해고의 두려움으로 인해 관리자가 바라는 것에 어쩔 수 없이 동의하는 것

한줄 해설

04 (A)는 앞의 내용에 추가하는 부연 설명을 연결하고 있고, (B)는 역접의 내용을 연결하고 있다.

05 직업 불만족을 가져온 것은 해고의 두려움과 이로 인한 관리자의 요구 사항에 대한 동의라고 언급되었다.

해석

생활 방식과 삶의 환경에 대한 기대가 변화하고 있다. 사람들이 어디서 살고 싶어 하고 어디서 일하고 싶어 하는지가 상당히 많은 수의 근로자들에게 진지한 문제가 되고 있다. 사람들은 자신들이 어디에 살기를 원하는지, 도시에서인지, 교외에서인지, 혹은 전원적인 환경에서 살고 싶은지, 그리고 어떤 지역과 기후에서 살고 싶은지에 대한 선호도를 정하기 쉽다. 게다가, 점점 더 많은 사람들이 일과 가족, 그리고 여가와 삶의 다른 측면들의 적절한 균형에 대한 관심을 표현한다. 그들은 아이를 리틀 야구 리그 경기에 혹은 걸스카우트 모임에 데려가는 것이나 아니면 교회에 가는 것을 방해하는 직업을 원치 않을지도 모른다. 따라서 그들은 초과근무 과업이나 장시간 혹은 주말 근무를 받아들이는 것을 덜 달가워할 수 있다. 하지만, 해고의 두려움은 의심의 여지없이 관리자가 바라는 것에 어쩔 수 없는 동의를 상당 부분 이끌어내는데, 결과적으로는 많은 사람들에게 직업 불만족을 가져온다.

상세 해설

04 (A) 많은 근로자들이 어디서 살고 싶고, 어디서 일하고 싶어 하는지를 진지하게 생각한다는 내용에 이어 일과 가족, 그리고 여가와 삶의 다른 측면 또한 관심을 표현한다는 내용이 이어지고 있으므로, 첨가와 부연을 유도하는 In addition(게다가)이 적절하다.
(B) 장시간 혹은 주말 근무를 달가워하지 않지만, 해고의 두려움으로 어쩔 수 없이 관리자측이 바라는 것에 동의할 수밖에 없는 부분이 있다는 내용으로 이어지므로, 역접을 표현하는 However(하지만)가 적절하다.

05 사람들이 일과 가족, 그리고 여가와 삶의 다른 측면들에서 적절한 균형을 원하지만, 해고의 두려움으로 인해 관리자가 바라는 것에 어쩔 수 없이 동의하게 되어 결국 직업 불만족으로 이어진다고 했다.

구문 분석

2행 [Where people are willing to live and work] is becoming a serious issue for a significant number of workers.

▶ [   ]는 의문사절이자 문장의 주어로 쓰였다.

10행 They may not want the job interfering **with** [**taking a child** {to a Little League game} or {to a Girl Scout meeting} or [going to church].

▶ 두 개의 [   ]는 전치사 with에 공통으로 연결되어 병렬 구조를 이루고 있다.
▶ 두 개의 {   }는 taking a child에 공통으로 연결되어 병렬 구조를 이루고 있다.

06 정답 ⑤

한줄 해설

(A)의 뒤에는 모호한 용어에 대한 예로 "Bear To The Right"라고 쓰인 표지판을 설명하고 있고, (B)의 뒤에는 삼림 관리인이 모호한 용어를 사용한 결과를 설명하고 있다.

해석

모호한 용어란 하나 이상의 의미를 가지고 있으면서 어떤 의미가 의도되는지를 그 문맥이 명확하게 보여 주지 못하는 용어이다. 예를 들어, 어떤 산길에 난 갈림길에 세워진, "Bear To The Right"이라고 쓰인 표지판은 두 가지 방식으로 이해될 수 있다. 좀 더 가능성 있어 보이는 의미는 그 표지판이 등산객들에게 왼쪽이 아닌 오른쪽 길로 가라고 지시하고 있다는 것이다. 그러나 그 표지판을 그린 삼림 관리인이 정반대의 것을 말할 의도였다고 가정해 보자. 그는 등산객들에게 그 길이 통과하는 지역에 곰 한 마리가 있기 때문에 오른쪽 길로 가지 말라고 경고하려고 했던 것이다. 따라서, 그 삼림 관리인의 언어는 부주의했고, 심각한 결과를 가져올 수도 있는 오역의 가능성에 열려 있었다. 모호함을 피하는 유일한 방법은 가능한 한 명백하게 자세히 설명하는 것이다. "왼쪽으로 가시오. 오른쪽 길로는 가지 마시오. 그 지역에 곰이 있습니다."

상세 해설

(A) "Bear To The Right"라고 쓰인 표지판에 대한 설명은 모호한 용어에 대한 예시이므로, 예시를 나타내는 연결사인 For instance(예를 들어)가 적절하다.
(B) 삼림 관리인이 자신의 의도와는 다르게 모호한 용어를 사용하여, 심각한 결과를 가져올 수 있는 오역의 가능성이 열리게 되었다는 내용이므로, 인과 관계를 나타내는 연결사인 therefore(따라서)가 적절하다.

구문 분석

1행 An ambiguous term is **one** [which has more than a single meaning] and [whose context does not clearly **indicate** {which meaning is intended}].

▶ [   ]로 표시된 두 개의 관계절이 접속사 and에 의해 연결되어 공통의 선행사 one을 수식하며, one은 term을 대신하는 대명사이다.
▶ {   }는 의문사절로 indicate의 목적어 역할을 하며 '어떤 의미가 의도되는지'로 해석한다.

5행 The more probable meaning is [that it is **instructing** hikers **to** take the right trail, not the left].

▶ [   ]로 표시된 that절은 is의 보어로 쓰인 명사절이다.
▶ 〈instruct A to B〉는 'A가 B하도록 지시하다'의 의미이다.

9행 He was trying to warn hikers against taking the right trail because there is a bear in **the area** [through which it passes].

▶ [   ]는 the area를 선행사로 하는 관계절이다. 관계대명사가 전치사와 함께 쓰인 경우에는 이를 계속적으로 풀어서 이해하면 전치사의 쓰임을 확실히 이해할 수 있다. 이 경우에는 and through the area it passes로 이해할 수 있다.

어휘 및 어구

- ambiguous 모호한
- context 문맥, 맥락
- intend 의도하다
- term 용어
- indicate 보여 주다
- fork 갈림길

- trail 산길
- probable 가능한
- ranger 삼림 관리인
- misinterpretation 오역
- spell out 자세히 설명하다

- bear 향하다; 곰
- instruct 지시하다
- warn 경고하다
- ambiguity 모호함
- explicitly 명백하게

- routine 습관, 일상적인 일
- load 적재하다, 싣다

- sequence 연속, 일련
- instruction 지시 사항

07 정답 ②

한줄 해설

인간의 정신에는 모든 종류의 창의적인 일이 포함되었다고 했고, 지시사항을 기록하면 그것이 자동적인 과업 수행의 안내가 된다고 설명하고 있다.

해석

인간의 정신은 불가사의할 만큼 복잡하다. 그것은 미래를 상상하고, 환상을 구성하며, 거짓말을 만들고, 무한히 광범위한 가정적 추측에 대해 심사숙고하는 것과 같은 모든 종류의 창의적인 일을 수행할 수 있다. 그것은 또한 놀라울 만큼 효율적으로 많은 일상사를 노력이 필요한 습관을 이용하여 행하는데, 그것은 우리가 경험으로부터 배우고 나서 거의 노력을 들이지 않고 반복하여 적용하는 연속적인 행동이나 생각이다. 일단 여러분이 신발 끈을 묶거나, 이를 닦거나, 운전해서 학교에 가거나, 혹은 노래를 기타로 치는 것과 같은 연속적인 행동을 배웠다면 여러분은 그것을 처음에 배울 때 들였던 노력에 비해 거의 힘을 들이지 않고 되풀이하여 수행할 수 있다. 무엇인가를 하는 법을 배울 때, 우리는 마음에 컴퓨터 코드와 같은 지시 사항을 기록하고 있다. 일단 그 코드를 쓰고 나면, 그것은 나중에 우리 마음속에 적재되어 거의 생각을 하지 않고도 자동으로 작동되어 우리가 그 과업을 수행하도록 안내할 수 있다.

상세 해설

(A) 인간의 정신이 모든 종류의 많은 창의적인 일을 수행한다고 했으므로, complex(복잡한)가 적절하다.
(B) 마음에 기록한 다음에 그것의 안내를 받아 과업을 수행한다고 했으므로, instructions(지시 사항)가 적절하다.

구문 분석

5행 It also performs many mundane tasks with remarkable efficiency by using **effortful routines**, [which are **sequences of behaviors or thoughts** {that we **learn** from experience and then **apply** again and again with little endeavor}].
- ▶ [ ]는 effortful routines를 부연 설명하는 관계절로, which는 계속적 용법으로 쓰이고 있다.
- ▶ { }는 sequences of behaviors or thoughts를 수식하는 관계절인데, { } 안의 관계절의 주어인 we를 공통으로 동사 learn ~과 apply ~가 병렬 구조를 이루고 있다.

9행 Once you have learned a sequence — such as tying your shoes, brushing your teeth, driving to school, or playing a song on the guitar — you can perform **it** over and over again with very little effort compared to **the effort** [it took you {to learn **it** in the first place}].
- ▶ 첫 번째와 세 번째 대명사 it은 모두 앞에 있는 a sequence ~ on the guitar를 가리킨다.
- ▶ [ ]는 the effort를 수식하는 관계절인데, 앞에 관계대명사 that 또는 which가 생략되었다.
- ▶ 두 번째 대명사 it은 형식상의 주어이고, { }로 표시한 to부정사구가 내용상의 주어이다.

어휘 및 어구

- marvelously 불가사의하게
- infinitely 무한히
- mundane 일상의

- contemplate 심사숙고하다
- speculation 심사숙고, 사색
- efficiency 효율성

08 정답 ②

한줄 해설

글의 요지를 설명한 다음 (A) 이후에 그 요지를 뒷받침하기 위한 예시를 제시하고 있고, 예시에 대한 추가적인 설명이 (B) 이후에 제시되고 있다.

해석

농부와 비교하여, 수렵 채집인은 더 여유로운 삶을 영위했다. 남아 있는 수렵 채집인 집단과 함께 시간을 보낸 현대의 인류학자들은, 식량 채집은 수렵 채집인의 시간 중 작은 부분만을 차지하는데, 그것은 농사를 통하여 동일한 양의 식량을 생산하는 데 요구되는 것보다 훨씬 더 적을 것이라고 말한다. 예를 들어, 칼라하리 사막의 !Kung 부시먼족(키 작은 수렵 민족)은 식량을 모으느라 보통 1주에 12시간에서 19시간을 소비하고, 탄자니아의 Hazda 유목민은 14시간 미만을 소비한다. 그러면 여가 활동, 사교 활동 등을 위한 많은 자유 시간이 남는다. 왜 자신의 부족이 농업을 채택하지 않았는지 한 인류학자에게 질문을 받았을 때, 한 부시먼은 "세상에 그렇게 많은 mongongo 열매가 있는데, 왜 우리가 재배해야 하죠?"라고 대답했다. 사실상, 수렵 채집인은 일주일에 이틀을 노동하고 5일의 주말을 보낸다.

상세 해설

(A) 수렵 채집인이 식량 채집을 하는 데 걸리는 시간은 농부가 동일한 양의 식량을 생산하는 데 요구되는 시간보다 훨씬 더 적을 것이라는 내용의 사례가 이어지므로, for example(예를 들어)이 적절하다.
(B) 앞에서 언급한 수렵 채집 생활을 하는 두 부족에 관한 내용에 대한 추가적인 내용이 더해지므로, In effect(사실상)가 적절하다.

지문 구성

도입(요지)	수렵 채집인이 농부보다 식량을 얻는 데 훨씬 더 적은 시간이 걸림
사 례	수렵 채집인의 예: 칼라하리 사막의 !Kung 부시먼족 + 탄자니아의 Hazda 유목민

구문 분석

2행 [**Modern anthropologists** {who have spent time with surviving hunter-gatherer groups}] report [that gathering food only accounts for a small proportion of their time — far less than would be required to produce the same quantity of food via farming].
- ▶ 첫 번째 [ ]로 표시된 명사구가 문장의 주어이다. { }로 표시된 관계절이 Modern anthropologists를 수식하여 명사구가 확장된다.
- ▶ 두 번째 [ ]로 표시된 that절은 report의 목적어 역할을 하는 명사절이다.

11행 [**When asked** by an anthropologist {why his people had not adopted farming}], one Bushman replied, "Why should we plant, when there are so many mongongo nuts in the world?"
- ▶ [ ]는 분사구문인데, 그 의미를 분명히 전달하기 위해 접속사 When을 명시적으로 표현하였다.
- ▶ { }로 표시된 의문사절은 asked의 직접 목적어 역할을 하는 명사절이다.

어휘 및 어구

- leisurely 여유로운
- gather 모으다, 채집하다
- proportion 부분, 비율
- via ~을 통하여
- nomad 유목민, 방랑자
- socialize 사교적 모임에 참석하다, 교제하다
- adopt 채택하다

- hunter-gatherer 수렵 채집인
- account for ~을 차지하다
- quantity 양, 분량
- typically 보통, 대개
- leave 남기다

09 정답 ②

10 정답 a simplified design, adopted for use in posters and signs

어휘 및 어구

- determine 파악하다
- adopt 채택하다
- upright 똑바로 선
- define 정의하다
- charcoal 숯
- adverb 부사
- simplify 단순화하다
- resemble 닮다
- lotus flower 연꽃
- flame 불꽃
- evident 명백한
- soar 치솟다

한줄 해설

09 (A) a simplified design → hard to define (B) in many words → *iggle-iggle*, *hwal-hwal*, *hweol-hweol*의 관계를 파악하면 정답을 찾을 수 있다.

10 불의 디자인에 관해 언급하고 있다.

해석

불의 형태를 파악하는 것은 어렵다. 포스터와 표지에 사용하기 위해 채택된 단순화된 디자인이 있다. 그것은 세 개의 똑바로 선 혀나 연꽃을 닮았다. 그 디자인은 불의 전형적인 상징이다. 그러나, 불의 형태를 정의 내리기는 어렵다. 실제로, 불은 초의 불꽃, 숯불, 그리고 햇불과 같은 많은 형태로 나타난다. 불의 형태의 다양한 속성은 한국 사람들이 불과 그것의 형태와 움직임을 묘사하기 위해서 사용하는 많은 단어들에 명백히 나타나 있다. 예를 들면, '이글이글'은 불이 타는 모습을 묘사하는 부사이지만, 불꽃의 형태보다는 열기에 초점을 두는. 반면에, '활활' 또는 '훨훨'은 마치 하늘로 올라가는 것처럼 치솟는 불꽃을 연상시킨다.

상세 해설

09 (A) 단순화된 불에 대한 디자인에 대한 내용이 나오고 난 다음에 불의 형태를 정의 내리기는 어렵다고 이어지고 있으므로, 빈칸에는 역접을 나타내는 However(그러나)가 적절하다.
(B) 불의 형태와 움직임을 묘사하는 많은 단어들에 대한 설명이 제시된 후 빈칸이 있는 문장에서 여러 가지 부사의 예를 제시하고 있으므로, For instance(예를 들면)가 적절하다.

10 three upright tongues or a lotus flower로 구체적으로 명시되어 있으므로, 앞 절에서 언급한 a simplified design, adopted for use in posters and signs를 가리키고 있음을 알 수 있다.

지문 구성

도 입	불의 형태를 파악하는 것은 어렵다.
전 개	단순화된 디자인이 있으나, 형태를 정의 내리기는 어렵다.
발 전	한국어의 많은 단어들에 다양한 속성이 나타나 있다.
사 례	불에 관련된 여러 가지 부사 제시

구문 분석

1행 There is **a simplified design**, [adopted for use in posters and signs].

▶ [　]는 a simplified design을 부연 설명하는 분사구이다.

7행 [The various nature of the shape of fire] is evident in **many words** [Koreans use to describe fire and its shape and movements].

▶ 첫 번째 [　]는 문장의 주어이며, 두 번째 [　]는 many words를 수식하는 관계절로, 관계절 안에서 목적격 관계대명사가 생략되어 있다.

9행 For instance, *iggle-iggle* is **an adverb** [that describes a fire burning], but it focuses on the heat rather than the shape of the flame, [while *hwal-hwal* or *hweol-hweol* brings to mind **flames** {that soar}, as if to rise to the heavens].

▶ 첫 번째 [　]는 an adverb를 수식하는 관계절이다.

▶ 두 번째 [　]는 대조를 나타내는 부사절이다.

▶ {　}는 flames를 수식하는 관계절이다.

04 연결사 및 (A)(B) 빈칸

01 ③　02 ⑤　03 ③　04 ④　05 having / 혼자만의 시간을 충분히 갖지 못하는 것　06 ①　07 ③　08 ⑤　09 ⑤
10 likelihood / dying

---

01 정답 ③

한줄 해설

(A)의 뒤에는 극적 아이러니의 예가 제시되고 있고, (B)에는 극적 아이러니에서의 반대 상황 표현이 그런 상황을 제시한 인물에게만 우호적이라고 말하고 있다.

해석

극적 아이러니는 상황의 아이러니를 변형한 것이다. 극의 주인공이 자기가 처한 상황을 이해하지 못하지만 관객은 이해한다면, 극에서의 상황이 극적 아이러니를 나타낸다고 말한다. 예를 들어, Rigoletto가 아첨을 일삼는 패거리들을 응원하고, 유괴한 여자가 Ceprano 백작 부인이 아니라 자신의 딸인 Gilda임을 알지 못한 채 그들을 칭찬하는 장면, 혹은 〈Wilhelm Tell〉에서 Gessler 총독이 스위스 암살범이 그를 죽일 준비를 하고 이미 와 있다는 것을 알지 못한 채 스위스 사람들을 진압할 방법을 떠벌리는 장면이 그러하다. 이것을 분석하다 보면, 우리는 극적 아이러니에서는 또한 당면한 상황의 상대물이 표현된다는 것을 알게 되는데, 그것은 현재 상황과 정반대되는 것이다. 하지만, 그 (극으로) 표현된 상황은 그것을 표현한 인물들에게만 좋을 뿐이고, (상황의 아이러니에서처럼) 우리 모두는 그것을 좋은 것으로 인식하지 않는다. Rigoletto와 Gessler가 표현하고 있는 상황은 그들에게는 좋지만, 실제 상황과 뚜렷이 대조를 보이는데, 우리는 이제 그 상황을 부정적인 상대물로 여긴다.

상세 해설

(A) 빈칸 앞에서 극적 아이러니에 대한 일반적인 설명을 언급하고, 뒤에서 그 예가 이어지고 있으므로, 예시를 나타내는 연결사인 For example(예를 들어)이 적절하다.
(B) 빈칸 앞에서 극적 아이러니에서는 현재 상황과 정반대되는 상황이 표현된다고 언급하고, 뒤에서 이 상황이 주인공에게만 우호적일 뿐 다른 모든 이들에게는 좋은 상황으로 인식되지 않는다고 언급하고 있으므로, 역접을 나타내는 연결사인 however(하지만)가 적절하다.

구문 분석

1행　[A situation in a drama] is said [to manifest dramatic irony {if its main character does not comprehend the situation she is in **while** the audience **does**}].

▶ 첫 번째 [ ]가 문장의 주어로, 이 문장은 People say that a situation in a drama manifests dramatic irony ~의 능동태로 전환할 수 있다.
▶ 두 번째 [ ]에서 { }는 조건을 나타내는 부사절이다.
▶ while은 대조의 의미를 나타내고, does는 comprehends the situation she is in을 대신하는 대동사이다.

7행　~; or, in *Wilhelm Tell*, **the scene** [where Governor Gessler boasts {how he will subdue the Swiss}, {not knowing that his Swiss assassin is already in place, ready to kill him}].

▶ [ ]로 표시된 관계절이 선행사 the scene을 수식한다.
▶ 첫 번째 { }는 boasts의 목적어 역할을 하는 의문사절이다.
▶ 두 번째 { }는 동시동작을 나타내는 분사구문으로 '~을 모른 채'로 해석한다.

11행　[When analyzing this], we see [that {in dramatic irony, too}, **a counterpart to the present situation** is projected, {which is the opposite of the situation at hand}].

▶ 첫 번째 [ ]는 분사구문으로 When we analyze this로 이해할 수 있다.
▶ 두 번째 [ ]로 표시된 that절은 see의 목적어 역할을 하는 명사절이다.
▶ 첫 번째 { }로 표시된 부사구가 that절 내에 삽입되어 있다.
▶ 두 번째 { }로 표시된 관계절은 a counterpart to the present situation에 대한 부연 설명을 하고 있다.

어휘 및 어구

- dramatic irony 극적 아이러니
- situational irony 상황의 아이러니
- audience 관객
- abduct 유괴하다
- subdue 진압하다
- analyze 분석하다
- project 표현하다, 묘사하다
- contrast 대조를 보이다
- modification 변형, 수정
- manifest 나타내다
- cheer on ~을 응원하다
- boast 떠벌리다
- assassin 암살범
- counterpart 상대물, 대조가 되는 것
- sharply 뚜렷이

---

02 정답 ⑤

한줄 해설

(A)의 앞뒤에는 컴퓨터의 기억(력)과 인간의 기억(력)을 대조하여 설명하고 있고, (B)의 앞뒤에는 인간의 기억(력)이 컴퓨터의 기억(력)처럼 체계적으로 탐색될 수 있는 것이라기보다는 오히려 맥락의 적용을 받는다고 말하고 있다.

해석

컴퓨터의 기억력은 인간의 기억력보다 훨씬 더 좋은데, 왜냐하면 초기 컴퓨터 과학자들이 진화가 결코 발견하지 못했던 기교를 발견했기 때문이다. 즉, 마스터 맵에 모든 기억을 할당하여 정보를 조직하는 것인데, 그 마스터 맵 내에 저장될 각각의 정보는 컴퓨터의 기억 저장 장치 안에서 개별적으로 확인 가능한 위치에 할당된다. 대조적으로, 인간은 그러한 마스터 맵이 없는 것처럼 보이고 찾고 있는 것에 대한 단서(또는 지시)를 활용하면서 훨씬 더 무계획적인 방식으로 정보를 되찾아 온다. 결과적으로, 우리의 기억은 컴퓨터(또는 인터넷 데이터베이스)의 기억만큼 체계적으로 또는 믿을 만하게 탐색될 수 없다. 대신에, 인간의 기억은 상당히 맥락의 적용을 받는다. 예를 들어, 스쿠버 다이버들은 시험을 볼 때 육지에서보다 수중에서 그들이 공부한 단어들을 더 잘 기억하는데, 심지어 그 단어들이 바다와 전혀 관계가 없더라도 그렇다.

상세 해설

(A) 빈칸을 기준으로 컴퓨터의 기억(력)과 인간의 기억(력)이 대조되어 있으므로, by contrast(대조적으로)가 적절하다.
(B) 인간의 기억(력)은 컴퓨터의 기억(력)처럼 체계적으로 탐색될 수 있는 것이 아니라 오히려 맥락의 적용을 받는 것이라는 내용이므로, Instead(대신에)가 적절하다.

구문 분석

1행　Computer memory is much better than human memory because early computer scientists discovered **a trick** [that evolution never **did**]: [organizing information by assigning every memory to **a master map** {in which each bit of information to be stored is assigned a uniquely identifiable location in the computer's memory vaults}].

▶ 첫 번째 [ ]로 표시된 that절은 관계절로 a trick을 수식하며, did는 discovered를 대신하는 대동사이다.
▶ 두 번째 [ ]는 a trick that evolution never did와 동격 관계이다.
▶ { }로 표시된 관계절은 선행사인 a master map을 수식한다.

7행　Human beings, by contrast, [appear to lack such master memory maps] and [retrieve information in a far more haphazard way, by using clues (or cues) to {what's being looked for}].

▶ [　]로 표시된 두 개의 동사구가 접속에 의해 and에 의해 병렬 구조로 연결되어 공통 주어인 Human beings에 이어진다.

▶ {　}는 to의 목적어인 명사절이다.

10행 In consequence, our memories cannot be searched [as systematically or as reliably **as that** of a computer (or Internet database)].

　▶ 〈as ~ as ...〉의 동등 비교구문으로, as와 as 사이에는 동사인 be searched를 수식해야 하므로 부사인 systematically과 reliably가 쓰였다.

　▶ that은 the memory를 대신하는 대명사이다.

어휘 및 어구

- trick 기교
- assign 할당하다, 부여하다
- identifiable 확인 가능한
- lack ~이 없다
- haphazard 무계획적인
- reliably 믿을 만하게
- have nothing to do with ~와 관계가 없다
- evolution 진화
- uniquely 개별적으로
- location 위치
- retrieve 되찾아 오다
- in consequence 결과적으로
- be subject to ~의 적용[영향]을 받다

▶ [　]는 계속적 용법의 관계절로, which는 and it으로 이해할 수 있다.

6행 [**The plants** {that heard the recording of chewing vibrations}] created an increased amount of mustard oil, a defense of its own.

　▶ 문장의 주어는 [　]이고, 동사는 created이다.

　▶ {　}는 주어인 The plants를 수식하는 관계절이다.

　▶ 콤마(,)로 동격구가 연결될 수 있는데, 여기에서도 콤마(,) 다음에 a defense of its own이 나와 mustard oil과 의미상 동격을 이루고 있다.

14행 Shortly after the first experiment, the researchers exposed the plants to other vibratory **sounds**, [including **those** from the wind and nonthreatening insects].

　▶ [　]는 전치사구로, those는 sounds를 대신하는 대명사이다.

어휘 및 어구

- reflective 반사하는
- vibration 진동
- trigger 촉발시키다, 작동시키다
- prime 미리 대비시키다
- caterpillar 애벌레
- mustard oil 겨자기름
- subsequent 뒤의, 계속 일어나는
- expose 노출시키다

---

03 정답 ③

한줄 해설

(A)는 discourage an insect attacker, (B)는 did not trigger any response를 통해 유추해 본다.

해석

한 연구에서, 연구자들은 애벌레의 씹는 진동을 기록하기 위해 레이저와 작은 반사 제품을 사용했는데, 그것은 애기장대의 잎을 약 1만 분의 1인치만큼 위아래로 움직였다. 그런 다음 그들은 그 진동을 두 시간 동안 녹음한 것을 한 세트의 식물들 옆에 틀고 다른 세트는 조용하게 두었다. 씹는 진동 녹음을 들은 식물은 증가한 양의 겨자 기름을 생산했는데, 그것은 자신만의 방어책이었다. 한 연구자는 "그 진동은 그들이 뒤에 이어지는 공격에 더 잘 준비하도록 작동시킵니다. 그래서 그들은 이런 먹이를 먹는 진동에 의해 미리 대비될 때, 곤충 공격자를 막기 위해 더 빨리 더 많은 겨자 기름을 만드는 것입니다."라고 말했다. 식물들은 또한 그들이 반응해야 할 진동의 종류가 무엇인지에 관해 <u>선택적</u>이었다. 첫 번째 실험 직후에, 연구자들은 그 식물들을 바람과 위협적이지 않은 곤충의 소리를 포함한 다른 진동의 소리에 노출시켰다. 그 다른 소리들은 어떤 반응도 촉발하지 않았다.

상세 해설

(A) 벌레가 씹는 소리를 듣고 애기장대가 겨자 기름을 더 많이 생산했는데, 그것이 곤충의 공격에 더 잘 준비하도록 작동시킨다고 이유를 제시하고 있으므로, **defense**(방어책)가 가장 적절하다.

(B) 위협적이지 않은 소리에는 어떤 반응을 보이지 않았다고 했으므로, **selective**(선택적인)가 적절하다.

지문 구성

실험 소개	애기장대에게 녹음된 벌레가 씹는 소리를 들려준다.
결 과	① 애기장대가 더 많은 양의 겨자기름을 만든다. → 곤충의 공격에 더 잘 준비하기 위한 것이다. ② 진동에 관해 선택적으로 반응한다.(위협적이지 않은 소리에는 반응하지 않는다.)

구문 분석

1행 In a study, researchers used a laser and a small piece of reflective material **to record** the caterpillar's chewing vibrations, [**which** moves an Arabidopsis leaf up and down about 1/10,000 of an inch].

　▶ to record는 목적을 나타내는 to부정사의 부사적 용법으로 쓰였다.

[04~05]

04 정답 ④

05 정답 having / 혼자만의 시간을 충분히 갖지 못하는 것

한줄 해설

04 (A)의 앞뒤 문장은 원인과 결과의 관계를 이루고 있으며, (B) 뒤에는 예를 드는 내용이 이어진다.

05 about과의 연결을 파악한다.

해석

여섯 국가의 사람들이 휴대 전화를 어떻게 사용하는가에 관한 한 포괄적인 인류학 연구는 유럽인들과 미국인들이 새로운 무선 기술에 어떻게 관계를 맺고 있는지에 있어서 몇 가지 차이점들을 보여 준다. 예를 들어, 스웨덴에서 사람들은 휴대 전화로 자기들이 대화하는 사람이 마치 실제로 같은 방에 있는 것처럼 말한다. <u>결과적으로</u>, 점심을 음식점에서 혼자 먹으면서 휴대 전화로 이야기하는 것은 완전히 받아들여질 수 있는 행동이다. 반면에, 미국인들은 휴대 전화 사용에 있어서 약간 더 신중하다. <u>예를 들어,</u> 뉴욕 사람들은 과업을 완성하기 위해 휴대 전화를 더 많이 사용하는 경향이 있지만 또한 공공장소에서 무선 전화로 대화하는 것이 자주 남들의 사적인 공간을 침해하고 방해하는 것으로 생각한다. 샌프란시스코 사람들은 일과 여가 관련한 활동을 위해서 그리고 친구들과 의사소통을 하기 위해서 휴대 전화를 사용하지만, 어떤 사람들은 항상 전화 연결이 되어서 혼자만의 시간을 충분히 갖지 못하는 것에 대해 우려한다.

상세 해설

04 (A) 앞서 나온 문장은 스웨덴에서 사람들이 휴대 전화 통화를 마치 실제 사람과의 통화로 여긴다는 내용이고, 빈칸이 있는 문장에서는 사람들이 혼자 식사를 하면서 휴대 전화 통화를 하는 것이 자연스럽다는 내용이므로, 인과 관계를 나타내는 연결사인 **As a result**(그 결과)가 들어가는 것이 가장 적절하다.

(B) 앞서 나온 문장은 미국인들이 휴대 전화 사용에 더 신중하다는 내용이고, 빈칸이 있는 문장에서는 뉴욕 사람들의 사례가 제시되므로, 예시를 나타내는 연결사인 **for example**(예를 들어)이 들어가는 것이 가장 적절하다.

05 worry about에 being ~ time과 not ~ time이 연결되어 있으므로 전치사 about의 목적어 역할을 할 수 있는 동명사 **having**을 쓰는 것이 적절하다.

구문 분석

4행 In Sweden, for example, they view someone talking on their mobile [**as though the person** {with whom they're speaking} is physically in the room].

▶ as though는 '마치 ~처럼'이라는 뜻이고, [ ] 안에서 주어는 the person이고 동사는 is이다.

▶ { }는 the person을 수식하는 관계절이다.

10행 **New Yorkers**, for example, **tend** to use their mobile phones more to accomplish tasks but also **believe** [**that** {having wireless conversations in public} is often intrusive and a violation of others' private space].

▶ tend와 believe는 New Yorkers를 주어로 하는 동사로, 병렬 구조를 이룬다.

▶ [ ]는 believe의 목적어인 명사절이며, { }는 that절의 주어이다.

14행 **While** San Franciscans use mobile phones [for work and leisure-related activities] and [to communicate with friends], some worry about **being** constantly available all the time, and not **having** enough alone time.

▶ While은 대조를 나타내는 부사절을 이끈다.

▶ 두 개의 [ ]는 use와 연결된 부사구이다.

▶ being과 not having은 둘 다 앞에 있는 전치사 about에 이어지는 동명사로 병렬 구조를 이룬다.

어휘 및 어구

- comprehensive 포괄적인, 종합적인
- relate 관계를 갖다
- technology 기술
- chat 이야기하다
- accomplish 달성하다
- intrusive 침입하는, 방해가 되는
- constantly 끊임없이, 계속적으로
- anthropological 인류학적인
- wireless 무선의
- physically 물리적으로
- acceptable 받아들일 수 있는
- task 과업
- violation 위반, 침해
- available 이용할 수 있는

06 정답 ①

한줄 해설

(A)는 한 해 보리를 심고 다음 해에는 순무나 클로버를 심는 방법을 설명하고 있고, (B)는 파종기의 도입으로 일정한 간격으로 씨앗을 심는 방법을 설명하고 있다.

해석

새로운 농작물을 채택할 뿐만 아니라, 유럽의 농부들은 더 많은 땅을 경작하고 새로운 영농 기술을 개발함으로써 농작물 생산량을 증가시켰다. 특히, 그들은 클로버와 순무를 포함하는 농작물 돌려짓기를 도입했다. 순무는 그렇지 않았더라면 (농작물 돌려짓기를 도입하지 않았더라면) 묵고 있었을 땅에서 재배되었고, 그런 다음 동물들에게 먹이로 주어졌는데, 그 동물들의 분뇨가 다음 해에 보리 수확량을 늘려주었다. 동물들에게 순무를 먹이는 것은 또한 목초지로 사용되던 땅이 대신 인간이 소비할 작물을 재배하기 위해 사용될 수 있다는 것을 의미했다. 마찬가지로, 클로버를 재배하는 것은 토양의 비옥함을 복원하는 데 도움을 주어 다음 해에 많은 밀 수확을 보장해 주었다. 또 다른 혁신은 흙에 난 구멍 속에 정확한 깊이로 씨앗을 심어주는, 말이 끄는 장치인 파종기의 채택이었다.

전통적인 방식으로 씨앗을 흩뿌리는 것보다, 이런 방식으로 씨를 파종하는 것은 농작물이 반듯하게 줄을 맞춰 적절히 간격을 두게 되어, 잡초 제거를 더 쉽게 하고 인접한 식물들이 영양분을 얻기 위해 경쟁하지 않도록 보장해 준다는 것을 의미했다. 이것은 다시, 농작물의 수확량을 증가시키는 데 도움이 되었다.

상세 해설

(A) 농작물 생산량 증가를 위한 첫 번째 방법으로 한 해 보리를 심고 한 해 묵히는 대신, 한 해 보리를 심고 이듬해 순무나 클로버를 심는 방법을 설명했으므로, rotations(돌려짓기)가 적절하다.

(B) 파종기를 쓰는 장점은 인간이 뿌리는 것과 달리 정해진 간격대로 씨앗을 심는 것이므로, spaced(간격을 두게 되어)가 적절하다.

구문 분석

5행 Turnips were [grown on **land** {that would **otherwise** have been left fallow}], and then [fed to **animals**, {whose manure enhanced the barley yields in the following year}].

▶ 두 개의 [ ]가 be동사 were에 공통으로 연결되어 수동태로 쓰였다.

▶ otherwise는 '그렇지 않았더라면'의 뜻으로, 구체적으로는 if they had not introduced crop rotations(농작물 돌려짓기를 도입하지 않았더라면)의 의미이다.

▶ 첫 번째 { }는 land를 수식하는 관계절이고, 두 번째 { }는 animals를 부연 설명하는 계속적 용법의 관계절이다.

8행 Feeding animals with turnips also meant [that **land** {used for pasture} could instead be used to grow crops for human consumption].

▶ [ ]는 meant의 목적어로 쓰인 명사절이다.

▶ { }는 land를 수식하는 분사구로, land가 use의 대상으로 해석되어 과거분사 used가 쓰였다.

15행 [**Sowing** seeds in this way], [rather than **scattering** them in the traditional manner], meant [that crops were properly spaced in neat rows], [**making** weeding easier and **ensuring** that adjacent plants did not compete for nutrients].

▶ 첫 번째 [ ]는 동사 meant의 주어로 쓰인 동명사구이다.

▶ 두 번째 [ ]는 삽입구로, Sowing ~과 scattering이 병렬 구조를 이루고 있다.

▶ 세 번째 [ ]는 meant의 목적어로 쓰인 명사절이다.

▶ 네 번째 [ ]는 분사구문으로 선행절의 내용을 의미상의 주어로 삼아 그 결과를 표현하는데, making ~과 ensuring ~이 병렬 구조를 이루고 있다.

어휘 및 어구

- adopt 채택하다
- turnip 순무
- barley 보리
- pasture 목초(지)
- fertility 비옥함, 다산
- adoption 채택
- in neat rows 반듯하게 줄을 맞춰
- ensure 보장하다
- cultivation 경작
- enhance 늘리다, 향상하다
- yield (농작물 등의) 수확량
- restore 복원하다, 복구하다
- innovation 혁신
- scatter (씨 따위를) 흩뿌리다, 뿌리다
- weeding 잡초 제거
- adjacent 인접한

07 정답 ③

한줄 해설

(A)는 경쟁이 혁신에 큰 역할을 하지 않는다는 것을 설명하고 있고, (B)는 connected environments에서 유추할 수 있다.

해석

많은 경제학 교과서는 여러분에게 경쟁사 간의 경쟁이 그들의 상품과 서비스에 혁신을 가져온다고 말할 것이다. 그러나 여러분이 장기적인 관점에서 혁신을 보면, 경쟁은 우리가 일반적으로 생각하는 것보다 좋은 생각의 역사에서 덜 핵심적인 것으로 밝혀진다. 정규 교과서에서 하는 것처럼, 개인과 조직의 범위에서 혁신을 분석하는 것은 우리의 시야를 왜곡한다. 그것은 적절성 연구와 '적자생존' 경쟁의 역할을 과장하는 혁신의 그림을 만든다. 장기적인 시각의 접근은 우리로 하여금 결국 연결성이 순수한 경쟁적인 작동 방식보다 더 가치 있을 수 있다는 것을 알게 해 준다. 그런 혁신의 패턴은 인정할 만한 가치가 있는데, 부분적으로 그 이유는 이런 패턴을 받아들임으로써 좋은 생각을 키우는 일을 더 잘할 수 있는 환경을 만들 수 있기 때문이다. 창의성을 가능하게 하는 연관된 많은 환경들에 대해 우리가 마음을 열어 놓으면 우리는 더욱 창의적으로 생각할 수 있다.

상세 해설

(A) 혁신을 장기적인 관점으로 보면 경쟁이 그다지 혁신에 큰 역할을 하지 않았다는 것을 알 수 있으므로, central(핵심적인)이 적절하다.
(B) 창의성을 가능하게 하는 연관된 많은 환경들에 대해 마음을 열어 놓는 것이 창의적 생각과 혁신에 핵심적이라는 문맥이므로, connectivity(연결성)가 적절하다.

구문 분석

3행 But when you look at innovation from the long-zoom perspective, competition turns out to be **less central** to the history of good ideas **than** we generally think.

▶ 비교 구문으로, less central 다음에 than ~으로 비교되는 대상이 제시되고 있다. 여기에서 than은 '~한 것보다'의 의미를 가지며, 마치 관계대명사처럼 사용되어 think의 목적어 역할을 한다.

8행 It creates **a picture of innovation** [that overstates the role of propriety research and "survival of the fittest" competition].

▶ 관계절인 [　　]의 선행사인 a picture of innovation을 수식한다.

13행 Those patterns of innovation deserve recognition — in part because **by embracing** these patterns we can build **environments** [that do a better job of nurturing good ideas].

▶ by+-ing: ~함으로써
▶ 관계절인 [　　]는 선행사인 environments를 수식한다.

어휘 및 어구

• long-zoom perspective 장기적인 관점
• distort 왜곡하다
• propriety 적절성, 타당성
• embrace (생각·제의 등을 열렬히) 받아들이다[수용하다]
• nurture (잘 자라도록) 양육하다[보살피다]
• overstate 과장하다
• mechanism 작동 방식, 매커니즘

08 정답 ⑤

한줄 해설

(A)는 grand syntheses = transcend the confines이고, (B)는 incomplete → have provoked even deeper questions and challenges의 관계로 유추할 수 있다.

해석

특정한 문제나 분야의 제약을 초월하는 공통성, 규칙, 아이디어, 그리고 개념, 즉 대통합을 찾는 것은 과학과 과학자들에게 있어서 큰 영감을 주는 것 중 하나이다. 과학의 고전적인 대통합 가운데 뉴턴의 법칙이 있는데, 그것은 우리에게 천체의 법칙이 지구의 법칙과 다르지 않다는 것을 가르쳤고, 우리가 결국은 그저 동물이고 식물이라는 점을 상기시킨 다윈의 자연 선택설이 있으며, 우리가 영원할 수 없다는 것을 시사하는 열역학 법칙이 있다. 이것들 각각은 우리가 세상에 관해 생각하는 방식을 바꾸는 데뿐만 아니라, 우리 중 많은 수가 누릴 특권을 지닌 생활의 기준을 이끈 기술적 발전의 기초를 놓는 데에도 뜻깊은 중요성을 가져왔다. 그들은 다양한 정도로 모두 불완전하다. 정말로, (그들의) 적용 가

능성의 경계, 즉, 예측력의 한계와 예외에 대한 진행중인 탐구를 이해하면서, 위반과 실패는 훨씬 더 깊은 문제와 도전을 일으켜 왔으며, 과학의 계속되는 진보와 새로운 사상, 기술과 개념을 펼치는 것을 자극했다.

상세 해설

(A) 빈칸을 포함한 문장은 grand syntheses에 관한 설명으로, 이어지는 사례로 보아 여러 학문의 제약을 초월하는 것이 grand syntheses의 속성임을 알 수 있다. 따라서 '초월하다'라는 뜻의 transcend가 적절하다.
(B) 빈칸 뒤에 이어지는 내용들은 더 많은 연구는 더 깊은 문제와 도전을 일으켜 왔다는 것이므로, '불완전한'이라는 뜻의 incomplete가 적절하다.

지문 구성

도 입	대통합에 관한 설명
사 례	① 뉴턴의 법칙 ② 다윈의 자연 선택설 ③ 열역학 법칙
문제 제기	법칙들의 불완전성
근 거	계속적으로 더 깊은 문제와 도전을 일으켜 왔고 더 많은 연구가 필요하다.

구문 분석

5행 Among the classic grand syntheses in science **are** [**Newton's laws**, {which taught us that heavenly laws were no different than the earthly}, **Darwin's theory of natural selection**, {which reminded us that we're just animals and plants after all}, and **the laws of thermodynamics** {that suggest we can't go on forever}].

▶ 문장의 주어는 [　　]이고, 동사는 are로 부사구 Among ~ syntheses가 문두로 나가면서 주어와 동사가 도치되었다.
▶ 세 개의 {　　}는 관계절로, 각각 앞에 나온 Newton's laws, Darwin's ~ selection, the laws of thermodynamics를 선행사로 한다.

10행 Each of these has had profound consequences **not only** [in changing the way we think about the world], **but also** [in laying the foundations for **technological advancements** {that have led to **the standard of living** ⟨many of us are privileged to enjoy⟩}].

▶ ⟨not only A but also B⟩ 구문은 'A 뿐만 아니라 B도'의 의미로, A와 B로 두 개의 [　　]가 쓰였다.
▶ 관계절인 {　　}는 선행사 technological advancements를 수식한다.
▶ ⟨　　⟩는 선행사인 the standard of living을 수식한다.

16행 Indeed, [understanding **the boundaries of their applicability**, {the limits to their predictive power and the ongoing search for exceptions}], violations and failures have provoked even deeper questions and challenges, [stimulating the continued progress of science and the unfolding of new ideas, techniques and concepts].

▶ 첫 번째 [　　]는 동시동작을 나타내는 분사구문으로, {　　}는 the boundaries of their applicability와 동격관계이다.
▶ 두 번째 [　　]는 연속 동작을 나타내는 분사구문이다.

어휘 및 어구

• synthesis 통합 (pl. syntheses)
• confine 제약, 속박
• inspirational 영감을 주는
• consequence 중요성, 결과
• boundary 경계
• predictive 예측하는
• exception 예외, 이례
• provoke 일으키다
• commonality 공통성
• discipline (학문의) 분야
• profound 뜻깊은
• be privileged to ~할 특권을 가지다
• applicability 적용 가능성
• ongoing 진행 중인
• violation 위반
• unfold 펼치다, 밝히다

09 정답 ⑤

10 정답 likelihood / dying

한줄 해설

09 (A)의 앞뒤에는 보험 회사가 이용할 수 있는 자료에 대한 내용이 계속해서 이어지고 있고, (B)의 앞뒤에는 보험 회사가 기대수명을 추산할 수 있는 것과는 달리 회사의 파산 가능성을 추산하기는 어렵다는 상반된 내용이 이어지고 있다.

10 문맥상 반복되는 의미를 파악하면 정답을 찾을 수 있다.

해석

생명 보험 회사들은 그들의 위험을 정확하게 추산하는 방법을 안다. 그들은 아마 어떤 특정한 사람들이 얼마나 오랫동안 살 것인지는 모르겠지만, 평균적으로 미국인들은, 말하자면, 77년(현재의 기대수명)을 산다. 만일 보험 회사가 대표적인 다수의 미국인을 보험에 들게 한다면, 그것은 평균 사망 나이가 그 숫자에 가까울 것이라고 상당히 확신할 수 있을 것이다. 게다가, 회사들은 직업, 성별, 소득, 기타 등등에 따른 기대수명에 관한 자료를 얻을 수 있고, 보험을 찾는 사람의 기대수명에 관한 훨씬 더 좋은 예측을 할 수 있다. 더구나, (전쟁이나 전염병 같은) 소수의 예외가 없는 상황에서, 위험은 '독립적'이고, 어떤 사람이 사망할 가능성은 다른 사람이 사망할 가능성과 관련이 없다. 그러나 특정한 회사가 파산할 위험을 추산하는 것은 기대수명을 추산하는 것과 같지 않다. 그것은 매일 일어나지 않고, 우리가 보았다시피, 한 회사의 위험은 다른 회사의 위험과 굉장히 깊게 연관될 수도 있다.

상세 해설

09 (A) 보험 회사들은 미국인들의 평균 사망 나이에 관한 정보를 사용할 수 있다는 내용 뒤에, 보다 구체적인 부문에 따른 정보도 얻을 수 있다는 내용이 추가적으로 이어지므로, 첨가를 나타내는 연결사인 Additionally(게다가)가 적절하다.

(B) 생명 보험 회사가 쉽게 사망 연령을 추산할 수 있는 것과는 달리, 특정한 회사가 파산할 위험을 추산하는 것은 어렵다는 내용이 이어지므로, 역접을 나타내는 연결사인 however(그러나)가 적절하다.

10 another과 one person에 둘 다 해당되는 반복어구는 the likelihood of dying이다.

지문 구성

도 입	생명 보험 회사의 위험 추산의 용이성
근 거	① 미국인 전체에 대한 자료를 이용할 수 있다. ② 구체적인 부문에 관한 자료도 이용할 수 있다.
대 조	특정 회사의 파산 가능성에 대한 추산의 어려움이 있다.
근 거	자주 일어나지 않고, 다른 회사와 연관되어 있는 경우가 많다.

구문 분석

8행 Additionally, companies can [get data on life expectancy by occupation, gender, income, and so forth], and [make an even better prediction of the life expectancy of **the person** {seeking insurance}].

▶ 두 개의 [   ]가 접속사 and에 의해 연결되어 can에 이어진다.

▶ {   }는 the person을 수식하는 분사구이다.

11행 Moreover, with few exceptions (like wars and epidemics), **the risks are "independent,"** [the likelihood of one person dying is unrelated to **that** of another].

▶ the risks are "independent"와 [   ]는 내용상 동격을 이루며, that은 the likelihood of dying을 대신하는 대명사이다.

어휘 및 어구

- estimate 추산[추정]하다
- life expectancy 기대 수명
- occupation 직업
- likelihood 가능성
- go bankrupt 파산하다
- current 현재의
- insure 보험에 들게 하다
- epidemic 전염병
- firm 회사
- correlate with ~와 관련 있다

Ⅱ. 어법 · 어휘

01 어법

01 ②　　02 ②　　03 ⑤　　04 ③　　05 did not always turn out well　　06 ④　　07 ④　　08 ⑤　　09 ⑤　　10 냉혈인 양서류와 파충류의 겨울 휴면　　11 ④　　12 ④　　13 ④　　14 ⑤　　15 ④

16 it's also comforting for him to know

---

01 정답 ②

한줄 해설

② 주어가 관계절의 수식을 받았고, 동사가 없으므로 동사 is로 바꿔야 한다.

해석

사람들은 자기 자신만의 사고 기준을 가지고 있는데, 그중 일부는 좋지 않은 사고를 조장한다. 우리가 자신의 믿음을 형성하기 위해 사용하는 학습 방법은 사고는 어떻게 행해져야 하는가에 대한 특정한 명백한 믿음, 즉 문화를 통해서 전달되는 믿음에 의해 옹호된다. 어떻게 결론을 도출해야 하는가에 대한 믿음은 사람마다 다르다. 어떤 사람들은 자신의 마음을 바꾸는 것이 약함의 표시이며 훌륭하게 사고하는 사람은 단호하고, 열성적이며, 확고한 사람이라고 생각한다. 그러한 사람들이 자기 자신의 기준을 따르면 믿음을 비이성적으로 고집할 가능성이 더 많을 것이다. 다른 사람들은 훌륭하게 사고하는 사람은 마음이 열려 있고, 상대의 말을 기꺼이 들어주며, 융통성이 있다고 믿는다. 우리 대부분은 아마도 이러한 믿음 둘 다에 어느 정도 동의할 것이다. 우리의 믿음이 무엇이든, 우리 대부분은 훌륭하게 사고하는 사람이 되기를 바라고, 그래서 자신의 기준을 따르려고 노력한다.

상세 해설

② 주어로 쓰인 The learning method의 동사가 필요한 부분이므로 being을 is로 바꿔 써야 한다. that we use to form our beliefs는 주어를 수식하는 관계절이다.

① which는 앞에 있는 their own standards for thinking을 선행사로 삼아 계속적 용법으로 쓰인 관계대명사로, some of which encourage poor thinking은 and some of them encourage poor thinking으로 바꿔 쓸 수 있다.
③ 부정대명사 one은 a person을 의미하므로 올바른 표현이다.
④ 부사 irrationally는 앞에 나온 to persist를 수식하고 있다.
⑤ Whatever는 양보의 부사절을 이끄는 복합관계대명사로 쓰였으며 our beliefs 다음에는 동사 are가 생략되어 있다.

구문 분석

2행 **The learning method** [that we use to form our beliefs] is maintained by certain explicit beliefs about [how thinking should be conducted] — **beliefs** [transmitted through the culture].

▶ 첫 번째 [ ]는 The learning method를 수식하는 관계절로 '우리가 자신의 믿음을 형성하기 위해 사용하는'으로 해석한다.
▶ 두 번째 [ ]는 전치사 about의 목적어이다.
▶ 세 번째 [ ]는 beliefs를 수식하는 분사구로 '문화를 통해 전달되는 믿음'이라는 뜻의 수동의 의미를 나타낸다.

7행 Some think [that changing one's mind is a sign of weakness] and [that a good thinker is **one** {who is determined, committed, and steadfast}].

▶ 두 개의 [ ]는 think의 목적어로 쓰인 명사절로 병렬 구조를 이루고 있다.
▶ { }는 one을 수식하는 관계절이다.

어휘 및 어구

• encourage 조장하다, 격려하다
• explicit 명백한, 명확한
• committed 열성적인, 헌신적인
• persist 고집하다, 지속되다
• flexible 융통성 있는, 유연한
• maintain 옹호하다, 유지하다
• transmit 전달하다, 보내다
• steadfast 확고한
• irrationally 비이성적으로
• somewhat 어느 정도, 다소

---

02 정답 ②

한줄 해설

② 동명사구는 단수 취급하므로 단수 동사가 이어져야 한다.

해석

과학기술이 '단절 현상을 넘기 위해서', 그것은 덜 강한 동기를 가진 사용자들에게 호소해야 한다. 오직 (기술의) 조기 수용자를 넘어 훨씬 더 큰 주류 공동체로까지 확대함으로써, 과학기술은 개발자들이 그들의 초기 투자액을 회수할 수 있게 하는 규모에 대한 수익을 달성할 수 있다. 더 큰 사용자 집단에 도달한다는 것은 결국 그 제품이나 서비스의 가격이 낮아질 수 있다는 것을 의미한다. 초기의 휴대 전화 통신 사용자들은 흔히 자신이 사는 도시 내의 서비스에 대해 매달 1,000달러의 청구서를 받았으나, 오늘날 그런 서비스는 매달 25달러밖에 안 되는 비용이 들 것이다. 광범위한 채택은 또한 새로운 수준의 성능, 신뢰성, 사용의 용이함, 그리고 지원을 필요로 한다. 이 특성들 중에서 몇 가지들, 가령, 성능과 신뢰성은 개발자들이 그들의 지식을 과학기술에 담을 때 그 기기나 서비스에 끼워지지만, 그것들의 비용은 사용 규모가 확대될 때 쉽게 회복된다. 사용의 용이함, 지원과 같은 다른 것들은 사용의 규모와 병행하는 비용이 든다. 성공하기 위해서, 새로운 과학기술은 또한 그것의 발전이 지속될 수 있게 해 주는 재정 모델을 찾아야 한다.

상세 해설

② 동명사구 Reaching larger user groups in turn이 주어에 해당하므로, 단수형 동사가 이어져야 한다. 따라서 mean은 means로 바꿔 써야 한다.

① Only로 시작하는 어구가 문두에 왔으므로 조동사와 주어가 도치를 이루고 있는 형태이다.
③ 주어인 Some of these characteristics가 분사의 주체가 아닌 대상으로 해석되므로 과거분사 imbedded가 주격보어로 쓰인 것은 적절하다.
④ costs를 선행사로 삼아 이를 수식하는 관계절을 유도하는 that은 적절한 표현이다.
⑤ the new technology를 가리켜야 하므로 소유격 대명사 its는 적절하다.

구문 분석

1행 **For the technology** to "cross the chasm," **it** must appeal to users with less strong motivations.

▶ to부정사의 의미상의 주어는 ⟨for+목적격⟩의 형태로 제시된다. 여기서 to cross의 의미상의 주어는 the technology이고, 주절의 주어 it은 the technology를 가리킨다.

2행 [Only by expanding beyond the early adopters to the much larger mainstream communities] **can it** achieve **the returns to scale** [that enable the developers to recover their initial investments].

▶ 첫 번째 [ ]로 표시된 Only가 이끄는 어구가 문두에 왔으므로 주어(it)와 조동사(can)가 도치되었다.
▶ 두 번째 [ ]는 선행사 the returns to scale을 수식하는 관계절이다.

어휘 및 어구

• motivation 동기
• mainstream 주류의, 대세의
• early adopter (기술의) 조기 수용자
• in turn 결국, 차례로, 다음에

- performance 성능, 실행
- imbed 끼워 넣다, 새겨 넣다
- in parallel with ~와 병행하여, ~와 함께
- deployment 사용, 배치
- reliability 신뢰성, 신뢰도
- capture 담다, 붙잡다

03 정답 ⑤

한줄 해설

⑤ 주어인 its status에 연결되는 동사가 필요하다.

해석

영국에서 억양과 방언은 예를 들어 북쪽과 남쪽 같은, 지역적이고 사회적인 편견과 연관되어 있다. Standard English와 RP(Received Pronunciation)는 남부 지방에서 기원했는데, 이곳은 런던과 그 주변이며 국가의 수도이자 주요 문화적인 중심지이다. 북부의 성격을 가진 것은 남부 사람들에게 세련되지 못하고 열등하다고 보일 수 있으며 그들은(남쪽 사람들) 얼마나 부당하든 북부의 억양으로 말하는 사람들이 덜 교육받았다고 생각할 수 있다. 억양이 강할수록 그것을 사용하는 사람에 대한 편견이 더 크며, 특히 그 억양이 너무 강해서 다른 사람들이 그것을 이해하는 데 어려움을 겪을 정도면 더욱 그러하다. 런던 사투리(Cockney), 리버풀 사투리(Scouse), 글래스고와 같은 도시의 억양이나 버밍엄 지역의 억양은 가장 덜 선호된다. 억양은 특정한 지역이나 사회 집단에 속한 사람들을 놀리기 위해 코미디언들에 의해 오랫동안 사용되었지만, 이것은 현재 덜 용인된다. RP가 여전히 전문직의 사람들에게 널리 사용되기는 하지만, 그것의 지위는 특히 젊은 사람들 사이에서 이전처럼 높지 않다. 정치인이나 방송인과 같은 많은 공적인 인물들은 오늘날 자신들의 지역적인 억양을 없애려 하기보다는 강조하고 있다.

상세 해설

⑤ 주절의 주어인 its status에 연결되는 동사가 필요하므로 being을 is로 써야 한다.

① unsophisticated와 and로 병렬 구조를 이루고 있으므로 형용사인 inferior를 쓴 것은 적절하다.
② 〈the+비교급 ~, the+비교급 ...〉 구문으로 '~할수록, 더욱 …하다'의 의미를 나타내므로 greater를 쓴 것은 적절하다.
③ 〈so ~ that ... (너무 ~해서 …하다)〉 구문으로, so strong 다음에 that 절이 이어지므로 적절하다.
④ '~하기 위해'의 의미를 나타내므로 to부정사구인 to make ~를 쓴 것은 적절하다.

구문 분석

6행 Anything northern can be seen as unsophisticated and inferior by some southerners and they may, **however unfairly**, consider people speaking with a northern accent to be less well educated.

▶ 〈however+형용사/부사〉는 양보의 의미를 나타낼 수 있는데, 여기에서도 '얼마나 부당하든'의 의미를 나타냈다.

9행 The stronger the accent, the greater the prejudice against the person using it, especially if the accent is **so** strong **that** others **have difficulty understanding** it.

▶ 〈so ~ that ...〉 구문은 '너무 ~해서 …하다'의 의미이고, 〈have difficulty -ing〉는 '~하는 데 어려움을 겪다'의 의미이다.

어휘 및 어구

- dialect 방언
- originate 기원하다
- unfairly 부당하게
- acceptable 받아들일 수 있는
- emphasize 강조하다
- prejudice 편견
- unsophisticated 세련되지 못한
- urban 도시의
- figure 인물

[04~05]

04 정답 ③

05 정답 did not always turn out well

한줄 해설

04 ③ 내용상의 주어인 to부정사구가 동사 illuminate의 주체로 해석되므로 illuminated는 쓸 수 없다.

05 부분 부정을 표현하는 not always 구문을 이용하여 완성한다.

해석

불행히도 전통적인 여성이 집을 따뜻하고 생기있게 만들기 위해서 했던 일은 청소와 빨래가 아니었다. 그런 일을 (어쨌든 어느 정도) 하기 위해 누군가를 고용할 수 있다. 그녀의 진정한 비밀은 그녀가 스스로를 자신의 집과 동일시했다는 것이었다. 물론 이것이 항상 잘되었던 것은 아니었다. 통제적인 여성은 그녀의 집을 숨이 막히게 만들 수 있었다. 완벽주의자의 집은 냉랭하고 으스스할 수도 있다. 하지만 일이 잘 되었을 때 무슨 일이 벌어졌는지 생각하는 것이 이해하는 데 더 도움이 된다. 그러면 부드러운 소파 쿠션, 깨끗한 리넨 제품, 그리고 훌륭한 식사에 그녀의 애정이 있었다. 잘 정리된 창고 캐비닛과 식료품 저장실에 그녀의 기억이 있었다. 집안의 질서와 건강함에 그녀의 지능이 있었다. 그녀는 자신의 몸을 통해서뿐만 아니라 자기 몸의 확장으로서의 집을 통해 자신의 삶을 살았다. 그녀가 사랑하는 사람들과의 관계의 일부가 그녀가 만든 집이라는 물리적 매개체로 구현되었다.

상세 해설

04 ③ 형식상의 주어 it과 내용상의 주어 to think about ~이 쓰였는데, 문맥상 to think about ~이 동사 illuminate의 주체로 해석(생각하는 것이 이해하는 데 도움을 준다는 의미)되므로 과거분사 illuminated는 쓸 수 없고 현재분사 illuminating으로 바꿔 써야 한다.

① 수어인 Someone이 동사의 주체가 아닌 대상으로 해석되므로 수동태 형태인 be hired는 적절하다.
② identified의 주어와 목적어가 동일한 사람을 표현하고 있으므로 재귀대명사 herself는 적절하다.
④ 수식을 받는 storeroom cabinets가 well-stock의 대상으로 해석되므로 과거분사 well-stocked는 적절하다.
⑤ part of her relationship이 주어이므로 단수 동사 was는 적절하다.

05 부분 부정을 표현하는 not always를 사용하여 did not always turn out well로 쓴다.

구문 분석

1행 Unfortunately, [**what** a traditional woman did to make her home warm and alive] was not dusting and laundry.

▶ [ ]는 동사 was의 주어로 쓰인 명사절인데 what은 선행사를 포함한 관계사로 '~ 것'의 의미이다.

14행 She lived her life **not only through** her own body **but through** the house as an extension of her body; part of her relationship to those she loved was embodied in the physical medium of the home she made.

▶ 〈not only A but (also) B〉 구문이 쓰였는데, A와 B의 자리에 각각 전치사구 through 이하가 병렬 구조로 연결되었다.

어휘 및 어구

- to some extent 어느 정도
- controlling 통제하는, 지배하는
- chilly 냉랭한, 추운
- illuminate (이해하기 쉽게) 분명히 하다
- linen (침대 시트, 식탁보, 베갯잇 등의) 리넨 제품
- storeroom 창고, 저장소
- identify 동일시하다, 확인하다
- perfectionist 완벽주의자
- forbidding 으스스한, 험악한
- pantry 식료품 저장소, 팬트리

- extension 확장, 팽창　　　　　　　　　• embody 구현하다, 상징하다

06 정답 ④

한줄 해설
④ means의 목적절을 이끄는 접속사가 이어져야 한다.

해석
최근 수십 년간의 컴퓨터의 전파는 15세기의 가동 활자(낱낱으로 독립된 활자)의 발명이나 심지어는 글자의 발명 이후로 지식체계에 있어 가장 중요한 단 하나의 변화라고 불리고 있다. 이 엄청난 변화에 필적하여, 진보하는 지식과 그것의 선구자인 데이터와 정보를 위한 새로운 네트워크와 매체의 똑같이 놀라운 전파가 똑같이 도래했다. 그 외에 아무것도 변화하지 않았다면, 이런 두 가지의 발전은 그 자체만으로 '지식 혁명'이라는 말을 보장할 것이다. 그렇지만 우리가 알다시피 다른, 관련된 변화들이 전체 지식체계, 즉 하이테크 세계의 '정보권'을 변형하고 있다. 오늘날 일어나는 변화의 놀라운 속도는 주어진 '사실'이 더 빠르게 쓸모가 없어지게 된다는 것을 의미한다. 그것들에 근거하여 성립된 지식의 내구성도 적어진다. 이런 '일시적인 것으로 만드는 요인'을 극복하기 위해, 새로운 지식과 조직적인 도구들이 과학적 연구와 발전을 가속하기 위해 현재 고안되고 있다. 다른 것들은 학습의 속도를 더 높이기 위한 것들이다. 지식의 신진대사는 더욱 빨라지고 있다.

상세 해설
④ means의 목적어를 이루는 명사절을 이끌 수 있어야 한다. 또한 given "facts" become obsolete faster는 완전한 문장이므로 관계사가 올 수 없다. 따라서 접속사인 that이 오는 것이 적절하다.

① 주어가 '불리고 있는' 것이므로 현재완료 수동태인 has been called의 형태로 쓰는 것은 적절하다.
② 의미상의 주어와 능동의 관계이므로 현재분사인 Paralleling으로 쓰는 것은 적절하다.
③ If nothing else had changed ~라는 가정법 과거완료의 if절에서 if가 생략되어 조동사 had가 주어인 nothing else 앞으로 도치되었으므로 적절하다.
⑤ 동사 are와 연결되며 '다른 것들'의 의미를 가진 부정대명사 Others를 쓰는 것은 적절하다.

구문 분석
15행 To overcome this "transience factor," new technological and organizational tools **are** currently **being designed** to accelerate scientific research and development.

▶ 〈be being p.p.〉는 현재진행형 수동태이다. 여기서는 새로운 지식과 조직적인 도구들이 현재 고안되고 있는 중임을 표현하기 위해 현재진행 수동태가 사용되었다.

어휘 및 어구
- decade 10년
- movable type 가동 활자(낱낱으로 독립된 활자)
- parallel 필적하다, 평행을 이루다　　• astonishing 놀라운
- precursor 선도자(격인 사람·사물)　　• transform 변형하다
- obsolete 더 이상 쓸모가 없는, 구식의　　• durable 내구성이 있는, 오래 가는
- transience factor 일시적인 것으로 만드는 요인
- metabolism 신진대사

07 정답 ④

한줄 해설
(A) 문장의 술어 동사가 필요하다.
(B) Their status를 설명해 주는 말이 필요하다.

(C) 뒤에 완전한 문장이 이어지고 있다.

해석
주거 위치는 가치의 위계를 보여 준다. 집에서 작업을 하는 장소가 눈에 띄지 않는 지하실에 있듯이, 도시에서 산업 및 상업 기반 시설은 물가를 끌어안고 있고, 개인 주택은 위신 있게 높게 올라가 있다. 부유하고 권력 있는 사람들은 특권을 덜 가진 사람들보다 더 많은 부동산을 소유하고 있을 뿐만 아니라, 그들은 더 많은 시각적 공간도 장악하고 있다. 그들의 지위는 자신들의 주거지의 우월한 위치에 의해 외부인들에게 분명해지고 부자들은 자신들의 주거지에서 창밖을 내다보며 자기 발 아래 세상을 볼 때마다 삶에서 자신의 지위에 대해 안심한다. 하지만 예외가 있다. 잘 알려진 곳은 리우데자네이루인데, 거기에서는 고급 고층 건물이 해변의 편리함과 매력을 추구하는 반면에, 가난한 사람들의 임시 가옥은 언덕의 가파른 경사지에 들러붙어 있다.

상세 해설
(A) 현재분사 / 동사
so로 시작하는 주절에는 주어 the industrial and commercial base에 연결되는 동사가 필요하므로 hugs가 적절하다.
(B) 형용사 / 부사
They make their status evident ~.의 능동태 문장이 수동태로 전환된 형태이므로, their status를 설명해 주는 형용사인 evident가 적절하다.
(C) 관계부사 / 관계대명사
뒤에 완전한 문장이 이어지고 있고, 의미상 장소를 대신할 부사가 필요하므로 관계부사 where가 적절하다. where는 and there 정도로 풀어서 이해할 수 있다.

구문 분석
5행 **The rich and powerful not only** own more real estate than **the less privileged**, they **also** command more visual space.

▶ 〈the+형용사〉는 복수 보통명사로 The rich and powerful은 '부유하고 권력 있는 사람들'로 해석하고, the less privileged는 '특권을 덜 가진 사람들'로 해석한다.
▶ not only A (but) also B : A뿐만 아니라 B도

9행 ~; and from their residence the rich are reassured of their position in life [**each time** they look out the window and see the world at their feet].

▶ [ ]에서 each time은 접속사의 위치에 있지만, 사실 each time 다음에 when이 생략된 것으로 이해하여 '그들이 창밖을 내다보며 자기 발아래 세상을 볼 때마다' 정도로 해석한다.

어휘 및 어구
- residential 주거의　　　　　　　• location 위치
- hierarchy 위계　　　　　　　　• conceal 감추다
- basement 지하실　　　　　　　• industrial 산업의
- commercial 상업의　　　　　　• base 기반 (시설)
- prestige 위신　　　　　　　　• elevation 높이
- real estate 부동산　　　　　　• privileged 특권을 가진
- command 장악하다　　　　　　• status 지위, 신분
- evident 분명한　　　　　　　　• superior 우월한
- residence 주거지　　　　　　　• reassure 안심시키다
- hut 임시 가옥　　　　　　　　• cling to ~에 매달리다
- steep 가파른

08 정답 ⑤

한줄 해설
⑤ 〈the + 형용사〉 주어에 따른 동사의 수를 일치시킨다.

사람들이 진짜 역경, 즉 질병, 실직, 혹은 연령으로 인한 장애에 직면할 때, 애완동물로부터의 애정은 새로운 의미를 띤다. 애완동물의 지속적인 애정은 고난을 견디고 있는 사람들에게 그들의 핵심적인 본질이 손상되지 않았다고 안심시켜 주기 때문에 매우 중요해진다. 그러므로 애완동물은 우울증이 있거나 만성적인 질병이 있는 환자들의 치료에 중요하다. 게다가, 애완동물은 시설에 수용된 노인들에게 매우 유익하게 활용된다. 그런 시설에서 직원들은 모든 환자들이 건강이 쇠퇴하고 있을 때 낙관주의를 유지하기가 힘들다. 방문하는 자녀들은 부모님이나 조부모님이 예전에 어떠했는지를 기억하고 그들의 무능함에 의기소침해할 수밖에 없다. 그러나 동물들은 정신적인 능력에 대한 기대를 하지 않는다. 그들은 젊음을 숭배하지 않는다. 그들은 노인들이 예전에 어떠했는지에 대한 기억이 전혀 없어서 그들이(노인들이) 마치 어린이들인 것처럼 그들을 반긴다. 강아지를 안고 있는 노인은 완전히 정확하게 어린 시절을 다시 체험할 수 있다. 그의 기쁨과 그 동물의 반응은 동일하다.

상세 해설

⑤ 주어인 the aged가 〈the + 형용사〉의 형태로 복수의 의미를 나타내므로 동사 was가 아니라 were가 와야 적절하다.

① '사람들'의 의미를 나타내는 대명사 those로 어법상 적절하다.
② depressed는 뒤에 나오는 patients를 수식하는 형용사로 어법상 적절하다. patients가 depress의 동작 주체가 아니라 그 동작을 받는 대상이므로 과거분사가 쓰였다.
③ pets가 use의 주체가 아니라 그 동작을 받는 대상이므로 수동태를 이루는 과거분사 used는 어법상 적절하다.
④ what은 remember의 목적어 역할을 하는 명사절을 이끌고 있는데, 그 절 안에서 were의 보어 역할을 하고 있으므로 적절하게 사용되었다.

지문 구성

도입(요지)	사람들이 역경에 처하면 애완동물의 애정이 중요해진다.
전 개	사람들의 본질이 손상되지 않았음을 알려준다.
발 전	시설에 수용된 노인에게 특히 도움이 된다.
부 연	노인에 대한 강아지의 애정은 변화가 없다.

구문 분석

3행 A pet's continuing affection becomes crucially important for those enduring hardship because **it** reassures **them** [that their core essence has not been damaged].

▶ it은 A pet's continuing affection을 대신하는 대명사이며, them은 enduring hardship의 수식을 받는 those를 대신한다.
▶ [ ]는 reassures의 목적어인 명사절이다.

9행 In such institutions **it** is difficult for the staff [to retain optimism when all the patients are declining in health].

▶ it은 형식상의 주어이고, [ ]는 내용상의 주어이다.

16행 They have no memories about what the aged once were and greet them [as if they were children].

▶ [ ]는 '마치 ~인 것처럼'의 의미를 나타내는 부사절이다.

어휘 및 어구

· adversity 역경
· affection 애정
· to advantage 유익하게, 유리하게
· retain 유지하다
· worship 숭배하다
· accuracy 정확성
· disability 장애
· chronically 만성적으로
· institutionalize 시설에 수용하다
· optimism 낙관주의
· relive (특히 상상 속에서) 다시 체험하다

[09~10]

09 정답 ⑤

10 정답 냉혈인 양서류와 파충류의 겨울 휴면

한줄 해설

09 ⑤ 앞에 술어 동사인 enter가 있으므로 '~하기 위해'의 의미를 나타내는 to부정사구가 되어야 한다.

10 brumation이라는 새 용어를 다음 문장에서 어떻게 설명하고 있는지 찾는다.

해석

전통적으로, 동면은 겨울의 무활동을 의미했고, 그것은 따라서 얼음 밑의 진흙에 자신을 묻는 개구리와 땅 위에서 얼어서 굳어진 일부 곤충과 다른 개구리들, 높은 체온을 유지하면서 굴 속에 누워 있는 곰들, 겨울 대부분을 낮은 체온을 유지하면서 보내지만 주기적으로 하루나 그 이상 활동하기 위해 몸을 따뜻하게 하는 땅다람쥐와 박쥐에게 동일하게 적용된다. 처음에는 동면의 구조를 체온과 결부시켜 엄격히 정의 내려 포유류만 동면을 하는 것을 암시했다. 그렇지만, 높은 체온을 조절하지 않는 다른 동물들도 적응적인 겨울의 무활동에 들어가기 때문에 새로운 용어가 만들어져야 했다. 그 해답은 여전히 네 번째 용어인 brumation(휴면)을 만드는 것이었다. 1970년대에 만들어진 이 용어는 짐작건대 냉혈인 양서류와 파충류의 겨울 휴면을 가리킨다. 그러나 나중에 에너지를 절약하기 위해 일부 포유류와 일부 새들이 계절적으로뿐만 아니라 여름에도 매일 휴면 상태에 들어간다는 것이 널리 알려졌다.

상세 해설

09 ⑤ enter가 이미 동사로 사용되었으므로 또 다른 동사를 사용할 수 없다. 따라서 부사의 역할을 하며 '~하기 위해'의 의미를 나타내는 to conserve를 써야 한다.

① 시간의 부사절에서는 〈(주절의 주어와 같은) 주어 + be동사〉가 생략될 수 있는데, 여기에서도 앞에 they are가 생략되고 바로 부사구가 나온 형태로 볼 수 있어서 적절하다.
② 문장의 주어는 the strict definition이고 이에 대한 과거동사 implied는 적절하다.
③ 용어가 '만들어지는' 것은 수동의 의미이므로 had to 다음에 be invented의 형태로 쓴 것은 적절하다.
④ 형용사 cold-blooded를 수식하는 부사 presumably를 쓰는 것은 적절하다.

10 일반적으로 동면은 포유류에만 해당하는 용어였지만, 다른 류의 동물들도 겨울에 무활동을 하므로 새 용어가 필요했고, 이를 brumation이라 정하였다. 그 용어에 대한 설명은 this term refers to 이후에 나오고 있으므로 winter torpor of presumably cold-blooded amphibians and reptiles를 해석한, '(짐작건대) 냉혈인 양서류와 파충류의 겨울 휴면'이 적절하다.

구문 분석

16행 **Coined** in the 1970s, **this term** refers to winter torpor of presumably cold-blooded amphibians and reptiles.

▶ 분사구문에서 주어가 따로 제시되어 있지 않으면 대체로 주절의 주어와 같다. 여기에서도 Coined ~의 의미상 주어는 주절의 주어인 this term이다. this term과 Coin의 관계는 수동이므로 Coined라는 과거분사가 쓰였다.

18행 Later still **it** became widely known [that some mammals and some birds routinely enter torpor to conserve energy, **not just** seasonally **but also** on a daily basis in summer].

▶ it은 형식상의 주어이고 [ ]가 내용상의 주어이다. [ ] 안에는 〈not just[only] A but also B〉 구문을 사용하여 'A뿐만 아니라 B도'의 의미를 나타낸다.

어휘 및 어구

· traditionally 전통적으로
· hibernation 동면

- den 굴
- imply 암시하다
- presumably 짐작건대, 아마
- reptile 파충류
- ground squirrel 땅다람쥐
- adaptive 적응할 수 있는, 조정의
- amphibian 양서류

- barren 척박한
- degraded 퇴화된
- outweigh ~보다 더 크다
- regenerate 재생되다
- incentive 동기, 유인
- at a disadvantage 불리한 입장에 있는

11 정답 ④

한줄 해설

④ 배수 표현 방법은 〈배수+as+원급+as+비교 대상〉이다.

해석

인도네시아에서 현지 어부들은 섬을 둘러싸고 있는 방대한 산호초에서 물고기를 잡기 위해 그물이나 낚싯줄과 같은 전통적인 방법을 사용한다. 하지만 일부 어부들은 집에서 만든 폭발물을 사용하는 것이 전통적인 방법보다 더 쉽게 물고기를 잡을 수 있게 해준다는 것을 발견했다. 그물을 치고 당기는 노역을 하는 대신에, 이 사람들은 대규모의 물고기 떼를 발견하고 집에서 만든 폭발물을 물속에 던져, 죽거나, 마비되거나, 놀란 물고기를 건져 올린다. 폭발물을 사용하는 개인들은 전통 방식을 사용하는 사람들보다 더 많은 돈을 벌 수 있지만, 폭발물은 산호초를 완전히 파괴시키고 그것들은 척박해져 재생되지 않는다. 건강한 산호초는 퇴화된 산호초보다 10배 더 많은 물고기를 제공하지만, 흔히 폭발물을 사용하고자 하는 개별 동기가 산호초를 보호하는 것의 장기적 이익보다 더 큰데, (그것은) 폭발물을 사용하지 않는 사람들이 일정 부분 자신들이 경쟁에서 불리하다고 여기기 때문이다.

상세 해설

④ 배수 표현 방법은 〈배수+as+원급+as+비교 대상〉이나 〈배수+비교급+than+비교 대상〉의 표현을 사용한다. 따라서 than을 as로 바꾸어야 한다.

① 바로 앞의 관계사 that이 수식하는 선행사는 the vast coral reefs이다. 이 선행사가 관계절에서 surround의 주어 역할을 하므로 복수로 수를 일치시킨 것은 적절하다.
② catch를 수식하는 부사가 필요하므로 easily를 사용한 것은 적절하다.
③ 명사 Individuals를 수식하는 분사가 필요한데 Individuals가 use의 주체이므로 현재분사를 사용한 것은 적절하다.
⑤ 동사 find의 대상이 동시에 동사의 행위자이므로 재귀대명사를 사용한 것은 적절하다.

구문 분석

3행 But some fishermen have discovered [that {using homemade explosives} **enables** them **to catch** fish more easily than traditional methods].

▶ [   ]는 discovered의 목적어로 쓰인 that절이다.
▶ {   }는 that절에서 주어가 되는 동명사구이다.
▶ 〈enable+목적어+to부정사〉 구문은 '~가 …하는 것을 가능하게 하다'의 의미이므로 '그들이 전통적인 방법보다 더 쉽게 물고기를 잡는 것을 가능하게 한다' 정도로 직역한다.

14행 ~, yet the individual incentive to use explosives often **outweighs** the long-term benefits of protecting the reefs, in part because those who do not use explosives find themselves at a competitive disadvantage.

▶ outweigh는 '~보다 더 크다'라는 의미의 타동사로 than을 함께 사용하지 않는 것에 유의한다.

어휘 및 어구

- coral reef 산호초
- engage in ~에 참여[관여]하다
- school (물고기들의) 떼
- startled 깜짝 놀란
- explosive 폭발물
- toil 노역, 고역
- paralyzed 마비된
- devastate 완전히 파괴하다

12 정답 ④

한줄 해설

④ Each는 단수 취급한다.

해석

사고하는 것은 힘든 일이다. 여러분의 작업 메모리를 깨끗한 상태로 유지하지 않는다면, 여러분은 수업이나 회의에서 무슨 일이 진행되고 있는지에 대해 사고할 수 있는 능력을 약화시키고 있는 것이다. 이는 분명해 보일 수 있지만, 많은 회의에서 회의실을 둘러보면 여러분은 현대 삶의 진정한 악마들 중의 하나인 멀티태스킹을 정면으로 마주하게 될 것이다. 회의석상에 앉아 있으면, 여러분은 어떤 사람들이 현재 회의와 관련이 없는 일을 하고 있는 것을 보게 될 것이다. 다른 사람들은 자신의 이메일을 확인하고 있다. 또 다른 이들은 독서를 하고 있다. 이러한 각각의 활동은 모두 여러분의 작업 메모리를 차지한다. 자신에게 주의를 집중할 수 있는 기회를 주지 않는다면 여러분은 여러분이 받아들이고 있는 새로운 지식의 질을 극대화할 수 없다.

상세 해설

④ Each는 단수 취급하므로 동사는 이에 일치시켜 takes로 써야 한다.

① keep의 목적어가 your working memory이고 이 뒤에 목적 보어가 와야 하므로 형용사인 clear를 쓴 것은 적절하다.
② 주어와 목적어가 동일하므로, 목적어로 재귀대명사를 쓴 것은 적절하다.
③ you를 의미상 주어로 하는 분사구문이며 능동의 의미이므로 Sitting을 쓴 것은 적절하다.
⑤ you are 앞에는 목적격 관계대명사가 생략되어 있고, 선행사 the new knowledge는 전치사 in의 목적어가 되므로 taking in을 쓴 것은 적절하다.

구문 분석

1행 If you do not **keep** your working memory **clear**, then you are weakening your ability to think about [what is going on in your class or meeting].

▶ keep은 목적 보어로 형용사를 취한다.
▶ [   ]는 명사절로 about의 목적어이다.

어휘 및 어구

- working memory 작업 메모리, 작동 기억
- obvious 분명한
- unrelated 관련이 없는
- maximize 극대화하다
- weaken 약화시키다
- demon 악마
- current 현재의
- take in 받아들이다

13 정답 ④

한줄 해설

④ 보어 역할을 하는 것은 부사가 아니라 형용사이다.

해석

산에서 도보 여행을 하고 있던 한 지혜로운 여자가 시냇물 속에서 보석을 발견했다. 다음 날 그녀는 굶주려 있는 다른 도보 여행자를 만났고, 그 지혜로운 여자는 가방을 열어 자신의 음식을 나누어 주었다. 그 배고픈 도보 여행자가 그 보석을 보았고 여자에게 자기가 그것을 가질 수 있는지를 물었다. 그녀는 주저하지 않고 그것을 건네주었다. 그 남자는 자신의 행운을 기뻐하며 떠났다. 그는 그 보석이 자신에게 평생 동안 편안함과 안전을 제공할 정도로 충분히 가치가 있다

는 것을 알고 있었다. 하지만 며칠 후에 그는 그 지혜로운 여자에게 보석을 돌려주려고 돌아왔다. 그는 "생각해 보았는데요, 저는 그 보석이 정말 가치가 있다는 것을 알고 있지만, 당신이 제게 훨씬 더 귀중한 것을 줄 수 있다는 희망으로 그것을 돌려드립니다. 당신이 처음 그 보석을 제게 줄 수 있게 만든 당신 마음속에 있는 것을 제게 주세요."라고 말했다.

④ how는 형용사와 부사를 모두 수식할 수 있지만 이 경우에는 is의 보어 역할도 해야 하므로 형용사인 valuable로 써야 한다.

① 문장의 술어 동사로서 과거형 found가 적절히 사용되었다.
② asked의 직접목적어에 해당하는 명사절을 유도하는 접속사이다. asked는 의문의 정보를 필요로 하므로 that이 아닌 if를 사용한 것은 적절하다.
③ 〈형용사(worth) + enough + to부정사〉 구문으로 '~하기에 충분히 …한'의 의미를 나타낸다.
⑤ what you have within you를 선행사로 취하며 이어지는 절에서 주어 역할을 하는 관계대명사로 that을 사용한 것은 적절하다.

구문 분석

11행 I know [how valuable the stone is], but I give it back in the hope [that you can give me something **even** more precious].

▶ 첫 번째 [ ]는 감탄문이며, know의 목적어 역할을 하고 있다.
▶ 두 번째 [ ]는 the hope와 동격 관계이다.
▶ even은 비교급(more precious)을 강조하여 '훨씬'의 의미를 나타낸다.

13행 Give me [what you have within you] [that **enabled** you **to give** me the stone in the first place].

▶ 첫 번째 [ ]는 선행사를 포함한 관계절로 Give의 직접목적어 역할을 한다.
▶ 두 번째 [ ]로 표시된 that절에서 〈enable + 목적어 + to부정사〉 구문은 '~가 …하는 것을 가능하게 하다'의 의미이다.

어휘 및 어구

- precious stone 보석, 보석용 원석
- surrender 건네주다
- hesitation 주저함
- rejoice 기뻐하다
- comfort 편안함
- security 안전

14 정답 ⑤

한줄 해설

(A) 전치사의 목적어는 동명사형을 취한다.
(B) 선행사를 포함한 관계대명사가 필요하다.
(C) 주어는 land이므로 단수로 수를 일치시킨다.

해석

주요 투자가들이 지구 온난화의 해결책으로 바이오 연료 생산에 몰려드는 정부와 기업들에 대해 점점 커져가는 우려의 목소리를 내는 대열에 합류했다. 그들은 그 분야에 관련된 많은 사람들이 자신들이 지금 하고 있는 일의 장기적인 영향에 대해서 세심하게 고려하지 않고 있다고 말한다. 지난 몇 년간 화석연료에 대한 친환경적인 대안으로서 옥수수와 콩의 생산이 급격히 증가해 왔지만, 환경 운동가와 인권 운동가들은 이것이 열대우림의 파괴를 야기할 것이라고 걱정하고 있다. 지난주에 UN은 바이오 연료가 위험한 부작용을 낳을 수 있다고 경고하면서, 바이오 연료를 키우기 위해 변경된 땅이 환경에 위험을 끼치지 않도록 하는 조치가 취해져야 한다고 말했다.

상세 해설

(A) 동사 / 분사
governments and companies를 후치 수식해야 하므로 수식의 역할이 가능한 현재분사가 적절하다.
(B) 관계대명사의 쓰임
of의 목적어로 명사절이 와야 하는데 이어지는 절에서 doing의 목적어가 없으

므로 관계사가 필요하다. 앞에 선행사가 없으므로 선행사를 포함한 관계대명사 what이 적절하다.
(C) 주어와 동사의 수 일치
연결되는 주어는 land이므로 단수 주어에 일치시켜 does를 써야 한다.

구문 분석

7행 Production of corn and soybeans has increased dramatically in the last years **as** an eco-friendly alternative to fossil fuels but environmental and human rights campaigners are worried that **this** will lead to destruction of rain forests.

▶ as는 전치사로 '~로서'의 의미를 나타낸다.
▶ this는 but 앞의 문장 내용 전체를 가리킨다.

어휘 및 어구

- investor 투자가
- chorus 일제히 하는 발언, 합창
- sector 분야, 부문
- impact 영향
- dramatically 급격히, 극적으로
- alternative to ~의 대안
- destruction 파괴
- convert 변경하다, 전환하다

[15~16]

15 정답 ④

16 정답 it's also comforting for him to know

한줄 해설

15 (A) 문맥상 재귀대명사가 적절하다.
(B) 문맥상 〈whether A or B〉 구조를 이루고 있다.
(C) 〈전치사 + 관계대명사 + to부정사〉 구조이다.
16 〈형식상의 주어–내용상의 주어〉 구조이다.

해석

아이들이 아주 어릴 때, 여러분은 그들을 위험에서 보호하기 위해 먼저 안 된다고 말한다. 여러분이 그렇게 말하는 것은 여러분의 아이를 사랑하기 때문이고 아이에게 스스로를 보호하도록 가르쳐야 하기 때문이다. 안 된다고 말하는 것이 여러분 아이의 신체적 안전을 보장하도록 돕는 수단인 것처럼, 그것은 또한 그의 정서적 안정에도 기여한다. 여러분이 아이의 행동을 제한할 때, 5살짜리 아이에게 아기를 때리면 안 된다고 말하든 또는 십 대에게 자정이 지나 밖에 머물면 안 된다고 말하든, 여러분은 그에게 그의 행동이 외부와 단절된 상태에서 일어나는 것은 아님을 알려주고 있는 것이다. 그는 자신이 하는 일을 지켜보고 관심을 가지는 사람(여러분)과 연결되어 있다. 모든 아이들은 자라나고 성장할 안전한 공간을 필요로 한다. 더 높이 기어오르거나 위험을 무릅쓰고 더 멀리 가보거나 또는 자신이 원하는 것 그 이상을 요구함으로써, 그 공간의 한계를 시험해 보는 것은 아이의 본성인 반면, 그에게 있어 자신이 저 바깥에 홀로 있지 않음을 아는 것은 위로가 되기도 한다.

상세 해설

15 (A) 재귀대명사의 쓰임
protect의 주어와 목적어가 같은 대상을 가리키므로 재귀대명사인 himself를 쓰는 것이 적절하다.
(B) 관계사 / 접속사
양보의 의미를 나타내는 〈whether A or B(A이건 B이건)〉 구문이 사용되었으므로 whether를 쓰는 것이 적절하다.
(C) 관계대명사의 쓰임
〈전치사 + 관계대명사 + to부정사〉는 명사구의 뒤에서 수식할 수 있다. 원래는 a safe space 다음에 to grow and develop in the space였는데, in the space를 in which로 바꿔 a safe space 바로 뒤로 이동한 구조로 볼 수 있다. which만 쓸 경우 to grow and develop와 연결되는 부사구를

이룰 수 없게 되어 적절치 않다.

16 it's의 it은 형식상의 주어이고 for him은 to know의 의미상 주어이며 to know ~는 내용상 주어이다.

지문 구성

도입(소재)	어린 아이들에게 안 된다고 말하는 것
주 제	신체적 안전과 정서적 안정에 기여한다.
전 개	아이에게 자신을 지켜보는 사람이 있다는 것을 상기시킨다.
부 연	아이의 성장에 도움이 된다.

구문 분석

4행 [Just as saying no is **a tool** {to help ensure your child's physical safety}], **it** also contributes to his emotional security.

▶ [ ]는 부사절로 { }는 a tool을 수식하는 to부정사구이다.

▶ it은 문장 앞쪽의 saying no를 대신하여 사용되었다.

13행 [While it's a child's nature to test the limits of that space, **by climbing** higher, **venturing** farther, or **asking** for more of {what he wants}], it's also comforting for him to know he is not out there alone.

▶ [ ]는 대조를 나타내는 부사절이다.

▶ by에 동명사 climbing, venturing, asking이 연결되어 병렬 구조를 이루고 있다.

▶ of의 목적어인 명사절은 { }로 표시된 부분이다.

어휘 및 어구

- tool 도구
- physical 신체적
- emotional 정서적인
- in a vacuum 외부와 단절된 상태에서
- venture 위험을 무릅쓰고 하다
- ensure 보장하다
- contribute to ~에 기여하다
- security 안정
- develop 성장하다

---

01 어법

01 ③ **02** ① **03** ⑤ **04** ④ **05** On the (c)ontrary
06 ④ **07** ③ **08** ⑤ **09** ④ finding → found
10 (A) (i)nnate (B) (m)ismatch **11** ③ **12** ④ **13** ④
14 ② **15** (A) inborn (B) circumstances **16** ①
17 (r)otation

---

01 정답 ③

★고2 201709 23번 기출 적중 지문

한줄 해설

(A) 시제와 수, 태 정보를 담고 있는 동사가 필요하다.
(B) make는 5형식 동사로 목적어를 설명해 주는 말이 필요하다.
(C) 병렬 구조 문장을 이해한다.

해석

개인적인 역경을 경험한 적이 있는 많은 부모들은 자신의 자식들을 위해서는 더 나은 삶을 바란다. 당신의 아이들이 불쾌한 경험을 겪어야만 하는 상황을 피하게 해 주기를 원하는 것은 고귀한 목표이고, 그것은 자연스럽게 아이에 대한 사랑과 관심에서 나오는 것이다. 하지만, 이러한 부모들이 깨닫지 못하는 것은 단기적으로는 아이들의 삶을 더 유쾌하게 만들고 있을지는 모르겠지만, 장기적으로는 아이들이 자신감, 회복력, 의미에 대한 감각, 그리고 중요한 대인 관계 기술을 습득하는 것을 막을 수도 있다는 점이다. 건강한 발전을 위해, 성장하고 성숙해지기 위해, 아이는 실패를 다루고, 어려운 시기를 겪으면서 애쓰고, 고통스러운 감정을 경험할 필요가 있다. 모든 것을 가졌던 아이는 이러한 '사치'에 대해 대가를 치러야 한다는 점을 기억하라.

상세 해설

(A) 동명사/동사
To want to spare ~ experiences가 주어이므로 시제와 수, 태 정보를 담고 있는 동사가 필요하다. 따라서 is가 적절하다.

(B) 목적 보어의 형태
make는 목적어와 목적 보어가 있어야 하는 동사이다. the lives of their children이 목적어이고 목적 보어로는 형용사가 필요하므로 pleasant가 적절하다.

(C) 병렬 구조
앞에 나오는 두 개의 동사구 deal with some failure와 struggle through some difficult periods와 병렬 구조를 이루려면 같은 형태의 어구가 필요하므로, 동사원형인 experience가 적절하다.

구문 분석

1행 [**Many parents** {who have experienced personal hardship}] **desire** better lives for their children.

▶ [ ]가 문장의 주어이고, desire가 동사이다.

▶ Many parents가 { }로 표시된 관계절의 수식을 받고 있다.

5행 [What these parents don't realize], however, is [that {while in the shorter term they may be making the lives of their children more pleasant}, in the long term they may be preventing them from acquiring self-confidence, resilience, a sense of meaning, and important interpersonal skills].

▶ 첫 번째 [ ]가 문장의 주어로 '이러한 부모들이 깨닫지 못하는 것은' 정도로 해석한다.

▶ 두 번째 [ ]로 표시된 that절이 주어를 설명해 주는 명사절인데, 그 안에 { }로 표시된, 대조의 의미를 나타내는 while절이 포함되어 있다.

- spare A from -ing A가 ~을 피하도록 해 주다
- go through 경험하다
- noble 고귀한
- prevent A from -ing A가 ~하는 것을 막다[방해하다]
- self-confidence 자신감
- resilience 회복력, 탄력
- interpersonal 대인 관계의
- mature 성숙해지다
- struggle 애쓰다, 노력하다
- pay the price 대가를 치르다

02 정답 ①

한줄 해설

① 대동사의 형태를 확인한다.

해석

놀라운 것은 우리는 보통 소와 감자, 튤립과 개와 같은 종을 자연의 보다 놀라운 생명체라고 여기지 않는다는 것이다. 길들여진 종은 그들의 야생 사촌이 흔히 그러한 것처럼 우리의 존중을 받지는 못한다. 진화적으로는 상호 의존이 보상을 받을 수 있지만, 우리의 생각하는 자아는 계속 자립을 높이 평가한다. 개보다 늑대가 우리에게 왠지 더 인상적이다. 하지만 오늘날 미국에 5천만 마리의 개가 있고, 늑대는 겨우 1만 마리밖에 없다. 그렇다면 이 세상에서 살아가는 데 있어 개는 알지만 그것의 야생 조상은 알지 못하는 것이 무엇일까? 개가 알고 있는 대단한 것, 즉 개가 우리 옆에서 진화해 온 1만 년 동안 정통한 주제는 우리인데, 우리의 필요와 욕구, 우리의 감정과 가치관이며, 개는 이 모든 것을 고도로 정교한 생존 전략의 일부로 자신의 유전자 안에 (차곡차곡) 접어 넣어 왔다. 만약 여러분이 개의 유전체를 책처럼 읽을 수 있다면, 여러분은 우리가 누구이고 우리를 작동하게 하는 것이 무엇인지에 대해 많은 것을 배울 것이다.

상세 해설

① 문맥상 앞에 있는 command를 대신하는 대동사가 되어야 하므로 are를 do로 바꿔 써야 한다.

② 동사 is 다음에 주격 보어로 쓰인 형용사 impressive는 적절하다.
③ 관계대명사 that은 문장의 주어인 what을 선행사로 삼고 있다. what은 의문대명사로 관계대명사의 선행사가 될 수 있는데, what이 선행사인 경우 관계대명사는 that을 사용해야 하므로 that을 사용한 것은 어법상 적절하다.
④ 앞에 있는 our emotions and values를 선행사로 삼은 계속적 용법의 관계대명사 which는 적절하다.
⑤ 전치사 뒤에는 명사(구)가 나와야 하는데, like는 여기서 전치사로 쓰여 명사(구) a book이 뒤따라 나왔으므로 적절하다.

구문 분석

1행 The surprising thing is, [we don't ordinarily **regard** species like the cow and the potato, the tulip and the dog, **as** nature's more extraordinary creatures].
▶ [ ]는 보어로 쓰인 명사절로, we 앞에 접속사 that이 생략되어 있다.
▶ regard A as B : A를 B로 여기다

어휘 및 어구

- ordinarily 보통, 대개
- species 종(種: 생물 분류의 기초 단위)
- extraordinary 놀라운, 뛰어난
- creature 생명체, 생물
- domesticated 길들여진
- evolution 진화
- interdependence 상호 의존
- prize 높이 평가하다, 소중히 여기다
- self-reliance 자립, 자기 의존
- somehow 왠지
- impressive 인상적인
- ancestor 조상
- sophisticated 정교한

03 정답 ⑤

한줄 해설

(A) 문맥상 the volatility가 주어이므로 단수 동사가 적절하다.
(B) 뒤에 명사구가 이어졌으므로 전치사(구)가 적절하다.
(C) 앞에 있는 countries를 지칭해야 한다.

해석

경기 순환을 운영하도록 설계된 경제 정책의 개선에도 불구하고, 상품 가격, 무역 흐름, 정부 예산, 그리고 세계 경제의 많은 다른 중요한 지표들의 변동성이 계속 증가한다. 그 결과, 매초마다 뿜어져 나오는 일련의 숫자들에 사로잡혀 장기적인 것을 보지 못하기가 쉽다. 그것은 우리 미래에 문제이다. 개인의 부는 하루 만에 늘거나 줄어들 수 있지만, 국가의 부는 깊이 배어 있어서 발전하거나 필요한 경우 변화하는 데 수년이 걸리는 경제 요인들 때문에 늘거나 줄어든다. 분명, 특유한 사건이 그 나라들의 장기적 경제 여정의 한쪽 면과 다른 쪽 면으로 몰고 갈 수 있다. 하지만 수십 년의 과정을 거쳐, 그런 여정들은 사실상 매우 깊은 뿌리를 가진 경제적 요인들에 의해 결정되는 경향이 있다.

상세 해설

(A) 주어와 동사의 수 일치
the volatility가 주어이고 나머지는 of 이하로 연결된 수식어구이므로 단수 동사 continues를 써야 한다.
(B) because+절 / because of+구
관계절의 수식을 받은 명사구 deeply ingrained economic factors가 이어졌으므로 전치사구인 because of를 써야 한다.
(C) 대명사의 단수형 / 복수형
앞에 있는 countries를 가리키는 대명사가 와야 하므로 their를 써야 한다.

구문 분석

1행 Despite the refinement of **economic policies** [designed to manage the business cycle], **the volatility** of [commodity prices, trade flows, government budgets, and many other important indicators of the global economy] continues to increase.
▶ 첫 번째 [ ]는 economic policies를 수식하는 분사구로 economic policies가 분사의 대상으로 해석되어 '~하도록 설계된 경제 정책'으로 해석한다.
▶ 두 번째 [ ]는 전치사 of를 공통으로 네 개의 명사구가 병렬 구조로 연결되어 the volatility를 수식하고 있다.

5행 As a result, **it** is easy [**to get** caught up in the stream of numbers that spew out every second] and [**to lose** sight of the long term].
▶ it은 형식상의 주어이고, 두 개의 [ ]로 표시된 to부정사구가 내용상의 주어이다.

어휘 및 어구

- refinement 개선, 개량
- commodity 상품, 물품
- indicator 지표
- spew out 뿜어져 나오다, 분출되다
- fortune 부, 재산, 행운
- ingrain (습관·생각 등을) 배어들게 하다
- determine 결정하다, 결심하다
- factor 요인

[04~05]

04 정답 ④

05 정답 On the (c)ontrary

한줄 해설

04 ④ 목적어의 형태를 확인한다.
05 앞에 언급된 말과 반대되는 개념을 도입하는 연결어구를 생각해 본다.

해석

먹는 즐거움은 그저 미식가의 즐거움이 아니라, 광범위한 즐거움이어야 한다. 자신들의 채소가 자란 텃밭을 알고 있고 그 텃밭이 건강하다는 것을 아는 사람은 자라고 있는 식물의 아름다움을 기억할 것이다. 그런 기억은 그 자체로 음식을 포함하며 먹는 즐거움 중의 하나이다. 텃밭의 건강함을 아는 것은 먹는 사람을 안심시키고 자유롭게 하며 편안하게 한다. 고기를 먹는 것도 마찬가지다. 훌륭한 초원과 만족스럽게 풀을 뜯는 송아지에 대한 생각은 스테이크에 풍미를 더해 준다. 어떤 사람들은 살아오는 동안 내내 알아 온 동료인 생물체를 먹는다는 것을 잔인하거나 더 나쁜 일이라고 생각하리라는 것을 나는 안다. 이와 반대로, 나는 그것이 여러분이 이해심과 감사하는 마음으로 먹는다는 것을 의미한다고 생각한다. 먹는 즐거움의 상당한 부분은 음식의 출처가 되는 생명체와 세상에 대한 사람의 정확한 의식인 것이다.

상세 해설

04 ④ 뒤따르는 to부정사구 to eat ~ life가 내용상의 목적어에 해당하므로 this는 형식상의 목적어인 it으로 바꿔 써야 한다.

① 주어, 동사, 보어 등 필수 성분이 모두 갖춰진 완전한 절을 유도하는 접속사 that은 know의 목적어로 쓰인 명사절을 이끌고 있으므로 적절하다.
② 목적어 자리에 쓰인 재귀대명사 itself는 주어인 Such a memory를 가리키므로 적절하다.
③ thought가 주어이므로 단수 동사 flavors는 적절하다.
⑤ which 뒤로 주어와 자동사로 이루어진 완전한 절이 이어지고 있으므로, 〈전치사＋관계대명사〉 형태의 from which는 적절하다.

05 '이와 반대로'라는 뜻을 표현하는 연결어구는 on the contrary이다.

구문 분석

2행 **People** who [know **the garden** {in which their vegetables have grown}] and [know {that the garden is healthy}] **will remember** the beauty of the growing plants.

▶ People이 주어이고, will remember가 동사구이다.
▶ 두 개의 [ ]가 관계대명사 who에 공통으로 연결되었다.
▶ 첫 번째 { }는 the garden을 수식하는 관계절이고, 두 번째 { }는 know의 목적어로 쓰인 명사절이다.

9행 **The thought** [of the good pasture] and [of the calf contentedly grazing] flavors the steak.

▶ 두 개의 [ ]는 The thought에 연결되어 병렬 구조를 이루는 전치사구이다.

어휘 및 어구

- extensive 광범위한
- vegetable 채소
- comfort 편안하게 하다
- calf 송아지
- graze 풀을 뜯다
- gratitude 감사, 고마움
- consciousness 의식, 자각
- garden 텃밭, 정원
- relieve 안심시키다
- pasture 초원, 목장
- contentedly 만족스럽게
- bloodthirsty 잔인한
- accurate 정확한

06 정답 ④

한줄 해설

(A) his singular obsession을 수식하는 to부정사구가 적절하다.
(B) 능동의 의미를 나타내는 분사구문이 적절하다.
(C) 문맥상 선행사를 수식하는 관계대명사가 적절하다.

해석

Herman Melville의 걸작인 〈Moby-Dick〉은 포경선을 침몰시키는 것으로 악명 높은 흰 고래를 찾아다니는 포경선 Pequod 호의 서사적 이야기이다. 그 배의 선장인 Ahab은 이전 항해에서 그의 다리를 빼앗아간 모비딕을 죽이겠다는 유일한 집착을 추구하는 반면, 책의 서술자인 Ishmael은 그의 편집광적인 선장, 동료 선원, 고래잡이와 고래학(고래에 관한 학문)에 관한 날카로운 논평을 제시한다. Melville은 남태평양으로 포경 항해를 하는 Acushnet 호를 타고 항해하며 18개월을 보낸 적이 있었기 때문에 포경선의 생활을 그렇게 풍부하게 자세히 쓸 수 있었는데, 거기(남태평양)에서 그는 배를 무단으로 떠나 식인종이라고 알려진 사람들과 시간을 보내고, 실패한 반란에 참가하고, 타히티 감옥에서 도망쳤다. Melville은 살아생전에 미국과 영국의 평론가들뿐만 아니라 주로 자국의 국민들로부터 모질게 비판 받았다. 그들은 그가 처음에 쓴 두 권의 책이자 대중이 원하던 단순한 모험담인 'Typee'와 'Omoo'만을 좋아했다.

상세 해설

(A) 현재분사/to부정사
his singular obsession을 수식하며 '~할'의 의미이므로 to destroy를 쓰는 것이 적절하다. destroying은 의미상 주어가 his singular obsession이 되어서 적절치 않다.

(B) 현재분사/과거분사
participating ~과 연결되는 분사구문이며 능동의 의미이므로 현재분사인 escaping을 쓰는 것이 적절하다.

(C) 관계대명사/관계부사
the straightforward adventure stories를 선행사로 하며 관계절에서 wanted의 목적어 역할을 하므로 관계대명사 that을 쓰는 것이 적절하다.

구문 분석

3행 The ship's captain, Ahab, pursues his singular obsession to destroy Moby-Dick, [who took his leg on a previous voyage], **while** the book's narrator, Ishmael, provides keen observations of his monomaniacal captain, his crewmates, whaling, and cetology (the study of whales).

▶ [ ]는 계속적 용법의 관계절로 Moby-Dick에 대한 추가적인 설명을 제공한다.
▶ 대조를 나타내는 접속사인 while을 사용하여 '~하는 반면'의 의미를 표현했다.

9행 Melville could write of life on a whaling boat with such rich detail because he **had spent** eighteen months aboard the *Acushnet* on a whaling voyage to the South Seas, where he jumped ship and spent time with alleged cannibals, [**participating** in a failed mutiny, **escaping** a Tahitian jail].

▶ 과거의 어느 시점보다 더 이전에 일어난 사실을 명시할 때는 과거완료를 사용하는데, 여기에서도 had spent를 사용하여 could write보다 이전의 일을 나타낸다.
▶ [ ]는 분사구문으로 participating ~과 escaping ~이 and 없이 연이어 쓰였다.

어휘 및 어구

- masterpiece 걸작
- whaling 고래잡이, 포경업
- singular 유일한
- previous 이전의
- observation (자신의 관찰에 따른) 논평[의견]
- monomaniacal 편집광적인
- cetology 고래학
- jump ship (선원이 무단으로) 배를 떠나다, (속해 있던 조직을 갑자기) 떠나버리다[이탈하다]
- alleged (증거 없이) 주장된
- both sides of the pond 미국과 영국(pond는 바다, 즉 대서양을 비유적으로 말하는 것인데 그 대서양의 양편, 즉, '미국과 영국'을 일컫는 말)
- straightforward 복잡하지 않은, 간단한, 쉬운
- epic 서사적인
- notorious 악명 높은
- obsession 집착
- keen 날카로운
- crewmate 동료 선원
- cannibal 식인종

07 정답 ③

한줄 해설

(A) destroys 이하의 동사구와 병렬 구조를 이룬다.
(B) the nets를 수식하는 분사구이다.
(C) 사역동사인 make의 목적 보어이다.

해석

양식 어업은 새롭고 빠르게 성장하는데, 바다에는 심각한 문제이다. 그것은 해안의 맹그로브 숲과 물 생태계, 그리고 야생 물고기 개체수를 파괴하고, 수많은 바다 포유류와 물새의 죽음을 초래한다. 양식되는 물고기군은 막대한 양의 오염을 일으킨다. 물고기 배설물에서뿐만 아니라, 물고기 양식업에서 사용되는 화학 물질에서 그 오염이 비롯된다. 해초의 성장을 막기 위해 제초제로 물을 처리한다. 물고기 양식장을 둘러싸기 위해 사용되는 그물조차도 환경에 피해를 입히고 있는데, 왜냐하면 그물에 달라붙는 따개비와 홍합과 같은 바다 생명체의 성장을 막기 위해 종종 그물을 독성이 있는 화학물질로 처리하기 때문이다. 양식 연어에게 주어지는 먹이에는 염색제가 포함되어 있는데, 연어의 살이 야생 연어가 자연 먹이인 크릴 새우를 먹어서 얻는 색깔을 띄게 만들기 위함이다.

상세 해설

(A) 주어와 동사의 수 일치
destroys ~ fish populations와 and로 연결되어 주어인 It에 이어져야 하므로 단수 동사인 results가 적절하다.
(B) 과거분사/현재분사
주어인 the nets를 수식하는 분사구를 이끄는 분사가 필요하다. 수식을 받는 the nets가 use의 대상이므로 과거분사인 used를 사용하는 것이 적절하다.
(C) 목적 보어의 형태
make가 사역동사이고 the flesh of the salmon이 목적어인데 the flesh of the salmon이 take on의 행위자이므로 목적 보어로 동사원형을 사용하는 것이 적절하다.

구문 분석

9행 Even [the nets used to surround the fish farms] are damaging to the environment [as the nets are often treated with toxic chemicals {to prevent the growth of sea organisms, such as barnacles and mussels}, which encrust the nets].

▶ 첫 번째 [　]는 문장의 주어이다.
▶ 두 번째 [　]로 표시된 as절은 이유를 나타내는 종속절이다.
▶ {　}로 표시된 to부정사구는 목적의 의미를 나타낸다.
▶ 마지막에 which ~ nets는 관계절인데, sea organisms, such as barnacles and mussels에 대해 추가적인 정보를 제공한다.

13행 The pellets fed to farmed salmon contain dyes to make the flesh of the salmon take on **the color** [that wild salmon get from eating their natural food, krill].

▶ The pellets ~ farmed salmon이 주어, contain이 동사, to make ~는 목적의 의미를 나타낸다.
▶ [　] 부분은 the color를 수식하는 관계절이다.

어휘 및 어구

- farmed fishing 양식 어업
- population 개체(수)
- mammal 포유동물
- colony 집단, 군집
- chemical 화학물질
- toxic 독성이 있는
- barnacle 따개비
- encrust 달라붙어 외피를 형성하다
- dye 염색제
- take on ~을 띠다
- mangrove 맹그로브, 홍수림
- result in ~의 결과를 초래하다
- waterfowl 물새
- enormous 막대한, 거대한
- herbicide 제초제
- organism 생명체, 유기체
- mussel 홍합
- pellet 알갱이 모양의 모이
- flesh 살, 육체

08 정답 ⑤

한줄 해설

⑤ 주어와 동사가 도치된 것이므로, 주어를 확인하여 동사의 수를 일치시킨다.

해석

aye-aye의 이상하게 생긴 외모 때문에, 그것을 보는 것은 많은 미신에 사로잡힌 마다가스카르 주민들에게는 매우 불운한 것으로 여겨지고 있다. 그들은 '사악한' 일이 발생하는 것을 막기를 바라며, 보자마자 aye-aye들을 죽인다. 사물이 사람들에게 훨씬 더 무섭게 보일 수 있는 밤에만 aye-aye가 활동한다는 사실로 aye-aye에 대한 나쁜 평판은 사라지지 않고 있다. 하지만, 이 몸무게가 5파운드 나가는 동물에 관한 진실은 그것이 해롭지 않다는 것이다. 야생에서, aye-aye들은 대체로 숲 속에서 산다. 커다란 눈은 그것들이 먹이를 찾는 것을 도와주는 기능을 할 뿐이다. 게다가, aye-aye가 가장 좋아하는 먹이는 벌레의 유충이다. 오히려, aye-aye들은 멸종 위험에 처해 있는데, 마다가스카르에서의 농업과 벌목에 의해 서식지가 사라지고 있기 때문이다. aye-aye들이 불운을 가져온다는 오래된 믿음 때문에 그것들을 죽이는 사람들이 그 위험에 추가된다.

상세 해설

⑤ 이 문장의 주어는 the people who ~ bad luck이다. is가 동사이고 분사구인 Added to that danger가 주격보어 역할을 한다. 즉, 〈보어 + 동사 + 주어〉의 순서로 도치된 문장이다. 따라서 주어의 수에 일치하도록 is를 are로 고쳐야 한다.

① 분사구문으로 분사의 의미상의 주어인 They가 hope의 행위자이므로 현재분사를 사용한 것은 적절하다.
② far는 비교급(scarier) 앞에 쓰여서 비교급의 의미를 강조한다.
③ 주어인 the truth about this five pound animal을 설명해 주는 보어가 필요한데, 접속사 that이 보어 역할을 하는 명사절을 이끌고 있다.
④ loss of habit을 선행사로 하고 뒤의 관계절에서 주어 역할을 하며, 계속적 용법으로 쓰일 수 있는 관계대명사는 which이다.

구문 분석

1행 [Because of the aye-aye's odd-looking appearance], seeing one is considered **very bad luck** to many superstitious residents of Madagascar.

▶ [　]는 이유를 나타내는 부사구이다. 뒤에 완전한 절이 아닌 구가 왔으므로 접속사 Because 대신 Because of를 사용했다.
▶ 동명사구 seeing one이 문장의 주어이고, 동사는 is considered이며, very bad luck은 능동태 문장에서 목적어였던 seeing one을 설명해 주는 말이다.

5행 The aye-aye's bad reputation isn't helped by **the fact** [that it's active only **at night**, {when things can seem far scarier to people}].

▶ [　]로 표시된 that절은 the fact와 동격 관계에 있는 동격절이다.
▶ [　]는 관계부사절로 선행사인 at night에 대해 추가적인 설명을 제공한다.

어휘 및 어구

- aye-aye 아이아이, 다람쥐 원숭이
- appearance 외모
- resident 주민
- prevent A from -ing A가 ~하는 것을 막다
- reputation 평판, 명성
- in addition 게다가
- due to ~ 때문에
- logging 벌목
- odd-looking 이상하게 보이는
- superstitious 미신의
- on sight 보자마자
- scary 무서운
- endangered 위험에 처한
- habitat 서식지
- lingering 오래 끄는

09 정답 ④ finding → found

10 정답 (A) (i)nnate (B) (m)ismatch

한줄 해설

09 ④ 주어인 they(biological clues)가 동사의 주체가 아닌 대상임에 유의한다.

10 동물의 생물학적인 특징과 그것들의 선천적 행동이 인과 관계가 있는 것처럼 보이지만 꼭 그렇지는 않다는 내용이다.

해석

한 동물이 어떤 종류의 행동을 하도록 선천적으로 타고났다면, 생물학적인 단서가 있을 가능성이 있다. 물고기가 지느러미와 강력한 꼬리를 가지고 있는 유선형이고 매끄러운 몸을 가지고 있는 것은 우연이 아니다. 그것들의 몸은 물속에서 빠르게 움직이는 데 구조적으로 알맞다. 마찬가지로, 여러분이 죽은 새나 모기를 발견한다면, 그것의 날개를 보고 비행이 그것의 보편적인 이동 방식이라는 것을 추측할 수 있을 것이다. 하지만, 우리는 지나치게 낙관적이어서는 안 된다. 생물학적인 단서는 필수적인 것이 아니다. 그것들이 발견되는 정도는 동물마다 다르고 행동마다 다르다. 예를 들어, 새들이 둥지를 만드는 것을 그것들의 몸에서 추측하는 것은 불가능하고, 유령거미가 엄청나게 긴 다리를 가지고 있지만 매우 짧은 가닥으로 거미줄을 짓는 것처럼, 때때로 동물들은 그것들의 신체적 형태에서 예상될 수 있는 것과는 정반대의 방식으로 행동한다. 관찰자인 인간에게는 그것들이 거미줄 둘레를 빙빙 돌며 움직일 때 그것들의 다리는 엄청난 방해물처럼 보인다.

상세 해설

09 ④ 주어인 they가 문맥상 biological clues를 가리키고 biological clues가 find를 행하는 주체가 아닌 대상이므로 현재분사 finding을 과거분사 found로 바꾸어 수동태로 표현해야 한다.

① 〈There + be동사 ~〉 구문에서 be동사의 수는 뒤따르는 주어에 일치시켜야 한다. 주어는 복수 명사인 clues이므로 복수동사 are는 어법상 적절하다.

② 형용사는 주격 보어 역할을 할 수 있으므로 are의 주격 보어로 형용사 smooth는 어법상 적절하다. streamlined와 smooth는 and로 연결되어 are의 주격 보어 역할을 한다.

③ its는 문맥상 앞에 있는 a dead bird or mosquito를 가리키므로 어법상 적절하다.

⑤ what이 이끄는 명사절은 전치사의 목적어 역할을 할 수 있으므로 선행사를 포함한 관계대명사 what이 쓰인 것은 적절하다.

10 물고기가 물속에서 빠르게 움직이기 위해 지느러미나 강력한 꼬리, 유선형의 매끄러운 몸을 가진 것처럼, 선천적인 행동은 생물학적인 단서를 통해 이해할 수 있다. 그러나 생물학적인 단서가 어떤 선천적 행동을 하는 것을 모두 이해하는 데 필수적인 것이 아니므로, 요약문에는 각각 '선천적'이라는 뜻의 innate와 '부조화'라는 뜻의 mismatch를 써야 한다.

→ 동물의 생물학적인 특징이 그 동물의 <u>선천적</u> 행동을 나타낸다고 하지만, 때때로 그들의 실제 행동과 신체적 형태가 <u>부조화</u>를 보이기 때문에 그런 일반화는 너무 성급하다.

구문 분석

3행 **It** is no accident [that fish have **bodies** {which are streamlined and smooth, with fins and a powerful tail}].

▶ It은 형식상의 주어이고 [ ]로 표시한 that절이 내용상의 주어이다.

▶ { }는 bodies를 수식하는 관계절이다.

10행 **The extent** [to which they are found] **varies** from animal to animal and from activity to activity.

▶ [ ]는 The extent를 수식하는 관계절이고, varies가 전체 문장의 술어 동사이다.

어휘 및 어구

- innately 선천적으로, 태어나면서부터
- streamlined 유선형의
- structurally 구조적으로
- mode 방식, 유형
- over-optimistic 지나치게 낙관적인
- weave (옷감·카펫 등을) 짜다, 엮다
- hindrance 방해(물)
- biological clue 생물학적인 단서
- fin 지느러미
- adapted 알맞은, 적당한
- transport 이동
- tremendously 엄청나게
- thread 가닥, 실

11 정답 ③

한줄 해설

③ surveys와 동격인 절을 이끄는 접속사가 와야 한다.

해석

작가로서, 나는 아시아계 배경을 가진 위대한 미국인 작가가 거의 없는 이유에 대해 질문을 자주 받고 있다. 또한, 많은 사람들은 왜 아시아계 미국인들이 창작 프로그램에 등록하는 것을 주저하는지나 왜 대학에서 전공으로 공학을 선택하는 중국계 미국인 학생들이 그토록 많은지에 대해 나에게 질문했다. 이런 것들은 대답하기 어려운 질문이다. 그렇지만 최근에 나는 아시아계 미국인 학생들은 언어 과목보다 수학 시험에서 훨씬 더 잘한다는 것을 조사에서 발견했다. 이것은 나에게 집에서 사용하는 그들의 영어가 '엉망'이거나 혹은 '제한적'이라고 설명될 수 있는 다른 아시아계 미국인들이 있다는 생각을 하게 했다. 혹은, 그들은 수학이나 과학을 전공으로 선택하도록 이끈 선생님들이 있을 것이다. 운 좋게도, 나는 사람들이 나에 대해 가지는 기대에 도전하는 것을 좋아하므로 작가가 되었다.

상세 해설

③ have found의 목적어로 명사절이 나와야 하는데, 뒤에 이어지는 절이 완전한 문장이므로 관계대명사 which로 시작되어서는 안 되고 접속사 that으로 시작되어야 한다.

① 복수명사인 great American writers와 연결되고 있으므로 few를 쓰는 것은 적절하다.

② makes는 사역동사이므로 목적 보어로 동사원형 hesitate로 쓰는 것이 적절하다.

④ other Asian American families를 수식하는 관계절이며, 관계절 안에서 관계사가 소유격이므로 whose를 쓰는 것은 적절하다.

⑤ lead의 목적 보어이므로 to부정사를 쓰는 것은 적절하다.

지문 구성

도 입	아시아계 미국인들이 문학을 덜 선택하는 이유
전 개	아시아계 미국인들이 수학을 언어 과목보다 더 잘한다.
이 유	가족이나 교사의 영향일 것이다.
반대 사례	화자 자신은 그렇지 않고 문학을 선택했다.

구문 분석

3행 Also, many asked me [what makes Asian Americans hesitate to sign up for creative writing programs] or [why there are **so many Chinese students** {who choose engineering as their major in university}].

▶ 두 개의 [ ]는 모두 asked의 직접목적어이다.

▶ { }는 so many Chinese students를 수식하는 관계절이다.

10행 This makes me think [that there are **other Asian American families** {whose English spoken at their home might be described as "broken" or "limited."}]

▶ [ ]는 think의 목적어인 명사절이다.

▶ { }는 other Asian American families를 수식하는 관계절이다.

12행 Or, they might have **teachers** [who lead them to take math or science as their major].

▶ [ ]는 teachers를 수식하는 관계절이다.

어휘 및 어구

- background 배경
- hesitate 주저하다, 망설이다
- sign up for ~에 등록하다
- engineering 공학
- survey 조사
- language arts 언어 과목
- describe 설명하다
- expectation 기대

12 정답 ④

한줄 해설

④ 의미상의 주어가 행위자일 경우 현재분사형을 쓴다.

해석

어떤 사람들은 모래성을 쌓는 것을 좋아하고, 어떤 사람들은 그것을 부수는 것을 좋아한다. 후자의 행동에 많은 즐거움이 있을 수도 있다. 하지만 나의 관심을 끄는 것은 전자의 행동이다. 여러분은 수천 년 동안 파도에 의해 두들겨진, 많은 미세한 실리카 결정을 가져다가 여러분의 손을 사용해서 화려한 탑을 만들 수 있다. 작은 물리적 힘이 각각의 입자들이 옆에 있는 입자들과 상호작용하는 방식을 통제하여 성이 모양을 유지하게 한다. 적어도 발이라는 불가항력이 나타날 때까지는 말이다. 하지만 이것이 내가 가장 좋아하는 부분이다. 성을 짓고 나서는, 한 발 물러서서 그것을 보라. 해변을 가로질러, 여기 새로운 것, 즉, 끊임없는 모래 알갱이들 사이에서 전에는 존재하지 않았던 것, 즉, 땅에서 올려진 것, 즉, 전체론이라는 과학 원칙을 반영하는 것이 있다.

상세 해설

④ you step back and look at it이 완전한 절이므로 Built the castle은 분사구문이어야 한다. 분사의 의미상 주어인 you가 build의 행위자이므로 과거분사 Built 대신 현재분사인 Building을 사용해야 한다.

① 의미상 〈it is ~ that ...〉의 강조구문이 사용된 문장이므로 it의 사용은 적절하다.

② 세 개의 동사구인 take ~ by the waves와 use your hands, 그리고 make an ornate tower가 and로 연결되어 can에 이어지고 있으므로 동사원형 make를 사용한 것은 적절하다.

③ its는 each particle을 대신하는 대명사이다. 따라서 단수로 표현한 것은 적절하다.

⑤ raise는 '올리다, 세우다'라는 타동사로 문맥상 '땅에서 올려진 것'의 의미가 되어야 하므로 과거분사를 사용한 것은 적절하다.

구문 분석

3행 You can take **a bunch of minute silica crystals**, [pounded for thousands of years by the waves], use your hands, and make an ornate tower.

▶ [ ]는 a bunch of minute silica crystals에 대해 추가적인 정보를 제공하는 분사구문이다.

10행 Across the beach, here is [**something** new], [**something** not present before among the endless sand grains], [**something** raised from the ground], [**something** that reflects the scientific principle of holism].

▶ [ ]로 표시된 네 개의 명사구가 나열되어 있는데, 각각은 동격 관계를 이루고 있다. something을 수식하는 요소들은 something의 뒤에 위치한다는 점에 유의한다.

어휘 및 어구

- tear ~ apart ~을 (완전히) 부수다
- a bunch of 다수의

- minute 미세한
- silica crystal 실리카 결정, 이산화규소
- pound 두드리다
- ornate 화려한
- physical 물리적인
- govern 통제하다
- particle 입자
- interact 상호작용하다
- keep ~ together ~의 모양을 유지하다, ~을 달라붙어 있게 하다
- grain 알갱이
- reflect 반영하다
- holism 전체론(생명 현상의 전체성을 강조하고, 전체가 단순히 부분의 총합은 아니라고 보는 이론)

13 정답 ④

한줄 해설

(A) 동사(구)를 수식하는 것은 부사이다.

(B) 동명사구 주어는 단수 취급하므로 단수 동사로 수 일치시킨다.

(C) 앞 문장 전체를 선행사로 하는 관계사를 찾는다.

해석

물을 마시는 것은 건강에 기여할 수 있고, 학교는 충분한 물을 마시는 것을 포함하여, 건강한 식습관 형성을 향상시킬 수 있는 독특한 위치에 있다. 95% 이상의 아이들과 청소년들이 학교에 다니고 있고, 학생들은 일반적으로 매일 학교에서 최소 6시간을 보내고 있다. 학생들에게 학교 환경 전역에서 안전한 무료 식수를 이용하는 것을 보장하는 것은 설탕이 첨가된 음료의 건강한 대체물을 학생들에게 제공하는 것이다. (학생들로 하여금) 깨끗하고 무료인 물을 마시게 하는 것은, 학생들의 전반적인 물 소비를 증가시키고, 적절한 수분을 유지시켜 주며, 건강에 좋지 않은 칼로리의 흡수를 줄이도록 하는 데 도움을 준다. 적절한 수분을 유지한다는 것은 아이들과 청소년들의 인지 기능을 높여줄 수 있으며, 이것은 학습에 중요하다.

상세 해설

(A) 형용사 / 부사

동사구인 spend at least 6 hours at school each day를 수식하는 것은 부사이어야 하므로 typically가 적절하다.

(B) 주어와 동사의 수 일치

동명사구인 Ensuring that students have access to safe, free drinking water throughout the school environment가 문장의 주어이므로 술어 동사의 수는 단수여야 한다. 따라서 gives가 적절하다.

(C) 관계대명사의 쓰임

앞 문장 전체를 선행사로 하고, 관계절 내에서 주어 역할을 하는 관계사는 which이다.

구문 분석

10행 [Access to clean and free water] helps to [increase students' overall water consumption], [maintain hydration], and [reduce unhealthy calories intake].

▶ 첫 번째 [ ]로 표시된 명사구가 문장의 주어이다.

▶ 두 번째, 세 번째, 네 번째 [ ]로 표시된 동사구는 and를 중심으로 병렬 구조를 이루고 있다.

어휘 및 어구

- contribute to ~에 기여하다
- unique 독특한
- promote 향상시키다
- dietary 음식의, 식이 요법의
- sufficient 충분한
- adolescent 청소년
- enroll 등록하다
- typically 일반적으로
- ensure 보장하다
- access 이용, 접근
- substitute 대체물
- beverage 음료
- consumption 소비, 섭취
- maintain 유지하다
- hydration 수분 공급
- intake 흡수
- adequate 적절한
- cognitive 인지적인

14 정답 ②

15 정답 (A) inborn (B) circumstances

한줄 해설

14 ② 관계사 which 다음에는 문장 구성 필수요소가 비어 있는 불완전한 문장이 와야 한다.

15 (A) 선천적인 (B) 상황들

해석

소금과 단것에 관해서 아이의 선천적인 욕구를 바꾸기 위하여 부모가 할 수 있는 것은 거의 없는데, 그 욕구는 유아기 초기에 시작된다. 하지만, 어릴 때 먹는 것으로 아이가 단맛과 짠맛을 찾게 될 상황을 적어도 바꾸어 줄 수 있다는 몇 가지 증거가 있다. 불과 생후 6개월일 때에도, 소금 간을 한 음식에 더 자주 노출된 아기들은 소금을 덜 맛본 아기들보다 소금을 가미한 시리얼에 대해 더 강한 선호를 보인다. 마찬가지로, 설탕물을 먹어 본 적이 있는 6개월 된 아기들은 전에 그것에 노출되지 않은 아기들보다 그것을 더 많이 마시는 경향이 있다. 이러한 효과는 놀라울 정도로 오랜 기간 지속되는데, 그 이유는 심지어 생후 6개월이 되어 부모가 아기에게 설탕물을 주는 것을 멈추더라도, 그 아기는 두 살에도 그것에 대한 더 큰 선호를 지속적으로 보일 것이기 때문이다.

상세 해설

14 ② 관계사 which가 이끄는 관계절은 불완전한 문장이어야 한다. 그런데 이 경우에 관계절 안에 비어 있는 필수요소가 없다. 문맥상 the circumstances를 선행사로 하고, 관계절 안에서 비어 있는 필수요소의 역할을 하기 위해서는 which 앞에 전치사가 있어야 한다. 따라서 which를 in which로 바꿔야 한다.

① 목적의 의미를 나타내기 위해 to부정사구를 사용한 것은 적절하다.
③ 관계사 who는 babies를 선행사로 하는데, babies는 노출하는 동작 (expose)의 대상이므로 과거분사를 사용한 것은 적절하다.
④ 명사구인 six-month-old babies who have been fed sugar water 가 문장의 주어부인데, 주어는 babies이므로 술어 동사를 복수로 일치시킨 것은 적절하다.
⑤ '~하기를 멈추다'의 의미를 나타내기 위해 stop의 목적어로 동명사구를 사용한 것은 적절하다.

15 → 소금과 단것에 대한 아이의 <u>선천적인</u> 욕구를 바꿀 수는 없지만, 아이들이 그것들을 찾게 될 <u>상황들</u>에는 변화를 줄 수 있다.

지문 구성

도 입	소금과 단것에 관한 욕구는 선천적이고, 유아기 초기에 시작된다.
요 지	소금과 단것을 찾는 상황은 바꿀 수 있다.
증거 1	환경을 조절하여 소금을 찾는 상황을 바꿀 수 있다.
증거 2	마찬가지로 단것을 찾는 상황을 바꿀 수 있다.

구문 분석

3행 However, there is **some evidence** [that early diet can at least change the **circumstances** {in which children will seek out sweet and salty flavors}].

▶ [   ]로 표시된 that절과 some evidence는 동격 관계에 있다.
▶ {   }로 표시된 관계절은 the circumstances를 수식한다. 여기서 관계사 which는 전치사 in의 목적어 역할을 한다.

6행 As early as six months of age, [**babies** {who have been exposed more often to salted food}] show a stronger preference for salted cereal than babies with less salt experience.

▶ [   ]로 표시된 명사구가 문장의 주어 역할을 한다.

▶ {   }로 표시된 관계절이 babies를 수식한다.

어휘 및 어구

• when it comes to ~에 관해서	• inborn 선천적인, 타고난
• evidence 증거	• at least 적어도, 최소한
• circumstance 상황, 환경	• seek out ~을 찾다
• flavor 맛	• expose 노출하다
• preference 선호	• tend to ~하는 경향이 있다
• previously 전에, 이전에	

16 정답 ①

17 정답 (r)otation

한줄 해설

16 (A) 주격 보어의 자리이다.
(B) 이어지는 절이 완전한지 여부를 확인한다.
(C) 명사절의 구조를 확인한다.

17 빈칸이 있는 문장과 뒷문장의 의미를 종합하면, 야구 경기는 정해진 경기 시간이란 것은 없지만 자연의 리듬에 맞도록 낮에 경기를 하고 해가 질 때 끝이 났다.

해석

전통적인 사회에서의 삶과 비슷하지만, 다른 팀 스포츠와는 달리, 야구는 시계에 의해 운영되지 않는다. 미식축구 경기는 정확히 60분 경기로 구성되고, 농구 경기는 40분이나 48분으로 이루어지지만, 야구는 그 안에 경기가 끝나야 하는 정해진 시간의 길이가 없다. 따라서 정확히 잰 시간, 마감 시간, 일정, 시간 단위로 지급되는 임금 같은 규율이 있기 이전의 세상과 마찬가지로, 경기의 속도가 여유롭고 느긋하다. 야구는 사람들이 "서둘러요."라고 말하지 않았던 그런 종류의 세상에 속해 있다. 야구 경기는 정말로 온종일 경기가 치러진다. 그러나 그것이 그 경기가 영원히 계속될 수 있다는 것을 의미하는 것은 아니다. 야구는 전통적인 삶과 마찬가지로 자연의 리듬, 구체적으로 말해 지구의 <u>자전</u>에 따라 진행된다. 그것(야구)의 첫 반세기 동안 밤에는 경기를 하지 않았는데, 그것은 야구 경기가 전통적인 근무일처럼 해가 질 때 끝난다는 것을 의미했다.

상세 해설

16 (A) 형용사 / 부사
The pace of the game이 주어이고, is가 동사인데, 주격 보어가 와야 하므로 형용사 형태인 unhurried를 써야 한다. 형용사 형태인 leisurely와 unhurried가 병렬 구조로 연결되었다.
(B) 관계대명사 / 전치사+관계대명사
관계절 뒤에 주어(people), 동사(did not say), 목적어("I haven't got all day.")를 모두 갖춘 완전한 절이 이어졌으므로 〈전치사+관계대명사〉 형태인 in which를 써야 한다.
(C) 동명사 / 동사
meant의 목적어 역할을 하는 that절에서 baseball games를 주어로 하는 동사가 필요하므로 동사 역할을 할 수 있는 ended를 써야 한다.

17 야구 경기는 정해진 경기 시간이란 것은 없지만, 그 초기에는 낮에 일을 하고 밤에는 일을 하지 않듯이 자연의 리듬에 맞게 해가 질 때 경기가 끝나게 되어 있었다. 즉 낮과 밤을 관장하는 자연의 리듬은 지구의 자전과 관련되어 있으므로, 빈칸에는 '자전'이라는 뜻의 rotation을 써야 한다.

구문 분석

16행 During its first half century, **games were not played at night**, [which meant that baseball games, like the traditional work day, ended when the sun set].

▶ [　　]는 계속적 용법의 관계절로, 앞에 있는 games were not played at night을 선행사로 하여 이를 부연 설명한다. 계속적 용법으로 쓰인 관계대명사 which는 '(그런데) 그것은'으로 해석한다.

어휘 및 어구

- govern 운영하다, 지배하다
- complete 끝내다; 완성된
- unhurried 느긋한, 서두르지 않는
- measured 정확히 잰
- be comprised of ~으로 구성되다
- leisurely 여유로운
- discipline 규율
- proceed 진행하다

---

01 ② 　　**02** ② 　　**03** ④ 　　**04** ③ 　　**05** (1) an inventory of their strengths (2) a journal (3) confidence log 　　**06** ④ 　　**07** ④

08 ⑤ 　　**09** ④ 　　**10** 다른 교사들을 보고 배우려 하지 않는다.

---

01 정답 ②

한줄 해설

(A) 동료들과 지식을 나누기 보다는 정보를 엄중히 '지킨다.'
(B) 이런 폐쇄적인 분위기를 '극복하기' 위해 Love Machine이 고안되었다.
(C) Love 메시지는 '도움을 준' 동료에게 보내는 것이다.

해석

Love Machine이라 불리는 매력적인 접근법이 Second Life라는 가상 세계의 배후에 있는 회사인 Linden Lab에서 개발되었다. 최첨단 회사에서는 많은 직원들이 시간과 지식을 동료들과 공유하는 대신, 스스로 시간을 보호하고 정보를 엄중히 지키는 것을 목표로 한다. Love Machine은 직원들이 동료로부터 받은 도움을 고맙게 생각할 때 Love 메시지를 보낼 수 있게 함으로써 이러한 경향을 극복하도록 고안되었다. Love 메시지는 다른 사람들의 눈에 보이고, 그것을 지위와 평판에 연결시킴으로써 베푸는 것에 대해 보상하고 인정을 해 주었다. 한 내부인은 그것을 '컴퓨터만 아는 괴짜들이 누가 가장 많은 도움을 줄 수 있는지를 보려고 경쟁하게 하는' 방법으로 여겼다. "Love는 때로는 못 보고 지나쳤던 일을 한 사람들에 대한 인식을 높이는 데 도움이 되었어요. 예를 들어, 우리의 지원 인력이 자주 가장 많은 Love를 받았습니다."라고 Linden의 전임 매니저인 Chris Colosi는 말한다.

상세 해설

(A) 시간과 지식을 동료들과 공유하지 않는다는 내용이 이어지고 있으므로, '지킨다'라는 뜻의 guard가 적절하다. disclose : 누출하다
(B) Love Machine은 Love 메시지를 통해 폐쇄적인 회사 분위기를 공유하는 분위기로 바꾸어 주는 도구이므로, '극복하다'라는 뜻의 overcome이 적절하다. intensify : 심화시키다
(C) Love 메시지를 묘사하는 상황이므로, '도움을 주는'이라는 뜻을 가진 helpful이 적절하다. unfavorable : 호의적이지 않는, 비판적인

구문 분석

1행 **A fascinating approach** [called the Love Machine] was developed at **Linden Lab**, [the company behind the virtual world Second Life].

▶ 첫 번째 [　　]는 주어인 A fascinating approach를 수식하는 분사구이다.
▶ 두 번째 [　　]는 앞에 있는 Linden Lab과 동격을 이루는 동격어구이다.

3행 In a high-technology company, many employees aim **to** [protect their time for themselves] and [guard information closely], instead of sharing their time and knowledge with colleagues.

▶ 두 개의 [　　]는 to에 공통으로 연결되어 and를 중심으로 병렬 구조를 이루고 있다.

10행 The Love messages were visible to others, [**rewarding** and **recognizing** giving by linking it to status and reputations].

▶ [　　]는 분사구문으로 현재분사 rewarding과 recognizing이 동명사 giving을 공통의 목적어로 삼아 '베푸는 것에 대해 보상하고 인정을 해 주면서'라고 해석한다.

어휘 및 어구

- virtual world 가상 세계
- guard 지키다, 보호하다

- closely 엄중히, 바싹
- visible (눈에) 보이는
- status 지위, 신분, 상태
- tech geek 컴퓨터만 아는 괴짜, 컴퓨터광
- overlook 못 보고 지나치다, 간과하다

- appreciate 고맙게 여기다, 감상하다
- reward 보상하다
- reputation 평판, 명성

어휘 및 어구

- emotional 정서적
- insensitive 몰이해한, 둔감한
- incompatible 양립할 수 없는, 공존할 수 없는
- non-verbal 비언어적인
- directive 지시, 명령
- counter 반대의, 거꾸로의
- inattention 부주의

- climate 분위기, 풍조, 기후
- inconsistent 일관성 없는
- instruction 교육, 가르침
- respond 대응하다
- misinterpret 오인하다
- social-emotional 사회 정서적

02 정답 ②

한줄 해설

(A) 교사가 모든 아이를 '같은' 사람으로 다루는 것은 몰이해한 것이다.
(B) 자신이 자란 방식과 반대되는 활동에 참여할 때 교사의 질문을 '꺼리는' 아이들이 있다.
(C) 교사의 이해가 동반되지 않은 상황에서는 아이들의 행동이 '부주의'로 오인될 수 있다.

해석

교사의 의사소통 방식과 문화적 차이에 대한 이해는 학급의 정서적 분위기에 영향을 미친다. 모든 아이를 마치 같은 사람인 양 다루는 것은 몰이해한 것이며 실패를 조장할 수 있는데, 특히 교사의 기대가 일관성이 없거나 아이의 문화적 배경과 양립할 수 없을 때 그러하다. 예를 들어, 몇몇 히스패닉 문화에 속한 아이들이 주로 비언어적 교육을 통해 배운다는 것을 아는 것은 구두 지시만을 받은 아이가 왜 이러한 접근에 대응하는 못하는지를 설명할 수 있다. 몇몇 아이들은 모둠 활동에 참여하거나 교사의 질문에 대답하는 것을 꺼려하는데, 이런 방식이 그들이 자라 온 방식과 반대이기 때문이다. 교사가 이러한 문화적 차이를 이해하지 못하면, 그런 행동은 쉽게 부주의로 오인될 수 있다. 교사가 각각의 아이들과 그 가정에 대해 알려고 노력할 때, 그들은 학습과 건강한 사회 정서적 발달을 지원하는 분위기를 형성할 수 있다.

상세 해설

(A) 문화적 차이를 이해하라는 취지의 글이므로, 모든 아이를 같은 사람으로 다루지 말라는 의미가 되어야 하므로, same(같은)이 적절하다. best: 최고의
(B) 그들이 자라 온 방식과 반대되는 활동이나 교사의 질문 방식에 대처하는 학생들의 태도를 나타내야 하므로, reluctant(꺼리는)가 적절하다. willing: 기꺼이 하는
(C) 교사가 문화적 차이를 이해하지 못한 상황에서 학생들의 행동을 평가하는 상황이므로, inattention(부주의)이 적절하다. intention: 의도

구문 분석

3행 Treating all children **as if** they **were** the same is insensitive ~.
- ▶ ⟨as if ~ were⟩는 가정법 과거 구문이다. 현재 사실의 반대되는 개념으로 '마치 ~인 것처럼'의 뜻이다.

7행 For example, [knowing that children in some Hispanic cultures are taught primarily through non-verbal instruction] **may explain** [**why** a child who is only given verbal directives may not respond to this approach].
- ▶ 첫 번째 [ ] 부분이 문장의 주어이고, may explain이 문장의 동사구이다.
- ▶ 두 번째 [ ] 부분은 may explain의 목적어로 쓰인 간접의문문인데, 관계절 who ~ directives의 수식을 받는 a child가 why절의 주어이고 may not respond가 동사구이다.

11행 Some children **are reluctant** [to participate in group activities] or [to answer a teacher's question] because this is counter to **the way** [they have been raised].
- ▶ 첫 번째 [ ]와 두 번째 [ ]는 병렬 구조를 이룬 상태로 are reluctant에 공통으로 연결되어 '모둠 활동에 참여하거나 교사의 질문에 대답하는 것을 꺼리다'라는 뜻을 나타낸다.
- ▶ 마지막 [ ] 부분은 the way를 수식하는 관계절로, 관계부사 how가 생략되었다. 관계부사 how와 선행사 the way는 둘 중 하나를 항상 생략해야 한다.

03 정답 ④

한줄 해설

(A) 서로의 행동을 모방하는 경우는 사이가 좋은 사람들 사이에서 일어난다.
(B) 실험 대상자들은 호감 정도를 증가시키기 위해 실험자의 행동을 모방했다.
(C) 공감을 잘하는 사람들은 다른 사람들의 행동을 더 자주 모방한다.

해석

'카멜레온 효과'는 사이좋게 지내는 사람들 사이에서의 의도하지 않은 신체적, 언어적 모방 행위이다. 사람들은 다른 사람과 친밀한 관계에 있을 때 서로의 몸의 자세, 손짓, 억양, 그리고 다른 행동들을 모방할 수도 있다. 신체는 의사소통을 하는 동안 실제로 자율적으로 상호 작용을 더 순조롭게 만들고 호감도를 증가시킨다. Tanya Chartrand와 그녀의 동료가 했던 실험은 모방이 상호 작용을 더 순조롭게 촉진시키고 상호 작용하는 상대방 사이에서 호감을 증가시킨다는 것을 보여주었다. 실험자들은 상호 작용을 하는 동안 자신이 다리를 떨 때 다리를 떠는 것과 같은 실험 대상자의 행동이 증가하는 것을 목격했다. 실험자가 의도적으로 실험 대상자의 버릇을 모방할 때, 그 실험 대상자는 그 실험자를 더 좋아하게 되었다고 말했다. 공감을 잘하는 사람들, 즉 다른 사람들의 관점을 취하는 사람들이 다른 사람들의 행동을 더 자주 모방한다는 것이 밝혀지기도 했다.

상세 해설

(A) 서로 행동을 모방하는 경우는 사이가 좋은 사람들 사이에서 일어난다. 즉, 다른 사람과 '친밀한 관계'에 있을 때 모방이 일어나는 것이다. 따라서 rapport(친밀한 관계)가 적절하다. conflict: 갈등
(B) 실험에서 실험 대상자들은 실험자와의 상호 작용을 순조롭게 하고 호감을 증가시키려고 실험자의 행동을 모방했을 것이므로, 모방 행동이 '증가'되는 것을 목격했을 것이다. 따라서 increase(증가)가 적절하다. decrease: 감소
(C) 공감을 잘하는 사람들은 다른 사람들의 관점을 취하는 경향이 강하므로 다른 사람들의 행동을 더 자주 모방할 것이다. 따라서 mirror(모방하다, 그대로 반영하다)가 적절하다. reject: 거부하다

구문 분석

5행 The body **is** actually autonomously [making the interaction smoother] and [increasing the level of liking] while communicating.
- ▶ [ ]로 표시된 두 개의 분사구가 and로 연결되어 is에 이어진다.

8행 **The experiment** [**conducted** by Tanya Chartrand and her colleague] **showed** [that **mimicry** {facilitated the smoothness of interactions} and {increased liking between interaction partners}].
- ▶ 첫 번째 [ ]로 표시된 분사구가 The experiment를 수식한다. The experiment가 conduct의 대상이므로 과거분사를 사용했다.
- ▶ 두 번째 [ ]로 표시된 that절은 showed의 목적어이다. that절 내에서 { }로 표시된 두 개의 동사구가 and로 연결되어 주어인 mimicry에 이어진다.

16행 **Empathic individuals**, [those who took the perspective of others], were also found to mirror another person's action more often.
- ▶ [ ]로 표시된 부분은 Empathic individuals와 동격 관계이다.

- unintentional 의도하지 않은
- get along well 사이좋게 지내다
- autonomously 자율적으로
- conduct 행하다
- facilitate 촉진시키다, 용이하게 하다
- empathic 공감하는
- mirror 모방하다
- mimic 모방하다
- liking 호감
- mimicry 모방, 흉내
- mannerism 버릇
- perspective 관점

[04~05]

04 정답 ③

05 정답 (1) an inventory of their strengths
　　　　　(2) a journal
　　　　　(3) confidence log

한줄 해설

04 (A) 장점 인식을 통한 전략은 운동선수들의 자신감을 '증가시킨다'.
　　(B) 장점 목록표의 장점은 선수들의 여러 자산을 '명확하게' 해줄 수 있다.
　　(C) 성공 초점의 역할은 선수들의 능력을 '상기시키는' 것이다.

05 운동선수 자신의 장점에 집중시키고, 자신의 능력을 상기시키는 '성공 초점'의 구체적 사례를 본문에 찾아본다.

해석

스포츠와 관련된 구체적인 장점의 인식은 운동선수들이 자신감을 계발하기 위한 강력한 수단이다. 이 전략은 운동선수들이 스스로의 장점에 집중하도록 요구하고 약점을 마음에서 떨어냄으로써 자신감을 증가시킨다. 운동선수들이 스스로의 장점을 인식하는 데 어려움을 겪는 것은 드문 일이 아니다. 운동의 장점은 몇 가지 방법으로 인식되고 인정될 수 있다. 운동선수들은 자신들의 장점 목록표를 가질 수 있는데, 그것은 그들이 자신의 신체적, 기술적, 전술적, 그리고 정신적 자산을 명확하게 하는 데 도움이 된다. 운동선수들은 과거에 성취했던 것들과 훈련과 경기에서 자신들이 계속 성공하고 있는 것에 대한 일기나 '자신감 일지'를 기록할 수도 있다. 이러한 '성공 초점'은 그들의 능력을 계속 상기시키는 것으로서 역할을 한다. 운동선수들이 실패를 경험하고 자신감을 잃기 시작할 때, 그들은 자신들의 능력과 왜 자신감을 유지해야 하는지를 본인에게 상기시킬 수 있도록 자신들의 목록과 자신감 일지에 의존할 수 있다.

상세 해설

04 (A) 약점을 떨어내고 장점에 집중하는 것은 자신감을 '증가시킨다'라고 할 수 있으므로 increases가 적절하다. decrease : 감소시키다
　　(B) 장점 목록표를 갖고 있으면 자신들의 신체적, 기술적, 전술적, 그리고 정신적 자산을 '명확하게' 할 수 있으므로 clarify가 적절하다. confuse : 혼동을 주다
　　(C) 장점 목록표, 일기 그리고 자신감 일지를 기록하여 성공 초점을 두면, 자신들의 능력을 '상기시킬' 수 있으므로 reminder가 적절하다. distraction : 집중을 방해하는 것

05 장점을 기록해 두는 구체적 사례로, 장점 목록표(an inventory of their strengths), 일기(a journal), 자신감 일지(confidence log)를 언급하고 있다.

구문 분석

3행　This strategy increases confidence **by** [requiring athletes to focus on their strengths] and [taking their mind off their weaknesses].
　　　▶ 두 개의 [　]는 전치사 by에 공통으로 연결된 동명사구이다.

5행　**It** is not uncommon **for athletes** [to have difficulty identifying their strengths].
　　　▶ It은 형식상의 주어이고, [　]로 표시된 to부정사구가 내용상의 주어이다. for

---

athletes는 to부정사의 의미상의 주어를 표현한다.

- identification 인식, 동일시
- confidence 자신감
- asset 자산
- log 일지
- ongoing 계속 진행 중인
- constant 계속적인, 끊임없는
- capability 능력
- strength 장점, 강점
- take ~ off ~을 떨어내다
- journal 일기
- accomplishment 성취, 업적
- competition 경기, 경쟁
- turn to ~에 의존하다

06 정답 ④

한줄 해설

(A) 협상은 단순히 타인을 이용하는 것이 아니고, 관계를 '만들어' 나가는 것과 관련이 있다.
(B) 협상은 모두가 이익이 될 수 있다고, 즉, 거래를 잘 했다고 '믿어야' 한다.
(C) 노동조합의 직원들이 스스로 졌다고 여긴다면 자기 직업에 대해 '불만족하게 된다.

해석

협상은 흔히 한쪽 당사자의 이익이 다른 쪽 당사자의 손실인 제로섬 게임이다. 예를 들어, 여러분이 차 값으로 내는 돈에서 할인을 받은 한 푼 한 푼은 여러분의 이익이며 파는 사람의 손실이다. 그러나 그것이 '나는 이기고 너는 진다'라는 협상이어야 할 필요는 없다. 권력과 정치처럼, 협상하기란 다른 사람을 이용하는 데 관한 것이 아니고, 그것은 관계를 형성하고 우리가 원하는 것을 얻도록 서로를 돕는 것과 관련된 것이다. 원하는 것을 얻기 위해서, 여러분은 자신의 아이디어를 팔고, 여러분이 원하는 것을 주도록 상대방을 납득시켜야 한다. 그러나 협상은 모든 당사자에 의해서 이기고 지는 상황이라기보다는 모든 사람이 무언가를 얻어 갈 기회로 여겨져야 한다. 다시 말해서, 모든 당사자가 좋은 거래를 했다고 믿어야 한다. 노동조합의 직원들이 자기가 지고 경영진이 이겼다고 믿는다면 직원들은 자기 직업에 불만족하게 되어 결국에는 수행 능력이 더 낮아지게 될 것이다.

상세 해설

(A) 협상에서는 원하는 것을 얻어야 하지만 본질적으로 관계를 형성하고 서로 돕는 과정이라는 의미가 되어야 하므로, '형성하다, 만들다'라는 뜻을 지닌 build의 동명사 형태인 building을 쓰는 것이 적절하다. abandon : 포기하다
(B) 앞선 말을 부연 설명하고 있는 문장으로, 앞 문장에서는 협상이라는 것은 모든 사람이 무언가를 얻어 갈 기회로 생각해야 하므로 모두 얻을 수 있는 훌륭한 거래를 했다고 믿는 것이 중요하다고 설명하고 있다. 따라서 '믿다'라는 의미의 believe를 쓰는 것이 적절하다. doubt : 의심하다
(C) 협상에도 불구하고 스스로 졌다고 믿는 노동조합의 직원들의 수행 능력이 낮아지는 결과를 초래했다면 직업에서 불만족스러웠을 거라고 생각할 수 있으므로, '불만족스러운'이라는 의미의 dissatisfied를 쓰는 것이 적절하다. satisfied : 만족하는

구문 분석

2행　For example, [**every dollar less** {that you pay for a car}] **is** your gain and the seller's loss.
　　　▶ 명사구 [　]가 문장의 주어이고, that절 {　}는 every dollar less를 수식하는 관계절이다.
　　　▶ every ~는 단수 취급하므로, 동사는 이에 수를 일치시켜 is로 썼다.

8행　[To get what you want], you have to sell your ideas and **convince** the other party **to give** you what you want.
　　　▶ [　]는 목적을 나타내는 to부정사구이다.
　　　▶ convince는 목적 보어로 to부정사구를 취한다.

10행 However, negotiation should be viewed by all parties [as an opportunity for everyone to win some], **rather than** [as a win-lose situation].

▶ 비교의 대상을 연결하는 rather than은 병렬 구조를 형성할 수 있다. 여기에서도 첫 번째와 두 번째 [　]로 표시된 두 개의 구가 rather than으로 연결되어 병렬 구조를 이루고 있다.

▶ for everyone to win some은 an opportunity를 수식하고, for everyone은 to부정사의 의미상 주어를 〈for+목적격〉의 형태로 나타낸 것이다.

어휘 및 어구

- negotiation 협상
- take advantage of ~을 이용하다
- get a good deal 좋은 거래를 하다
- management 경영진
- politics 정치
- convince 납득시키다, 설득시키다
- union 노동조합
- performance 수행 능력, 수행

07 정답 ④

한줄 해설

④ 잘 정돈된 환경에서의 근무를 가정하고 있다.

해석

많은 사람들이 자신들의 영리함을 이용하여 근무 공간이 너저분한 것을 정당화하고 변명한다. 그들은 "저는 모든 것이 어디 있는지 압니다."와 같은 말을 한다. 혹은 그들은 "깨끗한 책상은 마음이 병든 신호라니까요." 등과 같은 우습지도 않은 말을 한다. 그러나 모든 것이 어디 있는지 안다고 말하는 사람들은 자신들의 정신적 능력과 창의적 에너지의 많은 양을 일을 하는 데 쓰기보다는 물건을 둔 장소를 기억해내는 데 쓰고 있는 것으로 드러나고 있다. 만약 그들이 어느 정도의 시간 동안 잘 정돈된 환경 속에서 일을 해보게 된다면, 그들은 자신들이 얼마나 더 비생산적인(→생산적인)가에 놀라게 될 것이다. 만약 여러분이 어질러진 책상이나 업무 구역을 해명하려고 시도하는 경향이 있다면, 하루 종일 깨끗한 책상에서 일하는 것에 한 번 도전해 보라. 그 결과가 여러분을 깜짝 놀라게 할 것이다.

상세 해설

주어진 문장은 if절로, 잘 정돈된 환경에서의 근무를 가정하고 있으므로 ④ unproductive(비생산적인)를 productive(생산적인)로 쓰는 것이 적절하다.

지문 구성

도 입	사람들은 자신의 너저분한 근무 공간을 정당화한다.
사 례	사람들의 변명
반 박	정신적 능력과 창의적 에너지가 물건을 둔 장소를 기억하는 데 낭비되고 있다.
주 장	공간을 청소하면 생산성이 향상된다.

구문 분석

1행 Many people use their cleverness [to justify and excuse themselves for the messiness of their workspaces].

▶ [　]는 '~하기 위해'의 의미를 가진 to부정사구이다. justify와 excuse의 주체와 대상이 같은 것이므로 목적어는 재귀대명사인 themselves를 쓴다.

5행 However, **people** [who say they know {where everything is}] turn out to be using a large amount of their mental capacity and creative energies [remembering where they placed things, rather than doing the job].

▶ 첫 번째 [　]는 people을 수식하는 관계절이고, 그 안의 {　}는 know의 목적어인 명사절이다.

▶ 두 번째 [　]는 〈use+목적어+-ing〉의 구문으로 '~하는데'의 의미를 나타낸다.

9행 If they **worked** in a well-organized environment for any length

of time, they **would be** surprised at how much more productive they were.

▶ If절에 과거동사가 쓰이고 주절에 would be가 사용되어 가정법 과거를 나타낸다.

어휘 및 어구

- justify 정당화하다
- messiness 너저분한 상태
- turn out to be ~인 것으로 드러나다
- capacity (수용)능력
- have a tendency to ~하는 경향이 있다
- entire 전체의, 온
- excuse 변명하다
- non-humorous 우습지도 않은
- mental 정신적인
- well-organized 잘 정돈된
- messy 어질러진

08 정답 ⑤

한줄 해설

(A) 일부 코치들은 정신 능력 훈련이 덜 중요하다고 '합리화'한다.

(B) 경기 결과 차이를 가져오는 것은 '정신적'요인이다.

(C) 잠재 능력을 최고로 발달시키기 위해 정신 능력 훈련이 필요한 시기는 선수 생활 '초기'이다.

해석

일부 코치들은 정신 능력 훈련(MST)이 고도로 숙련된 선수들의 기량을 완벽하게 하는 데에만 도움이 될 수 있다고 잘못 믿고 있다. 그 결과, 그들은 자신들이 엘리트 선수들을 지도하고 있지 않으므로 정신 능력 훈련이 덜 중요하다고 합리화하면서 정신 능력 훈련을 피한다. 높은 경쟁 수준에서 정신 능력이 점점 더 중요해지고 있다는 것은 사실이다. 선수들이 경쟁의 사다리를 올라갈수록, 신체 능력의 측면에서는 더 동질적이 된다. 사실상, 높은 경쟁 수준에서는 모든 선수들이 성공할 수 있는 신체 능력을 갖추고 있다. 결과적으로, 정신적 요인에서의 어떠한 작은 차이가 경기 결과를 결정하는 데 지대한 역할을 할 수 있다. 그러나 우리는 개인의 성장과 경기력이 정신 능력 훈련을 받지 않는 선수에게서 보다는 정신 능력 훈련을 받은 어리고 성장 중인 선수에게서 더 빠르게 진보할 것이라고 예상할 수 있다. 사실상, 정신 능력 훈련을 도입하기 위한 최적의 시간은 선수들이 처음 운동을 시작할 때일지도 모른다. 선수생활 초기에 정신 능력 훈련을 도입하는 것은 그들이 잠재 능력의 최고치까지 발달하도록 도울 기초를 놓을 수도 있다.

상세 해설

(A) 일부 코치들이 지도하는 선수들의 정신 능력 훈련을 피하는 것은 그러한 훈련이 고도로 숙련된 선수들에게만 도움이 될 뿐이지 자신의 선수들에게는 덜 중요하다고 합리화하기 때문이다. 따라서 '합리화하다'라는 뜻의 rationalize가 적절하다. deny : 부정하다

(B) 높은 경쟁 수준에서는 모든 선수들이 성공할 수 있는 신체 능력을 갖추고 있으므로, 결국 경기 결과를 결정하는 것은 정신적 요인일 것이다. 따라서 '정신적인'이라는 뜻의 mental이 적절하다. physical : 신체적인

(C) 정신 능력 훈련을 도입하기 위한 최적의 시간은 선수들이 처음 운동을 시작할 때일지도 모른다고 언급하고 있다. 따라서 '초기에'라는 뜻의 early가 적절하다. later : 나중에

지문 구성

통 념	정신 능력 훈련은 고도로 숙련된 선수들에게만 필요함
통념의 근거	신체적으로 숙련된 선수들의 차이를 가져오는 것은 정신 능력임
요 지	어린 선수들의 성장과 경기력 향상을 위해 정신 능력 훈련이 필요함
부연 설명	어린 선수들의 잠재 능력이 최고치로 발달하도록 정신 능력 훈련을 도입해야 함

구문 분석

14행 However, we can anticipate [that personal growth and

performance will progress faster in **young, developing athletes** {who are given mental skills training} than in athletes not exposed to MST].

▶ [　　]로 표시된 that절은 anticipate의 목적어 역할을 하는 명사절이다.
▶ {　　}로 표시된 관계절은 선행사인 young, developing athletes를 수식한다.

19행 [Introducing MST early in athletes' careers] may lay **the foundation** [that will help them develop to their full potential].

▶ 첫 번째 [　　]로 표시된 동명사구가 문장의 주어이다.
▶ 두 번째 [　　]로 표시된 that절은 선행사인 the foundation을 수식하는 관계절이다. 관계사 that은 관계절 안에서 주어 역할을 한다.

어휘 및 어구

- erroneously 잘못되게, 틀리게
- performance 기량
- ladder 사다리
- determine 결정하다
- expose ~ to … ~이 …을 받게[경험하게] 하다
- lay the foundation 기초를 놓다
- perfect 완벽하게 하다, 완성하다
- shy away from ~을 피하다
- factor 요인
- outcome 결과
- potential 잠재 능력

[09~10]

09 정답 ④

10 정답 다른 교사들을 보고 배우려 하지 않는다.

한줄 해설

09 (A) 홀로 일하는 교사는 수업을 잘 진행하는 다른 교사가 가까이에 있을 수도 있다는 것을 '알지 못한다'.
(B) 다른 교사들을 벤치마킹할 수 있게 '해주는' 과정이 없게 된다.
(C) 같은 과목의 다른 교사들과 수업을 위해 다같이 무엇인가를 할 생각을 '전혀 해보지 않았다'.

10 자기 자신만의 눈으로 세상을 바라본다는 것은 고립되어 있고 폐쇄적이라는 의미이다.

해석

교사가 혼자 일을 할 때, 그들은 오직 한 쌍의 눈, 즉 자기 자신의 눈으로 세상을 보는 경향이 있다. 이런저런 과목이나 혹은 수업을 가르치는 데 있어서 더 성공적일 수 있는 누군가가 '같은 건물 혹은 지역' 어딘가에 있을 수 있다는 사실을, 문을 닫고 거의 혼자서 학교의 연간 행사 계획표를 실천해 나가는 교사는 이해하지 못한다. 일을 더 잘하거나 최소한 다르게 하는 사람들을 벤치마킹할 수 있게 해주는 과정이 없는 상태에서, 교사들은 하나의 시각, 즉 자신의 시각만을 갖게 된다. 나는 사회 과학 분야에 속한 다양한 과목을 가르쳤는데 동일한 과목을 가르치는 나의 동료들이 어떻게 가르치는지에 대해 아는 것이 거의 없었다. 의견이나 정보를 교환하고, 공동 평가를 계획하고, 자신이 잘하는 것을 공유하기 위해서 정기적으로 만난다는 생각을 우리는 전혀 해보지 않았다. 오히려, 우리는 사회 교과 교무실에서 시간이 부족한 것에 대해 불평하면서 서로 비난하고 책임을 전가하면서 많은 시간을 보냈다.

상세 해설

09 (A) 자기 혼자서만 고립되어 연구하고 작업하는 교사는 주변에 더 성공적일 수 있는 다른 교사가 있을 수 있다는 것을 '알지 못하게' 된다는 의미가 되어야 하므로 lost가 적절하다. based : ~을 기반으로 하는
(B) 혼자 고립된 교사는 다른 교사를 벤치마킹할 수 있게 해주는 과정이 없는 상태가 되므로 '~하게 (허락)하다'라는 의미의 allows가 적절하다. forbid : 금지하다
(C) 필자가 앞 문장에서 자신과 동일한 과목을 가르치는 동료들이 어떻게 가르치는지에 대해 아는 것이 거의 없었다고 했으므로 그들과 만나서 무엇인가를 다같이 한다는 생각도 해본 적이 없었을 것이므로 강한 부정의 의미

인 never가 적절하다. mostly : 주로, 대체로

10 다른 교사들, 특히 자신보다 더 잘 가르치는 교사들이 있을 수 있다는 것을 알지 못한 채 폐쇄적인 태도로 일하는 교사를 빗댄 말이므로, 밑줄 친 부분은 '다른 교사들을 보고 배우려 하지 않는다.'는 의미로 풀 수 있다.

지문 구성

도 입	혼자 일하는 교사는 다른 교사들을 보고 배우려 하지 않는다.
부 연	그런 교사들은 고립된 상태에서 연구한다.
사 례	나 역시 그렇게 고립된 상태에서 수업을 연구했다.
결 과	교수법 발전에 도움이 되지 않았다.

구문 분석

2행 [**The fact** {that there might be **someone** somewhere *in the same building or district* 〈**who** may be more successful at teaching this or that subject or lesson〉}] is lost on **teachers** [who close the door and work their way through the school calendar virtually alone].

▶ 첫 번째 [　　]는 문장의 주어이고, {　　}는 The fact와 동격인 절이다. 이 안에서 주격 관계대명사 who가 이끄는 절 〈　　〉는 someone을 수식하는 관계절이다.
▶ 두 번째 [　　]는 teachers를 수식하는 관계절이다.

7행 In the absence of **a process** [that allows them to benchmark **those** {who do things better or at least differently}], teachers are left with that one perspective — their own.

▶ [　　]는 a process를 수식하는 관계절이다.
▶ {　　}는 those와 연결되어 '~한 사람들'의 의미를 나타낸다.

13행 [**The idea** of meeting regularly to compare notes, plan common assessments, and share {what we did well}] never occurred to us.

▶ [　　]는 문장의 주어부이고, 주어는 The idea이다.
▶ {　　}는 share의 목적어인 명사절이다.

어휘 및 어구

- isolation 고립, 격리
- be lost on ~을 이해하지 못하다, ~이 뭐가 뭔지 알 수 없다
- school calendar 학교의 연간 행사 계획표
- in the absence of ~이 없는 상태에서
- perspective 시각, 관점
- compare notes 의견이나 정보를 교환하다
- assessment 평가
- blame game 비난 게임(어떤 실패 상황이나 부적절한 결과에 대해 단독 책임을 인정하지 않으려는 사람들이 서로 비난하고 책임을 전가하는 것)
- district 지역, 구역
- benchmark 벤치마킹하다
- peer 동료, 또래
- share 공유하다

01 ③ 02 ② 03 ② 04 ⑤ 05 (r)etrieval 06 ④

07 ④ 08 ④ 09 ⑤ 10 ② 11 ③ 12 ② 13 ④

14 (d)emocratic

---

01 정답 ③

한줄 해설

③ 약초 치료를 받은 후에 덜 우울해졌다는 것이 회복과 관련된다.

해석

우리들 중 많은 이들이 A가 B에 앞서기 때문에 A가 B를 일으킨 것이 틀림없다고 성급한 결론을 내린다. 하지만 다른 사건들에 앞서 일어나는 많은 사건들이 그것들을 일으키지 않는다. 예를 들면, 가상으로 모든 연쇄 살인범들이 어렸을 때 시리얼을 먹었다는 사실이 시리얼을 먹는 것이 성인기의 연쇄 살인범을 만들어 낸다는 것을 의미하지는 않는다. 또는 어떤 사람들이 약초 치료를 받은 직후에 더(→ 덜) 우울해졌다는 사실이 약초 치료가 그들의 회복을 야기했거나 그것에 이바지했다는 것을 의미하지 않는다. 이 사람들은 약초 치료 없이도 덜 우울해졌을지도 모르고, 또는 그들이 치료 전문가나 심지어 힘을 주는 친구와 대화를 나누는 것과 같은 다른 효과적인 개입을 거의 같은 시간에 찾아냈을지도 모른다. 또는 아마도 약초 치료를 받는 것이 그들에게 희망을 불어넣어 심리학자들이 위약 효과라고 부르는 것, 즉 나을 거라는 단순한 기대로 인해 호전되는 것을 야기할 것이다.

상세 해설

약초 치료가 회복을 야기했거나 회복에 이바지했다는 것은 환자들이 덜 우울해졌다는 것이므로 ③ more를 less 정도로 고쳐야 한다.

구문 분석

1행 Many of us leap to **the conclusion** [that because A precedes B, then A must cause B].

▶ [   ]로 표시된 that절은 the conclusion과 동격 관계이다. 해당 부분은 'A가 B에 앞서기 때문에 A가 B를 야기한다는 결론'으로 해석한다.

4행 For example, [**the fact** {that virtually all serial killers ate cereal as children}] doesn't mean [that eating cereal produces serial killers in adulthood].

▶ 첫 번째 [   ]가 주어이고, 두 번째 [   ]로 표시된 that절은 문장의 동사인 mean의 목적어이다.

▶ {   }로 표시된 that절은 the fact와 동격 관계이다.

14행 Or perhaps [taking the herbal remedy] inspired a sense of hope in them, [resulting in what psychologists call a placebo effect: improvement resulting from the mere expectation of improvement].

▶ 첫 번째 [   ]로 표시된 동명사구가 문장의 주어이고, 두 번째 [   ]로 표시된 부분은 분사구문으로 연속 상황을 나타낸다.

어휘 및 어구

- leap to the conclusion 성급한 결론을 내리다
- precede ~에 앞서다
- serial killer 연쇄 살인범
- contribute to ~에 이바지하다
- seek out ~을 찾아내다
- therapist 치료 전문가
- virtually 가상으로
- herbal remedy 약초 치료
- improvement 향상, 개선
- intervention 개입, 간섭
- supportive 힘을 주는
- inspire (감정을) 불어넣다
- placebo effect 플라시보 효과, 위약 효과
- result from ~로부터 유래하다

---

02 정답 ②

한줄 해설

(A) 과학자들의 지식에 도움이 되는 것은 '객관성'이다.

(B) 과학자들은 인간 외의 다른 원인이 있음을 '인정하고' 싶어 하지 않는다.

(C) 인간은 이 행성에 얼마 동안 있게 될지 모르는 '방문자'이다.

해석

세상에는 우리가 상상할 수 있는 것보다 더 많은 생명체들이 있다. 사람들이 생명을 순전히 실용적인 용어로 해석하기 시작할 때까지, 생명에는 그 자체의 마법이 있다. 어떤 사람들은 (생명의) 실제 마법보다 자기 자신의 마법을 사랑한다. 객관성은 과학자들이 많이 알게 되는 데 도움을 주지만, 모든 것을 아는 데 도움을 주는 것은 아니다. 과학자들은 (생명의) 마법에 대해 말하는 것을 원하지 않고, 인간이 모든 것의 원인은 아니라는 것을 인정하고 싶어 하지 않는다. 하지만 우리가 (생명의) 마법이라고 부르는 것은 우리가 과학적인 칭호를 부여한 것보다 훨씬 더 매력적이다. 인간은 이 행성의 방문자라서 인간이 얼마 동안 있게 될 것인지 우리는 알지 못한다. 어떤 사람들은 해변을 따라 걷다가 조개껍질을 보고는 비어 있으니 죽었다고 생각한다. 하지만 그것을 집어 들어 귀에 갖다 대면, 여러분은 바다의 소리를 들을 수 있고 우리가 어디에서 왔는지를 알 수 있다.

상세 해설

(A) 과학의 핵심은 주관성이 아니라 '객관성'이므로, Objectivity가 적절하다. subjectivity : 주관성

(B) 과학자들은 생명 중심이 아니라 인간 중심의 사고를 하고 인간이 모든 것의 원인이라고 생각하므로, 인간이 모든 것의 원인은 아니라는 입장은 받아들이려 하지 않는다. 따라서 '인정하다'라는 의미의 admit이 적절하다. deny : 부정하다

(C) 인간이 지구에 머무르는 것은 일시적이라서 얼마 동안이 될지는 알 수가 없다. 따라서 '일시적으로 머물다 가는 사람'의 의미를 갖는 visitor(방문자)가 적절하다. frontier : 개척자

구문 분석

7행 ~; they don't want to **admit** [that man has**n't** caused **everything**].

▶ [   ]로 표시된 that절이 admit의 목적어 역할을 하는 명사절이다.

▶ not everything은 부분 부정을 나타내어 '모든 것을 ~한 것은 아닌'의 의미이다. 따라서 해당 부분은 '인간이 모든 것의 원인은 아니라는 것을' 정도로 해석한다.

8행 But [what we call magic] is **much** more fascinating than [what we give scientific labels to].

▶ [   ]로 표시된 두 개의 관계절이 비교 대상이다.

▶ much는 비교급(more fascinating)을 강조하여 '훨씬'으로 해석한다.

13행 But if you pick it up and put it to your ear, you **can** [hear the sea] and [learn about where we come from].

▶ [   ]로 표시된 두 개의 동사구가 and로 연결되어 조동사 can에 이어진다.

어휘 및 어구

- organism 생명체, 유기체
- purely 순전히
- term 용어, 말
- label 칭호
- interpret 해석하다
- utilitarian 실용적인
- fascinating 매력적인

03 정답 ②

한줄 해설

한줄 해설

(A) 메뚜기들은 먹이가 부족하면 '혼자' 살고자 한다.
(B) 상당한 비가 내려 초목이 크게 성장하면 식량 공급량이 '풍부해'진다.
(C) 거대한 떼를 지어 살면서 포식자들을 '압도하게' 된다.

해석

사막 메뚜기는 먹이원의 입수 가능성과 지역 메뚜기 개체군의 밀도에 따라 매우 다른 두 가지 방식으로 산다. 그들이 원래 사는 사막 서식지에서 보통 그렇듯이 먹이가 부족하면 메뚜기들이 위장을 위해 고안된 색채를 가지고 태어나며 <u>혼자 사는 삶</u>을 영위한다. 그러나 드물긴 하지만 상당량의 비가 내리는 기간으로 인해 초목이 크게 성장하면, 모든 것이 변한다. 처음에, 그 메뚜기들은 그저 <u>풍부한 먹이</u> 공급량을 맘껏 먹어치우면서 계속 혼자 산다. 하지만 그 여분의 초목이 죽어 없어지기 시작하면, 메뚜기들은 자신들이 (수가 많아져서) 서로 붐비게 하고 있다는 것을 알게 된다. 갑자기, 밝은 색을 띠고 함께 있기를 선호하는 새끼 메뚜기들이 태어난다. 서로를 피하고 위장과 활동하지 않는 것을 통해 포식자들로부터 몸을 숨기는 대신, 이 메뚜기들은 거대한 떼를 짓고 함께 먹이를 먹으며 순전히 숫자를 통해 자기네 포식자들을 <u>압도한다</u>.

상세 해설

(A) 사막 메뚜기는 개체군의 밀도에 따라 혼자 살거나 떼를 지어 사는데, the locusts continue to be loners라는 문맥으로 이어지므로, 가장 적절한 낱말은 solitary(혼자의)이다. social: 사회생활을 하는
(B) 개체군의 밀도가 많아지는 과정을 설명하고 있는데, 앞에서 상당한 비가 내려 초목이 크게 성장하면 자연히 메뚜기들이 먹을 먹이 공급은 많아질 것이므로, 가장 적절한 낱말은 abundant(풍족한)이다. insufficient: 불충분한
(C) 메뚜기들이 거대한 떼를 지어 자기네 포식자들을 압도한다는 의미가 되어야 문맥이 자연스러우므로, 가장 적절한 낱말은 overwhelm(압도하다)이다. overestimate: 과대평가하다

구문 분석

3행 When food is scarce, [as it usually is in their native desert habitat], locusts [are born with **coloring** {designed for camouflage}] and [lead solitary lives].

▶ 첫 번째 [ ]는 앞선 절의 내용을 부연 설명하는 삽입절이고, 대명사 it은 앞에 있는 food를 가리킨다.

▶ 두 번째와 세 번째 [ ]는 병렬 구조를 이루고 있고, locusts의 술어 역할을 한다.

▶ { }는 coloring을 수식하는 분사구이다.

8행 At first, the locusts continue to be loners, [just feasting off the abundant food supply].

▶ [ ]는 앞선 절의 내용을 부연 설명하는 분사구문으로 '~하면서'라고 해석한다.

13행 **Instead of** [avoiding one another] and [hiding from predators through camouflage and inactivity], **these locusts** [gather in vast groups], [feed together], and [overwhelm their predators simply through numbers].

▶ 첫 번째와 두 번째 [ ]는 Instead of에 공통으로 연결된 동명사구이다.

▶ 세 번째, 네 번째, 다섯 번째 [ ]는 these locusts의 술어 역할을 하며 병렬 구조를 이루고 있다.

어휘 및 어구

• remarkably 매우, 현저히
• availability 입수 가능성
• food source 식량원, 먹이원
• density 밀도
• scarce 부족한
• rare 드문, 부족한
• vegetation 초목, 식물
• loner 혼자 있는 동물[사람]
• feast off 맘껏 먹어치우다
• preference 선호
• predator 포식자
• inactivity 무활동, 움직이지 않음
• vast 거대한, 광대한

[04~05]

04 정답 ⑤

05 정답 (r)etrieval

한줄 해설

04 ⑤ 사람들에게는 마음속에 떠오르는 생생한 이야기가 통계적 정보보다 더 '사랑받는다'.

05 기억이 완전하지 않은 이유는 기억을 '다시 꺼내오는 것'에 한계가 있기 때문이다.

해석

문자의 발명 이전에, 우리 선조들은 중요한 정보를 표현하고 보존하기 위해 기억이나 스케치, 또는 음악에 의존해야 했다. 물론, 기억은 완전하지 않은데, 저장의 한계 때문이라기 보다는 차라리 회수의 차라리 한계 때문이다. 몇몇 신경 과학자들은 거의 모든 의식적 경험이 두뇌의 어느 부분에 저장된다고 믿는데, 어려운 부분은 그것을 찾아내어 다시 꺼내오는 것이다. 가끔은 꺼내오는 정보가 불완전하거나, 왜곡된 것이거나, 호도하는 것이다. 매우 제한적이고 가능성이 없는 일련의 상황을 다루는 생생한 이야기가 자주 마음속에 떠오르고, 우리가 의학적 치료나 투자, 사교계에 있는 사람들의 신뢰성에 관해 건전한 결정을 하도록 도움을 주는 데 훨씬 더 정확하기 마련인 많은 관찰에 근거한 통계적 정보를 압도해 버린다. 이야기에 대한 이런 냉대(→ 편애)는 단지 많은 인공 산물의 한 가지인데, 우리의 두뇌가 작동하는 방식의 부작용이다.

상세 해설

04 기억을 찾아내어 다시 꺼내오는 것은 쉽지 않고, 왜곡될 수 있으며, 사람들은 관찰에 근거한 통계적 정보보다 이야기에 더 많이 의존하고 신뢰한다는 내용이다. 따라서 이야기에 대한 '냉대'라는 뜻의 ⑤ disfavor는 반대 개념인 fondness(편애)로 고쳐야 한다.

05 정보의 저장이 아닌 정보를 찾아서 꺼내오는 것이 문제라고 했으므로, 빈칸에는 '회수'라는 뜻의 retrieval이 적절하다.

구문 분석

3행 Memory is not perfect, of course, but **not** because of storage limitations **so much as** retrieval limitations.

▶ ⟨not A so much as B⟩는 'A라기보다는 차라리 B'라는 뜻인데, 여기에서는 because of와 연결되어 '저장의 한계 때문이라기보다는 차라리 회수의 한계 때문이다'로 해석한다.

10행 **Vivid stories** [that address a very limited and unlikely set of circumstances] often **pop** to mind and **overwhelm** statistical information based on **a large number of observations** [that would be far more accurate in helping us to make sound decisions about medical treatments, investments, or the trustworthiness of people in our social world].

▶ 첫 번째 [ ]는 Vivid stories를 수식하는 관계절이고, 병렬 구조로 연결된 pop과 overwhelm이 문장의 동사이다.

▶ 두 번째 [ ]는 a large number of observations를 수식하는 관계절로 뒤에서부터 해석하여 '우리가 의학적 치료나 투자, 사교계에 있는 사람들의 신뢰성에 관해 건전한 결정을 하도록 도움을 주는 데 훨씬 더 정확하기 마련인'으로 해석한다.

어휘 및 어구

• prior to ~ 이전에
• encode 표현하다, 암호로 바꾸다
• preserve 보존하다
• limitation 한계, 제한
• neuroscientist 신경 과학자
• conscious 의식적인, 의식의
• circumstance 상황, 환경
• overwhelm 압도하다
• statistical 통계적인, 통계의
• observation 관찰
• accurate 정확한
• treatment 치료
• investment 투자
• trustworthiness 신뢰성, 신용
• artifact 인공 산물, 인공물
• side effect 부작용

06 정답 ④

④ 연구 일지의 폐기 시점은 프로젝트 완료 직후가 되어야 한다.

해석

생체 의학 연구에서, 가장 중요한 목표는 신체적 피해 그리고/또는 심리적 상처로부터 피실험자를 보호하는 것이다. 사회 연구에서도, 인간인 피실험자의 사생활을 보호하고 그 사람의 신원을 확인할 수 있는 모든 기록의 비밀을 유지하려는 주요한 배려가 있다. 중요한 것을 우리가 알고 있다고 추정할 수는 없지만, 잠재적 피실험자들은 비밀이 유지되기를 원할 것이고, 연구자들은 민감한 사안에 대한 개인적인 그리고 공동체의 규범을 고려하고 그런 다음 민감하게 간주되는 어떤 것이든 보호받게 되리라는 확신을 위해 적절한 조치를 취하는 쪽으로 신중하게 나아가야 한다. 사생활을 보호하고 비밀을 보장하는 한 가지 공통된 방법은 연구 일지와 연구에 의해 생산되는 어느 보고서에 있는 사람들을 묘사할 때 숫자나 가명과 같은 암호를 사용하는 것이다. 연구자는 또한 자신의 일지가 반드시 안전한 장소에 보관되도록 할 수 있거나, 프로젝트 시작(→ 완료) 직후 폐기되도록 할 수도 있다. (예를 들어, 테이프 그리고/또는 인터뷰를 글로 옮긴 것과 같은) 연구 기록의 사본을 그 기록에 근거한 어떤 결과물의 출판 이전에 허락을 위해 피실험자에게 돌려줄 수 있다.

상세 해설

생체 의학 연구에서의 피실험자의 사생활 보호에 관한 글이다. 사생활 보호를 위해서는 연구 일지의 폐기가 꼭 필요한데, 그 시점은 당연히 연구의 시작 지점이 아닌 완료 시점이 되어야 할 것이므로 '시작, 초기'라는 뜻의 ④ initiation은 '완료, 종료'라는 뜻의 completion으로 고쳐야 한다.

구문 분석

6행 Although we cannot presume to know **what matters**, [potential subjects will want to be kept confidential], [researchers must proceed carefully to {take into account personal and community norms regarding sensitive matters}, and then {take appropriate **steps** ⟨to assure that anything deemed sensitive will be protected⟩}].
  ▶ what matters는 know의 목적어로 쓰인 명사절로 '중요한 것'이라는 뜻으로 해석한다.
  ▶ 두 개의 [ ]는 병렬 구조의 형태인데, 접속사 and가 생략된 것으로 볼 수 있다.
  ▶ 두 개의 { }는 병렬 구조를 이루고 있고, ⟨ ⟩는 steps를 수식하는 형용사적 용법으로 쓰이고 있다.

12행 **One common way** [to {protect privacy} and {ensure confidentiality}] is [to use codes — numbers or pseudonyms] — **when describing** people in field notes and in any reports generated by the research.
  ▶ 첫 번째 [ ]는 One common way를 수식하며 두 개의 { }가 병렬 구조를 이루며 to에 연결되어 있다..
  ▶ 세 번째 [ ]는 is의 보어로 쓰였으며 '~하는 것'이라는 뜻이다.
  ▶ when describing은 분사구문에서 접속사 when을 명시적으로 표현한 구조로 볼 수 있는데, '~을 묘사할 때'와 같이 접속사의 의미를 살려 해석한다.

어휘 및 어구

- biomedical 생체 의학의
- injury 상처, 부상
- safeguard 보호하다
- presume 추정하다, 여기다
- proceed 나아가다, 진행하다
- take steps 조치를 취하다
- deem 간주하다, 여기다
- initiation 시작
- publication 출판
- subject 피실험자
- concern 배려, 염려, 관심사
- confidentiality 비밀, 비밀리
- potential 잠재적인
- take into account ~을 고려하다
- assure 보장하다
- pseudonym 가명, 필명
- transcript 글로 옮긴 것

07 정답 ④

한줄 해설

(A) 어떤 종의 도입은 생태계에 '예상하지 못한' 방법으로 피해를 준다.
(B) 우리는 이전의 '풍부한' 경험으로 위험을 예상하는 법을 배웠다.
(C) 종의 도입으로 인해 '손해가 크게' 될지 말지를 예측하는 것은 어렵다.

해석

우리는 오늘날 많은 예들로부터 어떤 종의 도입이 자주 생태계에 예상하지 못한 방법으로 피해를 준다는 것을 깨닫는다. 그래서 여러분이 방문객이나 귀국인으로 호주나 미국으로 갈 때, 오늘날 이민국 직원으로부터 여러분이 듣는 첫 번째 질문들 중 하나는 여러분이 식물이나 씨앗, 또는 동물을 소지하고 있는가이다. 그것은 그들이 도망쳐서 정착하는 위험을 줄이기 위한 것이다. 우리는 이전의 풍부한 경험으로부터 최소한 종을 도입하는 것의 잠재적 위험을 (항상 그런 것은 아니지만 종종) 예상하는 법을 이제는 배웠다. 그러나 (어떤 종의) 도입이 실제로 정착하고, 성공적으로 정착한 (어떤 종의) 도입이 손해가 큰 것으로 밝혀질지, 그리고 왜 다른 종들은 환경에 그렇게 큰 손해를 미치지 않는지를 예측하는 것은 전문적인 생태학자에게도 여전히 어렵다. 그러므로 우리는 20세기의 실패한 도입의 경험이 부족한 상황에서, 19세기의 호주 사람들이 토끼와 여우의 영향을 예상하지 못했던 것에 대해 놀라면 정말 안 된다.

상세 해설

(A) 오늘날 우리가 특정한 종이 생태계를 손상시킬 수 있다는 점을 예상하지 못하는 경우가 있었다는 점을 깨닫는다는 내용이므로, unexpected(예상하지 못한)를 쓰는 것이 적절하다. anticipated : 예견된
(B) 과거의 경험이 현재의 우리에게 풍부하여 잠재력 위험을 예상할 수 있다는 내용으로, abundant(풍부한)를 쓰는 것이 적절하다. scarce : 드물게, 부족한
(C) 어떤 종이 정착할 것이고, 그 정착한 종이 얼마나 손해를 줄 것인지, 다른 종들은 왜 손해를 끼치지 않는지를 예측하는 것은 여전히 어렵다는 내용이므로, disastrous(손해가 큰)를 쓰는 것이 적절하다. profitable : 이익이 되는

구문 분석

11행 But **it's** still difficult even **for professional ecologists to predict** [which introductions will actually become established], [which established successful introductions will prove disastrous], and [why other species don't do such harm on the environment].
  ▶ it은 형식상의 주어이고, to predict 이하가 내용상의 주어이며, for the professional ecologists가 to부정사의 의미상 주어이다.
  ▶ predict의 목적어는 [ ]로 표시된 세 개의 의문사절이다.

16행 Hence we really shouldn't be surprised that **19th century Australians**, [lacking the 20th century's experience of unsuccessful introductions], **failed to anticipate** the effects of rabbits and foxes.
  ▶ that절의 주어는 19th century Australians이고, 동사는 failed to anticipate이다.
  ▶ 분사구문에는 상황을 나타내는 의미가 있는데, [ ] 안의 lacking은 '부족한 상황에서[부족해서]'의 의미를 나타낸다.

어휘 및 어구

- ecosystem 생태계
- establish 정착하다, 자리잡다
- anticcipate 예상하다
- lack 부족하다
- immigration 이민
- prior 이전의
- potential 잠재적인

08 정답 ④

한줄 해설

④ 신입생 자리를 파는 것은 대학의 고결성을 좀먹는다.

해석

우리가 모든 것을 판매하도록 내놓는 것을 주저하는 이유는 설명하기가 어렵다. 그것은 불평등과 공정함에 관한 것이 아니라 시장이 (가치를) 부식하는 경향에 관한 것이다. 인생의 좋은 것들에 가격을 붙이는 것은 그것들을 타락시킬 수 있다. 그것은 시장이 상품을 배분하기만 하는 것이 아니기 때문이다. 그들은 또한 교환되는 상품에 대한 특정한 태도를 조장한다. 어린이들에게 책을 읽도록 돈을 주는 것은 그들을 더 읽도록 만들겠지만, 또한 그들이 독서를 고유한 만족감의 원천으로서가 아니라 일종의 잡일로 여기도록 가르친다. 대학의 신입생 자리를 경매에 붙여 최고 입찰자에게 파는 것은 수입을 증가시키겠지만, 대학의 고결성과 학위의 가치를 또한 강화한다(→ 좀먹는다). 우리의 전쟁에서 싸우도록 외국인 용병을 고용하는 것은 우리 국민의 목숨을 살릴 수는 있겠지만, 시민 의식의 의미를 오염시킨다. 경제학자들은 시장이 (능동적인) 기력이 없으며, 그것이 교환하는 상품에 영향을 주지 않는다고 자주 추정한다. 그러나 그것은 사실이 아니다. 시장은 흔적을 남긴다. 가끔 시장 가치는 신경 써야 할 비시장적 가치를 몰아낸다.

상세 해설

④ 대학 신입생 자리를 팔게 되면 대학의 고결성과 가치가 하락하므로, reinforce(강화하다)는 erode(좀먹다) 등으로 고쳐야 한다.

구문 분석

2행 It is **not** about inequality and fairness **but** about the corrosive tendency of markets.

▶ 〈not A but B〉 구문은 'A가 아니라 B'의 의미를 나타내므로, '그것은 불평등과 공정함에 관한 것이 아니라 시장이 (가치를) 부식하는 경향에 관한 것'으로 해석한다.

7행 Paying kids to read books might **get** them **to read** more, but also teach them to regard reading as a chore rather than a source of intrinsic satisfaction.

▶ get이 '~시키다, ~하게 하다'의 의미로 사용되면 목적 보어로 to부정사가 온다.

13행 Hiring foreign mercenaries to fight our wars **might** spare the lives of our citizens but corrupt the meaning of citizenship.

▶ might는 may보다 더 완곡한 의미로 사용되며 양보의 뉘앙스가 있다. 여기에서도 '목숨을 살릴 수는 있겠지만'의 의미를 나타낸다.

어휘 및 어구

- hesitate 주저하다, 망설이다
- fairness 공정함
- corrupt 타락시키다, 오염시키다
- chore 잡일
- auction 경매에 붙이다
- revenue 수입
- diploma 학위
- crowd out ~을 몰아내다
- inequality 불평등
- corrosive 부식성의
- allocate 배분하다
- intrinsic 고유한, 본질적인
- bidder 입찰자
- integrity 고결성, 성실성
- inert 기력이 없는, 생기가 없는

해석

2001년에 Wayne 주립 대학의 연구자들은 한 무리의 대학생 지원자들에게 20분간 러닝머신, 고정 자전거, 그리고 스테퍼 이렇게 세 가지 운동 기구에서 각자 자신이 선택한 속도로 운동하도록 요청했다. 심박수, 산소 소모, 그리고 인지된 운동 강도가 이 모든 세 가지 운동이 이루어지는 내내 측정되었다. 연구자들은 실험 대상자들이 각각의 활동에서 무의식적으로 상대적으로 같은 생리적 강도를 목표로 한다는 것을 발견하리라고 예상했다. 어쩌면 그들은 어떤 기계를 사용하고 있는지와 상관없이 최대 심박수의 65퍼센트로 무의식적으로 운동할 것이었다. 혹은 어쩌면 그들은 세 가지 운동 모두에서 최대 산소 소모 속도의 70퍼센트라는 리듬에 본능적으로 자리잡을 것이었다. 그러나 그런 일은 일어나지 않았다. 사실, 세 가지 훈련법에서 심박수와 산소 소모 측정에는 일관성이 없었다. 대신, 실험 대상자들이 러닝머신, 자전거, 그리고 스테퍼에서 같은 수준의 인지된 운동 강도를 선택했다는 것이 밝혀졌다.

상세 해설

(A) 실험 대상자들에게 각각의 운동에서 속도 선택권을 부여했지만 각각의 운동에서 그들이 무의식적으로 같은 생리적 강도를 목표로 할 것으로 기대했다는 내용으로, self-selected(자신이 선택한)가 적절하다. preset : 미리 정해진[설치된]

(B) 앞 문장에서 언급하고 있는 실험의 가정에 대한 구체적인 예시에 해당하는 문장이므로 unconsciously와 같은 문맥으로 쓰인 automatically(무의식적으로, 자동적으로)가 적절하다. intentionally : 의도적으로

(C) 실험의 가정이나 예상했던 것과는 달리, 실험 대상자들은 각각의 운동에서 같은 생리적 강도를 목표로 하지 않고 같은 수준의 인지된 운동 강도를 선택했으므로 생리적 강도를 보여주는 수치에서는 일관성이 없게 된다. 따라서 consistency(일관성)가 적절하다. variation : 차이

구문 분석

7행 The researchers expected to find [that the subjects unconsciously targeted the same relative physiological intensity in each activity].

▶ [   ]는 find의 목적어 역할을 하는 명사절이다. 앞의 expected to find와 연결되어 '~을 발견하리라고 예상했다'라고 해석한다.

9행 Perhaps they would automatically exercise at 65 percent of their maximum heart rate regardless of [**which** machine they were using].

▶ [   ]는 regardless of의 목적어 역할을 하는 명사절이다.

▶ [   ] 안의 which는 machine을 수식하는 의문형용사로 [   ]는 '그들은 어떤 기계를 사용하고 있는지'라고 해석한다.

어휘 및 어구

- volunteer 자원자; 자원하다
- stationary bike 고정 자전거, 페달 밟기 운동 기구
- stair climber 스테퍼(계단 오르기 운동 기구)
- measurement 측정
- unconsciously 무의식적으로
- intensity 강도
- instinctively 본능적으로
- discipline 훈련법, 종목
- subject 실험 대상자
- relative 상대적인
- regardless of ~와 상관없이
- settle into ~에 자리잡다

09 정답 ⑤

한줄 해설

(A) 속도에 대한 별도의 지시가 없는 '자신이 선택한' 속도로 운동했다.
(B) 같은 생리적 강도를 '무의식적으로' 목표로 할 것이라 예상했다.
(C) 사실 같은 생리학적 강도를 목표로 하지 않고 '일관성'이 없었다.

10 정답 ②

한줄 해설

② 인간을 인지적 구두쇠로 표현하고 있다.

해석

여러분은 인간이 사고하는 것에 준비가 잘 되어 있기에 사고하는 것을 좋아하고, 자신의 모든 자유 시간을 사고하는 데 쓸 거라고 기대할지도 모른다. 이것

은 확실히 사실이 아니다. 연구자들은 사람들이 자주 사고하는 것에 게으르거나 무관심한 것처럼 보인다는 것을 알아냈다. 사회심리학자들은 사람들이 필요 이상으로 많이 사고하기를 기꺼이 한다는(→꺼린다는) 것을 설명하기 위해 '인지적 구두쇠'라는 용어를 사용한다. 구두쇠가 돈 쓰기를 피하려고 하는 것처럼, 인지적 구두쇠도 너무 골똘히 또는 너무 많이 사고하는 것을 피하려고 한다. 물론, 이것은 전적으로 게으름의 문제는 아니다. 사고는 노력을 요한다. 사람들의 사고력은 비록 대부분 동물의 사고력보다는 더 크지만, 제한적이고, 따라서 사람들은 자신들의 사고를 아껴야 한다. 사고 능력을 이미 (다른 일에) 몰두하고 있을 때, 사고에 대한 추가적인 필요를 줄이기 위해 사람들은 훨씬 더 많은 지름길을 택한다는 충분한 증거가 있다.

상세 해설

인간은 사실상 인지적 구두쇠이며 인간이 실제로는 사고하기를 좋아하지 않는다는 내용이므로, '기꺼이 함'이라는 뜻의 ② willingness는 반대 개념인 reluctance(꺼림)로 고쳐야 한다.

지문구성

도입(통념)	인간은 사고를 좋아할 것이라는 기대를 함
비 판	인간은 사고하는 것에 게으르거나 무관심함
논 거	사고는 노력을 요하는데, 인간은 사고의 노력을 줄이고 싶어 함

구문 분석

1행 You might expect [that because humans are well equipped to think, they {would love to think} and {would spend all their free time doing it}].

▶ [   ]는 expect의 목적어로 쓰인 명사절이다.
▶ 두 개의 {   }는 접속사 and를 중심으로 병렬 구조를 이루고 있다

13행 There is **ample evidence** [that {when people's capacity for thinking is already preoccupied}, they take even more shortcuts to reduce further need for thought].

▶ [   ]는 ample evidence와 동격 관계이고, {   }는 동격절에 부속된 부사절이다.

어휘 및 어구

• equip 준비하다
• cognitive 인지적인
• entirely 전적으로, 완전히
• conserve 아끼다, 보존하다
• evidence 증거
• shortcut 지름길

• term 용어
• miser 구두쇠
• capacity 능력, 용량
• ample 충분한, 풍부한
• preoccupied 몰두한, 마음을 빼앗긴

11 정답 ③

한줄 해설

(A) 하위문화의 차이점은 이제 관심과 세심한 배려를 '받고 있다'.
(B) 백인 남성 외의 노동 인구가 점점 더 '중요한' 부분을 차지하고 있다.
(C) 능력, 성격, 동기는 '개인적인' 차이이다.

해석

미국과 캐나다의 사회 문화 내에서, 한때 많은 관리자들이 무시했던 하위문화의 차이점은 이제 관심과 세심한 배려를 받고 있다. 역사적으로, 미국의 노동 인구는 주로 백인 남성으로 구성되어 왔다. 그러나 오늘날 백인 남성은 미국 내 기업체 신입 사원 비율에서 50퍼센트보다 훨씬 적은 비율을 형성하는 반면에, 여성, 아프리카계 미국인, 라틴 아메리카계 및 아시아 남성이 미국 노동 인구에서 점점 더 중요한 부분을 차지하고 있다. 게다가, 지난 20년 사이에 미국 노동 인구에서 관리직을 맡은 여성과 소수 민족 출신의 사람들의 수가 25퍼센트 넘게 늘어났다. 관리자가 능력, 성격, 그리고 동기의 개인적인 차이에서 비롯되는 어

려운 문제에 관해 알고 그에 대응할 준비를 갖추는 것이 훨씬 더 중요해지고 있고, 계속해서 중요해질 것이다. 아주 작은 조직 행동의 하위 분야에서 비롯된 이러한 차이들이 직장에 가져오는 결과에 대해 아는 것은 이런 점에서 관리자에게 도움을 줄 수 있다.

상세 해설

(A) 한때 하위문화의 차이점이 무시되었다는 언급이 나온 다음, 뒤에서 그 상황이 바뀐 것을 언급하고 있으므로 command(받다)를 쓰는 것이 적절하다. refuse : 거부하다
(B) 여성, 아프리카계 미국인, 라틴 아메리카계, 아시아 남성의 비중이 커진다는 내용이므로 significant(중요한)를 쓰는 것이 적절하다. trivial : 사소한
(C) 개인적인 차이가 뒤에 언급되고 있으므로 individual(개인적인)을 쓰는 것이 적절하다. collective : 집단적인, 총체적인

지문 구성

도입(요지)	미국과 캐나다에서 하위문화의 차이점이 많은 관심을 받고 있다.
사례 1	노동 인구에서 백인 남성의 비율은 내려가고 소수자 비율이 올라갔다.
사례 2	노동 인구의 관리직 분야에서 여성과 소수 민족 비율이 올라갔다.
결론 (시사점)	이에 대한 관리자의 자세 변화가 필요하다.

구문 분석

5행 Today, however, white males make up far less than 50 percent of business new hires in the United States, [whereas {women and African American, Hispanic, and Asian men} account for increasingly significant segments of the U.S. workforce].

▶ [   ]는 대조를 나타내는 절이다. {   }는 whereas로 시작하는 절의 주어이다.

13행 **It** is becoming — and will continue to become — even more important for managers [**to know** about and **be** ready to respond to the challenges deriving from individual differences in abilities, personalities, and motives].

▶ It은 형식상 주어이고, [   ]는 내용상의 주어이다. to 다음에 know와 be가 병렬 구조로 연결되어 있다.

17행 [Knowledge about the workplace consequences of these differences, {drawn from the subfield of micro organizational behavior}], can provide managers with help in this regard.

▶ [   ]로 표시된 명사구가 문장의 주어이다.
▶ {   }는 Knowledge ~ differences를 부연 설명하는 분사구이다.

어휘 및 어구

• societal 사회의
• sensitivity 세심함, 감수성
• consist of ~로 구성되다
• new hire 신입 사원
• increasingly 점점 더
• assume (역할·임무 등을) 맡다
• respond to ~에 대응하다
• motive 동기
• in this regard 이런 점에서

• subcultural 하위문화의
• workforce 노동 인구
• primarily 주로
• account for ~을 차지하다
• minority 소수 집단
• managerial position 관리직
• derive from ~에서 비롯되다
• consequence 결과

12 정답 ②

한줄 해설

(A) 유치원 교실의 배치가 보여 주는 특징은 '다양성'이다.
(B) 언어와 수학에만 초점을 맞추는 식의 아동 인지발달 개념은 '단일한' 관점을 취하는 것이다.

(C) 언어와 수학(논리) 이외의 분야에서 자신의 강점이 '인식되지 않으면' 교육 시스템에서 소외될 수 있다.

해석

일반적인 유치원 교실에 들어가 보라. 그러면 무엇을 발견할 것 같은가? 무엇보다도 미술 탁자, 자연 영역, 블록, 수학 영역, 독서 코너, 그리고 작문 탁자와 같은 다양한 학습 센터와 자료들을 발견할 것이다. 이러한 배치에서 시사되는 다양성에도 불구하고, 아동 인지 발달에 대한 평가의 많은 부분은 두 가지 상징 영역, 즉 언어와 수학에 초점을 맞추어 왔다. 이러한 발달 개념은 인간 정신에 대해 단일한 관점을 취하는 지능에 대한 전통적 개념에 근거하고 있다. 이러한 모델은 학교에서 학생들이 인식되는 방식뿐만 아니라 지능에 대한 일반적인 서양의 사고방식에 지대한 영향을 미쳐 왔다. 언어와 논리에 능력을 보이지 않는 아동은 자주 학교에서 실패할 위험에 처해 있는 것으로 인식된다. 이러한 아이들 중 일부는 다른 분야에서 자신들의 강점이 인식되지 않으면 결국 교육 시스템에서 소외될 수 있다.

상세 해설

(A) 유치원 교실에 배치된 미술 탁자, 자연 영역, 블록, 수학 영역, 독서 코너, 작문 탁자와 같은 학습 센터와 자료들이 시사하는 것은 다양성일 것이므로 '다양성'이라는 뜻의 diversity가 적절하다. universality : 보편성
(B) 아동 인지 발달에 대해 두 가지의 상징 영역인 언어와 수학에 초점을 맞추는 것은 인간의 지능을 한 가지 잣대로만 평가하려는 전통적인 개념에 근거한 것이다. 따라서 '단일한'이라는 뜻의 unitary가 적절하다. complex : 복잡한
(C) 전통적인 지능 개념이 주도하는 교육 시스템에서는, 학생들이 언어와 논리에 능력을 보이지 못하고 이외의 분야에서 자신의 강점이 교사에 의해 인식되지 않으면, 그 시스템에서 소외될 수 있다. 따라서 '인식되지 않은'이라는 뜻인 unrecognized가 적절하다. noticeable : 두드러진

구문 분석

11행 This model has had enormous impact **not just** on the way children are viewed in school **but** on Western thinking about intelligence in general.

▶ not just ~ but (also) … : ~뿐만 아니라 …도

14행 [**Children** {who do not exhibit competence in language and logic}] are often identified as at-risk for school failure.

▶ [　　]로 표시된 명사구가 문장의 주어이다.
▶ {　　}로 표시된 관계절이 Children을 수식하여 명사구가 확장된다.

어휘 및 어구

- arrangement 배치
- cognitive 인지적인
- notion 개념
- exhibit 보이다, 전시하다
- at-risk 위험에 처한
- fall through the cracks (부주의로) 소외되다, 간과되다
- strength 강점, 힘
- assessment 평가
- conception 개념, 구상
- enormous 지대한, 막대한
- competence 능력
- eventually 결국

[13~14]

13 정답 ④

14 정답 (d)emocratic

한줄 해설

13 ④ 인터넷은 어느 누구에게도 교육의 문을 '열어준다'.
14 인터넷은 교육을 '민주적'으로 만들 수 있다.

해석

세계의 대부분은 소수의 사람에게 제공되는 교육에 접근하지 못한다. 교육의 기회를 가진 모든 Albert Einstein, Yo-Yo Ma, 또는 Barack Obama와 같은 사람들에 비해, 결코 기회를 얻지 못하는 셀 수 없을 정도로 많은 다른 사람들이 있다. 이러한 재주 있는 사람들의 엄청난 낭비는 바로 경제 생산량의 감소로 바뀐다. 경제적 파멸이 흔히 (사회 전체의) 와해와 연관되는 세계에서, 사회는 그것이 가지고 있는 모든 인적 자본을 활용하는 것이 가장 현명하다. 인터넷은 컴퓨터에 접할 수 있는 어느 누구에게도 교육의 문을 제한한다(→ 열어 준다). 이것이 늘 작은 일은 아니지만, 실행 가능성만으로도 경기장(일련의 경쟁 여건)은 재정의된다. 지구의 어디에서든지 동기 부여를 받은 십 대는 Wikipedia에서부터 MIT의 OpenCourseWare의 교육과정에 이르기까지 세계의 지식을 두루 섭렵할 수 있다.

상세 해설

13 인터넷이 교육 기회를 얻지 못하는 전 세계의 많은 사람들에게 기회를 제공하고 있다는 내용이므로, ④ limits를 opens 정도로 고쳐야 한다.

14 빈칸 단어의 뜻은 '광범위한 대규모의 사람들과 연관되거나, (사람들에게) 호소하거나, 이용가능한'이란 뜻이므로 d로 시작하는 단어인 democratic(민주적인)을 빈칸에 넣어 이 글의 요지를 '인터넷이 교육을 민주적인 것으로 만들 수 있다.'라고 완성한다.

지문 구성

문제 제기	교육 기회의 결여 → 경제 생산량 감소
요 지	인터넷이 평등한 교육 기회를 제공할 수 있다.
부연 설명	인터넷을 통해 경쟁 여건이 재정의되고, 동기 부여가 되어 있다면 누구라도 교육 기회를 얻을 수 있다.

구문 분석

1행 Most of the world does not have access to **the education** [afforded to a small minority].

▶ [　　]로 표시된 분사구가 the education을 수식한다. the education이 제공하는 동작의 대상이므로 과거분사 afforded를 사용했다.

6행 In **a world** [where economic ruin is often tied to collapse], societies are well advised to exploit **all the human capital** [they have].

▶ 첫 번째 [　　]는 선행사인 a world를 수식하는 관계절이다.
▶ 두 번째 [　　]는 all the human capital을 수식하는 관계절인데, 관계절 내에서 have의 목적어 역할을 하는 목적격 관계대명사가 생략되었다.

어휘 및 어구

- afford 제공하다
- talent 재주 있는 사람, 인재
- output 생산량
- collapse 와해, 붕괴
- exploit 활용하다
- get one's hands on ~을 손에 넣다
- redefine 재정의하다
- motivated 동기가 부여된
- uncountable 셀 수 없을 정도로 많은
- translate into ~로 바뀌다
- ruin 파멸, 붕괴
- well advised 가장 현명한[분별 있는]
- human capital 인적 자본
- trivial 작은, 사소한
- playing field 경기장(일련의 경쟁 여건)

01 ⑤   **02** ②   **03** ①   **04** ④

05 how to improve our lives

01 정답 ⑤

한줄 해설

trial → unanswered question → divide, give ~ treatment → analyze ~ the outcome의 흐름을 파악했다면 정답을 찾을 수 있다.

해석

뭔가가 잘 될 것인지 아닌지를 알고 싶을 때, 우리는 실험을 한다. 이것은 매우 단순한 과정이며 어떤 종류의 실험에 첫 번째로 기록된 어떤 형태의 시도는 성경에 있다. (관심이 있다면, 다니엘서 1장 12절을 보라.) (C) 실험을 하려면, 예를 들어, '조산아를 분만하려고 하는 여성에게 스테로이드를 주는 것이 그 아기가 건강하게 태어날 확률을 증가시키는가?'와 같은 해답이 나오지 않은 질문이 필요하다. 그런 다음 여러분은 연관된 참여자들을 찾아야 하는데, 이런 경우에는 조산아를 막 분만하려는 산모들이다. (B) 여러분은 합리적인 참여자 수가 필요한데, 이 실험에는 2백 명이라고 하자. 그런 다음, 여러분은 그들을 무작위로 두 집단으로 나누고, 한 집단의 산모들에게는 현재의 최고의 치료법(그것이 여러분의 마을에서 무엇이든)을 제공하는 반면, 다른 집단의 산모들에게는 현재의 최고의 치료법에 스테로이드를 추가하여 제공한다. (A) 2백 명의 여성 모두가 여러분의 실험을 거치면, 여러분은 각각의 집단에서 얼마나 많은 건강한 아기가 태어났는지를 센다. 그런 다음 여러분은 무엇이 결과에 영향을 주었는지 분석하고 관련 없는 요인들을 제거한다.

상세 해설

주어진 글은 어떤 것이 사실인지 여부를 알려면 실험을 하면 된다는 내용으로, 구체적인 예시를 다룬 (C)가 이어진다. 그다음 (B)에서 실험 절차를 제시한 후, (A)에서 그 결과를 분석하면 된다는 내용으로 이어지는 것이 가장 적절한 글의 순서이다.

구문 분석

1행 When we want to find out **whether** something works **or not**, we do a trial.

▶ ⟨whether ~ or not⟩은 '~인지 아닌지'의 의미로 명사절을 이끈다. 여기에서는 find out의 목적어로 사용되었다.

11행 Then you **divide** them into two groups at random and **give** the mothers in one group the current best treatment (**whatever** that is in your town), while the mothers in the other group get current best treatment plus some steroids.

▶ 등위접속사 and를 중심으로 divide와 give가 병렬 구조를 이루어 연결되어 있다.

▶ whatever ~는 '~한 것이면 무엇이든'의 의미로 사용되었다.

어휘 및 어구

- trial 실험
- analyze 분석하다
- at random 무작위로
- unanswered 해답[대답]이 나오지 않은
- premature baby 조산아
- count up ~을 세다
- factor 요인, 요소
- steroid 스테로이드
- deliver 분만하다, (아이를) 낳다

02 정답 ②

한줄 해설

'어업의 의의 → 상업적 어업 → 상업적 어업의 한계'의 흐름을 파악했다면 정답을 찾을 수 있다.

해석

어업은 가장 명백한, 바다에 기초를 둔 경제 활동이다. 많은 해안 지역에 사는 사람들은 어업으로 먹고 살고, 물고기와 조개류는 그들의 주식을 구성한다. (B) 사실, 전 세계적으로 약 십억의 사람들이 그들의 동물성 단백질의 주요 공급원으로 물고기에 의존한다. 어업을 경제활동으로 볼 때, 세계 어업의 가장 큰 부분은 상업적 어업이다. (A) 상업적 어부들에 의해 잡히는 물고기는 연어, 참치, 조개 그리고 오징어와 같이 다른 먹을 수 있는 종을 포함한다. 소비자들은 이러한 해산물을 전 세계의 식료품점, 식당, 그리고 마을 시장에서 사는 데 익숙하다. (C) 하지만, 공급은 무한하지 않다. 세계 인구가 증가하면서, 수산물에 대한 수요가 물고기 개체수에 강한 압력을 주고 있다. 전 세계 바다에서의 어획량이 2003년 8천 1백만 톤에서 2010년 1억 4천 8백만 톤으로 늘어났다.

상세 해설

경제 활동으로서의 어업의 의의를 설명하는 내용인 주어진 글 다음에, 그 의미를 더 자세히 설명하면서 상업적 어업을 도입하는 내용인 (B)가 이어지고, 상업적 어업의 내용을 구체적으로 설명하는 내용인 (A)가 온 후, 수산물의 수요에 비해 공급이 부족한 현실을 설명하는 내용인 (C)가 이어지는 것이 가장 적절한 글의 순서이다.

구문 분석

7행 Consumers **are used to** [**buying** these seafoods in grocery stores, restaurants, and village markets around the world].

▶ be used to+-ing: ~하는 데 익숙하다

▶ [ ]로 표시된 동명사구는 전치사 to의 목적어 역할을 한다.

11행 In terms of fishing as an economic activity, [the largest segment of world fisheries] is commercial fishing.

▶ [ ]로 표시된 명사구가 문장의 주어부이고 주어는 segment이므로 단수 동사 is와 수 일치한다.

어휘 및 어구

- obvious 명백한
- make up ~을 구성하다
- edible 먹을 수 있는
- rely on ~에 의존하다
- in terms of ~의 관점에서
- fishery 어업, 어장
- swell 증가하다, 부풀다
- intense 강한
- coastal 해안의
- commercial 상업적인
- squid 오징어
- protein 단백질
- segment 부분
- infinite 무한한
- demand 수요

03 정답 ①

한줄 해설

However → set of historical circumstances → In other words 등의 논리적 단서를 이용하여 글의 순서를 추론한다.

해석

한 사회의 경제 발전, 정치 구조, 그리고 사회 문화적 가치 체계에 미치는 직접적인 영향은 과학기술의 덕분으로 여겨진다. (A) 하지만 이러한 관점이 인정하는 것처럼 보이지 않는 것은 과학기술이 그 과학기술을 형성하고 정의하는 일련의 특정한 역사적 상황에 의해 생겨난다는 것이다. (C) 과학기술과 사회 사이의 관계를 효과적으로 이해하고자 한다면, 그 일련의 역사적 상황을 이해해야만 한다. 통념과는 반대로, 과학기술은 정치적으로 중립적이거나 가치로부터 자유로움지 않는데, 즉 과학기술은 확실히 어느 한 사회의 사회 문화적 구조와 의사소통 유형을 결정한다. (B) 다시 말해서, 서양 과학기술은 서양 문화의 양상들을 동시에 받아들이지 않고는 채택될 수 없다. 내 생각에, 과학과 기술은 그것들이 그럴 것이라고 기대되었던 단순한 도구를 훨씬 넘어서는 것이며, 그것들은 차용되거나 구매될 수 없다.

과학기술이 경제 발전, 정치 구조, 사회 문화적 가치 체계에 직접적인 영향을 끼친다는 주어진 글 다음에, 그러한 관점에 대한 반론으로 과학기술도 일련의 특정한 역사적 상황에 의해 생겨난다는 것을 고려해야 한다는 내용의 (A)가 이어져야 한다. (C)의 set of historical circumstances는 (A)에서 언급한 내용을 가리키므로 (A) 다음에는 (C)가 와야 한다. (B)에서 (C)의 마지막에 언급된 내용을 재진술한 후, 필자의 의견을 제시하고 있으므로 (B)가 글의 마지막에 와야 한다.

1행 [To technology] is attributed [a direct impact on the economic development, the political organization, and socio-cultural value system of a society].
▶ 전치사구에 해당하는 첫 번째 [　]가 문장의 맨 앞으로 나가 주어와 동사가 도치되었다.
▶ 두 번째 [　]가 문장의 주어로, 평서문으로 기술하면 A direct impact on ~ a society is attributed to technology.로 쓸 수 있다.

4행 However, [what these perspectives don't seem to acknowledge] is [that technology is called into existence by a particular set of **historical circumstances** {that shape and define that technology}].
▶ 첫 번째 [　]는 관계절로 문장의 주어이다.
▶ 두 번째 [　]는 is의 보어로 쓰인 명사절이며, 그 안에 있는 {　}는 historical circumstances를 수식하는 관계절이다.

• attribute ~ to … ~을 …의 덕분으로 여기다
• acknowledge 인정하다
• call ~ into existence ~을 생겨나게 하다
• circumstance 상황
• take in ~을 받아들이다
• borrow 차용하다, 빌리다
• contrary to ~와 반대로
• value-free 가치로부터 자유로운
• perspective 관점
• adopt 채택하다
• instrument 도구
• comprehend 이해하다
• neutral 중립적인

[04~05]

04 정답 ④

05 정답 how to improve our lives

04 The titles → Meanwhile → And yet을 연결하여 글의 순서를 추론한다.
05 〈의문사+to부정사〉 구조를 파악한다.

서점의 심리학 (서적) 구역과 자기 개발 (서적) 구역은 지금껏 보지 못한 속도로 성장하고 있고, 서가는 압력을 못 이겨 신음하고 있다. (C) 표제는 우울증, 불안, 거식증, 과식, 분노 관리, 이혼, (대인) 관계 문제, 성 문제, 약물 중독, 알코올 중독, 자존감 저하, 외로움, 비탄, 도박 등에 걸쳐 있는데, 이름만 말하면 그것에 관한 책이 있다. (A) 한편, 텔레비전과 라디오, 그리고 잡지와 신문에서는 '전문가들'이 우리의 삶을 향상시키는 방법에 관한 조언을 매일 쏟아 낸다. 이것

이 심리학자, 정신과 의사, 결혼 및 가정 상담사, 사회복지사, 그리고 '인생 코치'의 수가 해마다 증가하는 이유이다. (B) 그렇다 하더라도, 이제 이렇게 생각해보자. 이 모든 도움과 조언 그리고 세상의 지혜에도 불구하고, 인간의 고통은 줄어들지 않고 급속히 증가하고 있다! 이 상황에 뭔가 이상이 있는 것은 아닌가?

04 주어진 글은 사람들이 심리학 서적과 자기 개발 서적을 많이 찾는다는 내용으로, (C)에서 The titles로 그 서적을 받아 서적에서 다루는 범위가 넓다는 점을 언급한 다음, (A)에서 여기에 첨가하여 많은 전문가들이 조언을 쏟아 내고 있다는 내용을 제시한 뒤, (B)에서 And yet으로 내용을 전환하여 왜 그런데도 인간의 고통이 증가하는지에 대한 의문을 제시하는 흐름으로 이어지는 것이 가장 적절한 글의 순서이다.

05 〈의문사+to부정사〉는 명사구의 역할을 하는데, 여기에서는 전치사 on의 목적어에 해당하므로 how to improve our lives의 어순으로 쓰는 것이 적절하다.

도 입	사람들은 심리학과 자기 개발에 관심이 많고 관련 서적을 많이 본다.
전 개	책은 다양한 문제들을 다룬다.
발 전	미디어와 여러 전문가들이 활발하게 활동한다.
전 환	그러나 인간의 고통은 오히려 증가하는 역설적인 상황이다.

1행 [The psychology and personal development sections of bookstores] are growing **at a rate** [never seen before], and the bookshelves are groaning under the strain.
▶ [　]는 문장의 주어이고, are growing이 동사이다.
▶ 두 번째 [　]는 a rate를 후치 수식하는 분사구이다.

8행 This is why [the numbers of psychologists, psychiatrists, marriage and family counselors, social workers and 'life coaches'] are increasing with every year.
▶ 〈This is why+주어+동사〉는 '이것은 ~하는 이유이다'라는 의미이며, [　]가 why가 이끄는 절의 주어이다.

• personal development 자기 개발
• groan 신음하다
• bombard 쏟아내다, 폭격하다
• psychiatrist 정신과 의사
• worldly 세상의, 세상 경험이 많은
• by leaps and bounds 급속도로
• anxiety 불안
• divorce 이혼
• alcoholism 알코올 중독
• grief 비탄
• section 구역
• strain 압력, 부담
• improve 향상하다
• counselor 상담사
• misery 고통, 비참
• depression 우울증
• anorexia nervosa 거식증
• addiction 중독
• self-esteem 자존감
• gambling 도박

01 글의 순서

01 ② **02** ④ **03** ② **04** ⑤

05 (1) the economic and political strength

(2) the cultural values of the community

(3) the system of patronage

(4) the apprenticeship systems

06 ⑤ **07** ① **08** ② **09** (B) **10** ②

11 the human need to organize our lives, our environment, even our thoughts

---

01 정답 ②

한줄 해설

'주장 → 반론 → 진실'의 순서로 글이 이어진다.

해석

몇 달 전 혹은 몇 년 전에 구입했지만 소문에 의하면 구입했을 때와 똑같이 보이는다는 맥도날드 햄버거에 대한 수많은 이야기가 인터넷에 포함되어 있다. 많은 사람들은 그 햄버거에 방부제가 가득 들어 있기 때문에 이것은 사실이며, 따라서 먹기에 좋지 않다고 주장한다. **(B)** 맥도날드 사(社)의 대변인에 따르면, 맥도날드 햄버거용 패티는 미국 농무부에 의해 검사를 받은 100퍼센트 쇠고기로 만들어진다. 그들의 햄버거에는 소금과 후추는 들어 있지만, 방부제나 혼합물은 들어 있지 않다. **(A)** 이것이 썩지 않는 맥도날드 햄버거에 대해 목소리를 높이는 사람들이 틀렸다는 것을 반드시 의미하지는 않는데, 왜냐하면 박테리아와 곰팡이는 특정 조건에서만 자라기 때문이다. **(C)** 식품 자체나 환경에 충분한 습기가 없다면, 햄버거는, 그것이 맥도날드의 것이든, 다른 햄버거 체인점의 것이든, 아니면 슈퍼마켓의 것이든 상관없이, 부패하지 않기 마련이다.

상세 해설

부패하지 않는 맥도날드 햄버거에 방부제가 들어 있기 때문이라는 사람들의 주장이 주어진 글에서 언급되고 있고, 이에 대한 맥도날드 사의 반론인 **(B)**가 이어지는 것이 자연스럽다. 이후에는 맥도날드 햄버거가 부패하지 않는 이유를 설명해 주어야 하는데, 박테리아와 곰팡이가 자라는 특정 조건을 언급하고 있는 **(A)**가 오고, 그 특정 조건을 다른 회사의 햄버거에도 일반화하여 결론을 내리고 있는 **(C)**가 마지막에 오는 것이 가장 적절하다.

구문 분석

1행 The Internet contains [numerous stories about **McDonald's hamburgers** {that were acquired months or years ago} {that purportedly look exactly like they **did** when they were bought}].

▶ [ ]는 contains의 목적어이다. 그 안에 { }로 표시된 두 개의 관계절의 공통 선행사는 McDonald's hamburgers이다.

▶ did는 looked를 대신하는 대동사이다.

7행 This does**n't necessarily** mean [that **those** {making the claims for the non-decaying McDonald's hamburgers} are wrong], because bacteria and mold only grow under certain conditions.

▶ ⟨not necessarily ~⟩는 부분 부정의 표현으로 '반드시 ~한 것은 아닌'의 의미이다.

▶ [ ]로 표시된 that절은 mean의 목적어 역할을 하는 명사절이다.

▶ { }로 표시된 분사구가 those를 수식하여 that절 내의 주어부를 구성하고 있다.

16행 If there is not sufficient moisture in the food itself or in the environment, [hamburger **will** not decompose], regardless of

[whether it is from McDonald's, other burger chains, or the supermarket].

▶ 첫 번째 [ ] 부분에서 will은 미래의 뜻이 아니라 경향이나 습성을 나타낸다. 따라서 해당 부분은 '햄버거는 부패하지 않기 마련이다' 정도로 해석한다.

▶ 두 번째 [ ]로 표시된 whether절은 명사절로 전치사구인 regardless of의 목적어 역할을 한다.

어휘 및 어구

- contain 포함하다
- acquire 얻다, 획득하다
- purportedly 소문에 의하면
- this is the case 이것이 사실이다
- preservative 방부제
- non-decaying 썩지 않는
- mold 곰팡이
- condition 조건
- spokesman 대변인
- inspect 검사하다
- filler (무게·양 따위를 늘리기 위해) 섞는 물건
- sufficient 충분한
- moisture 습기
- decompose 부패하다
- regardless of ~에 상관없이

---

02 정답 ④

한줄 해설

Tennessee → the sincerity and sensitivity → a marked impression → The Japanese liked that.의 흐름을 파악하면 정답을 찾을 수 있다.

해석

1970년대 후반에, 십여 개의 미국 주들이 몹시 바라던 닛산의 자동차 공장을 유치하는 일에 열심히 달려들었을 때, 승자는 테네시 주로 판명되었다. **(C)** 나중에, 그 주를 선택한 많은 이유로 위치, 노동력, 성과급 등이 있긴 했지만 테네시 주의 중개인들과 협상팀의 성실성 및 감수성, 그리고 스타일이 강력한 요소라는 것이 밝혀졌다. **(A)** 사람들의 편안한 태도, 더 느린 속도, 그리고 사적인 연락은 스타일이 거의 본질만큼 중요한 일본인들에게 강한 인상을 주었다. 예를 들어, 그 당시의 테네시 주지사였던 Lamar Alexander는 개인적으로 매력과 끈기를 갖고 일본인들의 환심을 사려 했다. **(B)** 일본인들은 그것을 좋아했다. 그들은 특히 그런 지위와 위상이 있는 누군가가 개인적으로 그들을 거듭해서 방문하려 한다는 사실을 좋아한다. 테네시 주의 닛산 (유치의) 성공과 투자는 도시바, 그리고 샤프, 일본이 소유한 브리지스톤이라는 다른 회사들로 이어졌다. 테네시 주는 미국 전체의 일본 투자의 무려 10퍼센트를 가졌다는 점을 자랑한다.

상세 해설

주어진 글에서는 닛산 자동차 공장을 유치하는 데 테네시 주가 성공했다는 내용에 이어 **(C)**에서 그 이유는 테네시 주의 중개인들과 협상팀의 인간적 면모가 중요한 역할을 했기 때문이라고 설명한 다음, **(A)**에서 그 내용을 자세히 진술하고, **(B)**에서 뒤이어 다른 일본 회사들의 유치에도 성공했다는 내용으로 연결하는 것이 가장 적절하다.

지문 구성

도입(소재)	테네시 주의 닛산 자동차 공장 유치 성공
이 유	테네시 주의 중개인들과 협상팀의 인간적 매력
예 시	주지사의 개인적인 노력
결 과	일본 내 다른 회사 유치도 성공

구문 분석

5행 The easy manner of the people, the slower pace, and the personal touch made a marked impression on **the Japanese** [for whom style is almost **as** important **as** substance].

▶ [ ]는 관계절로 the Japanese를 수식한다.

▶ ⟨as+원급+as⟩는 '~만큼 ···한'의 의미인데, 여기에서는 '스타일이 거의 본질만큼 중요한'의 의미로 해석한다.

20행 Later, **it** was learned [that **while** there were many reasons for choosing that state — location, labor force, incentives — one strong factor was the sincerity and sensitivity and style of the Tennessee contacts and negotiating team].

▶ it은 형식상의 주어이고 [ ]가 내용상의 주어이다.

▶ 접속사 while은 대조의 의미를 나타낸다.

어휘 및 어구

- eagerly 열심히, 간절히, 열망하여
- much-coveted 몹시 바라던
- governor 주지사
- stature 위상, 지명도
- sincerity 성실성
- negotiate 협상하다
- pant (힘들게 일하며) 헐떡이다
- substance 본질
- court 환심을 사려고 하다
- boast 자랑하다
- sensitivity 감수성

03 정답 ②

한줄 해설

'진화의 방향 → 대구와 가자미 → 반드시 좋은 것은 아니다 → 이유'의 흐름을 파악하면 정답을 찾을 수 있다.

해석

진화는 동물이 남기는 후손들의 수를 최대화하기 위해 작용한다. 동물이 성장할 때 어로 행위에 의해 죽을 위험이 증가하는 상황에서, 진화는 천천히 성장하고, 더 어린 나이에 그리고 더 작을 때 성숙하며, 더 일찍 번식하는 것들을 선호한다. (B) 이것은 정확하게 우리가 현재 야생에서 보는 것이다. 캐나다의 St. Lawrence 만에 서식하는 대구는 현재 4세쯤이 되었을 때 번식을 시작한다. 40년 전에 그것들은 성숙기에 도달하려면 6세 혹은 7세가 될 때까지 기다려야만 했다. 북해의 가자미는 1950년에 그랬던 것에 비해 제중이 절반 정도만 되면 성숙한다. (A) 분명히 이러한 적응은 과도한 어로 행위에 의해 심한 압박을 받는 종들에게는 좋은 소식일까? 꼭 그렇지는 않다. 어린 물고기는 몸집이 큰 동물들보다 훨씬 더 적은 수의 알을 낳으며, 현재 많은 산업적 어업이 너무나도 집중적이어서 성숙기의 연령을 지나 2~3년 넘게 살아남는 동물들이 거의 없다. (C) 동시에 이 것은 미래 세대를 보장하는 알이나 유충이 더 적어진다는 것을 의미한다. 어떤 경우에는, 오늘날 생산되는 어린 동물의 양이 과거보다 백 배 혹은 심지어 천 배 까지도 더 적어서, 종의 생존, 그리고 그것들에 의존하는 어업이 심각한 위기에 처하게 된다.

상세 해설

일찍 성숙하여 번식하게 되는 쪽으로 진화하는 상황을 설명한 주어진 글 다음에, 대구와 가자미를 그 예로 들고 있는 (B)가 오고, 그것이 반드시 좋은 것만은 아니라는 내용의 (A)가 온 다음에, 왜 그것이 바람직하지 않은지 그 이유를 설명하는 (C)가 마지막에 오는 것이 가장 적절하다.

지문 구성

도입(소재)	진화의 방향
사 례	캐나다의 대구와 북해의 가자미가 조숙한 쪽으로 진화했다.
문제 제기	바람직한 방향의 진화인가?
결 과	알이나 유충이 더 적어져서 미래 세대의 개체가 줄어들 것이다.

구문 분석

2행 [Where the risk of death from fishing increases as an animal grows], evolution favors **those** [that **grow** slowly, **mature** younger and smaller, and **reproduce** earlier].

▶ 첫 번째 [ ]는 장소를 나타내는 부사절로 where는 '~한 곳에서'의 의미를 나타낸다.

▶ 두 번째 [ ]는 those를 수식하는 관계절로 grow, mature, reproduce는 선

행사 those와 연결되는 동사이다.

9행 Young fish produce many fewer eggs than large-bodied animals, and many industrial fisheries are now **so** intensive **that** few animals survive more than a couple of years beyond the age of maturity.

▶ so ~ that ... : 너무 ~해서 ...하다

20행 In some cases, the amount of young produced today is a hundred or even **a thousand times less than** in the past, [putting the survival of species, and the fisheries dependent on them, at grave risk].

▶ ~ times + 비교급 + than ... : ~보다 ...배인

▶ [ ]는 이어지는 동작을 나타내는 분사구문이다.

어휘 및 어구

- evolution 진화
- reproduce 번식하다, 생식하다
- fishery 어업
- maturity 성숙
- sole 가자미
- descendant 후손
- hard-pressed 심한 압박을 받는
- intensive 집중적인
- cod 대구
- larvae 유충

[04~05]

04 정답 ⑤

05 정답 (1) the economic and political strength
　　　　　(2) the cultural values of the community
　　　　　(3) the system of patronage
　　　　　(4) the apprenticeship systems

한줄 해설

04 주어진 글에서 현상에 대한 설명이 제시된 후, 그것의 이유에 대한 의문을 제기하는 내용과 그 의문에 대한 답을 전개하는 과정으로 글이 이어지고 있다.

05 플로렌스의 창의성을 설명해 주는 사회적 요인으로 언급된 것을 찾으면 된다.

해석

문화사학자들은 어떤 역사적 시대에서 왜 몇몇 사회가 다른 사회들보다 전반적으로 더 창의적인 것처럼 보이는지를 설명하려고 시도해 왔다. 르네상스 시대의 플로렌스에서는 믿을 수 없을 정도의 폭발적인 창의력 증가가 건축, 조각, 회화, 그리고 과학 분야에서 우리가 오늘날에도 여전히 감탄하는 새로운 산물들을 가져왔다. (C) 왜 이것이 파리나 런던이 아닌 플로렌스에서 일어났을까? 플로렌스가 그저 우연히 운이 좋았고, 선천적으로 뛰어난 아이들이 갑자기 많이 태어나서 그랬다고 생각하는 사람은 없다. 플로렌스식 르네상스를 개인에 근거한 창의력이라는 근거 없는 믿음으로 설명할 수는 없다. (B) 그것에 대한 설명에는 많은 복잡한 사회적 요인들에 대한 고려가 필요한데, 플로렌스의 경제적 그리고 정치적 역량, 공동체의 문화적 가치관, 부자들 사이에서 나왔던 후원 체계, 그리고 새로운 예술가들을 훈련시키기 위해 확립된 도제 제도 등이 그것들이다. (A) 이와 같은 경우에 있어서는, 사회 전체가 창의적인 집단이라고 말할 수 있을 것이다. 사회의 창의성을 설명하기 위해, 우리는 사회학, 경제학, 그리고 정치학과 같은 사회 과학에 의존해야 한다.

상세 해설

04 특정한 시대에 유독 창의력을 보였던 사례로 르네상스 시대의 플로렌스를 소개한 주어진 글에 이어, 왜 그랬는지에 대한 의문을 제시한 (C)가 이어져야 한다. 의문에 대한 대답으로 플로렌스의 사회적 요인을 언급한 (B)가 (C) 다음에 이어져야 하며, (A)의 In cases like these는 (B)에 언급된

플로렌스의 사회적 요인을 가리키는 것이므로 (A)가 (B) 다음에 이어지는 것이 가장 적절하다.

05 플로렌스의 창의적인 역량의 기초가 되었던 사회적 요인들이 (B)에 언급되어 있는데, 플로렌스의 경제적 정치적 역량, 공동체의 문화적 가치관, 부자들 사이에서 나왔던 후원 체계, 새로운 예술가들을 훈련시키기 위해 확립된 도제 제도가 있었다.

구문 분석

1행 Cultural historians have attempted to explain [why **some societies**, {in some historical periods}, **seem** to be more creative overall than others].

▶ [　]는 explain의 목적어로 쓰인 명사절이며, 그 안의 {　}는 삽입구로 주어는 some societies이고, 동사는 seem이다.

11행 [Explaining it] **requires** a consideration of many complex **societal factors**: [the economic and political strength of Florence], [the cultural values of the community], [**the system of patronage** {that emerged among the wealthy}], and [**the apprenticeship systems** {that were established to train new artists}].

▶ 첫 번째 [　]는 주어로 쓰인 동명사구로, 동명사(구)는 단수 취급하므로 단수 동사 requires가 쓰였다.

▶ 네 개의 [　]는 병렬 구조를 이루며 social factors를 부연 설명하고 있다.

▶ {　}로 표시된 두 개의 that절은 각각 the system of patronage와 the apprenticeship systems를 수식하는 관계절이다.

어휘 및 어구

- cultural historian 문화사학자
- overall 전반적으로, 총체적으로
- incredible 믿을 수 없을 정도의, 믿을 수 없는
- explosion 폭발적인 증가, 폭발
- result in ~을 가져오다, ~을 초래하다
- admire 감탄하다, 존경하다
- architecture 건축, 건축학
- sculpture 조각, 조각품
- entire 전체의
- consideration 고려, 배려
- societal 사회의
- patronage 후원, 지원
- emerge 나오다
- apprenticeship system (후계자를 양성하는) 도제 제도
- brilliant 뛰어난, 우수한
- individualist 개인에 근거한, 개인주의의; 개인주의자

06 정답 ⑤

한줄 해설

Thus → this mechanism을 단서로 순서를 파악할 수 있다.

해석

이론상으로, 부유한 나라들이 가난한 나라들의 자본 중 일부를 소유한다는 사실이 융합을 증진시킴으로써 고결한 효과를 낼 수 있다. (C) 만약 부유한 나라들이 예금과 자본이 너무 넘쳐나서 새로운 주택을 짓거나 새로운 기계를 추가할 이유가 거의 없다면, 경제학자들은 이것을 '자본 한계 생산성'이라 부르는데, 즉, 자본의 '한계 지점에서' 새로운 한 단위의 자본을 추가함으로써 얻는 추가 산출량이 매우 낮은 경우에 국내 예금의 일부를 해외의 더 가난한 나라에 투자하는 것이 총괄적으로 효율적일 수 있다. (B) 그 결과 부유한 나라들, 혹은 어쨌든 여분의 자본이 있는 부유한 나라들의 주민들은 해외에 투자함으로써 자신의 투자에 대한 더 좋은 수익을 얻을 수 있고, 가난한 나라들은 자신의 생산성을 증가시켜 결국 자신과 부유한 나라들 간의 격차를 줄일 수 있을 것이다. (A) 고전 경제 이론에 따르면, 자본의 자유로운 이동과 국제 수준에서의 자본 한계 생산성의 평준화에 기초한 이러한 구조는 부유한 나라와 가난한 나라의 융합과 시장의 힘과 경쟁을 통한 불평등의 궁극적인 감소로 이어져야 한다.

상세 해설

자본 이동을 통한 부유한 나라와 가난한 나라의 융합을 언급한 주어진 글에 이어 자본 이동의 효율성을 언급한 (C)가 이어지고, 그것의 결과를 서술한 (B)가 그 다음에 온 다음, 그러한 구조의 긍정적 효과를 설명한 (A)가 오는 것이 가장 적절하다.

구문 분석

4행 According to classical economic theory, **this mechanism**, [based on the free flow of capital and equalization of the marginal productivity of capital at the global level], should **lead to** [the convergence of rich and poor countries] and [an eventual reduction of inequalities through market forces and competition].

▶ 첫 번째 [　]는 주어인 this mechanism을 부연 설명하는 분사구로, 주어와 동사 사이에 삽입된 형태이다.

▶ 두 번째 [　]와 세 번째 [　]는 lead to에 연결되는 명사구로 병렬 구조를 이루고 있다.

17행 If the rich countries are **so** flush with savings and capital **that** there is little reason to build new housing or add new machinery, which economists call the "**marginal productivity of capital**," [that is, the additional output due to adding one new unit of capital "at the margin,"] is very low, / **it** can be collectively efficient [**to invest** some part of domestic savings in poorer countries abroad].

▶ /으로 구분된 곳까지가 if절이고, it can be ~가 주절인 문장이다.

▶ if절 안에는 '너무 ~해서 …하다'라는 뜻의 〈so ~ that …〉 구문이 쓰였다.

▶ [　]는 the "marginal productivity of capital"을 부연 설명하고 있다.

어휘 및 어구

- capital 자본
- virtuous 고결한, 도덕적인
- convergence 융합, 집중
- mechanism 구조, 체계
- eventual 궁극적인
- spare (시간·돈 등을) 내어 주다, 할애하다
- be flush with ~이 넘쳐 나다
- savings 예금
- machinery 기계, 기계류
- margin 한계, 가장자리
- collectively 총괄적으로, 집합적으로
- efficient 효율적인
- domestic 국내의

07 정답 ①

한줄 해설

viewing station → press a button / tank → still / electrofishing → stunned의 흐름을 파악하면 정답을 찾을 수 있다.

해석

fish sampler가 이용하는 예전 방법(여전히 자주 이용되는)은 댐에 부착된 관망대에 앉아서 물고기가 (댐의 물고기용) 사다리를 헤엄쳐 오르는 것을 관찰하는 것이다. (A) 물고기를 보면, 여러분은 버튼을 누르고, 그 숫자는 공식적인 합산된 수에 더해진다. 여러분은 가끔 물고기를 측정하게 될 수 있는데, 산소가 빨려 나간 탱크 안에 물고기를 잡아두고 물고기가 꿈틀거리는 것을 멈출 때까지 포획 상태로 놔두는 것을 포함한다. (C) 일단 물고기가 잠잠해지면, 회복 탱크로 물고기를 돌려보내기 전에 물고기를 줄자로 측정할 수 있다. 마지막으로 물고기는 꼬리표가 붙여져서 그것의 여정을 지속할 수 있도록 사다리로 다시 풀려나게 된다. 더 많은 sampler는 전류어로법을 사용하는데, 이 방법은 강을 가로질러서 휴대할 수 있는 발전기에 부착된 절연 처리가 된 전선을 당기는 일을 포함한다. (B) 물고기들은 기절하고 거의 신기하게 전선으로 끌려오는데, 그 순간 여러분은 그물에 물고기를 잡아 물 속으로 물고기를 되돌려 보내기 전에 길이를 재고 무게를 측정하기 위해 축양 장소에 옮겨놓는다.

주어진 글의 viewing station에 관련된 방식을 설명하는 (A)가 이어지고, (A)의 마지막 부분에 있는 stops squirming이 (C)의 still로 이어진 다음, electrofishing과 관련된 설명을 하는 (B)로 이어지는 것이 가장 적절하다.

지문 구성

도입(소재)	fish sampler가 이용하는 방식
방식 1	물고기를 관찰하면서 버튼을 눌러 세기
방식 2	물고기를 산소가 차단된 탱크 안에 넣어서 움직임을 멈추게 한 다음 크기 재기
방식 3	전류어로법

구문 분석

6행 You might get to measure a fish occasionally, which involves capturing the fish in a tank that has **had the oxygen sucked out** of it and holding it captive until it stops squirming.

▶ 사역동사 have의 목적어와 목적 보어가 수동 관계일 때 〈have + 목적어 + p.p.〉의 형태로 쓴다. 여기에서 had the oxygen sucked out은 '산소가 빨려나가게 하다'의 의미를 나타낸다.

17행 More and more samplers are using electrofishing, which involves pulling **an insulated electric wire** [attached to a portable generator through a river].

▶ [ ]는 과거분사가 쓰여 수동의 의미를 나타내며 an insulated electric wire를 수식한다.

어휘 및 어구

- count 합산, 수
- involve 포함하다
- squirm 꿈틀거리다
- magically 신기하게, 마법과 같이
- tag 꼬리표를 붙이다
- electrofishing 전류어로법
- portable 휴대 가능한
- occasionally 가끔
- suck out 빨아들이다
- stun 기절시키다
- stream 시냇물, 흐름
- journey 여정
- insulated 절연 처리가 된, 절연된
- generator 발전기

[08~09]

08 정답 ②

09 정답 (B)

한줄 해설

08 '요지 → 표면상의 공통점 → 개별 차이 1 → 개별 차이 2'의 순서로 글이 이어진다.

09 both, in the same way 등을 통해 예술가곡과 대중음악의 공통점을 설명한 문단을 찾는다.

해석

더 일반적으로는 '예술가곡'이라 불리는, 고전 성악에는 대중음악에 직통으로 대응 관계에 있는 음악이 있는데, 그것은 멜로디 내용의 전개에 초점을 맞추지 않는다. (B) 대중음악과 예술가곡 둘 다 유효성이 증명된 구조적 패턴을 따르는 경향이 있다. 그리고 둘 다 같은 방식으로, 즉 노래 파트와 그 아래쪽에 기본적인 피아노 파트가 적힌 상태로 출판되기 마련이다. (A) 그러나 대중음악이 작곡된 대로 정확히 노래가 불리거나 연주되는 경우는 드물 것이다. 반주자가 피아노 파트를 채워 넣어 그것을 더 흥미롭고 개인적인 특성을 갖게 하는 것과 마찬가지로, 가수도 노래 파트를 꾸미서 그것에 '모양 내기'를 제공하는 경향이 있다. 공연자가 본래의 박자와 분위기를 완전히 바꿀 수도 있을 것이다. (C) Franz Schubert나 Richard Strauss가 작곡한 노래의 연주자들에게서는 그러한 극단

적인 접근법을 찾지 못할 것이다. 이런 곡들은 음표 하나하나가 정확히 연주되기 마련인데, 그 이유는 작곡가가 노래 파트와 피아노 파트가 각자 서로에게 어떻게 관련을 맺는지를 이해하는 귀를 가지고 두 파트를 고심하여 작곡했기 때문이다.

상세 해설

08 대중음악과 예술가곡의 차이를 개괄적으로 설명하는 내용인 주어진 글 다음에, 이들 둘의 공통적인 일반적 특징에 관해 설명하는 내용인 (B)가 이어지고, 그런 다음 대중음악의 개별적 특징을 언급한 내용인 (A)가 온 후, 마지막으로 대중음악과는 다른 예술가곡의 특징을 언급한 내용인 (C)가 이어지는 것이 가장 적절한 글의 순서이다.

09 (B)에서는 대중음악과 예술가곡 둘 다 동일한 구조적 패턴을 따르는 경향이 있다고 언급하고 있다.

지문 구성

도입(요지)	예술가곡은 대중음악처럼 멜로디 내용의 전개에 초점을 맞추지 않는다.
표면상의 공통점	① 유효성이 입증된 구조적 패턴을 따르는 경향이 있다. ② 노래 파트와 피아노 파트가 적힌 동일한 방식으로 출판된다.
차이 1	대중음악은 반주자와 가수에 따라 변화될 수 있는 여지가 많다.
차이 2	예술가곡은 원곡을 정확히 연주하는 것이 중요하다.

구문 분석

1행 There's a direct counterpart to pop music in **the classical song**, [more commonly called an "art song,"] [which does not focus on the development of melodic material].

▶ 첫 번째 [ ]는 the classical song을 추가적으로 설명한다.

▶ 두 번째 [ ]로 표시된 관계절은 명사구인 a direct counterpart to pop music in the classical song, more commonly called an "art song"에 대한 추가적인 정보를 제공한다.

5행 But the pop song will rarely be sung and played exactly as written; the singer is apt to embellish **that vocal line** to give **it** a "styling," [just as the accompanist will fill out **the piano part** to make **it** more interesting and personal].

▶ 첫 번째 it은 that vocal line을, 두 번째 it은 the piano part를 대신한다.

▶ [ ]는 주절에 방식 '~처럼'의 정보를 제공하는 부사절이다.

어휘 및 어구

- counterpart 상응[대응]하는 대상, 대응물
- accompanist 반주자
- mood 분위기
- painstakingly 고심하여
- melodic material 멜로디의 내용
- tempo 박자, 속도
- note 음표

[10~11]

10 정답 ②

11 정답 the human need to organize our lives, our environment, even our thoughts

한줄 해설

10 why / the human need → This need → Dogs / ants / birds and rodents의 흐름을 파악하면 정답을 찾을 수 있다.

11 need라는 공통 어구를 통해 가리키는 내용을 추론한다.

해석

고대 그리스인들은 기억의 궁전과 장소를 활용한 기억법과 같은 두뇌 훈련 방법

을 통해 기억을 향상시키려고 노력했다. 동시에, 그들과 이집트 사람들은 형체로 나타난 지식의 웅장한 저장소인 현대적 도서관을 만들면서 정보를 형체로 나타내는 일에 전문가들이 되었다. (B) 지적 활동의 이런 동시 급증이 왜 하필 그런 일들이 있었을 때 일어났는지 우리는 알지 못한다(아마 일상적인 인간의 경험이 어느 정도 복잡한 수준에 이르렀을 것이다). 하지만 우리의 삶, 우리의 환경, 우리의 사고까지도 정리하려는 인간의 욕구는 여전히 강력하다. (A) 이런 욕구는 단순히 학습되는 것이 아니라 생물학적 명령이다. 동물은 본능적으로 자기 환경을 정리한다. 대부분의 포유동물은 생물학적 성향으로 인해 자신의 소화 배설물을 자신이 먹고 자는 곳으로부터 치운다. (C) 개는 자신의 장난감을 모아서 바구니에 넣는다고 알려져 왔고, 개미는 집단의 죽은 구성원을 매장지로 끌고 가고, 특정한 새와 설치류 동물은 침입자를 더 쉽게 감지하기 위하여 둥지 주변에 장애물을 만든다.

상세 해설

10 고대 그리스인들과 이집트인들이 현대적인 도서관을 만들면서 정보를 형체로 나타내는 일에 전문가가 되었다는 주어진 글 다음에는 왜 지적 활동이 급증하는 일이 그때 일어났는지에 관한 의문을 제기하는 (B)가 이어져야 한다. (B)의 끝부분에 언급된 자신의 환경과 사고까지도 정리하려는 인간의 욕구가 (A)의 This need로 계속 이어지고 있으므로 (B) 다음에는 (A)가 와야 한다. (C)는 (A)의 끝 부분에서 언급된 포유동물의 생물학적 성향의 구체적인 예에 추가되는 사례에 해당하므로 (C)가 마지막에 오는 것이 가장 적절하다.

11 문맥상 This need는 학습이 아닌 생물학적인 명령, 즉 본능적인 욕구인데, 고대인들의 현대적 도서관 설립과 연관되어 우리의 삶, 우리의 환경, 우리의 사고까지도 정리하려는 욕구를 가리킨다.

구문 분석

3행 At the same time, they and the Egyptians became experts at externalizing information, [inventing **the modern library**, {a grand storehouse for externalized knowledge}].

▶ [ ]는 주절의 they and the Egyptians를 의미상의 주어로 하며 이를 부연 설명하는 분사구문이다.

▶ { }는 the modern library와 동격 관계이다.

12행 We don't know [why these simultaneous explosions of intellectual activity occurred when **they did** (perhaps daily human experience had hit a certain level of complexity)].

▶ [ ]는 know의 목적어 역할을 하는 의문사절이다.

▶ they는 these simultaneous explosions of intellectual activity를 가리키고, 대동사로 쓰인 did는 occurred를 대신한다.

어휘 및 어구

- seek 노력하다, 추구하다
- externalize 형체로 나타내다, 외면화하다, (생각 등을) 형체로 나타내다
- storehouse 저장소, 창고
- instinctively 본능적으로
- put ~ away ~을 치우다
- waste 배설물, 쓰레기
- explosion 급증, 폭발적 증가, 폭발
- organize 정리하다, 조직하다, 체계화하다
- colony (개미, 벌의) 집단, 군체, 식민지
- barrier 장애물, 장벽
- invader 침입자
- expert 전문가
- imperative 명령, 의무, 필요
- mammal 포유동물
- digestive 소화와 관련된, 소화의
- simultaneous 동시의, 동시에 일어나는
- complexity 복잡성
- carry off ~을 끌고 가다[나르다]
- burial ground 매장지, 묘지
- detect 감지하다, 발견하다, 알아내다

01 ⑤　　**02** ④　　**03** ③　　**04** ②

05 an unproductive use of the owner's time　　**06** ③　　**07** ⑤

08 ②　　**09** ②　　**10** (s)pecialization　　**11** ③　　**12** ④　　**13** ④

14 ⑤　　**15** 초기 인류는 주로 동물의 기름기 없는 살코기를 먹었을 것이다.

01　정답 ⑤

한줄 해설

주어진 문장은 일화의 내용을 정리하고 있으므로 일화가 마무리되는 부분을 찾는다.

해석

매우 재능 있는 한 젊은 전문가가 3년 만에 다른 일자리를 얻기 위해 사직했다. 그의 상사는 그 결정에 대해 더 많은 것을 알려고 했다. 그 젊은 전문가는 (사직의 이유로) 끊임없는 마감 시한, 직장 밖에 있는 사람들과 분명한 사교적 계획을 세우는 데 극단적인 어려움, 그리고 모든 노력이 실제로 더 흥미로운 일에서 원하는 결과를 낼까 하는 불확실성 등을 들었다. 그의 상사의 반응은 전형적인 것이었다. "알겠네, 하지만 그건 사람의 본성이지.(자네 말은 이해하지만, 그건 그저 사람들이 말하는 흔한 이유일 뿐이네.)" 그 젊은 전문가는 "그렇다면 당신은 다른 사람을 찾아봐야 할 겁니다. 당신의 현재 사람은 당신을 위해 그리 오래 일할 생각이 없으니까요."라고 대답했다. 이 이야기는 우리가 어떻게 우리의 사업을 이끌고 있는가에 대해 근본적인 질문을 던지고 있는 회의적인 사고방식을 정확히 묘사하고 있다. 젊은 직원들이 현재의 사람에게 편안해지도록 도울 것인가 아니면 다른 더 쓸 만한 사람을 찾으려고 함께 애쓸 것인가는 우리에게 달려 있다.

상세 해설

주어진 문장은 젊은 직원들의 말에 귀를 기울이지 않는 기업가들의 행태를 보여 주고 있는 일화의 내용을 정리하고 있다. 따라서 ⑤가 주어진 문장의 위치로 가장 적절하다.

구문 분석

1행 This story accurately depicts [**the skeptical mindset** {that is asking fundamental questions about 〈how we conduct our business〉}].

▶ [ ]는 depicts의 목적어 역할을 하는 명사절로 앞에 접속사 that이 생략되어 있다.

▶ { }는 관계절로 선행사인 the skeptical mindset을 수식한다.

▶ 〈 〉는 전치사 about의 목적어 역할을 하는 의문사절로, 〈의문사(how)+주어(we)+동사(conduct)〉의 어순에 유의하며 '우리가 어떻게 우리의 사업을 이끌고 있는가'로 해석한다.

6행 The young professional cited [the unrelenting deadlines], [the extreme difficulty in making definite social plans with others outside of work], [**the uncertainty** {that all the hard work would really pay off in more interesting work}, etc.]

▶ 세 개의 [ ]는 모두 동사 cited의 목적어이다.

▶ { }는 the uncertainty와 동격 관계에 있으며, '모든 노력이 실제로 더 흥미로운 일에서 원하는 결과를 낼까 하는'으로 해석한다.

15행 It is up to us [to either {help young workers get comfortable with our current beast}, **or** {work together to find another more serviceable beast}].

▶ It은 형식상의 주어이고 [ ]로 표시된 to부정사구가 내용상의 주어이다.

▶ 〈either A or B〉는 'A 혹은 B 둘 중 하나'라는 의미이고, 두 개의 {   }가 각각 A와 B에 해당한다.

어휘 및 어구

- accurately 정확히
- skeptical 회의적인
- fundamental 근본적인
- resign 사직하다
- extreme 극단적인
- uncertainty 불확실성
- typical 전형적인
- current 현재의
- serviceable 쓸 만한
- depict 묘사하다
- mindset 사고방식
- conduct 이끌다. 수행하다
- unrelenting 끊임없는
- definite 분명한
- pay off 원하는 결과를 내다
- beast 짐승 같은 사람. (사람에 대하여)짐승
- up to ~에게 달려 있는

02 정답 ④

한줄 해설

연결사 But은 앞뒤 내용이 역접 관계에 있음을 보여주므로 글의 흐름이 변하는 곳을 찾는다.

해석

두 가지 필수 지방산이 있는데, 이것은 여러분이 음식에서 오메가 3와 오메가 6를 섭취해야 한다는 것을 의미한다. 인간은 역사적으로 1:1에서 1:4 범위의 오메가 3와 오메가 6의 비율로 음식을 섭취해 왔다. 최근에, 동물성 식품과 (가공식품 내의) 고도 불포화 식물성 기름의 섭취가 증가함에 따라, 이 비율은 급격하게 변화했다. 그 범위는 이제 약 1:25에서 1:30에까지 이른다. 결과적으로, 많은 건강관리 전문가들은 이러한 불균형을 바로잡기 위해 사람들이 어유(魚油)와 같은 오메가 3 보충제를 섭취하거나 생선의 섭취를 늘려야 한다고 제안하고 있다. 하지만 보충제는 부작용을 야기하고 어유(魚油)에는 콜레스테롤과 포화지방, 그리고 흔히 수은과 다른 독성물질이 포함되어 있기 때문에 훌륭한 선택사항이 아니다. 더 좋은 선택사항은 잘 구성된, 채식 기반의 식사를 하는 것이다. 그 식사는 오메가 6 지방산의 섭취를 줄이고 오메가 3 지방산의 섭취를 늘릴 필요가 없게 만든다.

상세 해설

주어진 문장에서 필자는 보충제와 어유(魚油)의 부작용과 위험성에 대해 언급하면서 훌륭한 선택사항이 아니라고 말하고 있으므로, 앞에 보충제와 어유(魚油)를 선택해야 한다는 주장이 나와 있어야 함을 알 수 있다. 또한 ④ 이후의 문장에서 The better option은 주어신 문장에서 언급한 보충제와 어유(魚油)보다 더 나은 선택사항을 의미하므로, 주어진 문장의 위치로 가장 적절한 곳은 ④이다.

구문 분석

4행 There are two essential fatty acids, [meaning you must consume them in foods — omega-3 and omega-6].

▶ [   ]는 분사구문으로, 의미상의 주어는 앞 문장 전체이다.

11행 As a result, many healthcare professionals are **suggesting** [that people {**take** omega-3 supplements such as fish oil} or {**increase** their consumption of fish to correct this imbalance}].

▶ [   ]로 표시된 that절이 suggesting의 목적어이다.

▶ {   }로 표시된 두 개의 동사구가 접속사 or에 의해 연결되어 주어인 people에 이어진다.

▶ suggest가 제안을 나타내고 목적어인 that절에 당위의 의미가 포함되어 있으므로 take와 increase 모두 동사원형이 사용되었다.

16행 **The diet** [reduces the consumption of omega-6 fatty acids] and [negates the need to increase your intake of omega-3 fatty acids].

▶ [   ]로 표시된 두 개의 동사구가 접속사 and에 의해 연결되어 주어인 The diet에 이어진다.

어휘 및 어구

- supplement 보충제
- option 선택사항
- mercury 수은
- essential fatty acid 필수 지방산
- historically 역사적으로
- range from A to B 범위가 A에서 B까지이다
- processed food 가공 식품
- negate 무효로 만들다. 효과가 없게 만들다. 취소하다
- intake 섭취
- side effect 부작용
- saturated fat 포화지방
- toxin 독성물질
- consume 섭취하다. 소비하다
- ratio 비율
- imbalance 불균형

03 정답 ③

한줄 해설

주어진 문장의 **this pyramid model**을 찾아 문장의 위치를 확인 한다.

해석

스포츠 분야에서 직업 상승 과정은 피라미드 모양이라고 종종 말해진다. 즉, 넓은 하단부에는 고등학교 체육팀과 관련된 많은 직업들이 있는 반면에, 좁은 꼭대기에는 전문가 조직과 관련된, (사람들이) 몹시 갈망하는 매우 적은 수의 직업이 있다. 그래서 많은 스포츠 관련 일자리가 있지만, 사람들은 애써 위로 올라갈수록 경쟁이 점점 더 치열해진다. 다양한 직위의 급여가 이러한 피라미드 모델을 반영하고 있다. 예를 들어, 고등학교 축구 코치들은 일반적으로 그들의 방과 후 일에 대해 약간의 과외 수당을 지급받는 교사들이다. 하지만 큰 대학에서 일하는 축구 코치들은 매년 1백만 달러 이상의 돈을 벌 수 있는데, 이는 대학 총장의 급여와 비교했을 때 작아 보이게 한다. 한 단계 위로 올라간 것이 전미(全美) 미식 축구 연맹(NFL)인데, 그곳에서 감독들은 돈을 가장 잘 버는 대학의 감독들보다 몇 배를 더 벌 수 있다.

상세 해설

주어진 문장은 스포츠 분야의 다양한 직위의 급여가 피라미드 모델을 반영하고 있다는 내용이므로, 스포츠 분야에서 피라미드 모양의 직업 상승 과정을 설명한 내용 다음에, 피라미드 모양의 급여 체계를 예를 들어 구체적으로 설명하는 내용 앞에 와야 한다. 따라서 ③이 주어진 문장의 위치로 가장 적절하다.

구문 분석

4행 That is, [at the wide base] are [many jobs with high school athletic teams], while [at the narrow tip] are [the few, highly desired jobs with professional organizations].

▶ 첫 번째 [   ]는 전치사구로 are의 보어이고, 두 번째 [   ] 안의 명사구가 주어이다. 보어가 문두로 나가 주어와 동사가 도치된 구문이다.

▶ 세 번째 [   ]는 전치사구로 are의 보어이고, 네 번째 [   ]의 명사구가 while절의 주어이다.

15행 One degree higher up is **the National Football League**, [where head coaches can earn many times more than their best-paid campus counterparts].

▶ [   ]로 표시된 where절은 관계절로 선행사인 the National Football League에 대해 추가적인 설명을 제공한다.

어휘 및 어구

- reflect 반영하다
- organization 조직. 단체
- work one's way up 애써 위로 올라가다. 승진하다
- be paid 보수를 받다
- degree 단계
- narrow 좁은
- competition 경쟁
- in comparison 비교해 보면
- counterpart 상응하는 사람

04 정답 ②

05 정답 an unproductive use of the owner's time

한줄 해설

04 주어진 문장은 사업주의 비생산적인 시간 사용을 피하는 방법을 말하고 있다.

05 밑줄 친 this를 피하기 위한 방법이 주어진 문장부터 시작되어 뒤에서 구체적으로 이어지고 있다.

해석

많은 사업주들은 근무하는 날 내내 자신들이 반응을 보이는 상태에 있는 것을 발견하게 되는데, 그 이유는 그들이 질문에 답변을 하거나 직원들이 문제를 해결하는 것을 돕기 위해 항상 시간을 내고 있기 때문이다. 이것이 중요하기는 하지만, 그것은 또한 사업주의 시간을 비생산적으로 사용하는 것이 될 수도 있다. 이것을 피하기 위한 간단한 장치는 사업주로서 여러분이 이러한 질문들에 대한 답변을 할 시간을 낼 수 있는 하루에 두 번의 시간대를 할당하는 것이다. 누군가 문제나 질문이 있으면, 그들은 그것을 '질문 등록부'에 적고, 여러분은 하루에 두 번 그것을 처리할 것이다. 자신이 생각하기에 해결책이 무엇인지 그들이 적을 수 있도록 질문 옆에 여유 있는 공간이 확실히 있게 하라. 이것은 사람들이 그 사안을 충분히 생각하기 시작하게 하여, 틀림없이 많은 사람들이 스스로 그 문제를 해결할 수 있을 것이다. 그들이 할 수 없다면, 여러분은 여러분의 직원이 어떻게 문제를 해결하는지, 그리고 늘어난 연수의 측면에서 여러분이 집중할 필요가 있는 분야를 알아보는 것을 시작할 수 있다.

상세 해설

04 사업주가 직원들의 질문에 효과적으로 대처하는 방법에 관한 글인데, ② 뒤에서 구체적인 방법을 설명하고 있으므로 주어진 문장의 위치로 ②에 들어가는 것이 가장 적절하다.

05 밑줄 친 this는 사업주가 당면하고 있는 문제로, 그들이 직원들의 문제를 해결하기 위해 시간을 비생산적으로 사용하고 있다는 내용을 가리킨다. 따라서 주어진 문장이 들어갈 위치인 ② 앞 문장의 an unproductive use of the owner's time을 가리킨다.

구문 분석

1행 A simple system to avoid this is [to allocate **two periods of the day** {where you, **as the business owner**, are available to answer these questions}].

▶ [ ]는 is의 보어로 쓰인 to부정사구이다.
▶ { }는 관계절로 앞에 있는 two periods of the day를 수식한다.
▶ as the business owner는 삽입어구로 앞에 있는 you와 동격 관계이다.

9행 If someone has an issue or question, they write **it** down in **a "question registry,"** [which you will attend to twice a day].

▶ it은 앞에 있는 an issue or question을 가리킨다.
▶ [ ]는 계속적 용법으로 쓰인 관계절인데, 앞에 있는 a "question registry"를 선행사로 하여 이를 부연 설명한다.

어휘 및 어구

- allocate 할당하다, 배당하다
- unproductive 비생산적인
- attend to ~을 처리하다
- reactive 반응을 보이는
- registry 등록부, 기재소
- invariably 틀림없이, 항상

06 정답 ③

한줄 해설

bacterial growth → have smelled ripe / antibacterial effect의 흐름으로 이어진다.

해석

전설에 따르면, Lancelot 경은 은 갑옷을 입은 반면, 왕은 금 갑옷을 입었다고 한다. Lancelot 경이 어떤 식으로 매력적이었고 Arthur 왕이 어떤 식으로 그렇지 않았는지를 보여 주는 역사적인 증거는 없지만, 분명한 것이 한 가지 있다. 물론 그들의 옷 안은 더웠고, 조건은 세균이 번식하기 좋았다. 따라서, Arthur 왕은 고약한 냄새가 났음에 틀림없지만, Lancelot은 그만큼 고약한 냄새가 나지 않았는데, 그 이유는 은에 항균 효과가 있기 때문이다. 오늘날, 우리는 더 이상 은 갑옷을 입지 않지만, 일부 정수 필터는 세균을 죽이기 위해 은으로 채워져 있다. 발냄새를 제어하기 위해 은으로 처리된 양말도 이용할 수 있고, 은 안감으로 겨드랑이 냄새가 해결될 수 있을지를 결정하기 위한 실험조차 진행 중이다. 몇몇 사람들은 '콜로이드의' 조제용 물질로 은을 삼키는 것이 체내의 바람직하지 않은 미생물을 죽인다고 주장하기도 한다. 이것이 사실이라는 과학적인 증거가 없고 그것을 실행하면 사람의 피부색을 영구적으로 회색으로 만들 수도 있다.

상세 해설

주어진 문장은 Arthur 왕은 고약한 냄새가 났지만, Lancelot 경은 은의 항균 효과로 인해 그렇게 심한 냄새가 나지 않았다는 내용이므로, 그들의 옷 안은 더웠고 세균이 번식하기 좋았다는 내용 뒤인 ③에 주어진 문장이 들어가는 것이 가장 적절하다.

구문 분석

12행 Silver-treated socks are also available for the control of foot order, and experiments are even under way to determine [if underarm odor can be solved with a silver lining].

▶ [ ]는 determine의 목적어 역할을 하는 명사절로, if는 '~인지 (아닌지)'의 의미이다.

15행 Some people even **claim** [that {ingesting silver as a "colloidal" preparation} destroys undesirable microbes in the body].

▶ [ ]는 claim의 목적어로 쓰인 명사절이다.
▶ { }는 that절의 주어이다.

어휘 및 어구

- ripe (냄새가) 고약한
- armor 갑옷
- odor 냄새
- colloidal 콜로이드의
- preparation (약 · 화장품 등으로 사용하기 위한) 조제용 물질
- microbe 미생물, 세균
- antibacterial 항균성의
- conductive 전도성의
- ingest 삼키다
- permanently 영구적으로

07 정답 ⑤

한줄 해설

연결사 In fact는 조상으로부터 내려온 생존 요법에 대한 부연 설명이 제시됨을 보여 준다.

해석

작가이자 동물학자인 Desmond Morris는 발이 정확히 우리가 느끼는 것을 신체의 다른 어느 부위보다 더 정직하게 전달한다는 것을 알아차렸다. 발과 다리가 왜 우리의 감정에 대한 그렇게 정확한 반사 장치인가? 수백만 년 동안, 인간이 말을 하기 훨씬 전에, 우리의 다리와 발은 환경적인 위협(예를 들어, 뜨거운 모래, 성질 고약한 사자)에 의식적으로 생각할 필요 없이 즉시 반응했다. 우

리의 뇌는 발과 다리가 동작을 멈추거나, 도망가거나, 아니면 잠재적 위협 대상을 걷어참으로써 필요에 따라 반드시 반응을 하게 했다. 조상으로부터 내려온 유산으로 계속 간직된 이런 생존 요법이 우리에게 많은 도움이 되었고 오늘날에도 그렇게 계속 해오고 있다. 사실, 예로부터 전해 오는 이러한 반응은 우리 안에 여전히 유전적으로 굳어져 있어서, 위험한 무언가에 직면했을 때 발과 다리가 선사시대에 했던 것처럼 여전히 반응한다. 우선 그들은 동작을 멈추고, 거리를 두려고 시도한 다음, 마지막으로, 다른 대안이 없을 경우에 싸우고 걷어찰 준비를 한다.

상세 해설

주어진 문장의 these age-old reactions는 조상으로부터 내려온 생존 요법을 가리키는 것으로 ⑤ 앞의 발과 다리가 동작을 멈추거나, 도망가거나, 걷어차는 것을 의미한다. 그리고 ⑤ 뒤의 대명사 they가 주어진 문장의 our feet and legs를 가리키므로, 주어진 문장의 위치로 ⑤가 가장 적절하다.

구문 분석

1행 In fact, these age-old reactions are still **so** genetically determined in us **that** when we are presented with something dangerous, our feet and legs still react as they **did** in prehistoric times.

▶ '너무 ~해서 …하다'라는 뜻의 〈so ~ that …〉 구문이 쓰였다.

▶ did는 앞에 있는 동사 react를 대신하는 대동사로, 과거의 의미이므로 do가 아니라 did로 썼다.

15행 **This survival regimen**, [**retained** from our ancestral heritage], has served us well and continues to do so today.

▶ [　]는 This survival regimen을 수식하는 분사구로 This survival regimen이 retain의 대상으로 해석되어 과거분사 retained로 썼다.

어휘 및 어구

- reaction 반응
- zoologist 동물학자
- sentiment 감정, 정서
- ill-tempered 성질이 고약한
- cease 중단되다, 중단시키다
- retain (계속) 간직하다, 유지하다
- alternative 대안; 대안의
- prehistoric 선사시대의
- reflector 반사 장치, 반사물
- threat 위협
- instantaneously 즉시, 순간적으로
- regimen 요법, 식이요법
- heritage 유산

08 정답 ②

한줄 해설

descended to the Underworld → Then, he was directed ~의 흐름으로 이어진다.

해석

초기 왕조 시대에, 경호 가운데 하나가 '두 세계의 지배자'였던 진정한 이집트의 왕은 (그 두) 세계 사이를 여행할 수 있다고 기대되었던 것 같다. 파라오의 30주년에 거행되었던 heb-sed 축제의 최초의 버전에서, 왕은 왕좌에서 계속 있을 수 있다는 가치를 입증하기 위해 몸을 떠나 죽음을 넘어서는 여행을 하도록 요구되었다. 별 사이의 여행과 사후세계로 가는 문의 안내자인 Anubis에 의해 인도된 파라오는 저승으로 하강했다. 그런 다음, 그는 죽음으로 들어가서, '땅의 네 귀퉁이를 만지고' Osiris(죽었다가 다시 태어나는 신)가 되고, 새로운 의상, 즉 법복과 변신된 영적인 신체를 입고 돌아오도록 안내되었다. 이런 맥락에서, 이집트의 왕궁의 무덤과 피라미드의 글귀는 장례를 위한 배치 이상에 관한 것이었다. 최근의 학문은 이집트 인들이 직접 경험한 사후세계의 지식을 가져오기 위해서 뿐만 아니라 신과의 성스러운 연합에 들어가고 그들의 힘을 몸에 모시기 위해, 생생히 살아 있는 동안 죽음의 문 사이를 넘어서 여행했다고 말한다. 그들은 이것이 그들이 (그 두) 세상과 결합할 영적이고 신체적인 힘을 얻도록 해 주었다고 믿었다.

상세 해설

주어진 문장은 파라오가 저승으로 하강했다는 내용이므로, 파라오가 죽음을 경험할 것이 요구되었다는 내용과 죽음으로 들어가서 다시 환생했다는 내용 사이인 ②에 들어가는 것이 가장 적절하다.

지문 구성

요 지	파라오는 내세도 지배하는 것으로 여겨진다. → 파라오의 환생 의식
전 개	① Anubis에 의해 저승으로 하강한다. ② Osiris가 되어 환생한다.
부 연	환생 의식의 의미 → 신과의 성스러운 연합에 들어가고 그들의 힘을 몸에 받아 세상과 결합할 힘을 얻는다.

구문 분석

1행 [Led by Anubis], [the guardian of astral travel and the gates of the afterlife], the pharaoh descended to the Underworld.

▶ 첫 번째 [　]는 앞에 Being이 생략된 분사구문으로 'Anubis에 의해 인도된'으로 해석한다.

▶ Anubis와 두 번째 [　]는 의미상 동격 관계이다.

4행 In early dynastic times, it seems, [a true king of Egypt, {one of whose praise titles was "Lord of the Two Worlds,"} was expected to be able to travel between the worlds].

▶ [　]는 seems의 보어절로, 앞에 접속사 that이 생략되어 있다.

▶ {　}는 a true king of Egypt를 수식한다.

17행 Recent scholarship suggests that Egyptians traveled beyond the gates of death while very much alive, **not only to bring** back firsthand knowledge of the afterlife **but also to enter** into sacred union with the gods and **enthrone** their power in the body.

▶ to bring ~, to enter ~, (to) enthrone ~은 '~하기 위해서'라는 목적을 나타내고 있고, 〈not only A but also B〉에 구문으로 연결되어 있다.

어휘 및 어구

- astral 별의
- descend 하강하다
- dynastic 왕조의
- conduct 행하다
- worthiness 가치
- garment 의상
- transformation 변신, 변화
- arrangement 배치
- firsthand 직접 얻은[경험한]
- enthrone (즉위식 등에서) 왕좌[자리]에 앉히다
- potency 힘, 효능
- afterlife 사후세계
- underworld 저승
- praise title 찬양하는 이름
- journey 여행하다
- throne 왕좌
- robe 법복, 예복[가운]
- funerary 장례의
- scholarship 학문
- sacred 성스러운, 신성한

[09~10]

09 정답 ②

10 정답 (s)pecialization

한줄 해설

09 due to 뒤에는 원인이 등장하므로, 이 원인에 대한 결과나 상황이 어디에 나와 있는지를 찾아본다.

10 농부 자신이 잘하는 것만 재배하고 다른 것은 거래를 통해 보충하게 된 상황을 설명하는 단어를 추측해 본다.

해석

인간은 약 20만 년 동안 존재해 왔다. 우리 역사의 최초 99% 동안, 우리는 생산하고 생존하는 것 외에는 한 일이 거의 없었다. 이러한 것은 대부분 가혹한 지구 기후 조건 때문이었는데, 그것(기후 조건)은 거의 1만 년 전 언제쯤에 안정되었다. 그 이후로 사람들은 곧 농경과 관개를 발견했고, 안정적 농작물을 경작하고 재배하기 위해 그들의 유목민적인 생활 습관을 버렸다. 그러나 모든 농경지가 동일했던 것은 아니었는데, 햇빛, 토양, 그리고 다른 조건들의 지역적 차이는 어떤 농부는 특별히 좋은 양파를 재배할 수 있는 반면, 다른 농부는 특별히 좋은 사과를 재배할 수 있다는 것을 의미했다. 이것은 결국 전문화로 이어졌는데, 자신의 가족을 위해 모든 농작물을 재배하는 대신, 농부가 그가 가장 잘 할 수 있는 것을 재배하고, 그 중 일부를 그가 재배하지 않았던 것을 얻기 위해 거래할 수도 있었다. 농부마다 한 가지 작물만 생산하고 있었고, 자신이 필요한 것 이상으로 재배했기 때문에, 시장과 교역이 나타났고 발전했으며, 그와 더불어 도시가 형성되었다.

상세 해설

09 주어진 문장의 This는 결과이고, due to 뒤는 원인이라 할 수 있다. 자손을 낳고 생존한 것 외에는 아무것도 한 것이 없었던 이유는, 바로 지구의 가혹한 기후 환경 때문이었다고 볼 수 있으므로 ②에 들어가는 것이 가장 적절하다.

10 농부는 자신이 잘하는 농작물만 재배하고, 한 가지 작물을 자신이 필요한 것보다 더 많이 생산하여 이후에 시장에서 거래하게 되었다고 했으므로, 한 작물에 대한 '전문화'의 결과로 이어졌다고 볼 수 있다. 따라서 빈칸에는 specialization이 들어가야 적절하다.

구문 분석

1행 This was largely due to **harsh global climatic conditions**, [which stabilized sometime around 10,000 years ago].

  ▶ [ ]는 계속적 용법으로 쓰인 관계절로, 선행사인 harsh global climatic conditions를 부연 설명하고 있다.

13행 This eventually led to specialization; instead of growing all the crops for his own family, a farmer might [grow {only what he was best at}] and [trade some of it for **things** {he wasn't growing}].

  ▶ 두 개의 [ ]가 접속사 and에 의해 조동사 might에 공통으로 연결되어 병렬 구조를 이루고 있다.

  ▶ 첫 번째 { }는 grow의 목적어로 쓰인 명사절이고, 두 번째 { }는 선행사인 things를 수식하는 관계절로 앞에 관계대명사 that 또는 which가 생략되었다.

어휘 및 어구

- stabilize 안정되다, 안정시키다
- nomadic 유목민적인, 유목의
- variation 차이, 변이
- establishment 형성, 설립
- irrigation 관개, 물을 끌어들임
- cultivate 재배하다
- crop 농작물

11 정답 ③

한줄 해설

주어진 문장이 무엇에 대한 사례인지 생각하여 주어진 문장의 위치를 확인한다.

해석

세계화의 일반적인 결과 중 하나는 소비주의인데, 여러 상품과 서비스를 많이 소비하기 위한 수요의 증가로 정의된다. 소비주의는 현대적이고 도시적인 생활 방식을 가진 소비자 중심 사회의 태도, 높은 서비스 수준에 대한 기대, 그리고 모든 것이 판매 가능하다는 생각에 관광객들을 노출시킴으로써 그들에게 영향을 끼친다. 소비주의는 문화를 파괴하고, 혼잡, 초만원, 그리고 관광 명소, 박물관과 식당의 긴 대기 행렬과 같은 환경적 그리고 사회적 문제를 초래한다고 종종 여겨진다. 예를 들어, 베니스에 엄청난 관광객들이 밀어닥치는 것은 점점 더 늘어나는 부정적인 환경적 그리고 사회적 영향을 초래했다. 산마르코 대성당에 관광객들이 몰려들어 그들의 입김으로 생겨난 물방울(입김의 습기) 때문에 프레스코화가 심각하게 손상되었다. 또한, 바닥의 돌은 줄지은 방문객들 때문에 닳아 버렸다. 그렇지만, 관광객들도 이러한 환경 문제를 흔히 인정하고 있으며 자신들 경험의 중요한 일부로 여긴다.

상세 해설

관광객들의 소비주의가 환경적, 사회적으로 부정적인 영향을 끼친다는 내용의 글로, 주어진 문장은 소비주의가 끼치는 부정적 영향의 사례를 도입하는 내용이므로, 산마르코 대성당 사례의 앞인 ③에 들어가는 것이 가장 적절하다.

지문 구성

도 입	세계화의 결과로서의 '소비주의' 발생
부 연	소비주의는 환경적, 사회적 문제를 일으킴
사 례	베니스 산마르코 대성당의 훼손

구문 분석

11행 **It** is often believed [that **consumerism** {destroys culture} and {generates environmental and social problems such as congestion, overcrowding, and queues at attractions, museums, and restaurants}].

  ▶ It은 형식상의 주어이고, [ ]로 표시된 that절이 내용상의 주어이다.

  ▶ that절 안에서 두 개의 동사구 { }가 consumerism을 공통의 주어로 병렬 구조로 연결되었다.

어휘 및 어구

- overwhelming 엄청난, 압도적인
- universal 일반적인, 보편적인
- consumerism 소비주의
- consumer-oriented 소비자 중심의
- generate 초래하다, 발생시키다
- overcrowding 초만원, 과밀
- attraction (관광) 명소[명물]
- influx 밀어닥침, 밀려듦
- globalization 세계화
- expose 노출시키다
- urban 도시의, 도심의
- congestion 혼잡
- queue 대기 행렬, 줄
- condensation 물방울, 응결

12 정답 ④

한줄 해설

주어진 문장의 This difference가 가리키는 내용을 찾아 문장의 위치를 확인한다.

해석

나는 소비자에게 파는 전자장비와 전문가에게 파는 장비를 비교하는 것이 흥미롭다는 것을 발견했다. 훨씬 더 비싸기는 하지만, 전문가용 장비가 사용하기에 더 간단하고 쉬운 경향이 있다. 내수 시장용 비디오 녹화기는 다수의 섬광등, 많은 버튼과 설정, 그리고 시간을 정하고 미래의 녹화를 설정하기 위한 복잡한 기능 선택을 가지고 있다. 전문가용 녹화기에는 단지 필수적인 것만 있으며, 따라서 기능은 더 좋으면서 사용하기 더 쉽다. 이러한 차이점은 부분적으로 설계자가 그 제품 자체를 사용할 것이고, 그래서 그들은 정확히 무엇이 중요하고 그렇지 않은지를 알기 때문에 생겨난다. 장인이 자신을 위해 만든 도구는 모두 이러한 특성을 갖는다. 하이킹이나 등반 장비를 설계하는 사람은 언젠가 자신들의 생명이 자신의 디자인의 질과 작용에 달려 있다는 것을 알게 될지도 모른다.

상세 해설

전자 제품의 사양이 일반 소비자용과 전문가용에 따라 서로 다르다는 내용의 글로, 주어진 문장의 This difference가 내수 시장용 비디오 녹화기와 전문가용 녹화기의 차이를 가리키므로, 주어진 문장의 위치는 ④가 가장 적절하다.

구문 분석

4행 I have found **it** interesting [to compare **the electronic equipment** {sold for consumers} with the **equipment** {sold to professionals}].

▶ it은 형식상의 목적어이고, [ ]로 표시된 to부정사구가 내용상의 목적어이다.

▶ 두 개의 { }는 분사구로 각각 the electronic equipment와 the equipment를 수식한다.

14행 **Tools** [made by artisans for themselves] all have this property.

▶ [ ]는 Tools를 수식하는 분사구이다.

어휘 및 어구

- arise 생겨나다, 발생하다
- equipment 장비, 용품
- tend to ~하는 경향이 있다
- flashing light 섬광등
- essentials 필수 사항

- electronic 전자의
- professional 전문가, 전문직 종사자
- numerous 다수의, 많은
- program 설정하다
- property 특성, 특징

13 정답 ④

한줄 해설

주어진 문장이 무엇에 대한 사례인지 생각하여 주어진 문장의 위치를 확인한다.

해석

감정은 보통 평판이 나쁘다. 감정은 종종 조절되거나 관리되어야 할 것으로 여겨진다. 심지어 사람들은 감정이 통제되지 않으면 해롭다고 생각한다. 하지만 모든 감정은 나름의 의미가 있다. 감정은 우리의 진화 역사에서 중요한 역할을 했으며 우리가 생존하는 데 도움을 주었다. 예를 들면, 곰팡이가 낀 음식을 제공받은 사람의 얼굴에 드러난 혐오감을 봄으로써 우리는 위험한 것을 먹지 않고 피할 수 있었다. 우리는 행복감을 전달함으로써, 유익한 사회적 상호작용을 발전시킬 수 있었다. 심지어 분노도 우리의 조상들에게 중요한 감정이었는데, 배고플 때 음식을 찾고 포식자를 물리치고 부족한 자원을 위해 경쟁하도록 자극했다.

상세 해설

주어진 문장은 혐오감이 우리에게 주는 긍정적인 이득을 나타내는데, ④ 앞에 우리의 생존에 감정이 도움이 되었다는 내용이 나오므로 ④에 주어진 문장이 들어가면 그 사례로 제시되는 내용이 시작되는 부분에 해당하므로 적절하다.

지문 구성

도 입	감정에 대한 부정적인 통념
문제 제기	감정은 생존에 도움이 되었다.
사 례	혐오감은 생존에 도움이 되었고, 행복감과 분노는 유익한 사회활동을 하도록 해 주었다.

구문 분석

1행 For example, [by seeing disgust on someone's face {when presented with moldy food}], we were able to avoid eating something dangerous.

▶ [ ]는 〈by+-ing〉 구문이 쓰여 '~함으로써'의 의미를 나타낸다.

▶ { }는 부사절로 when 다음에 he or she was가 생략되어 있다.

11행 Even anger was an important emotion to our ancestors, [motivating us **to seek** food when we were hungry, **to fight** off predators and **to compete** for scarce resources].

▶ [ ]는 주절에 이어지는 내용을 나타내는 분사구문으로, 이 안에서 to seek, to fight, to compete는 motivating과 연결되는 목적 보어이다.

어휘 및 어구

- disgust 혐오, 역겨움
- reputation 평판
- have a point 나름의 의미[이유]가 있다
- beneficial 유익한
- ancestor 조상
- predator 포식자

- moldy 곰팡이가 낀
- regulate 조절하다
- evolutionary 진화의
- interaction 상호작용
- motivate 자극하다
- scarce 부족한

[14~15]

14 정답 ⑤

15 정답 초기 인류는 주로 동물의 기름기 없는 살코기를 먹었을 것이다.

한줄 해설

14 주어진 문장은 인간이 고기를 먹었던 방식을 정리하고 있다.

15 글의 초반부에 일부 연구자들의 통설이 제시되어 있다.

해석

몇몇 연구자들은 초기 인류가 오늘날 우리들이 하는 것처럼 주로 동물의 기름기 없는 살코기를 먹었을 것으로 추정했다. 그들에게 '고기'는 동물의 기름기 없는 고기를 의미했다. 하지만 기름기 없는 고기에 주목하는 것은 비교적 최근의 현상으로 보인다. 이 주제에 관한 모든 역사에서, 초기 인류가 기름기 없는 고기보다는 동물의 비계와 내장육을 더 선호했다는 것을 시사하는 증거가 있다. 북극 탐험가 Vihjalmur Stefansson은 이누이트족이 지방이 많은 고기와 내장육은 인간의 섭취를 위해 주의 깊게 보관했던 반면, 기름기 없는 고기는 개에게 주었다는 사실을 알아냈다. 이런 식으로, 인간은 다른 큰 육식 포유동물이 먹는 것처럼 먹었다. 예를 들어, 사자나 호랑이는 그들이 죽인 동물의 피, 심장, 간, 그리고 뇌를 먼저 먹고, 흔히 기름기 없는 고기는 독수리를 위해 남긴다.

상세 해설

14 주어진 문장은 인간이 고기를 먹었던 방식이 큰 육식 포유동물과 같은 방식이었다는 내용으로, 인간이 고기를 먹었던 방식을 구체적인 증거를 들어 설명하는 내용 다음에, 그리고 큰 육식 포유동물이 고기를 먹는 방식을 설명하는 내용 앞에 와야 한다. 따라서 ⑤가 주어진 문장의 위치로 가장 적절하다.

15 첫 문장 Some researchers assumed early human beings ate mainly the muscle flesh of animals, as we do today.에서 '초기 인류는 주로 동물의 기름기 없는 살코기를 먹었을 것'이라는 것이 연구자들의 일반적인 가설임을 알 수 있다.

지문 구성

도 입	초기 인류는 주로 동물의 살코기를 먹었을 것이라는 일부 연구자들의 추정
요 지	초기 인류는 살코기보다는 지방이 많은 부위를 먹었음
사 례	이누이트족이 고기를 먹는 방식
부 연	인간이 고기를 먹는 방식과 큰 육식 포유동물이 고기를 먹는 방식의 유사성

구문 분석

3행 Some researchers assumed [early human beings ate mainly the muscle flesh of animals, as we **do** today].

▶ [ ]는 assumed의 목적어 역할을 하는 명사절이다.

▶ do는 eat mainly the muscle flesh of animals를 대신한다.

13행 Lions and tigers, for instance, first eat the blood, hearts, livers, and brains of the animals they kill, [often leaving the muscle meat for eagles].

▶ [ ]는 분사구문으로 주절에 이어지는 동작을 나타낸다.

어휘 및 어구

- assume 추정하다, 추측하다
- muscle 기름기 없는 고기, 근육
- relatively 비교적, 상대적으로
- phenomenon 현상
- prefer 선호하다
- organ 내장, 장기, 기관
- explorer 탐험가
- liver 간
- mainly 주로
- flesh 살
- recent 최근의
- evidence 증거
- fat 비계, 지방
- arctic 북극의
- consumption 섭취, 소비

02 문장 삽입

01 ④ **02** ⑤ **03** ⑤ **04** ③ **05** (s)ize **06** ⑤ **07** ③
08 ③ **09** ③ **10** extension **11** ⑤ **12** ⑤ **13** ②
14 ④ **15** whose / 그들의(이 나라들의) 패션 스타일은 점차 다문화적이 되고 있다

01 정답 ④

한줄 해설

주어진 문장의 these procedures가 가리키는 내용과 ④ 다음 문장의 This가 가리키는 내용을 파악한다.

해석

수를 세어 나가면서 덧셈 문제를 푸는 다섯 살짜리 아이가 7+3＝9, 6+5＝10, 그리고 8+4＝11과 같은 대답으로 되풀이하여 똑같은 실수를 한다. 교사는 그 학생에게 어떻게 해서 이러한 답을 얻었는지 보여 달라고 요청하고, 그 학생은 7에 3을 더할 때 세 개의 손가락을 차례차례 펴면서 '7, 8, 9'라고 센다는 것을 알아차리게 된다. 그 학생은 '7에서부터 3을 세어 나가고' 있지만, 7에서 잘못 시작하고 있다. 교사는 수의 눈금을 새긴 직선을 따라 세어 나가는 방법으로 덧셈 문제를 풀 때 일부 학생들이 저지른 유사한 실수를 떠올린다. 실수에 대한 분석은 교사로 하여금 이러한 절차를 가르치는 것을 수정하게 하여, '7, 셋을 세어라'라는 말보다는 '7, 그리고 셋 더'라는 말을 사용하게 한다. 이것은 즉각적인 효과가 있다. 따라서 교사는 전체 학급을 대상으로 하는 그 이후의 말로 하는 수업에서 이 특정한 언어 유형을 강화한다.

상세 해설

덧셈 문제를 푸는 학생들의 실수를 분석하여 얻은 교사의 해결책에 대한 글이다. 주어진 문장의 these procedures는 잘못된 숫자에서 시작해 손가락으로 수를 세는 것과 수의 눈금을 새긴 직선을 따라 세어 나가는 방법으로 가르치는 것을 말하는데, 그것을 다른 말을 사용해 수정하게 하였고, 이것이 효과가 있었다는 내용으로 이어지므로, 주어진 문장은 ④에 들어가는 것이 가장 적절하다.

구문 분석

1행 Analysis of the errors leads the teacher to modify the teaching of these procedures, [using the language 'seven and three more' rather than 'seven, count on three'].
▶ [ ]는 주절에 대한 결과를 설명하는 분사구문이다.

7행 The teacher **asks** the pupil [to show {how these answers were obtained}] and **notices** [that in doing the addition of 3 to 7, the pupil counts 'seven, eight, nine', while turning up three fingers in turn].
▶ 문장의 주어 The teacher에 이어지는 술어 동사 asks와 notices가 병렬 구조를 이루고 있다.
▶ 첫 번째 [ ]는 asks의 목적 보어이고, 그 안의 { }는 show의 목적어 역할을 하는 의문사절이다.
▶ 두 번째 [ ]는 notices의 목적어 역할을 하는 명사절이다.

어휘 및 어구

- analysis 분석
- procedure 절차
- count (수를) 세다
- obtain 얻다, 획득하다
- turn up (one's) fingers (구부렸던) 손가락을 펴다
- in turn 차례차례
- modify 수정하다, 변경하다
- addition 덧셈
- pupil 학생
- notice 알아차리다, 알게 되다
- recall 떠올리다, 회상하다

- reinforce 강화하다
- subsequent 그 이후의, 다음의

02 정답 ⑤

한줄 해설

주어진 문장의 Even so를 정확히 이해하고 문단의 논리 구조를 파악하여 정답을 추론한다.

해석

음식과 주거에 필요한 기본적인 최소한의 범위를 벗어나는 돈은 목적에 대한 수단에 지나지 않는다. 하지만 매우 자주 우리는 수단을 목적과 혼동하여 돈(수단)을 위해서 행복(목적)을 희생한다. 우리 사회에서 아주 흔히 그렇듯이, 물질적 부유가 궁극적인 목적의 위치로 높여질 때 이렇게 하기 쉽다. 이것은 물질적 부의 축적과 생산이 그 자체로서 잘못된 것이라고 말하는 것이 아니다. 물질적 풍요는 사회뿐만 아니라 개인이 더 높은 수준의 행복을 얻을 수 있도록 도움이 될 수 있다. 재정적 안정은 우리가 의미 있다고 생각하지 않는 일로부터 그리고 다음번 월급에 대해서 걱정해야 하는 것으로부터 우리를 해방시켜 줄 수 있다. 게다가, 돈을 벌고자 하는 욕구는 우리에게 도전 정신을 심어 주고 영감을 줄 수 있다. 그렇다고 하더라도, 가치가 있는 것은 돈 '그 자체로서'가 아니라 그것이 잠재적으로 더 긍정적인 경험을 만들어 낼 수 있다는 사실이다. 물질적 부유함이 본질적으로 그리고 그 자체로서 의미를 만들어 내거나 감정적인 풍요로움을 반드시 가져오는 것은 아니다.

상세 해설

주어진 문장은 돈 그 자체가 아닌 돈을 통한 긍정적인 경험이 중요하다는 내용인데, '그렇다고 하더라도'라는 뜻의 Even so로 시작하는 것으로 미루어볼 때, 돈을 벌고자 하는 욕구가 도전 정신과 영감을 준다는 내용 다음인 ⑤에 오는 것이 가장 적절하다.

구문 분석

7행 It is easy [to do this] when material wealth is elevated to the position of the ultimate end, as it so often is in our society.

▸ It은 형식상의 주어이고, [   ]로 표시한 to부정사구가 내용상의 주어이다.

13행 Financial security can liberate us [from **work** {we do not find meaningful}] and [from having to worry about the next paycheck].

▸ 두 개의 [   ]가 접속사 and로 연결되는 병렬 구조로, liberate us에 연결된다.
▸ {   }는 선행사 work를 수식하는 관계절이다.

어휘 및 어구

- potentially 잠재적으로
- minimum 최소(의)
- elevate 높이다
- accumulation 축적, 쌓음
- liberate 해방시키다
- yield 만들어 내다, 생산하다
- confuse ~ with ... ~을 …와 혼동하다
- ultimate 궁극적인
- production 생산

03 정답 ⑤

한줄 해설

turned into a golden eagle → also covered with feathers → followed 의 흐름으로 이어진다.

해석

고대의 토착 종족 사이에서 널리 퍼진 관행은 자연 속의 특별한 장소에서 꿈을 추구함으로써 정신적인 안내자와 동맹자와의 만남을 트는 것이다. 사춘기의 환영을 보는 탐색은 많은 전통 문화들에서 핵심적인 인생의 통과의례이다. 예를 들어, 오대호(五大湖)의 Anishnaabe(Ojibwa) 족 사이에서는, 성인기에 근접한 소년이 나뭇가지의 높은 곳에 설치된 대(臺)인 '둥지'에 꿈속의 방문객인 pawagan과의 만남을 기다리면서 여러 밤낮을 앉아 있도록 배정될 수 있다. 전형적인 이야기 하나에서, pawagan은 인간의 형태로 소년에게 접근하여 그에게 "너는 이제 나와 함께 갈 만큼 충분히 강하다."라고 말했다. 그 방문객은 춤을 추기 시작했고, 춤을 추면서 그는 검독수리로 변신했다. 소년은 자신의 몸을 내려다보았고 그것도 역시 깃털로 덮인 것을 보았다. 그 큰 독수리는 날개를 펴고 하늘로 솟구쳤고 소년도 독수리의 형태로 따라갔다.

상세 해설

주어진 문장은 소년이 자신의 몸도 깃털로 덮인 것을 보았다는 내용이므로, 주어진 문장 앞에는 누군가 새로 변신했다는 내용이 나와야 한다. 따라서 주어진 문장은 방문객이 검독수리로 변신했다는 내용 뒤인 ⑤에 들어가는 것이 가장 적절하다.

구문 분석

3행 A widespread practice among ancient and indigenous peoples is [to open contact with spiritual guides and allies **by seeking** a dream at a special place in nature].

▸ to부정사구는 보어로 쓸 수 있다. [   ]로 표시된 부분이 is 다음에 보어로 쓰였다.
▸ by + -ing: ~함으로써

7행 Among the Anishnaabe (Ojibwa) of the Great Lakes, for example, **a boy** [approaching manhood] might be assigned to perch in a "nest" — a platform set high in the branches of a tree — for several days and nights, [inviting an encounter with **a pawagan**, or **dream visitor**].

▸ 첫 번째 [   ]는 a boy를 수식하는 분사구이다.
▸ 두 번째 [   ]는 분사구문으로 동시동작을 나타내며, a pawagan과 dream visitor는 동격 관계이다.

16행 The great eagle [spread its wings] and [soared into the sky] and the boy, in eagle form, followed.

▸ 두 개의 [   ]는 동사구로 병렬 구조를 이루고 있다.

어휘 및 어구

- widespread 널리 퍼진
- ally 협력자
- the Great Lakes 오대호(캐나다 남쪽 변두리에 위치하는 5개의 호수)
- manhood 성인, 어른
- encounter 만남
- account 이야기, 해설
- indigenous 토착의
- puberty 사춘기
- perch (나뭇가지에) 앉다
- classic 전형적인
- golden eagle 검독수리

[04~05]

04 정답 ③

05 정답 (s)ize

한줄 해설

04 주어진 문장은 가정 TV로는 극장에서처럼 물리적인 몰입이 불가능하다는 내용이고, 그 다음에는 그것의 예가 이어져야 한다.

05 영화에 비해 TV는 화면이 줄어들어 몰입이 안 된다는 내용이므로 이와 연관있는 단어를 추론해 본다.

해석

영화를 집에서 시청하는 것의 부정적인 면의 대부분은 장면과 소리 전달 시스템의 질적인 면에 집중되어 있다. 첫째, 크기라는 단순한 요소를 고려하라. 대략 20피트 높이에 있는 평균 영화 화면에서의 이미지는 전형적인 가정용 TV에

정답과 해설 **97**

서의 최대 높이 약 2피트로 줄어든다. 우리가 극장에서 그렇듯이 이야기 속의 액션에 물리적으로 몰입되는 것이 집에서는 거의 불가능하다. 예를 들어, 멀미에 민감한 영화관 관객은 영화 '식스티 세컨즈'의 자동차 추격이나 '해리포터' 시리즈의 퀴디치 경기 장면에서 다소 메스꺼움을 느낄 수 있다. 그러나 Richard Dreyfuss가 말하듯이, 우리가 방을 가로질러 있는 그 작은 상자를 볼 때에는 동일한 강한 감정에 따른 감각이 거의 항상 부족하다. 텔레비전에서 일어나는 사건들은 멀게 보이고, 27인치 (혹은 심지어 61인치) 화면에서도 안전으로 꽉 봉인되어 있으며, 크기의 변화는 우리 경험의 강렬함을 줄이고 우리의 몰입을 감소시킨다.

상세 해설

04 주어진 문장은 집에서 TV로 영화를 보면 이야기 속 액션에 물리적으로 몰입될 수 없다는 내용이므로, 두 개의 영화에 대한 사례가 시작되는 문장 앞인 ③에 들어가는 것이 가장 적절하다.

05 가정에서 영화를 보는 것의 단점으로 영화 화면보다 TV 화면이 작기 때문에 몰입되는 것이 불가능하다고 했으므로 빈칸에 들어갈 말은 size(크기)이다.

구문 분석

7행 **An image** [approximately twenty feet high on the average movie screen] **is** reduced to a maximum height of about two feet on the typical home TV.

▶ [　]는 문장의 주어인 An image를 수식하는 수식어구로, 동사는 is이다.

10행 For example, **a theater viewer** [who is susceptible to motion sickness] **may get** a little queasy during the car chases in *Gone in 60 Seconds* or the Quidditch matches in the *Harry Potter* movies.

▶ [　]는 문장의 주어인 a theater viewer를 수식하는 관계절로, 동사구는 may get이다.

어휘 및 어구

- physically 물리적으로, 신체적으로
- narrative 이야기
- delivery 전달, 배달
- approximately 대략, 약
- maximum 최대
- typical 전형적인
- be susceptible to ~에 민감하다, ~에 영향을 쉽게 받다
- motion sickness 멀미
- queasy 메스꺼운
- Quidditch 퀴디치(해리포터 시리즈에 나오는 빗자루를 타고 날아다니면서 골든 스니치를 잡는 게임)
- visceral 강한 감정에 따른, 본능적인
- intensity 강렬함, 강도
- involvement 몰입

06 정답 ⑤

한줄 해설

연결사 Also는 유사한 내용이 앞에 제시되었음을 보여 준다.

해석

72퍼센트의 사람들이 '대부분의 사람들은 뇌 기능의 10퍼센트만 사용한다.'라는 데 동의한다. 이 이상한 믿음은 광고, 자기 개발서, 그리고 정해진 코미디 수법의 주요소인데, 너무나 오랫동안 있어 왔기 때문에 일부 심리학자들이 그것의 기원에 관해 역사적인 조사를 했다. 이 믿음에는 문제가 너무나 많아서 어디에서 시작해야 할지 아는 것은 어렵다. 오랫동안 뇌세포가 무엇이건 간에 아무런 활동을 만들어 내지 못한다면, 그것은 그 세포가 죽었다는 것을 의미한다. 따라서, 만일 우리가 뇌의 10퍼센트만 사용한다면, 기적 같은 부활이나 뇌 이식을 제외하고는, 그 비율을 늘릴 가능성은 거의 없다. 또한 진화가, 혹은 심지어 지적인 고안자가, 우리에게 90퍼센트의 비효율적인 기관을 주었다고 생각할 이유가 없다. 커다란 뇌를 가진 것은, 커다란 머리가 간신히 산도를 빠져나오게 해서 태어나는 동안에 사망할 위험에 이르게 하기 때문에, 인간 종의 생존에 분명히 위험하다. 만일 우리가 뇌의 일부만 사용한다면, 자연 선택은 오래 전에 뇌를 수

축시켰을 것이다.

상세 해설

주어진 문장은 요지를 뒷받침 해주는 근거로, 문장에 Also(또한)가 있으므로 기존 다른 근거 뒤에 위치해야 한다. 따라서 문맥상 ⑤에 위치하는 것이 적절하다.

지문 구성

요 지	뇌 기능의 10퍼센트만 사용한다는 말은 틀렸다.
근거 1	기능하지 않는 조직은 죽은 조직이다.
근거 2	90퍼센트의 비효율적인 기관은 진화상 존재할 수 없다.
근거 3	커다란 머리는 생존에 위험을 야기하므로 뇌의 크기가 축소되었을 것이다.

구문 분석

6행 **This strange belief,** [a staple of advertisements, self-help books, and comedy routines], has been around **so** long **that** some psychologists have conducted historical investigations of its origins.

▶ [　]는 문장의 주어인 This strange belief와 동격 관계이다.
▶ 〈so ~ that …〉 구문은 '너무 ~해서 …하다'의 의미이다.

16행 [Having a large brain] is positively dangerous to the survival of the human species — the large head makes it barely exit the birth canal, [**leading** to a risk of death during childbirth].

▶ 첫 번째 [　]는 동명사구 주어이므로 단수 취급하여 문장의 be동사는 is로 썼다.
▶ 두 번째 [　]는 연속 동작을 나타내는 분사구문으로 '그래서 ~하다'로 해석한다.

19행 **If we used** only a fraction of our brain, natural selection **would have shrunk it** long ago.

▶ 혼합가정문으로 if절에서 과거동사인 used를 사용하여 현재 사실에 반대되는 가정을 표현했고, 주절에는 〈조동사+have+p.p.〉인 would have shrunk를 사용하여 과거 사실에 대한 추측을 표현했다.
▶ it은 our brain을 가리키는 대명사이다.

어휘 및 어구

- suspect 생각하다, 의심하다
- organ 기관
- staple 주요소
- routine 정해진 연기, 판에 박힌 수법
- investigation 조사
- whatsoever 무엇이든
- miraculous 기적 같은
- resurrection 부활
- transplant 이식
- positively 분명히
- birth canal 산도(産道)
- fraction (극히) 일부
- shrink 수축시키다, 줄어들게 하다

07 정답 ③

한줄 해설

주어진 문장이 무엇에 대한 사례인지를 이해하면 정답을 찾을 수 있다.

해석

주요한 구조 조정을 겪고 있는 한 전자 회사의 고객 서비스 직원들은 장비를 설치하고 수리하는 것 외에도 장비에 대한 서비스 계약 판매를 시작해야 한다는 말을 들었다. 이것은 많은 저항을 일으켰다. (고객) 서비스 직원들에게, 판매하는 것을 배우는 것은 그들이 해 왔던 것과는 아주 다른 일이었다. 하지만 그들이 자신들이 생각했던 것보다 판매에 대해 이미 훨씬 더 많은 것을 알고 있다는 것이 밝혀졌다. 예를 들면, 장비를 점검하거나 설치할 때의 첫 번째 단계는 고객들이 그 장비를 어떻게 사용했는지를 알기 위해 고객과 이야기하는 것이다. 똑같은 내용이 판매에도 적용된다. 판매원은 먼저 고객이 필요로 하는 것에 대해 알아야 한다. 서비스 직원들은 또한 제품에 대한 지식과 직접 실무에 참가한 경험을 많이 가지고 있었는데, 이것은 영업에 확실히 중요하다.

'예를 들면, 장비를 점검하거나 설치할 때의 첫 번째 단계는 고객들이 그 장비를 어떻게 사용했는지를 알기 위해 고객과 이야기하는 것이다.'라는 내용의 주어진 문장은 고객 서비스 직원들이 서비스 계약 판매에 대해서 자신들이 생각했던 것보다 더 많은 것을 알고 있었다는 내용 뒤인 ③에 들어가는 것이 적절하다. 주어진 문장의 내용은 똑같은 내용이 판매에도 적용된다는 ③ 뒤 문장의 내용과도 잘 어울린다.

지문 구성

도입(상황)	고객 서비스 직원들이 장비 설치·수리 외에 장비에 대한 서비스 계약 판매를 해야 한다.
전 개	고객 서비스 직원들은 판매에 대해 훨씬 더 많이 알고 있다.
사 례	고객 서비스 직원들은 고객의 장비 사용에 대해 고객과 대화를 나누는 법을 잘 안다.

구문 분석

4행 [The customer service representatives in an electronics firm under major restructuring] **were told** [they had to begin selling service contracts for their equipment in addition to installing and repairing them].

▶ 첫 번째 [ ]는 문장의 주어이고, 동사는 were told이다. '들었다'의 의미를 나타내기 위해 수동태로 사용되었다.

▶ 두 번째 [ ]는 were told의 목적어로 쓰인 명사절, 접속사 that이 생략되어 있다.

14행 The service representatives also had **a great deal of product knowledge and hands-on experience**, [which is obviously important in sales].

▶ [ ]는 a great deal ~ experience를 부연 설명하는 계속적 용법의 관계절이다.

어휘 및 어구

• service 점검하다; 서비스
• customer service representative 고객 서비스 직원
• firm 회사
• contract 계약
• resistance 저항, 반대
• hands-on 직접 실무에 참가하는, 직접 해보는
• obviously 확실히, 분명히
• install 설치하다
• restructure 구조 조정을 하다
• generate 일으키다, 생기게 하다

08 정답 ③

한줄 해설

That is why의 인과 관계를 이해하면 정답을 찾을 수 있다.

해석

인간에게 있어서 생체 시계는 우리의 수면 각성 주기뿐만 아니라 혈압, 체온, 호르몬, 배고픔, 그리고 갈증의 일상적 변화의 원인이 된다. 우리가 내부 시간으로 경험하게 되는 이러한 생물학적 리듬은 아마도 수백만 년의 진화 과정을 통해서 발달한, 수면보다 더 앞선 것이다. 밖에서 무슨 일이 일어나든 상관없이, 한랭 전선이 다가오든 혹은 구름이 햇빛을 가리든 간에, 그것은 대략 24시간을 주기로 생리적인 변화와 행동의 변화가 일어나는 것을 쉽게 한다. 그렇기 때문에 사람들이 표준 시간대를 가로질러 여행할 때 시차로 인한 피로감을 경험하게 된다. 그들의 내부 시계는 계속해서 자신들이 도착한 장소가 아니라, 자신들이 떠나온 장소에 맞추어서 작동되며, 그 둘을 재조정하는 데에는 얼마간의 시간이 걸린다. 가장 놀라운 것은 우리의 내부 생체 시계가 환경적 신호에 의해서 재조정될 수 있다는 것이다. 우리가 지구 반대쪽에서 엄청나게 다른 낮과 밤 주기의 일정에 적응하도록 우리의 생체 시계에 요구할 때 며칠 동안 시차로 인한 피로감을 느낄 수 있으나, 그것(생체 시계)은 그렇게 할 수 있다.

'그렇기 때문에 사람들이 표준 시간대를 가로질러 여행할 때 시차로 인한 피로감을 경험하게 된다.'라는 내용의 주어진 문장은 신체 내부의 생체 시계는 외부에서 일어나는 일과 상관없이 작동된다는 내용과 내부 시계는 도착지보다는 출발지에 맞추어서 작동된다는 내용 사이인 ③에 들어가는 것이 가장 적절하다.

지문 구성

도입(요지)	생체 시계는 다양한 일상적 변화의 원인이 된다.
부 연	생체 시계는 진화 과정을 통해 발달한 것이다.
사 례	24시간을 주기로 생리적 변화가 일어난다. 여행을 해도 생체 시계가 작동한다.
새 논지 제시	환경에 따라 생체 시계가 재조정된다.

구문 분석

6행 **These biological rhythms**, [which we experience as internal time, are probably older than sleep], developed over the course of millions of years of evolution.

▶ [ ]는 문장의 주어인 These biological rhythms를 부연 설명하는 계속적 용법의 관계절이다.

9행 They facilitate physiological and behavioral changes on a roughly twenty-four-hour cycle [no matter what is happening outside], [**whether** a cold front moves in **or** clouds block the light of the sun].

▶ 첫 번째 [ ]는 양보의 의미를 나타내는 부사절이다.

▶ 두 번째 [ ]도 양보의 의미를 나타내는 부사절로, 〈whether A or B(A이든 B이든)〉의 구문이 사용되었다.

12행 Their internal clocks continue to run in accordance with **the place** [they left behind], not **the one** [to which they have come], and **it** can **take** some time **to realign** the two.

▶ 첫 번째와 두 번째 [ ]는 모두 관계절로 각각 the place와 the one을 수식하고 있다.

▶ it takes+시간+to부정사: ~하는 데 …만큼의 시간이 걸린다

어휘 및 어구

• jet lag 시차증 (비행기를 이용한 장거리 여행 시 시차로 인한 피로감)
• time zone 표준 시간대
• evolution 진화
• readjust 재조정하다
• sleep-wake cycle 수면 각성 주기
• in accordance with ~에 맞추어서

[09~10]

09 정답 ③

10 정답 extension

한줄 해설

09 **Think about** ~이 제시된 이유를 이해하면 정답을 찾을 수 있다.

10 명사이며 '커짐'의 의미를 가진다.

해석

사람들은 용도나 크기에 상관없이, 숙련된 사용을 필요로 하는 모든 종류의 도구에 자신의 신체 감각을 투사한다. 건설 노동자들이 자신의 큰 기계와의 일체감을 말하는 것을 듣는 것이 놀라움으로 다가올 수도 있지만, 그들이 경험하는 신체적 유대감은 실재한다. 한 기계공은 "당신은 기계의 일부이며, 기계는 당신으로부터 분리될 수 없게 된다."라고 말했다. 마찬가지로, 많은 사람들은 그들

의 자동차를 같은 방식으로 신체의 일부로 받아들인다. 당신이 어떤 것에도 부딪히지 않고 작은 공간에 차를 세우거나 주차장에 집어넣을 만큼 당신의 자동차 크기에 대해 얼마나 잘 알고 있는지 생각해 보라. 당신은 차의 바깥 면을 실제로 볼 수 없지만, 당신 차의 크기와 모양을 안다. 그때 당신의 차는 당신의 손동작에 즉각적으로 반응하고 당신이 운전대를 조종하는 대로 움직인다. 차가 당신 몸의 확장된 부분처럼 느껴진다.

상세 해설

09 주어진 문장은 자동차를 자연스럽게 움직이는 자신을 생각해 보라는 내용이고, ③ 앞에 사람들이 자동차를 신체의 일부로 본다는 내용이 나오므로, ③에 주어진 내용이 들어가면 ③의 문장에 대한 근거 제시가 이어지므로 적절하다.

10 '추가나 확장된 부분을 구성하는 부분'에 해당하는 단어는 extension(확장 (된 부분))이다.

지문 구성

도입(요지)	사람들은 도구에 신체 감각을 투사한다.
사례 1	건설 노동자와 기계공은 기계와 신체적 유대감을 느낀다.
사례 2	자동차는 신체의 일부인 것처럼 느껴진다.
근 거	자동차의 움직임에서 느끼는 자연스러움을 생각해 보라.

구문 분석

1행 Think about [how you know the size of your car well enough **to park** it in a small space or **pull** it into your garage without hitting anything].
  ▶ [ ]는 about의 목적어인 명사절이고, park와 pull이 to에 연결되어 병렬 구조를 이루고 있다.

4행 [No matter what the purpose or the size], people project bodily senses into **every kind of tool** [that requires skilled use].
  ▶ 첫 번째 [ ]는 양보를 나타내는 부사절이다.
  ▶ 두 번째 [ ]는 every kind of tool을 수식하는 관계절이다.

6행 **It** may come as a surprise [**to hear** construction workers speak of communion with their big machines], but the physical [bonding they experience] is real.
  ▶ It은 형식상의 주어이고, [ ]의 to부정사구가 내용상의 주어이다.

어휘 및 어구

- purpose 목적
- construction 건설
- operator 작동자
- embody 신체의 일부로 만들다, 육체화하다
- dimensions 면적, 넓이, 크기
- steering wheel 운전대
- bodily sense 신체 감각
- bonding 유대감
- indistinguishable 분리될 수 없는
- instantly 즉각적으로
- extension 확장된 부분, 확장

11 정답 ⑤

한줄 해설

This는 소년의 정서를 이해해야 한다는 필자의 주장을 가리킨다.

해석

소년들은 흔히 좋아하는 교사나 코치에게서 정서적 멘토를 찾지만, 부모가 소년의 자신에 대한 관점에 그리고 정서적 언어와 읽고 쓸 줄 아는 능력을 배우는 일에 아이가 기꺼이 참여하는 데 특별하고 강력한 영향을 끼친다. 부모는 (소년에게) 정서적 유대감과 감정이입의 모델이 될 수 있다. 그들은 판단하지 않고 소년들의 정서에 귀를 기울이고, 해결책을 지시하지 않고 그들의 문제를 들을 수 있

다. 우리는 모든 소년에게 내적인 삶이 있다는 사실, 그리고 그들의 마음이 꽉 차 있다는 사실을 이해하려고 노력해야 한다. 모든 소년은 예민하고, 모든 소년은 괴로워한다. 이것은, 의식적으로든 무의식적으로든, 소년의 정서적 취약성을 인정하려 들지 않는 많은 어른들에게는 겁나는 생각이다. 하지만 우리가 그것을 정말로 인정할 때, 그리고 소년의 부모와 교사로서 우리 자신의 정서 교육을 발전시키기 위해 이러한 이해를 이용할 때, 우리는 그들이 더 의미 있는 등불을 가지고 그들 삶의 어두운 곳을 마주하는 데 도움을 줄 수 있다.

상세 해설

주어진 문장의 This는 ⑤ 앞에서 언급한, 소년의 정서를 이해해야 한다는 필자의 주장을 가리킨다. 이것을 받아들이지 못하는 어른들에게는 이것이 겁나는 생각이라는 것이 주어진 문장의 내용이므로, 주어진 문장 다음에는 필자의 반론이 이어져야 한다. 따라서 주어진 문장의 위치로 가장 적절한 곳은 ⑤이다.

구문 분석

5행 ~, but parents have a unique and powerful influence [on a boy's view of himself] and [on his willingness to engage in learning emotional language and literacy].
  ▶ [ ]는 두 개의 전치사구가 접속사 and에 의해 병렬 구조로 연결되어 influence에 이어진다.

9행 They can [listen to boys' feelings without judging **them**], and [hear their problems without dictating solutions].
  ▶ [ ]는 두 개의 동사구가 접속사 and에 의해 병렬 구조로 연결되어 can에 이어진다.
  ▶ them은 boys' feelings를 대신하는 대명사이다.

14행 But when we do acknowledge it, and we use this understanding to advance our own emotional education as parents and teachers of boys, [we can help them meet **the shadows** in their lives with **a more meaningful light**].
  ▶ [ ]는 직역하면 '우리는 그들이 더 의미 있는 등불을 가지고 그들 삶의 어두운 곳을 마주하는 데 도움을 줄 수 있다'이다. the shadows는 문맥상 '남자 아이라는 이유로 덮어버리고 마음속 어두운 곳으로 치워두었던 정서'를 의미한다. 또한 a more meaningful light는 '부모와 교사의 정서에 대한 올바른 지도를 통해 길러진 정서에 대한 이해'를 의미한다.

어휘 및 어구

- scary 겁나는
- acknowledge 인정하다
- mentor 멘토, 조언자
- have an influence on ~에 영향을 끼치다
- willingness 기꺼이 하는 마음
- literacy 읽고 쓸 줄 아는 능력
- empathy 감정이입
- come to grips with ~을 이해하려고[대처하려고] 노력하다
- advance 발전시키다
- consciously 의식적으로
- vulnerability 취약성
- engage in ~에 참여하다
- connectedness 유대감
- dictate 지시하다
- shadow 어두운 곳, 그늘

12 정답 ⑤

한줄 해설

주어진 문장은 은행들의 영업 행태가 가져온 최종 결과를 설명하고 있다.

해석

충분히 발달한 시장에서는, 경쟁적 지위들에서의 중요한 변화와 시장의 성장을 가져오는 획기적인 발전이 드물다. 이 때문에, 경쟁은 한 조직이 다른 조직들을 희생해서만 승리할 수 있는 제로섬 게임이 된다. 하지만, 경쟁의 정도가 특히 극심해지는 경우, 제로섬 게임은 시장 내의 모두가 추가적인 비용에 직면하므로, 급속하게 네거티브 섬 게임이 될 수도 있다. 이것의 한 가지 예로, 영국의 주요

대형 소매 은행 중 한 곳이 토요일 오전에 영업함으로써 경쟁 우위를 점하려고 했을 때, 그 은행은 전통적인 월요일부터 금요일까지의 은행 영업 시간을 제약이라고 여기던 많은 새로운 고객을 끌어 모았다. 하지만 고객의 감소에 직면하자, 경쟁 상대도 역시 토요일에 영업함으로써 대응했다. <u>이것의 최종 결과는, 비록 고객들은 이득을 보았지만 은행들은 비용이 증가했으나 고객의 총수는 그대로였기 때문에 손해를 보았다는 것이었다.</u> 본질적으로, 이것은 네거티브 섬 게임임으로 판명되었다.

상세 해설

주어진 문장은 은행들이 벌인 영업 행태의 최종 결과이므로, 그 결과의 본질적 의미를 설명하는 내용 앞에 와야 한다. 따라서 ⑤가 주어진 문장의 위치로 가장 적절하다.

※ 제로섬 게임: 승자의 득점과 패자의 실점을 더하면 항상 제로(0)가 되는 게임을 뜻한다. 즉 승자의 이익과 패자의 손실의 총합이 제로(0)인 게임을 말한다. 축구나 권투 등 흔히 2명이 하는 경기에서 한 팀은 이기고 다른 팀은 질 수밖에 없는 구조가 바로 '제로섬 게임'의 대표적인 형태이다. 한편, 모든 이익과 손실의 총합이 0보다 작으면 '네거티브 섬(negative sum)', 0보다 크면 '포지티브 섬(positive sum)'이라고 한다.

지문 구성

제로섬 게임	충분히 발달한 시장에서 이루어지는 경쟁의 결과
네거티브 섬 게임	극심한 경쟁으로 인한 제로섬 게임의 악화 → 네거티브 섬 게임
네거티브 섬 게임의 예	영국의 은행 사이의 경쟁이 가져온 네거티브 섬 게임

구문 분석

4행 In mature markets, [**breakthroughs** {that lead to a major change in competitive positions and to the growth of the market}] **are** rare.

▶ [　]로 표시된 명사구에서 {　}로 표시된 관계절이 선행사인 breakthroughs를 수식하여 명사구가 확장되었고, [　]가 주어부이다. 주어는 breakthroughs이므로 술어 동사인 are와 복수로 수 일치되어 있다.

17행 However, [faced with a loss of customers], the competition responded by opening on Saturdays as well.

▶ [　]는 분사구문으로 주절에 시간의 정보를 제공한다.

어휘 및 어구

- net 최종적인, 근본적인
- mature 충분히 발달한
- at the expense of ~의 희생으로, ~의 비용으로
- negative sum game 네거티브 섬 게임(참가자 모두가 손해를 보는 게임)
- competitive advantage 경쟁 우위
- lose out 손해를 보다
- breakthrough 획기적인 발전, 돌파구
- constraint 제약

13 정답 ②

한줄 해설

Even so는 주어진 문장 앞에 주어진 문장의 내용과는 상반되는 내용이 와야 함을 보여 준다.

해석

연구자들은 빈정거림의 다양한 비언어적 특성들을 보고했다. 대부분의 연구자들은 비언어적 신호가 빈정거림 또는 그것을 촉발하는 감정을 인지하는 데 필수적인 것인지에 대해 의견이 다르다. <u>그렇다 하더라도, 연구는 특히 언어적 신호와 비언어적 신호가 상충할 때에는 비언어적 신호가 언어적 신호보다 더 신빙성이 있다는 연구 결과를 확증해 준다.</u> 또한, 비언어적 신호는 화자의 의도를 더

잘 보여 준다. 빈정거림의 본질이 의도와 메시지 사이의 모순을 암시하므로, 속임수를 쓸 때 그러는 것처럼 비언어적 신호가 '새어 나와' 말하는 사람의 진정한 기분 상태를 드러낼 수도 있다. 일반적으로 빈정대는 말을 하는 사람은 듣는 사람이 그 빈정대는 의도를 알아차리기를 바라지만, 반면에 속임수를 쓸 때는 일반적으로 화자가 듣는 사람이 그 속이려는 의도를 알아차리지 못했으면 하고 바란다는 점에서 표면상으로 빈정거림은 속임과 반대되는 것이다. 따라서 의사 전달자들은 어떤 화자가 빈정대는 것인지 판단하려고 할 때, 언어적 메시지와 비언어적 메시지를 비교하며 두 개가 서로 반대이면 그 화자가 빈정대고 있다는 결론을 내릴 수 있다.

상세 해설

주어진 문장은 비언어적 신호가 언어적 신호보다 빈정거림을 인지하는 데 더 필수적이라는 내용이고, Even so는 그 앞에 주어진 문장의 내용과는 상반되는 내용이 와야 한다는 것을 지시해 주므로, 주어진 문장의 위치로 가장 적절한 곳은 ②이다. ② 뒤에 이어지는 내용 역시 주어진 문장의 내용을 추가적으로 설명하고 있으므로 잘 어울린다.

구문 분석

5행 Most disagree as to [whether nonverbal cues are essential to the perception of {sarcasm} or {the emotion that prompts it}].

▶ [　]로 표시된 whether절은 전치사인 as to의 목적어 역할을 하는 명사절이다.
▶ {　}로 표시된 두 개의 명사구가 or로 연결되어 전치사 of의 목적어 역할을 한다.

9행 [As the nature of sarcasm implies a contradiction between intent and message], nonverbal cues may "leak" and reveal the speaker's true mood as they **do** in deception.

▶ [　]로 표시된 As절은 주절에 이유의 정보를 제공하는 부사절이다.
▶ do는 "leak" and reveal the speaker's true mood를 대신하는 대동사이다.

어휘 및 어구

- confirm 확증하다, 확인해 주다
- credible 신빙성이 있는, 믿을 수 있는
- perception 인지, 지각
- indicator 보여 주는 것, 지표
- imply 암시하다
- deception 속임수, 사기
- nonverbal 비언어적인, 말을 쓰지 않는
- conflict 상충하다, 충돌하다
- prompt 촉발하다, 자극하다
- intent 의도
- contradiction 모순

[14~15]

14 정답 ④

15 정답 whose / 그들의(이 나라들의) 패션 스타일은 점차 다문화적이 되고 있다

한줄 해설

14 Also in France에서 Also의 의미를 이해하면 정답을 찾을 수 있다.
15 fashion style과 연결되는 소유격 관계사가 필요하다.

해석

이민과 소비자의 대규모 이동의 영향이 세계 전체에서 패션 스타일을 바꾸고 있다. 유럽과 아메리카의 전역에서, 그리고 세계의 다른 지역들에서, 이민의 증가는 지역 인구의 더 다양한 민족 구성을 창출하였다. 이는 특히 영국에서 분명한데, 그곳에서는 인도, 파키스탄, 그리고 카리브해 지역으로부터 온 이민자들이 국가의 문화와 정체성을 형성하는 데 일조하였다. 그들의 영향은 심지어 보수영국의 상류층까지 포함하여 나라 전체의 패션 스타일, 취향, 그리고 제품 선호에 영향을 미쳤다. <u>또한 프랑스에서는 북아프리카와 아시아로부터 온 이민자들의 복식 문화와 스타일의 영향이 점차적으로 프랑스 패션에 반영되고 있다.</u> 그러한 상황은 유럽의 다른 지역들과 아메리카, 특히 미국과 캐나다에서 비슷한

데, 이 나라들의 패션 스타일은 점차 다문화적이 되고 있다. 이러한 요인은 신종 럭셔리 브랜드의 새로운 기대와 성공에 대한 기회를 창출하며, 패션 취향의 세계화로 이어졌다.

상세 해설

14 주어진 문장은 프랑스에서도 비슷한 상황이어서 이민자들의 영향이 패션에 반영된다는 내용으로, ④ 앞에서 영국 패션에 이민자들의 영향이 크다는 내용이 나오므로 ④에 주어진 문장이 들어가는 것이 유사한 사례를 제시하는 흐름으로 연결되어 적절하다.

15 관계절이 완전한 문장이며 fashion style과 연결되는 관계사가 필요하므로 whose를 쓰는 것이 적절하다.

지문 구성

도입(요지)	이민자와 사람들의 이동은 패션 스타일을 바꾼다.
사례 1	영국에서 인도, 파키스탄, 카리브해 지역의 이민자들의 영향이 크다.
사례 2	프랑스에서 북아프리카와 아시아로부터 온 이민자들의 영향이 크다.
시사점	전 세계적으로 유사한 상황이 나타나고 있고 패션 스타일이 다문화적이 되고 있다.

구문 분석

8행 This is especially evident in **the United Kingdom**, [where immigrants from India, Pakistan and the Caribbean have helped shape the national culture and identity].

▶ [　　]는 the United Kingdom을 부연 설명하는 계속적 용법의 관계절이다.

14행 The case is similar in **other parts of Europe and America, notably the USA and Canada**, [whose fashion style is increasingly multi-cultural].

▶ [　　]는 other parts of Europe ~ and Canada를 부연 설명하는 계속적 용법의 관계절이다.

어휘 및 어구

- immigrant 이민자
- immigration 이민
- ethnic 민족의, 인종의
- identity 정체성
- notably 특히, 현저하게
- gradually 점차적으로, 서서히
- mass 대규모의
- make-up 구성
- preference 선호(도)
- globalization 세계화

01 ③	02 ⑤	03 ②	04 ①	05 ④	06 ②	07 ④

08 ② 　　09 It was once considered an amazing achievement to reach the summit of Mount Everest

01 정답 ③

한줄 해설

문맹의 순환이 생기는 이유는 가난의 순환 때문인데, 가난 때문에 아이들이 학교에 가지 못해서 문맹이 순환된다는 내용이다.

해석

내 학생들 중 한 명은 가난한 지역에서 문맹이 지속되는 것을 설명하기 위해 '문맹의 순환'이라는 개념을 사용했다. 이 개념은 어느 정도 직접적인 타당성을 가지고 있는데, 즉, 문맹인 부모들은 글을 읽고 쓸 줄 아는 부모들보다 문맹인 자녀를 둘 가능성이 훨씬 더 높다. 가정에 읽기 자료가 부족하다는 것은 글을 읽고 쓰는 능력과 연관된 부모들의 가치관이 그러하듯 어느 정도 영향을 끼칠 것이다. 그러나 대부분의 아이들이 학교 교육을 받고 있는 시기에는 이것들 중 어느 것도 문맹을 재생산할 만큼 강력해 보이지는 않았다. 반면에, 나는 가난의 순환을 쉽사리 떠올릴 수 있었는데, 거기에서는 가난하고 문맹인 가족이 아이들에게 집이나 농장에서 일을 시키기 위해 학교에 가지 못하게 해야 한다는 압박감을 느껴서, 아이들에게서 읽고 쓰는 것을 배울 수 있는 주된 기회를 빼앗을 것이다. 그 결과, 이 아이들이 학교 교육을 못 받는 것은 그들이 가난에서 벗어나게 해 줄 수 있는 직업을 갖는 것을 어렵게 만들고, 그리하여 그들 자신들을 문맹이 되게 했던 여건을 다시 만들어 낸다. 이 이론은 가난을 줄이는 것이 문맹에 주요한 영향을 미칠 거라는 것을 시사한다.
→ 아이들에게 있어 문맹의 주된 이유는 <u>정규 교육</u>에의 접근을 제한하는 그들 가족의 <u>경제적</u> 상황이다.

상세 해설

빈곤 지역에서 부모의 문맹이 자녀들에게 대물림되는 가장 큰 원인은 가정의 경제적 여건이 좋지 않아 아이들이 일을 하느라 학교에 가지 못하게 되었기 때문이라고 말하고 있으므로, (A)에는 economic이, (B)에는 formal education이 들어가는 것이 가장 적절하다.

구문 분석

5행 Lack of reading materials in the home would have some impact, [as **might parental values regarding literacy**].

▶ [　　]는 부사절인데, 그 안에서 주어인 parental values regarding literacy와 조동사 might가 도치되었고, might 다음에는 have some impact가 생략되었다. 즉, '글을 읽고 쓰는 능력과 연관된 부모의 가치관이 그러하듯(영향을 끼칠 수 있듯)' 으로 해석한다.

15행 As a result, these children's lack of schooling would make **it** difficult **for them** [to get **jobs** {that would enable them to escape from poverty}], thus [recreating the conditions that led to their own illiteracy].

▶ it은 형식상의 목적어이고 첫 번째 [　　]로 표시된 to부정사구가 내용상의 목적어이며, for them은 to부정사의 의미상 주어이다.
▶ {　　}는 jobs를 수식하는 관계절로, '아이들로 하여금 가난에서 벗어나게 해 줄 수 있는 직업'으로 해석한다.
▶ 두 번째 [　　]는 분사구문인데, 앞 문장의 내용에 대한 결과를 설명한다.

어휘 및 어구

- concept 개념
- illiteracy 문맹
- district 지역, 구역
- plausibility 타당성, 그럴 듯함
- access 접근, 접촉 기회
- be under pressure to ~할 압박감에 시달리다
- deprive A of B A에게서 B를 빼앗다

- cycle 순환
- persistence 지속성, 끈기
- immediate 직접적인, 즉각적인
- reproduce 재생산하다
- schooling 학교 교육

- recreate 되살리다, 재현하다

- assume (당연하다고) 생각하다
- the other way around 반대 상황

- adapt (상황에) 적응하다

---

02 정답 ⑤

한줄 해설

최첨단 장비를 중시한 20세기 후반의 최신식 병원에 관한 내용이다.

해석

20세기 후반쯤에, 최신식 병원은 일반적으로 최첨단 장비를 갖추도록 설계되었다. (컴퓨터 화면으로 인체 내부를 주사하는) 진단 장치와 엑스레이 장치를 병원이 더 많이 갖출수록, 그리고 생화학적인 혈액검사와 소변검사가 더 정교할수록, 그 병원의 보살핌은 더 고급인 것으로 간주되었다. 흔히, 병원의 물리적 공간은 환자에 대한 보살핌보다는 장비에 대한 보살핌을 최적화하도록 의도된 것처럼 보였다. 1970년대 초에, 냉방장치가 된 유일한 부서가 영상의학과였던 병원을 여전히 발견할 수 있었는데, 민감한 장비가 여름의 열기를 견뎌낼 수 없었기 때문이었다. 20세기 중반에 의료기술에 대한 의존과 경외감이 커질수록, 환자들의 편안함은 왜 그런지 배제되었고 그들의 환경은 자주 무시되었다. 병원 설계자들은 반대 상황보다는(기술이 환자들의 요구에 맞추어야 한다는 것보다는) 환자들이 기술의 요구에 적응할 수 있다고 생각했다.

→ 20세기 후반에, 병원은 장비에 중점을 두었고, 그래서 환자들의 편리함은 무시되었다.

상세 해설

20세기 후반에 병원이 장비 중심으로 설계되어 환자들의 편안함과 환경이 무시되었다는 내용이므로, (A)에는 equipment가, (B)에는 disregarded가 들어가는 것이 가장 적절하다.

구문 분석

3행 [{**The more** scanners and X-ray devices a hospital had}, and {**the more** sophisticated its biochemical blood and urine tests}], [**the more** advanced its care was considered to be].

▶ '~하면 할수록, 더욱 더 …하다'라는 뜻의 〈the 비교급 ~, the 비교급 …〉 구문이 쓰였다.

▶ 첫 번째 [   ] 안에 있는 두 개의 {   }가 and를 중심으로 병렬 구조를 이루고 있다.

8행 In the early 1970s, one could still find **hospitals** [where **the only department** {that was air-conditioned} was the Radiology Department], because the delicate equipment could not tolerate the summer heat.

▶ [   ]는 hospitals를 수식하는 관계절이고, {   }는 the only department를 수식하는 관계절이다.

어휘 및 어구

- state-of-the-art 최첨단의, 최신식의
- equipment 장비
- scanner (컴퓨터 화면을 이용해 인체 내부의 정보를 파악하는) 진단 장치
- sophisticated 정교한, 복잡한
- urine 소변, 오줌
- optimize 최적화하다
- tolerate 견디다, 인내하다
- awe 경외심

- accommodate 갖추다, 공간을 제공하다

- biochemical 생화학적인
- advanced 고급의, 선진적인
- delicate 정교한, 민감한, 연약한
- reliance 의존
- push aside 배제하다, 무시하다

---

03 정답 ②

한줄 해설

비언어적 의사소통은 훈련이 필요한 것으로 훈련을 통해 익숙해지면 자동으로 행해진다는 내용이다.

해석

사람들을 성공적으로 읽어 내는 것은 지속적인 연습과 적절한 훈련을 필요로 하는 기술이다. 훈련의 측면에서 여러분을 돕기 위해, 나는 비언어적 도구를 읽어 내는 여러분의 효율성을 최대화시키는 몇 가지 중요한 지점을 제공하고 싶다. 일상생활에 이 지침을 포함시키고 일상의 일부로 만들 때, 그것들은 곧, 있다 해도 의식적인 사고가 거의 필요하지 않은, 여러분의 제 2의 천성이 될 것이다. 그것은 운전을 배우는 것과 매우 비슷하다. 나와 비슷하다면, 여러분은 차량을 조작하는 데 너무 걱정을 해서 자동차 안에서 여러분이 하고 있는 일을 추적하는 것과 동시에 바깥 도로에서 일어나고 있는 일에 집중하는 것이 어려울 것이다. 연습을 통해 운전하면서 편안함을 느낄 때에야 비로소 여러분은 전체적인 운전 환경을 망라하는 데 집중을 확장시킬 수 있었다. 그것이 바로 비언어적 행동이 함께 하는 방식이다.

→ 비언어적 의사소통의 사용을 완전히 익히기 위해, 여러분은 먼저 노력을 기울여야 하며, 그런 다음 그것은 본능적이 될 것이다.

상세 해설

사람들과 비언어적인 의사소통을 원활히 하려면 일단 지속적인 연습과 적절한 훈련을 해야 하고, 그렇게 하면 의식이 필요 없는 제2의 천성이 된다는 내용이므로 (A)에는 effort가, (B)에는 instinctive가 들어가는 것이 가장 적절하다.

구문 분석

5행 As you [incorporate these guidelines into your everyday life] and [make them part of your routine], they soon will become second nature to you, [needing little, **if any**, conscious thought].

▶ 앞에 있는 두 개의 [   ]는 동사구로 you를 공통의 주어로 삼아 병렬 구조로 연결되었다.

▶ 마지막 [   ]는 분사구문으로 동시동작을 표현하는데, if any는 삽입구로 '있다 해도 의식적인 사고가 거의 필요하지 않은'으로 해석한다.

13행 **It was** [only when you felt comfortable by practice behind the wheel] **that** you were able to expand your focus to encompass the total driving environment.

▶ 〈It was ~ that …〉 강조구문으로, [   ]로 표시된 시간의 부사절이 강조되었다.

어휘 및 어구

- constant 지속적인
- maximize 최대화하다
- effectiveness 효율성, 효과적임
- routine 일상
- operate 조작하다, 운영하다
- encompass 망라하다

- guideline 지침
- nonverbal 비언어적 도구; 비언어적인
- incorporate 포함하다, 설립하다
- second nature 제2의 천성
- track 추적하다, 뒤쫓다

---

04 정답 ①

한줄 해설

시간의 흐름에 따른 가족 내에서 부모와 자녀 사이의 역할 변화에 관한 내용이다.

오늘날, 우리는 삶의 고난으로부터 아이들을 보호하기 위해 열심히 일을 한다. 그러나 우리나라 역사 대부분에 걸쳐, 우리는 그렇게 하지 않았다. 오히려, 아이들이 일을 했다. 우리나라의 초창기에, 아이들은 자신의 형제자매를 돌보거나 논밭에서 시간을 보냈다. 나라가 산업화됨에 따라, 아이들은 광산과 방직 공장, 공장과 통조림 공장, 노점에서 일했다. 시간이 흐르면서, 개혁가들은 미성년 노동 관행을 겨우 불법화했다. 그러나 변화는 느렸다. 우리의 병사들이 제 2차 세계대전에서 돌아온 후에야 비로소 지금 우리가 알고 있는 유년 시절이 시작되었다. 가족 경제는 더 이상 부모가 아이들에게 거처를 제공하고, 아이들을 먹이며, 아이들은 보답으로 가족 금고에 뭔가를 되갚아 주는 상호 교환 체제를 기반으로 하지 않았다. 관계는 불균형적이게 되었다. 아이들은 일하는 것을 그만두었고, 부모들은 전보다 두 배만큼 열심히 일했다. 아이들은 우리의 피고용인에서 우리의 상사가 되었다.

→ 시간이 흘러 아이의 <u>역할</u>에 대한 전체적인 변화가 있어 왔고, 아이가 <u>유용한</u> 쪽에서 보호받는 쪽으로 바뀌었다고 확신할 수 있다.

산업화에 따라 아이들이 노동을 통해 가정 경제에 기여했다가 이후에는 부모들이 더 열심히 일하고 아이들은 단순한 보호 대상으로 바뀌었다는 내용이므로, (A)에는 role이, (B)에는 useful이 들어가는 것이 가장 적절하다.

8행 **It wasn't until** our soldiers returned from World War II [**that** childhood, as we now know it, began].

▶ It+be동사+not until ~ that ... : ~하고 나서야 비로소 …하다

10행 The family economy was no longer built on **a system of reciprocity**, [with {parents sheltering and feeding their children}, and {children, in return, kicking something back into the family cashbox}].

▶ [   ]는 a system of reciprocity에 대해 부연 설명하는 분사구문으로, 전치사 with가 분사구문을 유도하고 있다.

▶ 두 개의 {   }가 with에 연결되어 병렬 구조를 이루고 있다.

- shield 보호하다
- sibling 형제자매
- industrialized 산업화된
- textile mill 방직 공장
- street trade 노점
- outlaw 불법화하다. 금지시키다
- kick ~ back ~을 되갚다
- transformation 변화
- hardship 고난, 어려움
- field 논밭, 들판
- mine 광산
- cannery 통조림 공장
- reformer 개혁가
- shelter 거처를 제공하다. 막아주다
- wholesale 전체적인

05 정답 ④

old opinions → reputation / fed up with, tired of → disappointed를 이해하면 정답을 찾을 수 있다.

사람들은 의견을 바꾸는 데 느리다. 많은 버스 이용자들은 지난 10년에서 15년에 걸쳐서 다른 운송 수단, 특히 자동차로 옮겨갔다. 자동차의 비싼 유지 비용과 도시에서 그것들을 주차시키는 것의 어려움에도 불구하고, 고객들은 결코 도착하지 않거나 너무 연착하여 두 대가 함께 오는 버스들을 버스 정류장에서 기다리는 것에 진저리가 났다. 그들은 지저분한 좌석에 앉는 것과 창밖을 보기 위해 (수증기가) 응결된 부분을 닦아 구멍을 만들어야 하는 것에 신물이 났다. 그들은 불친절한 운전기사와 내구연한이 오래 전에 지난 차량에서 나오는 소음, 냄새, 그리고 진동을 탐탁지 않아 했다. 버스 회사들이 더 깨끗하고, 더 빠르고, 더 조용하고, 더 편안한 새로운 차량에 해온 투자에도 불구하고, 엄청나게 많은 수의 이전의 버스 이용자들은 여전히 상황이 이와 같다고 믿는다. 오래된 의견은 쉽게 사라지지 않고, 사람들을 다시 버스에 오르게 하는 것에는 의견 (또는 법률)의 큰 변화가 필요할 것이다.

→ 버스 서비스처럼, 일단 조직이 소비자들을 서비스의 질로 <u>실망시키면</u> 그 조직의 서비스에 대한 <u>평판</u>을 개선하는 것은 어렵다.

버스 서비스를 개선하려는 노력이 있었지만, 버스에 대해 나쁜 평가를 하게 된 소비자들의 마음을 되돌리기 힘들었다는 내용이므로, (A)에는 reputation, (B)에는 disappointed가 들어가는 것이 가장 적절하다.

도입(소재)	사람들의 의견을 바꾸는 속도
사 례	버스 이용자들이 이용을 꺼리게 되었다.
이 유	버스 서비스와 환경이 형편 없었다.
결 과	투자에도 불구하고 사람들이 버스를 여전히 꺼린다.
요 지	소비자들에게 한번 받은 평판은 바꾸기 어렵다.

4행 [Despite the high running costs and difficulty of parking them in cities], customers were fed up with waiting at bus-stops for **buses** [that never arrived, or arrived so overdue that two came together].

▶ 첫 번째 [   ]는 양보를 나타내는 부사구이다.

▶ 두 번째 [   ]는 buses를 수식하는 관계절이다.

10행 They were unimpressed by [the impolite drivers and the noise, smells, and vibration from **vehicles** {which were long past their sell-by dates}].

▶ [   ]는 by의 목적어인 명사구이고. {   }는 vehicles를 수식하는 관계절이다.

12행 Huge numbers of ex-bus-users still believe **it** [to be like this] [despite the investment bus companies have made in **new vehicles** {which are cleaner, faster, quieter, and more comfortable}].

▶ it은 believe의 목적어이고, 첫 번째 [   ]는 목적 보어이다.

▶ 두 번째 [   ]는 양보를 나타내는 부사구로, {   }는 new vehicles를 수식하는 관계절이다.

16행 Old opinions die hard, and **it will take** a major shift in opinion (or legislation) **to get** people back on buses.

▶ it takes + 시간/노력+to부정사 : ~을 하는 데 …이 필요하다

- defect to ~로 전향하다[이탈하다]
- despite ~에도 불구하고
- grubby (씻지 않아서) 더러운
- unimpressed 탐탁지 않아 하는. 감명 받지 않은
- vibration 진동
- transport 운송 수단
- overdue 연착한. 늦어진
- condensation 응결된 것
- sell-by date 내구연한. 유통기한

06 정답 ②

pay attention to that message → appeal / strong enough to command attention → powerful을 이해하면 정답을 찾을 수 있다.

메시지에 설득되려면, 그 메시지에 주의를 기울여야 한다. 이러한 간단한 사실이 표지판을 거꾸로 혹은 역방향으로 인쇄하기, 선명한 색상 사용하기, 그리고 독특한 음악이나 소리 사용하기처럼 주의를 끌기 위해 고안된 수많은 방법의 개발을 이끌었다. 그러나 만일 광경과 소리가 메시지가 아니라면, 이야기는 여기서 끝나지 않는다. 청중은 이렇게 이목을 끄는 것들을 수반하는 메시지에 주의를 기울여야 한다. 따라서 메시지 자체가 주의를 끌 만큼 충분히 강력해야 한다. 만일 우리가 독특한 광경과 소리에 계속 주의를 기울이면서 메시지를 전혀 듣지 않는다면, 설득은 일어나지 않을 것이다. 예를 들어, 만일 음악이 너무 매력적이면, 우리는 그 음악을 기억할 수는 있어도, 광고되고 있는 그 상품을 기억하지는 못할 것이다.

→ 우리는 우리의 메시지가 사람들의 <u>관심</u>을 <u>끌도록</u> 노력을 하지만, 그것을 홍보하기 위해 사용되는 다양한 보조 도구들보다 그것 자체가 더 <u>강력</u>해야 한다.

우리는 다양한 방법들을 이용하여 메시지에 대한 사람들의 주의를 끌지만, 그러한 방법들에 메시지가 묻힌다면 설득이 발생하지 않을 것이라는 내용이므로, (A)에는 appeal이, (B)에는 powerful이 들어가는 것이 가장 적절하다.

도입(요지)	메시지에 주의를 기울이게 하는 것이 중요하다.
부 연	메시지에 사람들의 이목을 끌기 위해 다양한 방식이 개발되었다.
주 장	메시지 자체가 더 강력해야 한다.
강 조	메시지보다 보조물이 더 강력하면 효과가 없다.

2행 This simple fact has led to the development of **numerous procedures** [designed to attract attention], such as printing signs upside down or backwards, [using vivid colors, and using unusual music and sounds].

▶ 첫 번째 [ ]는 numerous procedures를 수식하는 분사구이다.

▶ 두 번째 [ ]는 주절의 내용을 보충하여 부가적인 설명을 하고 있는 분사구문이다.

6행 However, [unless the sights and sounds are the message], the story does not end here.

▶ [ ]의 unless는 '~이 아니라면, ~인 경우를 제외하고'의 의미를 나타내는 부사절을 이끈다.

13행 If the music is too catchy, for example, we may remember the music and not **the product** [that is being advertised].

▶ [ ]는 the product를 수식하는 관계절이다.

- persuade 설득하다
- procedure 방법[절차]
- backwards 역방향으로
- attend to ~에 주의를 기울이다
- attention-getter 이목을 끄는 것
- persuasion 설득
- catchy 매력적인, (곡 등이) 재미있어 외우기 쉬운
- numerous 수많은
- upside down 거꾸로
- vivid 선명한
- accompany 수반하다
- command 불러일으키다
- occur 일어나다, 발생하다

07 정답 ④

위협적인 경고 메시지를 담고 있는 건강 교육 캠페인은 효과적이지 못할 수 있다는 내용이다.

많은 건강 교육 캠페인들은 두려움이나 죄책감을 통해 사람들이 자신의 행동을 바꾸도록 동기를 부여하려고 시도해 왔다. 크리스마스 때의 음주 운전 방지 캠페인은 도로 교통사고 희생자들의 가족에게 충격적인 영향을 보여 주고, 흡연 방지 포스터는 '자녀들에게 담배 피우는 법을 가르치지' 말 것을 부모들에게 촉구한다. 지나친 음주, 흡연, 그리고 약물 사용의 결과에 대한 인식을 높이기 위해 다른 것들 중에서 점점 더 강력한 캠페인이 사용되고 있다. 그러한 캠페인이 정말로 사람들에게 충격을 주어 자신들의 행동을 바꾸도록 하는 데 성공하는지는 여전히 진행 중인 논쟁 주제이다. 두려움이 부정적인 태도, 심지어는 바꾸고자 하는 의도까지 촉진시킬 수는 있지만, 그러한 감정은 시간이 지나면서 그리고 진짜 의사결정 상황에 직면할 때는 사라지는 경향이 있다. 또한 너무 겁먹는 것은 사람들로 하여금 그 메시지를 거부하고 피하도록 유도할 수도 있다. 보호 동기 이론은 그 위협이 심각한 것으로 인식되고, 또 그 사람이 권고된 조언을 따르지 않는다면 그 위협이 일어날 것처럼 보이는 경우에만 두려움이 효과가 있다는 것을 시사한다.

→ <u>위협적인</u> 경고 메시지가 담긴 건강 교육 캠페인은 사람들의 행동을 바꾸지 못할지도 모른다는 점에서 <u>효과적이지 못할</u> 수 있다.

위협적인 경고 메시지를 통해 두려움이나 죄책감을 불러 일으켜 행동 변화를 유도하고자 하는 건강 교육 캠페인의 경우, 실제로 사람들의 행동을 바꾸는 데 기능을 하지 못할 수도 있다는 내용이므로, (A)에는 threatening이, (B)에는 ineffective가 들어가는 것이 가장 적절하다.

9행 [**Whether** such campaigns do succeed in shocking people to change their behavior] **is** the subject of ongoing debate.

▶ [ ]로 표시된 Whether절은 문장의 주어 역할을 하는 명사절이고, is가 동사이다.

12행 [Although fear can encourage a negative attitude and even an intention to change], such feelings tend to **disappear** [over time] and [when faced with a real decision-making situation].

▶ 첫 번째 [ ]로 표시된 Although절은 주절에 양보의 정보를 제공한다.

▶ 두 번째와 세 번째 [ ]는 부사구로 disappear를 수식한다.

- attempt 시도하다
- victim 희생자
- hard-hitting 강력한, 직설적인
- consequence 결과
- frightened 겁먹은, 무서워하는
- perceive 인식하다, 감지하다
- guilt 죄책감
- urge 강력히 촉구하다, 충고하다
- awareness 인식, 의식
- ongoing 계속 진행 중인
- deny 거부하다, 부인하다

[08~09]

08 정답 ②

09 정답 It was once considered an amazing achievement to reach the summit of Mount Everest

08 정확해진 일기 예보 덕분에 더 많은 사람들이 에베레스트 산 정상에 오를 수 있게 되었다는 내용이다.

09 형식상의 주어 It과 내용상의 주어인 to부정사구로 이루어진 문장을 쓴다.

에베레스트 산 정상에 도달하는 것은 한때 놀라운 업적으로 여겨졌다. 그곳에서 국기를 흔드는 등반가를 갖는 것은 심지어 국가적 명예였다. 그러나 지금은 거

의 4,000명이 그곳의 정상에 도달했기 때문에, 그 업적은 반세기 전보다 의미하는 바가 더 적다. 1963년에 6명이 정상에 도달했지만, 2012년 봄에 그 정상은 500명 이상의 사람들로 붐볐다. 그렇다면 그렇게 많은 사람들이 정상에 도달하는 것을 가능하게 하는 것은 무엇인가? 한 가지 중요한 요인은 향상된 일기 예보이다. 과거에는 정보 부족이 원정대들이 그들의 팀 구성원들이 준비가 될 때마다 정상(등정)을 시도하는 결과로 이어졌다. 오늘날 초정밀 위성 예보를 이용해 모든 팀들은 등반을 위해 날씨가 언제 완벽할지를 정확하게 알며, 그들은 자주 같은 날에 정상을 향해 간다.

→ 과거보다 훨씬 더 정확한 일기 예보가 에베레스트 산을 오르는 것을 더 쉽게 해 주었다.

상세 해설

08 과거에 비해 월등하게 많은 수의 사람들이 에베레스트 산 정상에 도달할 수 있었던 것은 훨씬 더 정확해진 일기 예보 덕분이라는 내용의 글이다. 따라서 (A)에는 accurate가, (B)에는 easier가 들어가는 것이 가장 적절하다.

09 It이 형식상의 주어이고, to부정사구인 to reach the summit of Mount Everest가 내용상의 주어이다. 명사구인 an amazing achievement는 considered의 목적 보어이다.

구문 분석

4행 But [now that almost 4,000 people have reached its summit], the achievement means less than it **did** a half century ago.

▶ [　　]로 표시된 now that절은 주절에 이유의 정보를 제공하는 부사절이다.
▶ did는 meant를 대신하는 대동사이다.

어휘 및 어구

• achievement 업적
• factor 요인
• forecast 예보하다; 예보
• hyper-accurate 초정밀의
• summit 정상
• improve 향상하다
• expedition 원정대
• satellite 위성

---

01 ④　　**02** ⑤　　**03** ⑤　　**04** ④

05 그들은 모든 알려진 증거와 이전에 제시된 모든 가설들을 포함시켜야 한다.

06 ⑤　　**07** ④　　**08** ①　　**09** ⑤

---

01 정답 ④

한줄 해설

과거에 여성들에게 충분한 지원이 없어서 여성 화가는 드물었다는 내용이다.

해석

위대함은 주위 환경이 어떻든지 분명히 드러나게 마련이라고 생각하는 것이 예술 이론가인 Linda Nochlin이 '위대한 화가에 대한 근거 없는 믿음'이라고 부르는 것이다. 화가는 훈련과 재료를 필요로 한다. 유명한 화가들은 흔히 특정 사회집단에서 나오고, 많은 화가들의 경우 미술에 대한 아들의 관심을 지지하고 격려해 주는 화가 아버지가 있었다. 그리고 딸에 대해 이렇게 해 준 아버지는 훨씬 더 적었다(하지만 사실, 정말 화가가 된 여성들의 대부분은 화가 아버지가 있었다). 미술은 (여성 미술가들이 얻을 가능성이 없었던) 후원과 (여성들에게는 차단되었던) 학문적 훈련 둘 다 필요로 했다. 과거의 많은 경우에, 가정생활에서 여성들의 역할에 대한 엄격한 사회적 기대 때문에 여성들은 미술을 취미 이상의 것으로 여길 수 없었다. Nochlin은 여성들이 '변명하거나 평범함을 부풀리지 않고, 역사와 현 상황의 현실에 맞서야만' 한다고 결론을 내렸다.

→ 여성들은 자신이 사회적으로 뒤처지게 되었고 충분한 재정적 지원과 교육을 받지 못했기 때문에 과거에 미술에서 결여되었다는 점을 깨달았다.

상세 해설

과거에 여성들은 화가가 되기 위해 필요한 후원과 학문적 훈련을 받을 수 없었고, 가정생활에서의 역할로만 사회적 기대를 받았기 때문에 화가가 되기 어려웠다는 것이 이 글의 요지이다. 즉, 여성들은 사회적으로 무시되었고, 재정적인 지원과 교육을 받을 수 없었기 때문에 미술 분야에서 두각을 나타낼 수 없었다고 요약할 수 있으므로, (A)에는 absent가, (B)에는 financial이 들어가는 것이 가장 적절하다.

구문 분석

1행 **It** is what Linda Nochlin, an art theorist, calls a "myth of the Great Artist" [to imagine that greatness will be manifested **no matter what** the surrounding circumstances].

▶ It은 형식상의 주어이고, [　　]이 내용상의 주어이다.
▶ no matter what은 '무엇이든지 간에' 정도로 해석한다.

12행 ~, **strict social expectations** [about women's roles in family life] **discouraged** them **from seeing** art as more than a hobby.

▶ strict social expectations가 주어이고, discouraged가 동사이다.
▶ [　　]는 전치사구로 주어를 수식하고 있다.
▶ discourage A from -ing : A가 ~하는 것을 단념시키다

어휘 및 어구

• art theorist 예술 이론가
• manifest 드러내 보이다, 나타내다
• specific 특정한
• bar 차단하다, 막다
• discourage 단념시키다, 낙담시키다
• puff 부풀리다
• myth 근거 없는 믿음, 잘못된 통념
• circumstance 환경
• patronage 후원
• strict 엄격한
• face up to ~에 맞서다
• marginalize 뒤처지게 하다

02 정답 ⑤

한줄 해설

대상에 약간의 부정적인 설명을 더할 때 그것에 대한 긍정성이 강화된다는 내용이다.

해석

부정적인 것이 다른 사람을 움직이는 데 있어서 긍정적인 것이 될 수 있는가? 그것이 세 명의 마케팅 교수들이 2012년 연구에서 조사했던 것이다. 일련의 실험에서, 그들은 그 실험 참가자들이 한 켤레의 등산화를 온라인으로 찾고 있는 것처럼 그 등산화에 대한 정보를 제시했다. 그 집단 중 절반에게, 연구원들은 그 등산화에 대한 모든 좋은 점들, 예를 들어, 교정용 밑창, 방수 재질, 5년간의 보증, 기타 등등의 목록을 제시했다. 나머지 절반에게, 그들은 긍정적인 점들을 기록한 같은 목록을 포함했지만, 그것에 뒤이어 부정적인 점 한 가지를 포함했는데, 그것은 그 등산화가 안타깝게도 두 가지 색상으로만 나온다는 것이었다. 주목할 만한 것은, 많은 경우에 적은 양의 부정적인 정보를 얻은 사람들이 긍정적인 정보만 얻은 사람들보다 그 등산화를 살 가능성이 더 컸다는 것이다.

→ 대상에 대한 긍정적인 설명에 약간의 <u>부정적인</u> 상세 설명을 더하는 것은 그 설명에 더 <u>긍정적인</u> 영향을 줄 수 있다.

상세 해설

실험의 내용은 등산화에 대해 긍정적인 설명만 했을 때보다 약간의 부정적인 설명을 더했을 때 사람들이 그 등산화를 살 가능성이 더 컸다는 내용이므로, (A)에는 negative가, (B)에는 positive가 들어가는 것이 가장 적절하다.

구문 분석

3행 In one set of experiments, they presented information about a pair of hiking boots [as if the study participants were shopping for **them** online].

▶ [ ]로 표시된 as if절은 '(실제로는 그렇지 않지만) 마치 ~처럼'의 의미이다. 따라서 해당 부분은 '그 실험 참가자들이 온라인으로 그것을 찾고 있는 것처럼'으로 해석한다.

▶ them은 a pair of hiking boots를 대신하는 대명사이다.

11행 Remarkably, in many cases [the people who'd gotten that small dose of negative information] were **more likely to** purchase the boots **than** [those who'd received the exclusively positive information].

▶ 〈more likely to ~ than ...〉의 비교 표현이 사용되었는데, 비교 대상은 두 개의 [ ]로 표시된 부분이다.

어휘 및 어구

- investigate 조사하다
- hiking boot 등산화
- sole (신발의) 밑창
- material 물질, 소재
- remarkably 주목할 정도로
- exclusively 오로지
- present 제시하다, 주다
- list 목록을 주다
- waterproof 방수의
- warranty 보증 (기간)
- dose (적은) 양

03 정답 ⑤

한줄 해설

더 큰 성공을 성취하기 위해서는 현실적 낙관주의가 필요하다는 내용이다.

해석

비현실적인 낙관주의의 위험에 대한 설명은 체중 감량에 대한 연구에서 나온다. 그 연구에서, 심리학자 Gabriele Oettingen은, 예상됐던 대로, 성공할 것이라고 확신했던 비만 여성들이 회의론자들보다 26파운드를 더 감량했다는 것을 발견했다. 한편, Oettingen은 또한 여성들에게 성공으로 향하는 그들의 길이 어

떨 것이라고 상상하는지를 말해 달라고 요청했다. 결과는 놀라운 것이었다. 즉, 쉽게 성공할 것이라고 믿은 여성들은 체중 감량의 과정이 어려울 거라고 생각한 사람들보다 24파운드를 더 적게 감량했다. 성공을 향한 길이 험난할 것이라고 믿는 것은, 우리가 더 많은 노력을 투입하고 어려움에 직면해도 더 오래 버티도록 하기 때문에, 더 큰 성공으로 이어진다.

→ 더 큰 성공을 성취하기 위해서는, 긍정적 태도와 난관에 대한 <u>솔직한</u> 평가를 결합함으로써 현실적인 <u>낙관주의</u>를 함양하는 것이 필요하다.

상세 해설

체중 감량에 대한 연구는 더 큰 성공을 위해서는 성공에 대한 확신을 갖는 것뿐만 아니라, 그 과정이 어려울 것이라는 솔직한 평가도 수반되어야 한다는 것, 즉 현실성 있는 낙관적 태도를 갖는 것이 중요하다는 내용이다. 따라서 (A)에는 optimism이, (B)에는 honest가 들어가는 것이 가장 적절하다.

지문 구성

도 입	심리학자 Gabriele Oettingen의 연구: 비현실적인 낙관주의의 위험을 보여 준다.
연구 내용 1	낙관적 태도를 가진 실험 대상자들이 체중 감량에 성공할 가능성이 더 높다.
연구 내용 2	체중 감량의 과정이 어려울 것이라는 점을 솔직히 인정한 실험 대상자들의 성공 가능성이 더 높다.
결 론	더 큰 성공에 이르기 위한 현실적인 낙관주의가 필요하다.

구문 분석

2행 In that study, psychologist Gabriele Oettingen found [that **the obese women** {who were confident that they would succeed} lost 26 pounds more than self-doubters, as expected].

▶ [ ]는 that절로 found의 목적어 역할을 하는 명사절이다.

▶ { }는 주격 관계대명사 who가 이끄는 관계절로 선행사인 the obese women을 수식하고 있다.

11행 [Believing that the road to success will be rocky] **leads to** greater success, because **it** forces us **to** [put in more effort] and [persist longer in the face of difficulty].

▶ 첫 번째 [ ]는 문장의 주어이자 동명사구로 단수 동사 leads가 왔다.

▶ it은 주절의 주어인 동명사구를 대신한다.

▶ 두 번째와 세 번째 [ ]로 표시된 동사구는 and로 연결되어 to에 이어진다.

어휘 및 어구

- illustration 설명
- obese 비만의
- rocky 험난한
- in the face of ~에 직면해서
- optimism 낙관주의
- confident 확신하는, 자신감 있는
- persist 지속하다

[04~05]

04 정답 ④

05 정답 그들은 모든 알려진 증거와 이전에 제시된 모든 가설들을 포함시켜야 한다.

한줄 해설

04 (A) anything that weakens their respective cases → selectively, 그리고 (B) include all of the known evidence and all of the hypotheses previously proposed → strengthen을 이해하면 정답을 찾을 수 있다.

05 밑줄 친 내용에 대한 부연 설명은 다음 문장에 있으므로 이를 파악하여 정답을 찾는다.

변호사와 과학자는 어떤 결론으로 이어지는 증거와 원리의 요약을 의미하는 논거를 사용한다. 하지만 과학적 논거는 법적인 논거와 다르다. 기소 검사는 피고가 유죄라고 판사나 배심원을 설득하기 위한 논거를 구성한다. 동일한 재판의 피고 측 변호사는 동일한 판사나 배심원을 정반대의 결론으로 설득하기 위한 논거를 구성한다. 검사와 피고 측 변호사 중 그 어느 누구도 자신들 각자의 입장을 약화시키는 것을 고려해야 할 의무는 없다. 그와는 반대로, 과학자는 자기 자신의 생각을 검증해 보고 자연의 어떤 측면에 대해 정확한 설명을 하고 싶어 하기 때문에 논거를 구성한다. 과학자는 자신의 주장을 뒷받침하는 증거나 가설을 포함시킬 수 있으나, 전문적인 과학의 한 가지 근본적인 규칙을 지켜야 한다. 그들은 모든 알려진 증거와 이전에 제시된 모든 가설들을 포함시켜야 한다. 변호사들과 달리, 과학자들은 자신들이 틀릴 수도 있다는 가능성을 명시적으로 설명해야 한다.

→ 자신들의 논거를 뒷받침하기 위해 정보를 <u>선택적으로</u> 활용하는 변호사들과는 달리, 과학자들은 정보 중 일부가 자신들의 논거를 <u>강화시키지</u> 않을 것 같다 하더라도 모든 정보를 포함시켜야 한다.

상세 해설

04 검사나 피고 측 변호사는 자신들의 변론에 유리한 정보만을 선별적으로 선택하여 논거를 구성하지만, 과학자는 자신의 가설이나 논거 강화에 상관없이 모든 정보를 논거에 포함시켜야 한다는 내용이므로, (A)에는 selectively가, (B)에는 strengthen이 들어가는 것이 가장 적절하다.

05 이어지는 문장인 They must include all of the known evidence and all of the hypotheses previously proposed.에서 알 수 있다.

지문 구성

도입(소재)	과학자와 변호사의 논거 사용법
요 지	과학과 법의 논거는 다르다.
근거 1	검사와 피고측 변호사 모두 자신에게 이로운 논거를 사용한다.
근거 2	그러나 과학자는 모든 증거와 가설을 포함해야 한다.

구문 분석

4행 A prosecuting attorney constructs an argument [**to persuade** the judge or a jury {that the accused is guilty}]; a defense attorney in the same trial constructs an argument [**to persuade** the same judge or jury toward the opposite conclusion].

▶ 두 개의 [　]는 모두 '~하기 위해'의 의미로 사용된 부사적 용법의 to부정사이다.

8행 [**Neither** prosecutor **nor** defender] is obliged to consider **anything** [that weakens their respective cases].

▶ 첫 번째 [　]는 문장의 주어로 〈neither A nor B(A도 B도 아닌)〉 구문이 사용되었다.

▶ 두 번째 [　]는 anything을 수식하는 관계절이다.

16행 They must include [all of the known evidence and **all of the hypotheses** {previously proposed}].

▶ [　]는 include의 목적어인 명사구로 {　}는 all of the hypotheses를 수식하는 분사구이다.

어휘 및 어구

- prosecuting attorney 기소 검사
- defense attorney 피고 측 변호사
- prosecutor 검사, 검찰관
- defender 피고 측 변호사
- be obliged to ~해야 할 의무가 있다
- respective 각자의, 각각의
- fundamental 근본적인, 본질적인
- explicitly 명시적으로, 명쾌하게

---

06 정답 ⑤

한줄 해설

단어 암기의 예처럼 정해진 절차로 일하면 쉽게 할 수 있다고 설명하고 있다.

해석

우리가 정해진 절차를 만들어 두면, 매일 모든 일에 우선순위를 정하는 데 소중한 에너지를 쏟을 필요가 없다. 우리는 정해진 절차를 만들어 내기 위해 단지 적은 양의 초기 에너지만 쓰면 되고, 그러고 나서 그것을 따르기만 하면 된다. 그 메커니즘을 설명하는 방대한 양의 과학적 연구가 있는데, 그 메커니즘에 의해서 정해진 절차가 어려운 일들이 쉬워지는 것을 가능하게 한다. 간단히 설명하자면 우리가 반복적으로 어떤 과제를 수행할 때 신경 세포인 뉴런이 '시냅스'라고 부르는 전달 관문을 통해 새로운 연결을 만들어 낸다. 반복을 통해, 그 연결이 강력해지고 뇌가 그 연결을 활성화시키는 것이 좀 더 쉬워진다. 예를 들어, 당신이 새로운 단어 하나를 배울 때 그 단어가 숙달되기 위해서는 다양한 간격으로 여러 번 반복하는 것이 필요하다. 나중에 그 단어를 기억해 내기 위해서 당신은 그 단어에 대해 의식적으로 생각하지 않고도 결국 그 단어를 알게 될 때까지 똑같은 시냅스를 활성화시킬 필요가 있을 것이다.

→ 새로운 단어의 암기의 사례에서 보여지듯이, 정해진 절차를 만들어 두는 것은 정보 처리를 보다 더 <u>효율적으로</u> 만들어 준다.

상세 해설

단어를 여러 번 반복하면 그것을 쉽게 나중에 기억할 수 있다는 내용이 제시되어 있고, 뇌가 시냅스를 만들면 그 연결이 강력해지고 그 연결이 활성화되는 것이 더 쉬워진다는 내용이므로, (A)에는 memorization이, (B)에는 efficient가 들어가야 가장 적절하다.

지문 구성

도입(요지)	정해진 절차를 만들면 에너지를 절약할 수 있다.
근 거	우리 뇌에 관련한 메커니즘이 있다.
전 개	뇌의 '시냅스'가 강력해진다.
사 례	단어의 학습에서 반복이 효과가 있다.

구문 분석

2행 We must simply expend a small amount of initial energy to create the routine, and then [all that is left to do] is **follow** it.

▶ [　]는 then으로 시작하는 절의 주어이다. is 다음에 보어로 오는 부분은 to가 생략되어 있다. 이처럼 강조의 의미로 all that ~ to do 등이 주어로 쓰이면 주격 보어로 쓰이는 to부정사에서 to가 자주 생략된다.

7행 One simplified explanation **is** [that {as we repeatedly do a certain task}, {the neurons, or nerve cells}, make new connections through communication gateways called 'synapses.']

▶ [　]는 is와 연결되는 주격 보어이고, 첫 번째 {　}는 that절에 속한 부사절이며, 두 번째 {　}는 that절에 속한 주절의 주어이다.

14행 To recall the word later you will need to activate the same synapses [until eventually you know the word without consciously thinking about **it**].

▶ [　]는 시간을 나타내는 부사절로 it은 the word를 대신하는 대명사이다.

어휘 및 어구

- routine 정해진 절차
- precious 소중한
- prioritize 우선순위를 정하다
- simply 단지, 간단히, (강조) 아주
- initial 초기의, 처음의
- mechanism 메커니즘, 기제
- neuron 뉴런
- nerve cell 신경 세포
- communication gateway 전달 관문
- synapse 시냅스, 신경 접합부
- repetition 반복
- interval 간격
- consciously 의식적으로

07 정답 ④

한줄 해설

거래를 체결하는 데 관점을 받아들이는 것과 감정이입 중 어느 것이 더 효과적이었는지 생각해 본다.

해석

2008년 한 실험에서, 연구원들은 주유소의 판매에 대한 협상을 모의 실험했다. 많은 실생활에서의 협상과 마찬가지로, 이 실험은 장애물처럼 보이는 것을 제시했는데, 그것은 구매자가 지불하고자 하는 가장 높은 가격이 판매자가 받아들이려는 가장 낮은 가격보다 낮다는 것이었다. 하지만 당사자들은 드러나게 되면 양측이 받아들여서 거래를 이끌어 낼 수 있는 다른 서로의 관심사를 가지고 있었다. 협상하는 사람들의 3분의 1은 상대방이 어떻게 느끼고 있는지를 상상해 보라는 지시를 받았고, 반면에 3분의 1은 상대방이 어떻게 생각하고 있는지를 상상해 보라는 지시를 받았다. (남은 3분의 1은 단조롭고 일반적인 지시를 받은 대조 집단이었다.) 무슨 일이 일어났는가? 감정이입을 했던 사람들은 대조 집단보다 더 많은 거래를 성사시켰다. 하지만 관점을 받아들인 사람들은 훨씬 더 잘했는데, 그들 중 76퍼센트의 사람들이 양측을 모두 만족시키는 거래를 성사시켰다.

→ 관점을 받아들이는 것이 다른 사람들을 <u>움직이는</u> 일에 대해서는 감정이입보다 더 <u>효과적</u>이다.

상세 해설

실험의 내용을 간단히 정리하면 perspective-takers(관점을 받아들인 사람들)가 empathizers(감정이입을 했던 사람들)보다 더 많은 거래를 성사시켰다는 것이다. 즉, 사람의 행동 변화를 일으키기 위해서는 관점을 받아들이게 하는 것이 감정이입을 하게 하는 것보다 더 효과적이라는 내용이므로, (A)에는 effective가, (B)에는 moving이 들어가는 것이 가장 적절하다.

구문 분석

6행 However, the parties had **other mutual interests** [that, **if surfaced**, could lead to a deal both would accept].

▶ [ ]로 표시된 that절은 other mutual interests를 수식하는 관계절이다. if surfaced는 if they(= other mutual interests) were surfaced로 풀어서 이해할 수 있다. 따라서 해당 부분은 '드러나게 되면, 양측이 받아들여서 거래를 이끌어 낼 수 있는' 정도로 해석한다.

8행 One-third of the negotiators were instructed to imagine [what the other side was feeling], **while** one-third was instructed to imagine [what the other side was thinking].

▶ 두 개의 [ ]는 모두 의문사절로 imagine의 목적어 역할을 하므로, 간접의문문의 어순으로 쓰인 것에 유의한다.

▶ while은 대조의 의미를 나타내는 접속사로 '반면에'로 해석한다.

14행 But the perspective-takers **did even** better: 76 percent of them managed to fashion a deal that satisfied both sides.

▶ did는 앞 문장의 struck ~ deals를 대신하며, even은 비교급인 better를 수식하여 '훨씬'의 의미를 나타낸다.

어휘 및 어구

- simulate 모의 실험하다
- obstacle 장애물
- mutual 서로의, 상호 간의
- surface 드러내다
- instruct 지시하다
- generic 일반적인, 포괄적인
- control group 대조 집단(실험 요건을 부과하지 않은 집단)
- strike (계약을) 체결하다
- manage to 그럭저럭 ~을 해내다
- negotiation 협상
- accept 받아들이다
- interest 관심사
- deal 거래
- bland 단조로운
- perspective 관점
- fashion 만들다

08 정답 ①

한줄 해설

과학과 예술의 차이를 설명하고 있는 글로, 그 차이의 핵심은 연속성이라는 내용이다.

해석

과학에서 한 실험은, 그것이 성공하든 실패하든, 이론상 무한히 연속하여 필연적으로 또 다른 실험으로 이어진다. 현대 과학의 기초를 이루는 통념에 의하면, 이 연속은 과거의 더 작은 지식을 현재의 더 큰 지식으로 항상 대체하고 있으며, 그것은 미래의 한층 더 큰 지식에 의해 대체될 것이다. 대조적으로, 예술에서는 무한히 연속되는 작품이 결코 암시되거나 추구되지 않는다. 그 어떤 예술 작품도 필연적으로 더 나은 또 하나의 작품으로 반드시 이어지지는 않는다. 과학의 방법론을 고려하면, 중력의 법칙과 계놈은 누군가에 의해 틀림없이 발견될 것이고, 그 발견자의 신원은 그 사실에 부수적이다. 그러나 예술에서는 두 번째 기회란 없는 것처럼 보인다. 우리는 '신곡(The Divine Comedy)'과 '리어왕(King Lear)'을 위한 각각 한 번의 기회를 가졌다고 생각해야 한다. Dante와 Shakespeare가 그 작품들을 쓰기 전에 사망했더라면 아무도 그것을 쓰지 않았을 것이다.

→ 과학적 지식은 <u>연속적인</u> 실험을 통해 진보하는 것으로 여겨지지만, 예술 작품은 무한한 연속성이 전혀 암시되지 않은 채 그 창작자에게 <u>고유한</u> 경향이 있다.

상세 해설

과학에서는 한 실험이 또 다른 실험으로 이어지면서 과거의 더 작은 지식을 현재의 더 큰 지식으로 대체하지만, 예술에서는 연속성이 없어 한 작품이 더 나은 또 다른 작품으로 반드시 이어지는 것은 아니며 그 작품을 창작한 예술가에게만 각각 한 번의 기회가 있다는 내용이므로, (A)에는 successive가, (B)에는 unique가 들어가는 것이 가장 적절하다.

지문 구성

도 입	과학: 지식의 연속적 발전 → 과거의 더 작은 지식을 현재의 더 큰 지식이 대체함
대 조	예술: 작품 간 연속적 발전 개념이 적용되지 않음 → 창작자의 능력에 국한됨

구문 분석

3행 According to the underlying myth of modern science, this progression is always replacing the smaller knowledge of the past with **the larger knowledge of the present**, [which will be replaced by the yet larger knowledge of the future].

▶ [ ]는 선행사인 the larger knowledge of the present에 대해 부연 설명을 제공하는 관계절이다.

16행 **If** Dante and Shakespeare **had died** before they wrote those works, nobody ever **would have written** them.

▶ 가정법 과거완료가 적용된 문장이다. 조건절에서 주어진 과거 사실의 조건이 사실이 아니므로 주절에서 주어진 과거 사실의 결과 역시 사실일 수 없다는 것을 표현한다.

어휘 및 어구

- logically 필연적으로
- infinite 무한한
- underlying 기초를 이루는
- sequence 연속
- gravity 중력
- incidental 부수적인, (자연스러운 결과로) 따라오는
- theoretically 이론상, 이론적으로
- progression 연속, 발전
- myth (근거 없는) 통념
- methodology 방법론
- bound (필연적으로) ~하게 되어 있는

09 정답 ⑤

한줄 해설

혁명은 현재의 궁핍 때문이 아니라 더 나은 삶을 경험했지만 그것을 박탈당하게 된 사람들에 의해서 일어난다는 내용이다.

해석

미국의 사회학자이자 Oregon 대학교 교수인 James C. Davies에 따르면, 특별히 혁명을 일으킬 가능성이 있는 사람들은 전통적으로 가장 억압 받는 사람들, 즉 자신들의 궁핍을 자연스러운 사물의 질서의 일부라고 보는 사람들이 아니다. 대신, 혁명가들은 보다 나은 삶을 적어도 조금 맛본 사람들일 가능성이 더 많다. 그들이 경험했고 기대하게 된 경제적 사회적 개선이 갑자기 더 이상 가능하지 않을 때, 그들은 그 어느 때보다 그것들을 원하고 그것들을 확보하기 위해 폭력적으로 들고 일어선다. 예를 들어, 미국 독립 혁명 당시에 미국인들은 세계에서 가장 높은 생활 수준을 유지했고 세금은 가장 적게 내고 있었다. 역사가인 Thomas Fleming은 미국인들이 혁명을 일으킨 것은 다름 아닌 영국인들이 무거운 세금을 부과해서 이러한 광범위한 번영을 줄이려고 한 이후였다고 진술한다.
→ 우리는 경제와 사회적 환경이 개선이 있은 다음 그러한 환경에 대한 급격한 <u>뒤바뀜</u>으로 이어지는 시기에 <u>혁명</u>을 발견할 가능성이 가장 높다.

상세 해설

혁명을 일으키는 사람들은 궁핍으로 인해 억압 받는 사람들이 아니라 경제적 사회적으로 개선된 삶을 경험했지만 그것이 계속되지 않고 그 이전의 궁핍한 삶으로 되돌아가게 된 사람이라는 내용이므로, (A)에는 revolutions가, (B)에는 reversal이 들어가는 것이 가장 적절하다.

구문 분석

1행 According to James C. Davies, an American sociologist and professor at the University of Oregon, **it is** not [**the people** {who are traditionally the most oppressed}], [**those** {who have come to see their deprivation as part of the natural order of things, **who** are especially likely to revolt}].

▶ 주절에서 〈it is ~ who ...〉 강조 구문이 쓰였는데, not the people who are traditionally ~ order of things가 강조 대상이다.

▶ 두 개의 [ ]는 동격 관계로 { }는 각각 the people과 those(=the people)을 수식하는 관계절이다. 즉, '혁명을 일으킬 가능성이 있는 사람은 전통적으로 가장 억압받는 사람, 즉 자신들의 궁핍을 자연스러운 사물의 질서의 일부라고 보는 사람들이 아니다'라고 해석한다.

14행 Historian Thomas Fleming states that **it wasn't until** the British sought a cut of this widespread prosperity by imposing heavy taxes **that** the Americans revolted.

▶ '…한 것은 다름 아닌 ~이후이다[였다]'라는 뜻의 〈it is[was] not until ~ that ...〉 구문이 사용되었다. 즉, '미국인들이 혁명을 일으킨 것은 다름 아닌 영국인들이 무거운 세금을 부과해서 이러한 광범위한 번영을 줄이려고 한 이후였다'라고 해석한다.

어휘 및 어구

- oppressed 억압받는
- revolt 반란을 일으키다; 반란
- improvement 개선, 향상
- standard of living 생활 수준
- prosperity 번영
- deprivation 궁핍, 박탈
- revolutionary 혁명가
- American Revolution 미국 독립 혁명
- widespread 광범위한, 널리 퍼진
- impose 부과하다

---

01 정답 ④

한줄 해설

'concentrated / a handful part of → maldistribution of medical services → 여러 국가들의 사례 → outcomes'라는 흐름을 파악하면 정답을 찾을 수 있다.

해석

전 세계적으로 소수의 지역에만 의료와 의사, 그리고 의약품의 공급이 집중되어 있어서 예방할 수 있고 치료가 가능한 여러 질병들이 치료되지 못하고 있다. 국가의 국민 평균 수명이 30대일 때, 흔한 의학적인 문제를 치료하기 위한 의학적 도움을 받지 못한다는 것을 알게 된다. 예를 들어, 콜레라와 같은 수인성 질병에 의해 발생하는 설사병으로 인한 탈수와 비타민 A 결핍으로 인해 발생하는 시력 상실, 감염된 모기에 의해 야기되는 말라리아, 그리고 그 밖의 예방 가능한 질병들은 오늘날의 세계에서 겪지 않아도 되는 고통이다. 하지만 Global South(저개발국이나 개발도상국)에 속한 많은 나라들은 1인당 의사 수가 극히 적다. 예를 들어, 말라위에서는 인구 10만 명당 한 명의 의사가 존재하고, 에티오피아와 니제르에서는 국민 10만 명당 세 명의 의사가 존재하며, 말리에서는 국민 10만 명당 네 명의 의사가 존재한다. 이러한 나라들의 몇 안 되는 의사들은 주로 도시 지역에 배치되어 있다.

상세 해설

이 글에서는 저개발국과 개발도상국의 예를 들어 의료 보급의 불균형으로 인해 막을 수 있는 질병의 치료가 이루어지지 않고 있다는 사실을 설명하고 있는 글이다. 따라서 이 글의 주제로는 ④ '의료 서비스의 불균형한 분배와 그 결과'가 가장 적절하다.
① 시골 지역의 훈련된 의료진의 중요성
② 개발도상국의 의료 불평등의 원인
③ 세계적으로 평균 수명을 늘리는 방법
⑤ 분쟁 지역에 의료 서비스를 제공하는 것의 어려움

구문 분석

1행 Because the provision of health care, doctors, and medicines is concentrated in only a handful parts of the world, many preventable and curable diseases **go untreated**.

▶ 〈go+형용사〉는 '~한 채로 두다'의 의미로 사용된다. 여기에서도 go untreated가 쓰여서 '치료되지 않은 채로 두다'의 의미를 나타냈다.

6행 For example, [[dehydration from diarrhea **caused by** water-borne diseases such as cholera, blindness **caused by** vitamin A deficiency, malaria **caused by** infected mosquitoes, and other preventable diseases] **are** unnecessary afflictions in today's world.

▶ [ ]가 문장의 주어이며, are가 동사이다.

▶ 세 개의 caused by ~는 각각 앞에 있는 명사를 수식한다.

12행 For instance, in Malawi, **there is one doctor** for every 100,000 people, in Ethiopia and Niger, **three doctors** for every 100,000 citizens, and in Mali, **four doctors** per 100,000 citizens.

▶ 반복되는 동사구는 생략할 수 있는데, 여기에서도 three doctors와 four doctors 앞에 there are가 생략되었다.

- preventable 예방할 수 있는
- curable 치료할 수 있는
- dehydration 탈수
- diarrhea 설사
- water-borne 수인성의, 물로 전파되는
- cholera 콜레라
- deficiency 결핍
- malaria 말라리아
- affliction 고통
- physician (내과) 의사
- per capita 1인당
- urban 도시의

- as opposed to ~이 아니라, ~ 대신에
- maximize 극대화하다

---

02 정답 ④

한줄 해설
의사소통의 '비대칭'으로 가득한 교통 상황에 대한 내용이다.

해석
UCLA 대학의 사회학자이자 〈How Emotions Work〉의 저자인 Jack Katz가 "우리는 볼 수 있지만 다른 사람이 우리 소리를 들을 수는 없습니다. 아주 정확하게는, 우리가 벙어리가 되는 것입니다. 원하는 만큼 소리를 지를 수는 있지만, 아무도 우리 소리를 들을 수는 없을 것입니다."라고 설명하듯이, 교통 (상황)은 의사소통의 '비대칭'으로 가득하다. 이 '비대칭'에 대해서 생각해 볼 또 다른 방법은 우리는 많은 다른 운전자들이 실수하는 것을 볼 수 있지만, 스스로가 자신이 실수하는 것을 볼 가능성은 더 적다는 것이다. 운전자들은 또한 도로에서 보내는 시간의 많은 부분을 다른 차들의 꽁무니를 보는 데 써 버리고 마는데, 이는 문화적으로 종속 관계와 관련된 행동이다. 그것은 또한 의사소통을 일방적으로 만들어 버리는 경향이 있다. 즉, 우리는 우리를 볼 수 없는 다수의 운전자들을 보고 있는 것이다. "그것은 우리와 얼굴을 마주하고 있는 사람이 아니라, 우리 앞에서 걷고 있는 어떤 이에게 말하려고 하는 것과 같습니다."라고 Katz는 말한다. "우리는 모든 사람의 뒤쪽을 바라보고 있지만, 그것은 의사소통 가능성을 극대화하기 위해서 사람들이 배치된 방식은 아닙니다."

상세 해설
운전하면서 자신이 하는 말은 듣지만 상대의 소리는 들을 수 없고, 모든 사람의 뒤쪽을 바라보지만 그것이 의사소통을 극대화하는 방법이 아니라 의사소통을 일방적으로 만들어 버리는 경향이 있다는 사실을 설명하고 있다. 따라서 이 글의 주제로는 ④ '운전 중 운전자들의 일방적 의사소통'이 가장 적절하다.
① 자동차를 위한 혁신적 운전 지원 체계
② 운전자들이 범하는 일반적인 유형의 실수
③ 운전자들의 경향에 대한 문화 간 비교
⑤ 대부분의 운전자들에게 흔한 습관적 행동으로서의 과속

구문 분석

7행 **Another way** [to think about this "asymmetry"] **is** [that **while** you can see a lot of other drivers making mistakes, you are less likely to see yourself doing so].

▶ 첫 번째 [ ]는 주어인 Another way를 수식하는 형용사적 용법의 to부정사구이다.

▶ 두 번째 [ ]는 is의 보어로 쓰인 명사절이다. that절 안에 있는 while절은 부사절로 '~하는 반면'의 대조의 뜻이다.

10행 Drivers also spend much of their time in traffic **looking at the rear ends of other cars**, [an activity culturally associated with subordination].

▶ [ ]는 앞에 있는 looking at the rear ends of other cars를 부연 설명하는 동격의 의미로 쓰였다.

- be riddled with ~로 가득하다
- asymmetry 비대칭, 불균형
- precise 정확한
- dumb 벙어리의
- rear 뒤쪽의; 뒤쪽
- associated with ~와 관련된
- subordination 종속 관계, 예속, 복종
- a bunch of 다수의

---

03 정답 ⑤

한줄 해설
역접의 연결사 다음에 요지가 드러나는 경우가 많다.

해석
현대 사회에서 사람들이 기억해야 할 수많은 자료를 고려하면, 일정량의 필기와 책에 담아 둔 정보는 피할 수 없다. 그러나 기억하는 일에서 멀어지고자 하는 성향이 합리적인 수준을 완전히 넘어서고 있다. 뭔가를 적는 것이 우리의 기억력을 감소시킨다는 사실은 우리 자신에게서 쉽게, 그리고 가장 잘 관찰할 수 있지만, 몇 가지 전형적인 사례가 도움이 될 수도 있다. 일상적 사례가 상점에서 일어난다. 오늘날 점원은 두세 가지 물품의 단순 합산을 좀처럼 머릿속으로 하지 않고, 오히려 곧바로 계산기를 사용하는 경향이 있다. 교실이 또 다른 예를 제공한다. 교사들은 강의의 모든 문장을 주의 깊게 받아쓰는 학생들이 최소한 핵심적인 것을 이해하고 기억할 수 있는 자신의 능력을 신뢰한 학생들보다 덜 이해하고 기억하게 마련이라는 것을 알아차릴 수 있다.

상세 해설
기억하는 일을 멀리하고 필기에 의존하려는 성향이 합리적인 수준을 넘어섰다고 언급하면서 필기가 우리의 기억력을 감소시킨다는 것을 설명하고 있는 글이다. 따라서 글의 주제로는 ⑤ '기억력에 미치는 필기의 부정적인 영향'이 가장 적절하다.
① 수업 직후에 복습하는 것의 중요성
② 공책과 펜을 가지고 다녀야 할 필요성
③ 정보를 전달하는 인지적 과정
④ 수에 관한 추리를 향상할 수 있는 몇 가지 방법

구문 분석

1행 [**Considering the multitude of data** {that people in our contemporary society need to remember}], a certain amount of note-taking and information deposited in books is unavoidable.

▶ [ ]는 전치사 Considering이 이끄는 구인데, 전치사 considering은 '~을 고려해 보면'의 의미이다.

▶ { }로 표시된 관계절이 the multitude of data를 수식한다.

6행 One can easily and best **observe** in oneself [that writing things down diminishes one's power of remembering], but some typical examples may prove helpful.

▶ 부사구는 일반적으로 문장의 끝에 오지만, 이 경우에는 [ ]로 표시된 observe의 목적절이 길어져 후치되면서 부사구인 in oneself가 동사와 목적어 사이에 위치하게 되었다.

12행 Teachers can **observe** [that {**the students who** carefully write down every sentence of the lecture} will understand and remember **less than** {**the students who** trusted their capacity to understand and, hence, remember at least the essentials}].

▶ [ ]로 표시된 that절이 observe의 목적어 역할을 한다.

▶ that절 내에는 less than(~보다 덜)이라는 비교급 표현이 사용되었는데, { }로 표시된 두 개의 부분이 비교 대상에 해당한다. 두 개의 비교 대상을 보면 각각 관계사 who가 이끄는 관계절이 the students를 수식하고 있음을 알 수 있다.

- multitude of 다수의
- contemporary 현대의
- deposit 두다, 놓다
- unavoidable 피할 수 없는
- tendency 성향, 경향
- sensible 합리적인
- proportion 규모, 비율
- observe 관찰하다
- rarely 좀처럼 ~않는
- capacity 능력

04 정답 ④

한줄 해설

자신의 건강을 위해 스트레스가 많은 생활 습관에 근본적인 변화가 시작되도록 '선택'과 '책임'이 중요하다는 내용이다.

해석

(내과) 의사들은 환자들이 스트레스가 많은 생활 습관을 바꾸는 것보다는 약을 얻는 것과 증상을 없애는 것에 더 많은 관심이 있다고 말한다. 몇몇 사람들은 자신들이 (앓고 있는) 병에 대해 책임이 있다기보다는 오히려 자신들이 그 질병의 피해자라고 여긴다. 하지만 심리적인 것을 지향하는 의사들은 우리의 신체적, 심리적 건강과 행복의 매우 중요한 결정 요인으로 '선택'과 '책임'의 역할을 강조한다. 그들은 (진료를 하면서) 자신들의 환자들에게 운동 부족, 섭취하는 물질, 그리고 다른 해로운 행동을 통해 그들이 자신의 신체에 무엇을 하고 있는지를 바라보라고 요구한다. 한 사람의 매우 높은 혈압이나 콜레스테롤을 낮추기 위해서 그들이 약물을 처방할 수 있지만, 환자에게 약물의 효과는 제한적이며 필요한 것은 생활 습관의 근본적인 변화라고 그들은 알려준다. 환자는 건강 유지에 대한 책임을 의사와 함께 나누도록 권유받는다.

상세 해설

환자들이 자신의 병에 대해 책임을 느끼기보다는 오히려 그 병의 피해자라고 느끼는 것은 잘못이라는 취지의 글로, 의사의 처방과 치료도 중요하지만 건강 유지를 위한 환자 스스로의 책임과 선택이 반드시 있어야 한다는 내용이다. 따라서 이 글의 요지로는 ④가 가장 적절하다.

구문 분석

1행 Physicians report that **it** is not uncommon for patients [to be more interested {**in** getting pills} and {**in** removing their symptoms} than {**in** changing a stressful lifestyle}].

▶ it은 형식상의 주어로 쓰였고 to부정사구인 [   ]가 내용상의 주어이다.

▶ for patients는 to부정사의 의미상 주어를 표시한다.

▶ 전치사 in이 유도하는 세 개의 {   }는 〈more ~ than ...〉 비교 구문의 비교 대상으로 쓰였고 병렬 구조를 이루고 있다.

8행 They challenge their patients to look **at** [what they are doing to their bodies through {lack of exercise}, {the substances they take in}, and {other damaging behavior}].

▶ [   ]는 전치사 at의 목적어로 쓰인 명사절이다.

▶ 세 개의 {   }는 전치사 through에 공통으로 연결되어 병렬 구조를 이루고 있다.

어휘 및 어구

- physician (내과) 의사
- remove 없애다, 제거하다
- ailment 질병
- determinant 결정 요인
- substance 물질
- medication 약물, 약
- fundamental 근본적인
- maintain 유지하다
- pill 약, 알약
- symptom 증상
- emphasize 강조하다
- challenge 요구하다
- damaging 해로운
- extremely 극단적으로
- encourage 권유[권장]하다
- wellness 건강

---

04 주제, 요지, 제목

01 ⑤　**02** ④　**03** ③　**04** ② **05** 자신의 노동, 지식, 노하우를 무료로 제공하겠다는 공통의 열정 **06** ② **07** ① **08** ①
09 Weighing all of these factors can take up so much of your working memory that it becomes overwhelmed **10** ⑤ **11** coexist

---

01 정답 ⑤

한줄 해설

So much has changed → always room라는 흐름을 파악하면 정답을 찾을 수 있다.

해석

확실히 자리를 잡은 경력을 가진 우리들은 다시 고용됨으로써 기술과 경험에 대한 보상을 받은 데 감사하는 반면, 점점 더 많은 새로운 성우들이 등장하고 있다. 지난 10년 동안 주로 기술과 인터넷의 도래로 인해 너무나 많은 것들이 변했다. 과거에, 캐스팅 감독들은 한정된 수의 성우들만 하루에 녹음할 수 있었던 사무실과 녹음실에서 오디션을 열었다. 이제 대리인들과 캐스팅 감독들은 Voicebank.net이나 다른 온라인 서비스들과 같은 시스템을 활용하고 있다. 1회당 아마 100건의 오디션을 듣는 대신, 캐스팅 감독들은 수백 명의 성우들을 들을 수 있다. 만화의 캐스팅 감독이자 목소리 감독인 Andrea Romano는 "이 업계에는 탁월한 만화와 상업적인 재능을 가진 누구에게나 (일할) 공간이 있다."라고 말한다.

상세 해설

기성 성우들이 다시 고용되는 경우도 많지만 지금은 기술과 인터넷의 도래로 인해 더 많은 성우들이 새로이 일을 할 수 있게 되었다는 내용으로, 마지막 인용문의 내용으로 이를 강조하고 있다. 따라서 이 글의 제목으로는 ⑤ '새로운 사람들을 위한 기회의 문이 활짝 열려 있다'가 가장 적절하다.

① 새롭고 신선한 목소리는 큰 수요가 있다

② 여러분은 한 번에 여러 역할을 위해 오디션을 볼 수 있다

③ 기존의 성우들이 여전히 지배적이다

④ 온라인 오디션은 경쟁을 더욱 치열하게 만든다

지문 구성

도 입	더 많은 새로운 성우들의 등장	
이 유	기술과 인터넷의 도래 → 온라인 오디션	
요지 강조	탁월한 재능을 가진 누구나 일할 수 있는 공간이 있다.	

구문 분석

1행 **While** those of us with established careers are **grateful to be** rewarded for our skill and experience by being re-hired, more and more new voice-over actors are arriving at the scene.

▶ While은 대조를 나타내는 접속사로 '~한 반면'의 의미를 나타낸다.

▶ 감정을 나타내는 형용사 뒤에 to부정사가 오면 그 감정을 느끼게 된 이유를 나타내는데, 여기에서도 to be는 감정을 나타내는 형용사인 grateful의 이유를 나타낸다.

6행 In the past, casting directors held auditions in **offices and studios** [**where** only a limited number of actors could be recorded in a day].

▶ 관계부사 where가 이끄는 관계절 [   ]는 offices and studios를 수식한다.

- established 확실히 자리를 잡은, 인정받는
- reward 보상하다
- decade 10년
- casting director 캐스팅 감독
- session 회(차)
- voice-over actor 성우
- advent 도래
- utilize 활용하다
- commercial 상업적인

- extraordinary 놀라운
- disheartening 실망시키는
- reflect 반영하다
- migration 이주, 이동
- significantly 상당히
- regrettably 유감스럽게도
- statistics 통계 수치, 통계 자료
- cosmopolitan 세계적인
- connectivity 연결성
- be worth -ing ~할 가치가 있다

02 정답 ④

한줄 해설

마지막 문장에 글의 요지가 담겨 있다.

해석

나는 샌프란시스코를 사랑하지만, 오늘날 그 놀라운 도시에서 교사의 3퍼센트와 경찰관의 6퍼센트, 그리고 간호사의 4퍼센트만이 집을 살 수 있다. 유감스럽게도, 이런 종류의 실망스러운 통계 수치는 많은 대규모의 세계적인 도시에서의 현실을 반영하고 있는 것처럼 보인다. 작가인 Shay Salomon은 덜 비싼 주거지를 찾고 있는 사람들 사이에서의 경향을 주목하고 있다. 해변에 사는 캘리포니아 사람들이 내륙으로 이주하고 있고, 내륙의 캘리포니아 사람들은 오리건 주로 이주하고 있으며, 도시에 사는 오리건 주의 사람들은 오리건 주의 시골 지역으로 이주하고 있다. 또한 오리건 주의 시골 지역에서 살고 있는 사람들은 뉴멕시코 주로 이주하고 있고, 뉴멕시코 주에서 살고 있는 사람들은 멕시코로 이주하고 있다. 이런 종류의 이주는 공동체의 연결성과 장소성에 피해를 줄 수 있고 분명히 비용이 든다. 하지만 어떤 사람들은 새로운 장소에서 자신의 삶의 질을 상당히 향상시킬 수 있다는 것을 발견하고 있으므로, 그것은 고려할 가치가 있을지도 모른다.

상세 해설

글의 마지막 문장에 필자의 의견이 담겨 있다. 즉, 비용이 적게 드는 곳으로 이주하는 것이 부정적인 면도 있지만, 삶의 질을 상당히 향상시킬 수도 있으므로 고려할 가치가 있다는 것이 글의 요지이다. 따라서 이 글의 제목으로는 ④ '필요하다면, 덜 비용이 드는 장소로 이주하라'가 가장 적절하다.
① 집을 공유하는 것에 대해 고려하라
② 안정된 인구를 지닌 도시를 찾아라
③ 가야 하는 곳(직장)에 가까운 곳에서 살아라
⑤ 허리케인 발생 지역에서 사는 것에 대해 다시 한 번 생각해 보라

구문 분석

6행 Author Shay Salomon notes a trend among **those** [seeking less costly places to live]: ~.

▶ [ ]는 those를 수식하는 분사구이다. 수식을 받는 those가 seek의 행위자이므로 현재분사를 사용했다.

11행 This kind of migration can be damaging to community connectivity and sense of place, and **it** is surely **not without its** costs.

▶ it과 its는 모두 This kind of migration을 대신하는 대명사이다.

▶ not without은 이중 부정으로 '~이 없는 것은 아닌'의 의미이다. 따라서 and 이후의 문장은 '그것이 분명히 비용이 들지 않는 것은 아니다', 즉 '그것은 분명히 비용이 든다'라고 해석한다.

14행 But some people **are finding** [that they can improve their quality of life significantly in a new location], so **it** may be worth considering.

▶ [ ]로 표시된 that절은 are finding의 목적어 역할을 하는 명사절이다.

▶ it은 앞 문장의 This kind of migration을 대신하는 대명사이다.

03 정답 ③

한줄 해설

손님들이 식당에서 종업원에게 팁을 제공하는 이유에 대해 설명한 글이다.

해석

경제학자들은 오랫동안 대부분의 장소에서 식당의 손님이 이미 음식을 제공받은 이후에 종업원에게 팁을 제공한다는 사실을 이해할 수 없었다. 그렇게 하는 것은 종업원이 훌륭한 서비스를 제공하고자 하는 동기는 북돋을 수 있지만, 손님이 기꺼이 팁을 제공하고자 하는 동기는 거의 늘리지 못하기 때문이다. 심지어 이러한 동기들이 줄어듦에도, 즉 종업원의 서비스가 바람직하지 못하거나 손님이 그 같은 식당에 다시 갈 계획이 없더라도 손님이 팁을 제공하는 것 또한 이해하기 힘들다. 연구에 따르면 팁과 서비스의 질 사이의 관련성은 경미하다. 사람들은 올바른 일로 보이기 때문에, 또는 그들이 그 올바른 일을 하지 않았다는 사실이 알려지기를 원하지 않기 때문에 팁을 제공하는 것처럼 보인다. 손님이 팁을 제공해야 한다고 언급하고 있는 법은 없다. 그들은 단지 규범을 따르고 있을 뿐이다.

상세 해설

논리적으로 이해가 되지 않는 팁 제공 행태에 대해서 설명하고 있는 글로, 손님들이 단지 규범을 따르고 있기 때문에 그러한 팁 제공 행태를 보이고 있다고 말하고 있다. 따라서 이 글의 주제로는 ③ '손님이 종업원에게 팁을 주는 이유'가 가장 적절하다.
① 종업원들이 단정하게 보이게 만드는 방법
② 사회를 운영하는 데 있어서 법의 역할
④ 규범과 도덕의 차이
⑤ 식당에서 적절한 서비스의 중요성

구문 분석

1행 Economists have long been puzzled by **the fact** [that, in most places, **restaurant patrons tip their server after they have already been served**, {which may boost the incentive for the server to give good service but hardly increases the incentive for the patron to tip well}].

▶ [ ]로 표시된 that절은 the fact와 동격 관계이다.

▶ { }는 주격 관계대명사 which가 이끄는 관계절로 선행사인 앞 문장 restaurant patrons tip ~ served에 대해 추가적인 설명을 제공하고, which는 and it으로 바꿔 이해할 수 있다.

6행 Mysterious, too, **is** [that patrons tip even in the face of further erosion of these incentives — **if** their service was less than desirable or **if** they don't plan to return to the same restaurant].

▶ [ ]로 표시된 that절이 문장의 주어이고, is가 동사이며, Mysterious가 주어를 설명해 주는 보어이다. 즉, 〈주격 보어+동사(is)+주어(that ~ restaurant)〉의 어순으로 도치가 일어난 문장이다.

▶ that절 내에 포함된 두 개의 if절은 in the face of further erosion of these incentives의 구체적인 예에 해당한다. 따라서 두 개의 if절 모두 양보의 의미를 나타낸다. 즉, 각각 '그들의 서비스가 바람직하지 못하더라도'와 '그들이 그 같은 식당에 다시 갈 계획이 없더라도' 정도로 해석한다.

10행 People seem to tip because it's seen as the right thing to do, or because they don't want **it known** [that they've not done the right thing].

▶ it이 형식상의 목적어이고, [ ]는 내용상의 목적어이다. known은 목적어를 설명해 주는 말로, 목적어가 know의 대상으로 해석되므로 과거분사를 사용했다.

어휘 및 어구

• economist 경제학자
• patron 손님
• mysterious 이해하기 힘든
• erosion 줄어듦
• link 관련성

• puzzle 이해할 수 없게 만들다
• incentive 동기, 유인
• in the face of ~에도 불구하고
• desirable 바람직한
• slight 경미한

[04~05]

04 정답 ②

05 정답 자신의 노동, 지식, 노하우를 무료로 제공하겠다는 공통의 열정

한줄 해설

04 Wikipedia라는 사전의 태동을 묘사하고 있는 글이다.

05 전 세계의 사람들이 함께 모일 수 있었던 것은 위키피디언들의 열정 때문이었다고 언급되었다.

해석

2005년 8월, 독일 프랑크푸르트의 한 저렴한 유스호스텔에 전 세계에서 온 수백 명의 작가와 학생, 컴퓨터 해커, 그리고 일반 인터넷 사용자들이 모였다. 개인적으로 만난 적이 있는 사람들은 거의 없었고, 대부분은 심지어 서로의 진짜 이름도 알지 못했다. 그들이 진정 알고 있었던 것은 그들이 인터넷상에서 서로 다른 시간대와 대륙을 가로질러 같은 목적, 즉 백과사전을 만드는 것을 위해 서로 협력해 왔다는 것이었다. 그들은 대부분 서로를 Anthere, Pogostick에 있는 Cimon Avaro, Eclecticology와 같은 인터넷상의 모습으로 알고 있었는데, 다소 학문적인 과업에 집중했던 온라인 공동체의 별난 면을 투영하는 사용자 이름이었다. 별나게 다양한 사람들이었지만, 그들은 모두 '위키피디언'이라는 같은 꼬리표를 사용하여 스스로를 지칭했다. 그들은 최초의 Wikimania 회의를 위해 얼굴을 맞대고 그곳에 있었는데, 자신의 노동, 지식, 노하우를 무료로 제공하겠다는 공통의 열정으로 결속되어 있었다.

상세 해설

04 무료 온라인 백과사전인 Wikipedia를 위해 전 세계의 인터넷 사용자들이 한 자리에 모였다는 내용의 글이다. 따라서 이 글의 제목으로는 ② '무료 백과사전을 향한 모임'이 가장 적절하다.
① 생각은 무료지만 교육은 무료가 아니다
③ 공동체를 위한 책임 맡기
④ 무료 정보에 대해 새로운 것이 없다
⑤ 공동 작업의 핵심 원칙은 무엇인가?

05 마지막 문장의 bound by a common passion ~ and know-how for free를 통해 그 수많은 사람들을 함께 묶을 수 있었던 것은 '자신의 노동, 지식, 노하우를 무료로 제공하겠다는 공통의 열정' 때문이었음을 알 수 있다.

구문 분석

5행 [What they did know] **was** [that they had collaborated with one another over the Internet, across different time zones and continents, toward the same goal: creating an encyclopedia].

▶ 첫 번째 [ ]는 was의 주어로 쓰인 명사절로 동사를 강조하는 조동사 did와 함께 쓰였고, '그들이 진정 알고 있었던 것'으로 해석한다.

▶ 두 번째 [ ]는 was의 보어로 쓰인 명사절이다.

15행 They were there face-to-face for the first-ever Wikimania conference, [**bound** by **a common passion to give** away their labor, knowledge, and know-how].

▶ [ ]는 동시 상황을 나타내는 분사구문으로, 과거분사 bound는 주절의 They를 의미상의 주어로 삼아 '~에 의해 결속된 채로'라고 해석한다.

▶ to give ~는 a common passion을 수식하는 to부정사의 형용사적 용법이다.

어휘 및 어구

• modest 저렴한
• collaborate 협력하다
• encyclopedia 백과사전
• diversity 다양성
• face-to-face 얼굴을 맞대고
• give away 거저 주다, 기증하다

• gather 모이다
• one another 서로 서로
• quirky 별난, 변덕스러운
• refer to ~을 지칭하다, ~을 언급하다
• passion 열정

06 정답 ②

한줄 해설

the temptation to be less than honest → Resist라는 흐름을 파악하면 정답을 찾을 수 있다.

해석

가장 잘 구성된 이메일도 이것이 없으면 불리한 입장에 있게 된다. 즉, 그것은 여러분이 누구이고 여러분이 무엇을 의미하는지에 대한 진정한 표현이다. 이메일이 원격으로 쓰이고 끊임없이 개작될 수 있다는 점을 고려하면, 크고 작은 방식으로 덜 솔직해지려는 유혹이 있다. 결국에는, 이것이 지는 전략이다. 우리가 자신이 아닌 누군가가 되려고 노력할수록, 우리는 다른 사람들에게 덜 흥미로워진다. 기만은 지치게 하기도 한다. 자신일 수 있는데 왜 연기를 하는가? 이것이 지면에서는 합리적인 것처럼 보이지만, 이메일에서는 고수하기가 더 어렵다. 새로운 청중에게 자신을 바꾸려는 유혹을 누군들 받지 않았겠는가? 자신을 틀리게 전하려는 욕구, 즉 성취를 꾸미거나 호의적인 자세를 부풀리려는 욕구는 특히 모르는 사람들에게 (이메일을) 쓸 때 극도로 강할 수 있다. (그 욕구에) 저항하라. 자신에 관해 정직하지 못함으로써, 여러분은 결국 자신이 누구인지를 잃게 하는 길에 서게 만드는 것이다. 또한 여러분은 (거짓말을 했다는 것을) 들킬 것이다. 글을 통해 거짓과 허위가 빛나는 것처럼 진실이 빛난다.

상세 해설

이메일로 글을 쓸 경우, 허위로 작성할 유혹을 많이 느끼지만 이에 저항해야 하는데, 그것은 지는 전략이고, 발각될 수도 있으며, 무엇보다도 진실이 자신을 참되게 보여 준다는 내용이다. 따라서 이 글의 주제로는 ② '이메일을 쓸 때 정직함의 중요성'이 가장 적절하다.
① 전화하기에 앞서는 이메일의 장점
③ 단순하고 직접적인 언어의 힘
④ 모르는 사람들에게 이메일을 쓸 때의 적절한 예절
⑤ 이메일 광고의 과장된 내용

지문 구성

도 입	이메일을 쓸 때 덜 솔직해지려는 유혹이 있다.
부 연	하지 말아야 하는 이유 ① 남들에게 자신이 덜 흥미로워진다. ② 지치게 한다. ③ 자신을 잃게 한다. ④ 결국 들킬 것이다.

구문 분석

4행 **Given that** email **is written** remotely and **can be** endlessly **revised**, there is the temptation to be less than honest, in ways large and small.

▶ 독립 분사구문은 관용 표현처럼 굳어져 쓰인다. 여기에서도 〈Given that ~〉은 관용적으로 쓰인 독립 분사구문으로, 문장의 주절은 there is ~이다.

▶ email에 연결되는 동사구는 is written과 can be revised이다.

12행 **The urge** [**to misrepresent** oneself — **to embroider** an accomplishment or **inflate** a favorable attribute] — **can be** extremely strong, especially when writing to strangers.

▶ 문장의 주어는 The urge이고, 동사구는 can be이다.

▶ [ ]는 to부정사구로 병렬 구조를 이루며 The urge를 수식하고 있다.

15행 By being dishonest about yourself, you're setting yourself up, in the end, to lose track of **who you are**.

▶ who you are는 관용적으로 '여러분 자신'의 의미를 나타낸다.

어휘 및 어구

- genuine 진정한
- given (that) ~을 고려하면
- temptation 유혹
- exhausting 지치게 하는
- urge 욕구, 충동
- inflate 부풀리다
- representation 표현
- remotely 원격으로, 멀리서
- deception 기만
- stick to ~을 고수하다
- misrepresent (정보를) 잘못 전하다
- phoniness 허위, 엉터리

---

07 정답 ①

한줄 해설

motor development provides ~가 요지문임을 이해하면 정답을 찾을 수 있다.

해석

부모는 자신들의 유아가 머리를 떠받치고, 물건을 집으려고 손을 뻗으며, 스스로 앉고, 혼자서 걷자마자 친구와 친척들에게 재빨리 알린다. 이러한 운동 기능의 성취에 대한 부모의 열성은 전혀 잘못된 것이 아닌데, 왜냐하면 그것들은 실제로 발달의 중요한 단계들이기 때문이다. 각각의 추가적인 기술을 이용해, 아기들은 새로운 방식으로 자신들의 신체와 환경에 대한 통제력을 얻는다. 혼자 앉을 수 있는 유아들은 하루의 많은 부분을 눕거나 엎드려 보내는 유아들에 비해 세상에 대한 완전히 다른 시각을 부여받게 된다. 근육의 공동작용에 의한 뻗치기는 사물의 탐구에 대한 온전히 새로운 길을 열어주며, 아기들이 돌아다닐 수 있을 때 독립적인 탐구와 조작을 위한 기회는 크게 증가된다. 그들은 이제 더 이상 자신들에게 가까운 장소와 다른 사람들이 그들 앞에 놓아두는 물건들에만 제한되어 있지 않다. 환경을 조절하는 새로운 방식이 성취되면서, 운동 (능력) 발달은 유아에게 능력과 숙달에 대한 증가하는 인식을 제공하고 그것은 세상에 대한 유아의 지각 및 인지적 이해에 중요한 방식으로 기여한다.

상세 해설

유아의 운동 능력 발달은 주변 세상에 대한 완전히 새로운 시각을 제공하고 환경을 조절할 수 있게 해 주어 세상에 대한 지각적이고 인지적인 이해에 기여한다는 내용이다. 따라서 이 글의 요지로 가장 적절한 것은 ①이다.

지문 구성

도 입	부모가 유아의 운동 능력에 대해 열성을 가지는데, 이것은 발달의 중요한 단계이다.
전 개	혼자서 앉기는 새로운 시각을 부여한다.
발 전	걸어 다니기는 독립적 탐구와 조작의 기회를 부여한다.
요 지	운동 능력 발달은 유아에게 능력과 숙달에 대한 증가하는 인식을 제공하고, 그것은 세상에 대한 유아의 지각 및 인지적 이해에 중요한 방식으로 기여한다.

구문 분석

1행 Parents are quick to inform friends and relatives [as soon as their infant **holds** her head up, **reaches** for objects, **sits** by herself, and **walks** alone].

▶ [ ]는 시간을 나타내는 부사절이다. holds, reaches, sits, walks는 their infant를 주어로 하는 동사들이다.

8행 [Infants {who are able to sit alone}] are granted an entirely

different perspective on the world than **are** those who spend much of their day on their backs or stomachs.

▶ [ ]는 문장의 주어이고, { }는 Infants를 수식하는 관계절이다.

▶ are 다음에서는 반복되는 granted ~ world가 생략되어 있다.

16행 [As new ways of controlling the environment are achieved], motor development **provides** the infant **with** a growing sense of competence and mastery, and **it** contributes in important ways to the infant's perceptual and cognitive understanding of the world].

▶ 첫 번째 [ ]는 시간을 나타내는 부사구이다.

▶ provide A with B: A에게 B를 제공하다

▶ it은 motor development를 가리킨다.

어휘 및 어구

- relative 친척
- motor 운동(능력)의
- misplaced 잘못된
- grant 부여하다, 주다
- coordinated 근육의 공동작용에 의한, (몸의 움직임이) 조정된
- avenue 길, 도로
- manipulation 조작, 교묘한 처리
- competence 능력
- perceptual 지각의
- enthusiasm 열성, 열의
- accomplishment 성취
- milestone 중요한 단계
- perspective 시각, 관점
- exploration 탐구
- multiply 크게 증가시키다
- mastery 숙달
- cognitive 인지의, 인식의

[08~09]

08 정답 ①

09 정답 Weighing all of these factors can take up so much of your working memory that it becomes overwhelmed

한줄 해설

08 정보 과부하가 결정에 끼치는 부정적인 결과를 설명하고 있는 글이다.

09 주어 자리에 weighing all of these factors를 쓰고 동사와 목적어를 이어 쓴다.

해석

주식 중개인의 책상에서 아주 여러 대의 번쩍이는 화면들을 본 적이 있다면, 그들이 직면하고 있는 정보 과부하를 알게 된다. 예컨대, 어떤 회사에 투자해야 할지의 여부를 결정할 때, 그들은 다른 정보들 중에서도, 실권을 가진 사람들, 그 회사 시장의 현재 규모와 잠재적 규모, 순수익, 그 회사의 과거, 현재 및 미래의 주식 가치 등을 고려할지도 모른다. 이 요인들을 모두 저울질하는 것은 작동 기억의 아주 많은 부분을 차지할 수 있어서 그 작동 기억은 압도당하게 된다. 수많은 서류 더미, 접착용 쪽지 및 계산표가 책상 여기저기에 흩어져 있는 것을 생각하면, 두뇌 내부에서 무슨 일이 진행되고 있는지를 대략 이해하게 된다. 정보가 이런 식으로 작동 기억에 과부하를 걸리게 하면, 그 때문에 주식 중개인은, 그리고 나머지 우리들은 그 모든 빈틈없는 계획과 분석을 버리고 감정적인, 즉 직감적인 결정을 택하게 된다.

상세 해설

08 주식 중개인의 예를 통하여, 정보의 과부하가 두뇌의 작동 기억의 많은 부분을 점령하여, 사람이 이성적인 결론을 내리는 것을 방해하고 감정적인 결론을 내리게 한다는 내용의 글이다. 따라서 이 글의 제목으로는 ① '정보 과부하가 어떻게 당신의 판단력을 흐리게 할 수 있는가?'가 가장 적절하다.

② 다중 작업이 당신의 작동 기억을 증가시킨다!

③ 정보의 홍수를 막는 방법

④ 번쩍이는 화면이 정보 과부하를 줄이는가?

⑤ 감정적 판단: 성공한 주식 중개인의 비밀

09 동명사구인 Weighing all of these factors가 문장의 주어이고, 원인과 결과를 나타내는 〈so ~ that ...(매우 ~해서 …하다)〉 구문이 사용되었다.

구문 분석

13행 When information overloads working memory this way, it can **make** brokers — and the rest of us — [scrap all the strategizing and analyses] and [go for emotional, or gut, decisions].

▶ make는 사역동사로, [　　]로 표시된 두 개의 원형부정사구가 and로 연결되어 make의 목적 보어 역할을 한다.

어휘 및 어구

- bank (포개 놓은) 더미, 무더기
- broker 주식 중개인
- have a sense of ~을 알다
- information overload 정보 과부하
- be up against ~에 부딪히다, 직면하다
- invest in ~에 투자하다
- take into account A A를 고려하다(=take A into account)
- net profit 순익
- stock value 주식 가치, 주가
- overwhelm 압도하다
- take up 차지하다
- working memory 작동 기억
- weigh 저울질하다, 평가하다
- have ~ strewn ~이 흩어져 있다
- sticky note 접착용 쪽지
- spreadsheet 계산표
- get a picture of ~을 대략 이해하다
- scrap 버리다
- strategize 빈틈없이 계획하다, 전략을 짜다
- go for ~을 택하다
- gut 직감적인

[10~11]

10 정답 ⑤

11 정답 coexist

한줄 해설

10 사바나에 사는 풀과 나무가 공존하는 것은 생태학의 원리에서 예외에 해당한다는 내용이다.

11 사바나에서 풀과 나무가 경쟁하지 않고 공존하며 잘 산다는 내용이다.

해석

사바나는 생태학자에게 약간의 문제를 제기한다. '완전한 경쟁자는 공존할 수 없다'라는 생태학에서의 원리가 있다. 즉, 두 개의 유기체 개체군이 정확히 동일한 자원을 사용하는 경우, 한 개체군이 다른 개체군보다 조금 더 효율적으로 그렇게 하고 그 결과 장기적으로는 우위를 점하게 될 것으로 기대될 것이다. 지구상의 온대 지역에서, (숲에서는) 나무가 우위를 점하거나 혹은 (초원에서는) 풀이 우세하게 된다. 하지만 사바나에서는 풀과 나무가 공존한다. 전형적인 설명에 의하면 나무는 뿌리가 깊고, 반면에 풀은 뿌리가 얕다. 따라서 그 두 가지 식물 형태는 공존할 수 있는데, 그 이유는 그것들이 사실은 경쟁자가 아니기 때문이다. 나무는 더 습한 기후에서 그리고 모래가 더 많은 토양에서 수가 더 많아지는데 그 이유는 더 많은 물이 깊은 뿌리까지 침투할 수 있기 때문이다. 나무는 사실 상당한 깊이까지 침투하는 몇 개의 작은 뿌리들을 정말 가지고 있긴 하지만, 뿌리의 대부분은 표면으로부터 0.5미터 깊이의 토양에 있는데, 바로 거기에 풀 뿌리들도 있다.

상세 해설

10 '완전한 경쟁자는 공존할 수 없다'라는 생태학 기본 원리에 대한 예외적인 예로 사바나에 공존하는 나무와 풀의 사례를 들고 있다. 이러한 예외로 인해 사바나가 생태학자에게 약간의 문제를 제기한다고 했다. 따라서 이 글의 제목으로는 ⑤ '이상한 동반자: 사바나의 식물들은 생태학자를 혼란스럽게 만든다'가 가장 적절하다.
  ① 사바나의 식물들 사이의 임박한 전쟁
  ② 사바나의 나무들 간의 더 습한 토양을 위한 경쟁
  ③ 사바나는 생물의 다양성의 숨겨진 보물인가?
  ④ 사바나에서 풀에 대한 나무의 주기적인 우세

11 경쟁하지 않고 함께 잘 산다는 내용이 되어야 하므로, 빈칸에는 coexist(공존하다)가 적절하다.

구문 분석

1행 There is **an axiom in ecology** [that 'complete competitors cannot coexist']: in other words, [**where** two populations of organisms use exactly the same resources], one would be expected to do so slightly more efficiently than the other and therefore come to dominate in the long term.

▶ 첫 번째 [　　]는 an axiom in ecology와 동격 관계이다.
▶ 두 번째 [　　]는 부사절로, where가 접속사 역할을 하여 '~하는 경우'라고 해석한다.

9행 The classic explanation **proposes** [that trees have deep roots **while** grasses have shallow roots].

▶ [　　]는 proposes의 목적어 역할을 하는 명사절이다.
▶ while은 대조를 나타내는 접속사이다.

어휘 및 어구

- savanna 사바나, (열대 · 아열대 지방의) 대초원
- pose (문제 등을) 제기하다
- ecology 생태학
- population (어떤 지역 안의) 개체군
- organism 유기체, 생물(체)
- resource 자원
- efficiently 효율적으로
- dominate 우위를 점하다, 우세하다
- temperate 온대의, (기후가) 온화한
- grassland 초원, 목초지
- classic 전형적인
- shallow 얕은
- sandy 모래(땅)의
- penetrate 침투하다, 스며들다
- biodiversity 생물 다양성
- companion 동반자, 동행, 친구

OX로 개념을 적용하는
고등 국어 문제 기본서

더THE 개념
블랙라벨

국어

국어 문학   국어 독서   국어 문법

개념은 빠짐없이! 설명은 분명하게!
연습은 충분하게! 내신과 수능까지!

BLACKLABEL

| 짧은 호흡, 다양한 | 꼼꼼한 OX 문제, | 내신형 문제부터 |
| 도식과 예문으로 | 충분한 드릴형 문제로 | 수능 고난도까지 |

| 직관적인 | 국어 개념 | 내신 만점 |
| 개념 학습 | 완벽 훈련 | 수능 만점 |

impossible

+

 땀 한 방울

=

i'm possible

불가능을 가능으로 바꾸는 것은
한 방울의 땀입니다.

틀을 깨는 생각 Jinhak

1등급을 위한 명품 영어

블랙라벨 영어 독해

Tomorrow
better than today

www.jinhak.com

수능·내신을 위한
상위권 명품 영단어장

블랙 라벨

| 커넥티드 VOCA | 1등급 VOCA

내신 중심 시대
단 하나의 내신 어법서

블랙 라벨

| 영어 내신 어법

JINHAK BOOKS
LINE UP

TOMORROW BETTER THAN TODAY

전교 1등의 책상 위에는
블랙라벨

국어	문학 ｜ 독서(비문학) ｜ 문법
영어	커넥티드 VOCA ｜ 1등급 VOCA ｜ 내신 어법 ｜ 독해
수학	수학(상) ｜ 수학(하) ｜ 수학 I ｜ 수학 II ｜ 확률과 통계 ｜ 미적분 ｜ 기하
중학 수학	1-1 ｜ 1-2 ｜ 2-1 ｜ 2-2 ｜ 3-1 ｜ 3-2
수학 공식집	중학 ｜ 고등

1등급을 위한 플러스 기본서
더 개념 블랙라벨

국어	문학 ｜ 독서 ｜ 문법
수학	수학(상) ｜ 수학(하) ｜ 수학 I ｜ 수학 II ｜ 확률과 통계 ｜ 미적분

내신 서술형 명품 영어
WHITE
label

영어	서술형 문장완성북 ｜ 서술형 핵심패턴북

꿈에서도 떠오르는
그림어원

영어	중학 VOCA ｜ 토익 VOCA

마인드맵 + 우선순위
링크랭크

영어	고등 VOCA ｜ 수능 VOCA

완벽한 학습을 위한 수학 공식집

블 랙 라 벨   BLACKLABEL
수학 공식집

블랙라벨의 모든 개념을 한 권에	블랙라벨 외 내용 추가 수록	목차에 개념 색인 수록	한 손에 들어오는 크기

중학 수학   고등 수학